Armin Strohmeyr
Dichterkinder

PIPER

Zu diesem Buch

Erika und Klaus Mann, Pamela Wedekind, Mopsa Sternheim und Annemarie Schwarzenbach. Die fünf jungen Leute hatten sich über etliche Jahre hinweg gegenseitig begeistert und künstlerisch inspiriert. Klaus Mann machte mit seinen frühen Romanen, in denen er Themen wie Homosexualität und Selbstverwirklichung aufgriff, Furore. Erika Mann war eine gewitzte Kolumnenschreiberin und freche Kabarettleiterin, Annemarie Schwarzenbach reüssierte als emanzipierte, unangepasste Roman- und Reiseautorin, während Pamela Wedekind als Schauspielerin, Kabarettistin und Autorin Erfolge feierte. Zum erweiterten Freundeskreis gehörten aber auch der junge Regisseur und Schauspieler Gustaf Gründgens, die Mimin Therese Giehse, der Dichter René Crevel und die Zeichner Rudolph von Ripper und Ricki Hallgarten. Ihnen allen ist gemein: Sie waren »enfants terribles«, und sie wollten aus den vorgezeichneten Bahnen der bürgerlichen Welt ausbrechen. Dieses Buch erzählt die außergewöhnliche Geschichte der exzentrischen, erotisch aufgeladenen Freundschaft der jungen Leute anhand von Briefen und Tagebüchern.

Armin Strohmeyr ist promovierter Germanist und Autor viel beachteter Biografien und Porträtsammlungen. Zuletzt erschienen bei Piper »Abenteuer reisender Frauen«, »Einflussreiche Frauen«, »Geheimnisvolle Frauen«, »Uns gehört die Welt. Schreibende Frauen erobern die Fremde«, »Die leuchtenden Länder. Reisende Frauen erkunden den Orient«, »Annette Kolb. Dichterin zwischen den Völkern« und »Weltensammlerinnen. Spektakuläre Reiseabenteuer mutiger Frauen«. www.armin-strohmeyr.de

Armin Strohmeyr

Dichterkinder

Liebe, Verrat und Drama –
der Kreis um Klaus und Erika Mann

Mit 18 Schwarz-Weiß-Abbildungen

PIPER

Mehr über unsere Autoren und Bücher:
www.piper.de

Von Armin Strohmeyr liegen im Piper Verlag vor:
Abenteuer reisender Frauen
Einflussreiche Frauen
Geheimnisvolle Frauen
Uns gehört die Welt
Die leuchtenden Länder
Annette Kolb
Weltensammlerinnen
Dichterkinder

FSC
www.fsc.org
MIX
Papier aus verantwortungsvollen Quellen
FSC® C083411

Originalausgabe
ISBN 978-3-492-31534-0
März 2020

Umschlaggestaltung: Büro Jorge Schmidt, München
Umschlagabbildung: ullstein bild
Satz: Kösel Media GmbH, Krugzell
Gesetzt aus der Berling
Litho: Lorenz & Zeller, Inning am Ammersee
Druck und Bindung: CPI books GmbH, Leck
Printed in the EU

für Sieglinde

Inhalt

»Um die Leute zu schrecken«

Prolog: Klaus Mann und Pamela Wedekind verloben sich. 1924

Romantischer könnte das Ambiente für einen jungen, angehenden Literaten nicht sein: Das Frühjahr 1924 verbringt der gerade einmal siebzehnjährige Klaus Mann als Gast des Dichters, Schattenspielprinzipals, Bibliophilen und Alchemisten Alexander von Bernus auf dessen Anwesen Stift Neuburg bei Heidelberg. Der Blick von dem ehemaligen Benediktinerkloster geht hinunter auf den Neckar und die altehrwürdige Universitätsstadt. Die Familie Bernus hat das säkularisierte Kloster einst erworben und hier selbst Geistesgeschichte geschrieben: Im Jahre 1909 waren Stefan George und sein Kreis zu Gast. Damals trug der »Meister« den »Jüngern« aus seinen hermetischen Versen vor, und abends führte der noch junge Baron Alexander von Bernus, der in München-Schwabing erfolgreich ein Schattentheater betrieb, hinter einer Leinwand stehend und mit beweglichen Figuren hantierend, seinen illustren Gästen selbstverfasste Stücke vor. Nachts erging man sich – plaudernd, trinkend und schwärmerisch dem Freundschaftskult huldigend – in dem mit alten Bäumen bestandenen und mit Rosenbuketten geschmückten Park. Doch die Zeiten ließen den Freundeskreis nicht unberührt, Eifersüchteleien und Animositäten kamen auf. Der Zirkel zerbrach, nicht zuletzt an des hochbegabten Barons Weigerung, sich dem »Meister« und seinen autokratischen Allüren zu unterwerfen. Er wolle ihm ja gern sein Königreich lassen, schleuderte Bernus George entgegen, aber er, Bernus, lasse sich sein Herzogtum nicht nehmen! Damit war das geistige Einverständnis zwischen den beiden zerrüttet.

Wenige Jahre später fegte der Erste Weltkrieg über Europa hinweg. Das Kaiserreich ging unter, die Republik erstand, gebeutelt von politischen und wirtschaftlichen Krisen, nicht zuletzt von der Inflation des Jahres 1923, in deren Folge man für die Beförderung eines Standardbriefes zehn Milliarden Mark hinblättern musste, Kinder auf den Straßen mit dicken Bündeln wertlosen Papiergeldes wie mit Bauklötzen spielten und weite Teile der Bevölkerung verelendeten. Auch Alexander von Bernus' Vermögen schmolz dahin, übrig blieben seine bedeutende Bibliothek mit wertvollen Erstausgaben der deutschen Klassiker und Romantiker und zahlreichen Widmungsexemplaren der literarischen Größen der Gegenwart, das klösterliche Anwesen mit seinen nun verödeten Kreuzgängen, Fluren und Sälen, und ein exzellenter Ruf, den Bernus, mittlerweile ein Mann von Mitte vierzig, nach wie vor in der deutschen Geisteswelt genoss.

Es ist still geworden in Stift Neuburg: Bernus, in erster Ehe mit der Literatin Adelheid von Sybel verheiratet, hatte einen Sohn namens Alexander Walter, der sich 1912 mit acht Jahren beim Spielen im Garten unglücklich selbst erdrosselte. Ein Schicksalsschlag, über den der feinsinnige Baron lange nicht hinwegkam, obgleich er noch im selben Jahr die baltische Künstlerin Imogen von Glasenapp heiratete und im Jahr darauf ihre gemeinsame Tochter Ursula Pia geboren wurde. Umso willkommener erscheint Bernus im Frühjahr 1924 die Anfrage seines Freundes und Schriftstellerkollegen Thomas Mann aus München (der Baron hat Thomas Mann einst bei der Darstellung des höfischen Zeremoniells im Roman *Königliche Hoheit* beraten), ob dessen Sprössling Klaus, selbst ein angehender Literat, nicht für ein paar Wochen als Logiergast nach Stift Neuburg kommen könne? Der junge Mann sei ein Schulabbrecher, habe allerlei Flausen im Kopf und sei derzeit auf der Suche nach einem eigenen Weg, da könne eine Auszeit in der Klausur eines Klosters, selbst eines säkularisierten, nur guttun, man erwarte von der Stille und Abgeschiedenheit Stift Neuburgs und nicht zuletzt von des Barons väterlicher Menschenkenntnis eine wohltuende und klärende Wirkung auf die verworrenen Ansichten des frühreifen Burschen.

Der Koffer ist rasch gepackt, und mit der Eisenbahn trifft der siebzehnjährige Schriftstellersohn im Frühjahr 1924 in Heidelberg ein. Er bezieht ein Zimmer in dem ehemaligen Kloster, das er in den kommenden Wochen selten verlässt. Von der heimeligen Landschaft am Neckar und dem quirligen Studentenleben der Stadt bekommt der junge Mann kaum etwas mit, denn seine Welt ist die Literatur, und hier sind es vor allem die Abseitigen, Gebrochenen, Kranken, die er verehrt und denen er nacheifert: Baudelaire, Rimbaud, Verlaine, Wilde, Bang … Ursula Pia von Bernus erinnert sich als ältere Frau an den seltsamen Logiergast jener Wochen: »Er schrieb und ging sehr wenig heraus aus dem Zimmer, das immer voll Rauch und dicken Parfümwolken war … Einmal machte meine Mutter gerade die Blumenbeete unter dem Fenster von Klaus Mann zurecht und rief ihm hinauf, da der Gärtner einen Haufen Mist zum Ausstreuen auf das Blumenbeet da hingelegt hatte, ›Klaus, machen Sie mal das Fenster auf, daß es hier schönere Düfte gibt!‹ Darauf öffnete er das Fenster und lachte … Er verbreitete einen unendlichen Duft von Parfüm. […] Was mir an ihm auffiel, war, daß er immer eine leichte Bindehautentzündung hatte, also immer leicht gerötete Augen. Wahrscheinlich stammte das davon, daß er immer bei geschlossenen Fenstern und zugezogenen Vorhängen im dichten Rauch von Zigaretten saß.«[1]

Zigaretten und Parfüm sind mehr als nur berauschende, inspirationsfördernde Ingredienzen: Vielmehr sind sie Ausdruck einer Lebenshaltung. Der junge Mann will einerseits erwachsener wirken, als er ist, andererseits sollen diese Stoffe ein Image versinnbildlichen, das er sich als Dichter zulegt: das eines unangepassten Dandys und Bürgerschrecks, eines dekadenten Außenseiters und betont effeminierten Homosexuellen. Klaus Manns Liebe zu den französischen und englischen Dichtern des

L'art pour l'art ist mehr als nur Imitation. Er will ihnen in seinem Schreiben, aber auch in seiner Lebensweise nacheifern und sich von seinem bürgerlichen Elternhaus abgrenzen. Vieles an diesem jugendlichen Aufbegehren ist verzweifelte Provokation, mehr kunstvolle Sublimierung als offene Revolte. Es ist Ausdruck eines hochintelligenten, dabei aber noch nicht gereiften und im Innersten unsicheren Individuums, dem es an tatsächlichen Vorbildern im eigenen Leben mangelt. Klaus Mann schreibt in jenen Monaten Gedichte und Prosaskizzen, die von Selbstfindung, Abgrenzung von der satten Generation der Väter und vor allem von aufkeimenden gleichgeschlechtlichen Gefühlen handeln. Bereits an der reformorientierten Odenwaldschule, wo er das Schuljahr 1922/23 verbrachte, hat er sich heftig in einen Mitschüler verliebt: Uto Gartmann aus Wimpfen. Noch in seinem Lebensrückblick *Der Wendepunkt* schwärmt der bereits über vierzigjährige Autor: »Er hatte das Gesicht, das ich liebe. Man mag für mancherlei Gesichter Zärtlichkeit empfinden, wenn man lange genug lebt und ein empfindendes Herz hat. Aber es gibt nur ein Gesicht, das man liebt. Es ist immer dasselbe, man erkennt es unter Tausenden. Uto hatte dies Gesicht. […] Er war ein guter Junge, bescheiden und sanft, ohne Bosheit; eitel genug, um sich meiner Huldigung zu freuen, doch zu naiv, um den wahren Charakter meiner Leidenschaft zu erkennen.«[2] Nun, in Klaus Manns parfümgeschwängertem Zimmer in Stift Neuburg, steht eine gerahmte Fotografie Utos auf dem Schreibtisch, umwunden von einem Rosenkranz – denn die Sinnlichkeit und Irrationalität des Katholizismus ist ebenfalls ein Mittel, sich vom nüchternen, protestantisch-hanseatischen Elternhaus abzugrenzen.

Doch mehr als Uto vermisst Klaus Mann seine um ein Jahr ältere Schwester Erika. Die beiden ergänzen sich wie Yin und Yang, sie sind zusammen alles, und getrennt nur unvollkommen. Klaus Mann weiß das von früher Jugend an. Die geschwisterliche Liebe zu Erika beglückt ihn und fügt ihm zugleich eine Wunde zu, an der er zeitlebens tragen wird. Äußere Trennungen werden als herbe Schicksalsschläge verbucht, gemeinsame Erlebnisse als höchste Vollendung und Seligkeit, Liebesbeziehungen Erikas als Verrat an der eingeschworenen Geschwisterlichkeit.

Doch eben jetzt, in den Wochen bei Alexander von Bernus, ist Klaus Mann von seiner geliebten Schwester getrennt. Die nämlich hat in jenem Frühjahr 1924 an einem Münchner Gymnasium das Abitur mit Ach und Krach bestanden, das sagenhaft schlechte Zeugnis gerahmt und an die Wand gehängt (mehr zur Erheiterung denn aus Stolz) und kurz darauf das Elternhaus und die Vaterstadt verlassen und ist nach Berlin gezogen, wo sie sich im Schauspielermilieu umtut. Klaus leidet unter der Trennung. Und er ist neidisch und ein wenig eifersüchtig. Neidisch auf Erikas Freiheit, sich in der Weltstadt selbstständig tummeln zu dürfen, eifersüchtig auf eine Liebe, die in Erika aufflammt. Das Objekt der Begierde: Pamela Wedekind.

Pamela, geboren am 12. Dezember 1906, ist die älteste Tochter des Dichters Frank Wedekind und der Schauspielerin Tilly Wedekind. Die Geschwister Mann haben die beeindruckende junge Frau mit dem »Haupt eines Renaissance-Jünglings«[3] einige Zeit zuvor bei einem Tee kennengelernt, den Mimi Mann, die Frau des Onkels Heinrich, in München gegeben hat. Pamela Wedekind sieht ihrem legendären Vater, der bereits 1918 verstorben ist, frappant ähnlich: Das scharf geschnittene Gesicht, die Hände, selbst die metallene Stimme gemahnen an den großen Dichter und Bänkelsänger. Und wenn Pamela zur Gitarre die mal frechen, mal melancholischen Chansons ihres Vaters singt, glaubt man eine weibliche Reinkarnation vor sich zu haben. »Ihr Liedvortrag«, so Klaus Mann in seiner ersten Autobiografie *Kind dieser Zeit* aus dem Jahre 1932, »war eine künstlerische Darbietung großen Stils, das Konzentrierteste, Reinste und Originalste, was sie zu geben hatte. Sie sang mit einem erschütternden Ernst und mit einer exakten, gleichsam eisigen Anmut. Ihr Mund, der bösartig, sehnsüchtig oder traurig lächelte, formte jedes der Worte, mit denen die zartesten und strengsten Fäden sie verbanden, zu einer von Leidenschaft vibrierenden Akkuratesse.«[4] Bald sind die Dichterkinder – Klaus, Erika und Pamela – »unzertrennlich«[5]. Freunde, auch Liebespaare: Denn Erika wird von einer verzehrenden Leidenschaft für Pamela ergriffen. Pamela lässt sich die Werbung gefallen. Die beiden jungen Frauen lassen sich von einem Fotografen ablichten: mit ähnlicher Frisur, gleich gekleidet, die Köpfe einander nah und zugewandt – ein Bild, das Einvernehmen, Vertrautheit und Zärtlichkeit ausstrahlt. Wie viel daran ernsthaft und tragfähig ist, wie viel Spiel und Image, ist nicht restlos zu klären. Tatsache ist, dass Erika Mann an dieser Freundschaft mehr leidet als Pamela. Und noch einer krankt: Klaus. Denn er fürchtet nicht nur um die Unversehrtheit des freundschaftlichen Dreierbundes, sondern auch um die geschwisterliche, androgyne Nähe zu Erika.

Er ist in jenen Wochen in Stift Neuburg wie abgeschnitten von der Welt. Ein moderner Eremit, eingeschlossen in seiner Klause, mit seinem Schreibtisch, seinen literarischen Ideen und Plänen, aber auch mit seinen Hoffnungen und Ängsten. Und diese Mischung der Gefühle, dieses Knäuel widerstrebender Empfindungen, die ihn, *Vor dem Leben* stehend (sein erster Erzählband von 1925 wird diesen Titel tragen), schier zerreißen, und vielleicht auch ein wenig die Lust an der Provokation, der Protest gegen den Vater und die Väter – all dies treibt ihn zu einem Entschluss, dessen Tragweite ihm wohl kaum bewusst sein dürfte: Am 24. Juni 1924 – sein Aufenthalt bei dem Baron neigt sich dem Ende entgegen – schreibt er an Pamela Wedekind einen werbenden Brief: »Ich habe schrecklich wehe Augen und trage auch einen schwarzen Schirm. Darum nur *viele* Grüße. [...] Ich bin noch bis zum 3. hier. Dann fahre ich zunächst nach Hannover [...], dann auf einen Tag nach Berlin und von dort aus in ein kleines Seebad in Mecklenburg, wo ich mit [...] dear Arthur 8 Tage sein werde.« Bei dem Begleiter des jugendlichen Kurgastes handelt es sich um Arthur Kunde, einen jungen Mann, den Klaus ein halbes Jahr zuvor während eines recht wilden

Aufenthalts in Berlin kennen (und vielleicht auch lieben) gelernt hat. Doch gleich darauf unterbreitet der eben noch von seinen schwulen Abenteuern Schwärmende der Freundin einen Antrag: »Schreibe mir doch, solange ich noch hier bin und vor allem: komme *ja* nach Hiddensee. Ich fände es auch hübsch, wenn wir uns verlobten. Im Ernst. Was hältst Du davon? Denn ich liebe Dich und bin Dein Freund Klaus.«[6] Pamela muss nicht lange überlegen. Für sie ist das Zusammensein mit den Geschwistern Mann ein einziges Fest, ein unterhaltsames Abenteuer, und ein Verlöbnis kann dem Image, das alle drei sich verpassen, nur eine weitere schillernde Nuance hinzufügen. Also kritzelt sie auf eine Postkarte »Verlobung einverstanden«[7] und schickt sie an den Eremiten nach Stift Neuburg. Die Eltern in München werden informiert. Im Hause Mann reagiert man bestürzt und besorgt. »Was den Zauberer betrifft, so war unsere neue Gefährtin [Pamela] ihm entschieden unheimlich«[8], erinnert sich Klaus Mann spitzbübisch. Thomas Mann, dem die offen gelebte Homosexualität seines Ältesten ein Dorn im Auge ist (wohingegen er selbst, der »Zauberer«, zeitlebens seine gleichgeschlechtlichen Neigungen unterdrückt und sublimiert), und der sich von Klaus Manns jugendlicher Schönheit und Vitalität gleichermaßen angezogen wie provoziert fühlt, ist keineswegs erbaut über die Heiratsabsichten des Sohnes und rät ihm, noch ein wenig zu warten, er sei ja erst siebzehn und für solch weitreichende Entscheidungen doch gar zu jung, »das ist das Malheur«[9]. Und auch Katia Mann klagt dem heiratswilligen Sohn gegenüber: »Was machen wir jetzt mit dir?«[10] Während man sich in der Poschinger Straße 1, dem Hause Mann in München-Bogenhausen, den Kopf zerbricht, ohne zu einem Schluss zu kommen, stürzt sich die Klatschpresse bereits auf das gesellschaftliche Ereignis. Denn dass die Kinder zweier bekannter deutscher Dichter heiraten, ist ein gefundenes Fressen. Zudem werden Gerüchte kolportiert, Pamela Wedekind habe als Schauspielerin ein Engagement an einer Berliner Bühne erhalten. Nur über den Namen des Theaters ist sich die Journaille uneins. Egal wie: ein »Geschmäckle« hat die Sache allemal. Die *Deutsche Allgemeine Zeitung* fasst das einsetzende Pressegewitter spöttisch so zusammen: »Wir lasen in den Berliner Blättern, zuerst in denen, die um die dörrende Mittagszeit herauskommen: ›Pamela Wedekind, die Tochter Frank und Tilly Wedekinds, hat sich mit Klaus Mann, dem Sohne Thomas Manns, VERLOBT und ein Engagement am Deutschen Theater angenommen.‹ Am nächsten Tag: ›Intendant Jessner hat Pamela Wedekind, die sich mit Klaus Mann VERHEIRATET hat, an das Staatstheater verpflichtet.‹ Eigentlich hätte nun gestern die Meldung erscheinen müssen: ›Klaus und Pamela Mann sind mit ihren Kindern zur Erholung gereist.‹ [...] Es ist ein eigen Ding um den Ruhm ...«[11]

Etwas pragmatischer als Klaus Manns Eltern reagiert in der ganzen Aufregung Pamelas Mutter Tilly Wedekind. Sie hat oft genug in Stücken ihres verstorbenen Dichtergatten vor und hinter der Bühne gestanden, um zu begreifen, dass Theater und Realität verschiedene Dinge sind, und dass manches Drama, das gegeben wird, allenfalls zur Farce taugt. In der *Deutschen Allgemeinen Zeitung* widerspricht sie allen Meldungen über ein Verlöbnis und Pamelas jähen Karrierestart. Noch viel später, in ihren Memoiren, erinnert sich die alte Dame kurz und knapp und mit einem hörbaren Stoßseufzer: »Diese Kinder! Als Klaus und Pamela sechzehn [sic] waren, stand plötzlich in allen Zeitungen, sie hätten sich verlobt. [...] Ich hielt die Verlobung für Unsinn und ließ sie dementieren.«[12]

Doch mit dem offiziellen Dementi sind noch keineswegs alle Wogen geglättet. Die Meldung hat so manches Familienmitglied nicht nur konsterniert, sondern auch verletzt. Wie reagiert Erika Mann unmittelbar auf die Nachricht vom Verlöbnis ihres Lieblingsbruders just mit der Frau, die von ihr begehrt wird? Wir wissen es nicht. Erst ein Brief vom 23. Juli 1924, den Erika von der Insel Hiddensee an Pamela schreibt, ist erhalten. Sie ist gemeinsam mit den Eltern in Kloster in der Pension »Haus am Meer« der Irene von Sydow einlogiert. Die Manns verbringen viel Zeit mit Gerhart Hauptmann, der hier ebenfalls die Ferien genießt (das Haus Seedorn, heute Museum, wird er erst 1929 erwerben und zu einem repräsentativen Dichterdomizil umbauen lassen). Die Abende verlaufen recht feuchtfröhlich. Erika streicht Hauptmann, dem Nobelpreisträger von 1912 (Thomas Mann hat die höchste literarische Auszeichnung noch nicht erhalten und sieht dem Treiben recht verkniffen zu), »durchs schön weiße Häärle«[13]. Der revanchiert sich mit einem Kuss. Erika indes sehnt sich nach Klaus, und mehr noch nach Pamela, und tut so, als sei nichts »geschehen«, wenn sie die Freundin mit lockenden Worten umwirbt: »Liebes Leben! Du *kannst* es nicht ahnen, wie schön das Meer ist, – zum Weinen schön. [...] Jetzt stürmt es toll und ich gehe baden. *Komm* doch, es ist so schön und die Wellen sind lebensgefährlich.«[14] Ja, das Leben ist für diese jungen Menschen noch ein einziges Abenteuer, selbst wenn es gefährlich ist, und rasch wird aus Spiel Ernst, und umgekehrt wird der Ernst gern ignoriert oder ins Lächerliche konterkariert. Freilich, die Schlusszeile von Erikas Brief an Pamela lässt aufhorchen, verweist sie doch auf ein nicht überliefertes Schreiben, das offensichtlich kurz zuvor, nach der Nachricht von der Verlobung, verfasst worden ist: »Ich *kann* es selbst nicht verstehen, wie ich *so sauhäßlich* schreiben konnte.«[15] Daraus klingt mehr als eine Entschuldigung: Auch Schmerz schwingt mit, und Enttäuschung über den Verrat von Bruder und Freundin. Ganz so leicht sind die erlittenen Wunden nicht zu verbergen, so schnell schließen sie sich nicht.

Noch jemand aus dem engen Kreis um Pamela sieht sich enttäuscht und verbirgt dies hinter der Maske des Spotts: Kadidja Wedekind, Pamelas fünf Jahre jüngere Schwester, ein ruhiges, sensibles, hochtalentiertes Mädchen. Von ihr sind Zeichnungen und Verse erhalten, die zu ihren Lebzeiten nie veröffentlicht wurden. Eine der Zeichnungen zeigt einen effeminierten Klaus Mann, die eine Hand abwehrend erhoben, das Gesicht hinter der anderen verborgen, als weinte er. Vor ihm steht Pamela als Domina, mit strengem Gesichtsausdruck. Sie sieht den Bräutigam strafend an, in der Hand hält sie eine Gerte. Über den

Bräutigam schrieb Kadidja die Spottverse: »Das ist der Mann/der schreiben kann/trotzdem sein Vater schreibt/und dem trotz Vater's feinem Kopf/das eigne Köpfchen bleibt./Das ist ein Mann/und doch kein Mann/der wie ein Weib sich schmückt./Oh ihr Verleger seht euch vor/er haut euch tückisch übers Ohr/und lächelt nur entrückt!«[16]

Und der so angegriffene Klaus Mann? Er verhält sich irrational, kommt wenige Tage später ebenfalls nach Hiddensee, wo er sich von Gerhart Hauptmann, dem Inselkönig, den Segen spenden lässt, woraufhin Thomas Mann eifersüchtig witzelt: »Na, wenn *das* nicht anschlägt.«[17] »Eine Bemerkung«, so Klaus Mann noch acht Jahre später, »die mich nachhaltig verletzte.«[18] Wenig später verlassen die Dichterkinder die Insel und wechseln nach Bansin auf Usedom, wo sie – unbeobachtet von den Eltern und inkognito vor der Presse – sorglose Sommertage verbringen. Pamela stößt zu ihnen, und alles scheint wie vor dem großen Eklat. Ausgelassen genießen die drei jungen Leute den Sommer, das Strandleben, die Attraktionen und sind zu allerlei Unsinn und Schabernack aufgelegt – fast wie in den guten alten Zeiten der Kindheitsjahre in Bogenhausen. Klaus Mann erinnert sich voller Wehmut: »Der erste Sommer, den wir zusammen waren: schien uns nicht, daß nun kein Sommer anders mehr für uns werden dürfe? – Wir spazierten von Bansin nach Heringsdorf. Dort gab es den ordinärsten Rummel. Erika beteiligte sich in einem Strandcafé an einer schauspielerischen Konkurrenz; ein Tisch von sächsischen Chauffeuren sprach ihr den ersten Preis – eine Flasche Champagner – zu, weil sie Liliencrons ›Bruder Liederlich‹ so knorke aufgesagt hatte.«[19] Doch nach wenigen Tagen reist Klaus Mann überstürzt ab: »Immer war es meine unruhige, fatale Art, weg zu müssen, wenn gerade alles am besten schien.«[20] Er fährt nach München, zu Ricki Hallgarten, dem Nachbarssohn aus Bogenhausen, mit dem er eine Freundschaft, wohl auch eine Liebelei, unterhält. Die Illusion von der Verlobung war nur ein »Sommermärchen«, auch wenn Klaus Mann noch Jahre später behauptet: »Wir [Pamela und Klaus] meinten es ernst, höchstens sehr nebenbei aus Bluff und um die Leute zu schrecken.«[21]

Die Leute (von den Eltern einmal abgesehen) sind weniger erschrocken denn belustigt. Und Federn lassen mussten eigentlich nur die Beteiligten. Dichterkinder spielten Theater. Klaus Mann wollte nicht nur zu seinem Freund Ricki. Er will nun echtes Theater machen: Ihm schwebt ein Bühnenstück vor, und er zieht sich in sein Kinderzimmer im Münchner Elternhaus zurück, um – mithilfe von Zigaretten und viel Parfüm – eines zu schreiben. Er hat ja schon so viel erlebt – glaubt er zumindest.

»Wir erschienen mit blutigen Bißwunden an Händen und Hals«

Dichterkinder und ihre Spiele. 1905–1918

Er ist ein Prinz, und er weiß es: Thomas Mann, Schöpfer der *Buddenbrooks*, Sprössling aus lübischem Kaufmannsgeschlecht. Doch sosehr er selbst sich als etwas Besonderes, Hoheitliches sieht: Seine Umwelt ist sich im Jahre 1904 der literarischen Bedeutung seiner Bücher noch keineswegs durchweg bewusst. Der große Familien- und Gesellschaftsroman *Buddenbrooks*, 1901 im Verlag Samuel Fischers erschienen, hat keinen guten Start: Von der ersten Ausgabe werden gerade einmal eintausend Exemplare verkauft. Zwei Jahre später erfolgt eine günstigere Neuausgabe, auch hiervon können nur zweitausend Exemplare abgesetzt werden. Der große Erfolg des Romans setzt erst in den folgenden Jahren ein. Und 1929 schließlich wird Thomas Mann, inzwischen vierundfünfzigjährig, mit der höchsten literarischen Auszeichnung, dem Nobelpreis, bedacht: bezeichnenderweise nicht für seinen großen Zeitroman *Der Zauberberg*, sondern für seinen Erstling *Buddenbrooks*. Aber von diesem Welterfolg kann der Autor im Jahre 1904 nicht einmal träumen.

Dennoch wird dieses Jahr für Thomas Mann zur Schicksalswende. Der psychisch labile junge Mann, der – aus angesehenem, aber nach dem Tod des Vaters in Liquidation gegangenem Handelshaus stammend – mit seinem Status als Künstler hadert und sich durchaus der gesellschaftlichen und persönlichen Gefährdung bewusst ist, die von seiner verkappten homosexuellen Neigung ausgeht, begegnet einer Frau, in die er sich verliebt, und die – das kann er zum damaligen Zeitpunkt nicht ahnen – seine treue Lebensgefährtin werden wird, seine Stütze, die Mutter seiner Kinder, die Sachwalterin seiner Literatur, kurz: seine Prinzessin. Ihr Name: Katia Pringsheim.

Während Katias zukünftiger Ehemann einer zwar angesehenen, aber infolge des Bankrotts etwas zweifelhaften Familie entstammt, gehören die Pringsheims zu den prominentesten und wohlhabendsten Familien Münchens: Vater Alfred Pringsheim lehrt als Professor für Mathematik an der Ludwig-Maximilians-Universität, die Mutter Hedwig ist eine Frau von Schönheit, Charme und Verstand, die in jungen Jahren als Schauspielerin Erfolge feierte. Deren Mutter wiederum ist die berühmt-berüchtigte schriftstellernde Frauenrechtlerin Hedwig Dohm, die 1876 mit dem Pamphlet *Der Frauen Natur und Recht*, worin sie unter anderem das Stimmrecht für Frauen einforderte, für Furore sorgte. Die Pringsheims bewohnen ein repräsentatives Stadtpalais in der Münchener Arcisstraße 12, erbaut im Stil der Neorenaissance, im Innern üppig mit schweren Kassettendecken, erlesenen Parkettböden und wertvollen sezessionistischen Fresken ausgestattet. Es ist ein offenes, kunstliebendes Haus. Vater Pringsheim ist ein glühender Verehrer Richard Wagners, der rund vierzig Jahre zuvor unter dem kunstsinnigen König Ludwig II. an der Isar Erfolge feierte.

Die 1883 geborene Katia ist die jüngste Tochter des Ehepaars Pringsheim. Sie hat einen Zwillingsbruder namens Klaus (nach ihm wird später Katias erster Sohn benannt werden). Die fünf Pringsheim-Kinder sind in ganz München als ausgesprochen hübsch bekannt – kein Wunder, dass der Malerfürst Friedrich August von Kaulbach sie 1888 als Pierrots in Öl porträtiert hat. Das Bild erfreute sich vor dem Ersten Weltkrieg großer Popularität und wurde in Fotografien, über Zeitschriften und als Kunstpostkarte verbreitet. Die Ironie des Schicksals wollte es, dass Thomas Mann als Siebzehnjähriger eine Reproduktion in der *Leipziger Illustrirten Zeitung* entdeckte, ausschnitt und mit Reißzwecken an die Wand seines Zimmers heftete.

Zwölf Jahre später begegnet er dem Pierrot, der auf dem Ölgemälde ganz links dargestellt ist, persönlich: Aus dem kleinen Mädchen ist eine hübsche, kluge, selbstbewusste Frau geworden. Katia Pringsheim, die als »Externe« mit siebzehn das Abitur glänzend absolviert hat, ist nun einundzwanzig und Studentin der Naturwissenschaften. In seinem 1909 erschienenen Roman *Königliche Hoheit* hat Thomas Mann sich selbst und seine Braut in den Figuren des Prinzen Klaus Heinrich und der Imma Spoelmann augenzwinkernd literarisiert.

Weit bodenständiger hat Katia Mann im hohen Alter ihre Erinnerungen an das erste Treffen mit dem Schriftsteller wiedergegeben, eine Begegnung gleichwohl, von der sie damals gar nichts ahnte, wurde sie doch von Thomas Mann ohne ihr Wissen beobachtet. Die Szenerie: Eine Straßenbahn in München. Katia Mann erzählt:

»An einer bestimmten Stelle, Ecke Schelling-/Türkenstraße, mußte ich aussteigen und ging dann zu Fuß, mit der Mappe unterm Arm. Als ich aussteigen wollte, kam der Kontrolleur und sagte: Ihr Billet!

Ich sag: Ich steig hier grad aus.

Ihr Billet muß i ham!

Ich sag: Ich sag Ihnen doch, daß ich aussteige. Ich hab's eben weggeworfen, weil ich hier aussteige.

Ich muß das Billet –. Ihr Billet, hab ich gesagt!

Jetzt lassen Sie mich schon in Ruh! sagte ich und sprang wütend hinunter.

Da rief er mir nach: Mach daß d' weiterkimmst, du Furie!

Das hat meinen Mann so entzückt, daß er gesagt hat, schon immer wollte ich sie kennenlernen, jetzt muß es sein.«[1]

Einige Zeit darauf begegnen sich beide im Hause gemeinsamer Bekannter. Wenig später laden Pringsheims den jungen Autor in ihr Stadtpalais ein. Dort macht der gut erzogene, höfliche Hanseat durchaus Eindruck – freilich ahnen die Eltern Pringsheim nicht, dass der Literat ein Auge auf die Tochter geworfen hat. Der jedenfalls ist von der selbstbewussten, burschikosen Studentin verzaubert. In einem Brief an seinen Bruder Heinrich vom 27. Februar 1904 preist er Katia in höchsten Tönen, sie sei »ein Wunder, etwas unbeschreiblich Seltenes und Kostbares, ein Geschöpf, das durch sein bloßes Dasein die kulturelle Thätigkeit von 15 Schriftstellern oder 30 Malern aufwiegt«.[2]

Doch so rasch und umstandslos ist der Pierrot aus dem Hause Pringsheim nicht zu haben. Auf einem Radausflug im Münchner Umland fährt Katia dem verliebten, aber weniger sportlichen Literaten schlicht davon. Und obwohl Hedwig Pringsheim von ihrem Buchhändler versichert bekommt, Thomas Mann werde einmal mindestens so berühmt wie Gottfried Keller werden, ist Alfred Pringsheim doch skeptisch. Ebenso wie Katia übrigens: Sie sei, bekennt sie im Alter, »nicht so sehr enthusiasmiert« gewesen: »Ich hatte erst einige Widerstände, dachte nicht daran, so früh zu heiraten, und habe gesagt: Wir kennen uns ja noch gar nicht genug.«[3]

Die junge Frau will noch nicht ihre Freiheit aufgeben. Sie genießt das Leben und ihr Studium, sie spielt Tennis und ist viel mit ihren vier Brüdern unterwegs. Eine Ehe, so weiß sie, bedeutet die Preisgabe all dessen, denn ihre Freiheit wird ihr nur zugestanden, weil sie eine verwöhnte Tochter aus reichem Hause ist. Die Gesellschaft der damaligen Zeit erwartet aber von einer Ehefrau Unterordnung und Hintanstellung eigener Interessen, egal wie ihr sozialer Stand ist.

Doch der verliebte Literat lässt nicht nach und kann Katia und deren Eltern schließlich überzeugen. Am 11. Februar 1905 heiraten Thomas Mann und Katia Pringsheim. Der Schriftsteller, wie stets korrekt gekleidet, macht auf die Hochzeitsgesellschaft dennoch einen etwas eigentümlichen Eindruck, wie Katia erzählt: »Ich muß gestehen, sie nannten zunächst Thomas Mann immer den leberleidenden Rittmeister, weil er nämlich etwas bläßlich war und schmal, und dann war er sehr korrekt mit seinem Schnurrbart und in seinem ganzen Auftreten. Aber das war nicht bös gemeint. Wirklich gegen die Heirat war niemand.«[4]

Doch, *eine* schon: Hedwig Dohm, Katias emanzipierte Großmutter; sie ist sehr wohl enttäuscht, weil Katia wegen der ehelichen Konvenienz ihr Studium nicht abschließt. Der Bräutigam ist ihr ohnehin suspekt. Noch Jahre später wird die uralte, aber nach wie vor resolute Dame den Ehemann der Enkelin als verdammten alten Anti-Feministen beschimpfen – und nicht einmal Widerspruch ernten.

Die Hochzeitsreise geht nach Zürich, ins Luxushotel »Baur au Lac«. Die Eltern Pringsheim bezahlen die Tour. Ebenso wie auch die Siebenzimmerwohnung samt Mobiliar, Bibliothek und Ausstattung, die Thomas und Katia nach ihrer Rückkehr aus den Flitterwochen in der Münchner Franz-Joseph-Straße 2 beziehen. Dem Dichter, der sich selbst in seinem Roman *Königliche Hoheit* als Prinzen beschreibt, und seiner Frau soll es nicht an Bequemlichkeit und bürgerlicher Etikette mangeln.

München sonnt sich in seinem Nimbus einer Stadt der Künstler, der Schönheit, des freien Lebens. Die Nähe zu Italien, die bereits südliche Atmosphäre, die barocke und klassizistische Aura der Isarstadt und die geruhsame Sinnlichkeit der oberbayerischen Landschaft locken Maler und Schriftsteller, Architekten und Musiker an. Der Dichter Karl Wolfskehl lobpreist die Stadt: »Es gab durch das ganze Jahrhundert und darüber hinaus [...] neben Paris nur noch *eine* Geisteshauptstadt mit nach allen Seiten offenen Toren, alles aufnehmend, allverstehend und allbildend und in seinem kleineren Ausmaß ebenso wichtig: München und noch einmal München. [...] Hier wurde alles menschlicher, in einem fast griechischen Verstande sinnenhaft, hier kam man ›zu sich‹, hier fielen die Hemmungen von Herkunft und Gewohnheit, hier mochte man sich geben oder bewahren, hier war Licht und helle hohe Luft, Freiheit und Einsamkeit für jeden, den danach verlangte.«[5]

Auch Thomas Mann, ein »Reingeschmeckter« aus dem protestantischen Norden, fühlt sich von Anbeginn in der Isarmetropole wohl, aufgehoben und angenommen. In seiner Erzählung *Gladius Dei* von 1902 rühmt er die Stadt geradezu hymnisch:

»München leuchtete. Über den festlichen Plätzen und weißen Säulentempeln, den antikisierenden Monumenten und Barockkirchen, den springenden Brunnen, Palästen und Gartenanlagen der Residenz spannte sich strahlend ein Himmel von blauer Seide […].«[6]

Bereits am 9. November 1905, genau neun Monate nach der Hochzeit, kommt im Hause Mann das erste Kind zur Welt, ein Mädchen, das auf den Namen Erika getauft wird. Eigentlich hat sich Thomas Mann einen Stammhalter gewünscht, und so schreibt er ernüchtert an den Bruder Heinrich: »Es ist also ein Mädchen: eine Enttäuschung für mich, wie ich unter uns zugeben will, denn ich hatte mir sehr einen Sohn gewünscht und höre nicht auf, es zu thun. Warum? ist schwer zu sagen. Ich empfinde einen Sohn als poesievoller, mehr als Fortsetzung und Wiederbeginn meinerselbst unter neuen Bedingungen.«[7]

Auch der alten Hedwig Dohm gegenüber äußert er sich den negativen Erwartungen gemäß: Als sie den werdenden Vater fragt, ob er sich lieber einen Jungen oder ein Mädchen wünsche, gibt der zur Antwort: »Natürlich einen Jungen. Ein Mädchen ist doch nichts Ernsthaftes.«[8] Und selbst Katia Mann gibt sich enttäuscht: »Es war also ein Mädchen, Erika. Ich war sehr verärgert. Ich war immer verärgert, wenn ich ein Mädchen bekam, warum, weiß ich nicht.«[9] Noch ahnen die Eltern nicht, dass just diese Tochter – es werden noch fünf weitere Kinder folgen – ihnen im Alter die größte Stütze sein wird, ja, dass Erika sogar des Vaters treueste und fähigste Managerin und literarische Sachwalterin werden wird, bis über dessen Tod hinaus. Es wird jedoch nicht lange dauern, und der junge Vater wird sein erstes Kind sehr lieb gewinnen, es in späteren Jahren den jüngeren Geschwistern sogar vorziehen. Katia Mann selbst hat das bezeugt: »Mein Mann war viel mehr für die Mädchen. Obgleich er ein Mädchen für nichts Ernsthaftes hielt, war Erika immer sein Liebling.«[10]

Wie dem auch sei: Dem erhofften Stammhalter ist schon im Voraus eine Bürde in die Wiege gelegt. Als ein Jahr später, am 18. November 1906, ein Knabe zur Welt kommt, wird er symbolbeladen nach der Hauptfigur des eben entstehenden neuen Romans *Königliche Hoheit* auf die Namen Klaus Heinrich getauft – oder auch nach Katias Zwillingsbruder Klaus. Jedenfalls ist es ein Name, der schwer wiegt: Es ist ein literarisches Spiel, worin der immer berühmter werdende Thomas Mann sich selbst dupliziert. Der Prinz hat einen Prinzen gezeugt. Diesem hohen Anspruch kann Klaus Mann zeitlebens nicht gerecht werden.

Andererseits scheint sich das engste Verhältnis, das zwei Menschen wohl aneinander binden mag, zu wiederholen: die Zwillingschaft. Katia Mann und ihr Zwillingsbruder Klaus Pringsheim stellen eine symbiotische, verschworene Gemeinschaft dar. Klaus Mann hat dies bereits als Kind beobachtet und später in *Der Wendepunkt* so analysiert: »Das Gespräch zwischen den beiden wimmelte von geheimen Formeln, zärtlichen Anspielungen, rätselhaften Scherzen. Die zwei seltsamen Kinder schienen in einer Welt für sich zu leben – beschützt von ihrem Reichtum und von ihrem Witz, bewacht und verwöhnt von Bedienten und Verwandten.«[11]

Das Zwillingsmotiv wiederholt sich: Erika und Klaus Mann werden sich zeitlebens als solche *fühlen*, mit allen Freuden, Belastungen und Komplexen. »Denn im Bereich des wirklichen Lebens gehörten Erika und ich zusammen«, schreibt Klaus Mann rückblickend noch in den Vierzigerjahren, »unsere Solidarität war absolut und ohne Vorbehalt. Wir traten wie Zwillinge auf.«[12]

Bis 1919 folgen noch weitere Geschwister, zwei Mädchen und zwei Knaben: 1909 kommt Angelus Gottfried Thomas zur Welt, der zeitlebens nur Golo gerufen und unter diesem Namen als Historiker berühmt werden wird. 1910 folgt Monika (auch sie wird Schriftstellerin). Nach einer längeren Pause bringt Katia im Jahre 1918 Elisabeth zur Welt, die später eine anerkannte Meeresbiologin wird, und 1919 das sechste und letzte Kind Michael, der Bratschist und Germanist werden wird.

Die Geschlechterrollen der ältesten Geschwister Erika und

Klaus scheinen von Anfang an vertauscht. Das äußert sich bereits in der Kleidung. Klaus erinnert sich: »Unsere ›künstlerische Aufmachung‹, das sind die Leinenkittel mit den hübschen Stickereien aus den Münchener Werkstätten. Mielein [Katia Mann] hat sie selber ausgesucht, rote Kittel für die Buben, blaue für die Mädchen, wie es sich gehört.«[13] Doch nicht nur äußerlich scheinen Erika und Klaus komplementär. Auch in ihren Verhaltensmustern, was »typisch« Weibliches und Männliches anbelangt, tauschen sie die Rollen: Erika ist die Jungenhafte, die klettern, schwimmen, raufen kann, den bayerischen Dialekt spricht, damit in der Münchner Tram ihren derben Schabernack mit Fahrgästen treibt und vor nichts Angst hat. Klaus hingegen ist eher furchtsam, früh zum Außenseiter gestempelt – und: er bewundert und verehrt seine Schwester. »Erika«, so schreibt er, »war die Rüstigste von uns. Sie konnte wie zwei Buben turnen und raufen, und sah aus wie ein magerer, dunkel hübscher Zigeunerjunge, dessen braune Stirn sich manchmal trotzig verfinstert. Als einzige von uns beherrschte sie die bayerische Mundart, die ich niemals erlernt habe. Wenn eines von den Kindern des [Tölzer] Zwickerbauern, mit denen wir manchmal spielten, sie fragte: ›Ärika, magst an Äpfi?‹, konnte sie in ganz ähnlichem Tonfall antworten, was mir doch einfach unmöglich gewesen wäre.«[14]

Dies sind Erinnerungen an die glücklichen Wochen und Monate im Sommerhaus der Familie, das Thomas Mann, der nach und nach zu einem wohlhabenden Bestsellerautor arriviert ist, sich im Jahre 1908 in Tölz im bayerischen Oberland hat erbauen lassen. Die Villa ist inmitten eines großen, baumbestandenen Grundstücks gelegen. Hier verbringt die Familie bis zum Jahre 1917 – als Thomas Mann das Haus veräußert, um in patriotischer Begeisterung Kriegsanleihen zu zeichnen – die Sommermonate. Einige Erzählungen Klaus Manns – so die *Kindernovelle* – spielen hier. »Das Paradies«, so Klaus wehmütig, »hat den bittersüßen Duft von Tannen, Himbeeren und Kräutern, vermischt mit dem charakteristischen Aroma des Mooses, das von der Sonne durchwärmt ist, der großen, mächtigen Sonne eines Sommertages in Tölz.«[15]

Das Haus am Hang oberhalb des Städtchens steht noch heute. Hier ersinnen Erika und Klaus ihre Spiele, mit den kleinen Geschwistern Monika und Golo als Komparsen. Da ist zum Beispiel das »Gro-Schi-Spiel«: Haus und Garten verwandeln sich in einen Ozeandampfer, das Kindermädchen, die kleinen Geschwister, der Vater und der Hund Motz stellen in der Fantasie der Kinder Kapitän, Matrosen und Passagiere dar. Erika ist eine Prinzessin, Klaus und Golo sind die reichen Herren Steinrück und Löwenzahn. »Sie waren keine frivolen Draufgänger, unsere reisenden Millionäre«, erzählt Klaus, »vielmehr handelte es sich um zwei Herren gesetzten Alters, die eine schwere Last von Verantwortlichkeiten und väterlichen Sorgen zu tragen hatten. Kurze, aber inhaltsschwere Radiogramme informierten sie über die beunruhigenden Schwankungen an der Börse; atemlose Geheimboten überbrachten furchtbare Bulletins, das Betragen der fernen Söhne betreffend. Diese jungen Leute – typische Repräsentanten frivol-sybaritischer *jeunesse dorée* – verschwendeten Millionen für grandiose Ankäufe von Karamellbonbons und Schokoladentorten, worüber die geplagten Väter, nebeneinander auf dem Promenadendeck spazierend, sorgenvoll die Köpfe schütteln mußten.«[16]

In der Nähe des Tölzer Sommerhauses befindet sich der Klammerweiher, ein mooriger Teich, dessen Wasser die Glieder golden färbt. Erika und Klaus lernen hier das Schwimmen, die Schwester leicht, der Bruder nur unter Mühen. In der *Kindernovelle* hat Klaus Mann das Gewässer verewigt: Dort schwimmt und taucht der junge Till – erotische Projektion des jugendlichen Autors – und verwirrt die Betrachter durch seine nackte Schönheit. George Hallgarten, Rickis älterer Bruder, verbindet in der Rückschau den Klammerweiher mit dem Verlust kindlicher Unbedarftheit: »In ihrem [Manns] Garten [in Tölz], oder ihm nahe, war ein Weiher [...], worin verschiedene von uns, darunter Erika und ich, im Stande der Unschuld herumpuddelten, als ich Manns mit meinen Eltern beratschlagen hörte, ob denn das Baden, ganz ohne etwas an, in solchem Alter noch statthaft und ratsam sei. Nun, man kann ein großer, ja vielleicht der größte Menschenkenner der Zeit und Psychologe sein, und es doch mit Kindern nicht ganz verstehen. Jene Bemerkungen, so schrieb ich ›Onkel Thomas‹ später […], hätten mich plötzlich sehend gemacht, so daß ich mich wie Adam gefühlt hätte, als man ihm den Apfel gereicht.«[17]

Der Klammerweiher indes führt die Kinder Erika und Klaus auch zum ersten Mal bewusst an den Tod heran: Eines Tages ertrinkt darin ein Bäckergeselle, und die Geschwister kommen mit dem Kindermädchen Affa zur Leichenhalle, wo der Verunglückte aufgebahrt liegt. Klaus' eigene fatale Nähe zu den Verführungen des Todes mag damals berührt worden sein. »Worauf tat er sich denn so viel zugute, der Schweigende dort zwischen den Blumen und Kerzen?«, schreibt er später über dieses Schlüsselerlebnis. »Hatte er denn eine Heldentat vollbracht, indem er im Klammerweiher ertrank? Oder war es die bloße Tatsache, daß er tot war, die ihn so prinzlich und so kostbar machte? […] wir standen reglos, versunken in das Bild dieser unbegreiflichen Hoheit, als Affas Stimme uns mahnte: ›Zeit zum Nach-Hause-Gehen, Kinder! Jetzt habt ihr ihn ja gesehen.‹«[18]

Erika und Klaus zeigen schon früh eine ausgeprägte sprachliche Fantasie mit eigenen Codierungen. Sie unterhalten sich in einem Idiom, das von den Erwachsenen nur schwer verstanden wird (wie es ja auch Katia Mann und ihr Zwillingsbruder Klaus tun). Nahezu alle Mitglieder der Familie Mann besitzen Necknamen, die meist auf die ältesten Geschwister zurückzuführen sind. So heißt Katia Mann »Mielein«, Klaus »Eissi«, die Großeltern Pringsheim »Offi und Ofey« oder einfach nur die »Urgreise«. Thomas Mann ist der »Zauberer« oder kurz »Z.«, weil er einmal ein angebliches Gespenst (Klaus nennt es »Me-Me«), das im Kinderzimmer sein Unwesen trieb, mit Erfolg in die Schranken gewiesen hat: »Sagt ihm nur, daß ein Kinderschlafzimmer kein Ort ist, wo anständige Geister sich herumtreiben, und daß er sich schämen sollte. Und wenn das immer noch nicht genügt, so tut ihr gut daran hinzuzufügen, daß euer Vater sehr reizbar ist und häßlichen Spuk in seinem Haus nicht duldet. Dann wird er sich bestimmt aus dem Staube machen. Denn es ist eine in Geisterkreisen wohlbekannte Tatsache, daß ich wirklich sehr schrecklich sein kann, wenn ich einmal die Geduld verliere.«[19]

Nicht nur im Erfinden neuer Wörter sind Erika und Klaus Meister. Erika kann auch die unterschiedlichsten Idiome nachahmen. In der Kindheit ist das noch der bayerische Dialekt, in dem sie sich mühelos mit den Bauernkindern unterhält, während Klaus hingegen in der Schule als »Saupreiß« gehänselt wird. Später, als erwachsene Frau, imitiert sie des Vaters Literatursprache und deren ironische Brechung im alltäglichen Gespräch, sodass der Schriftsteller Ludwig Marcuse fassungslos feststellt: »Sie beherrschte die Thomas-Mann-Sprache fließend, wie nur eine Eingeborene. Der Schöpfer dieses bekannten deutschen Dialekts schrieb ihn nur; die Tochter aber sprach ihn – und trieb soviel Allotria damit, daß er sie gewiß beneidete.«[20]

Nicht nur im ländlichen Tölz treiben die Mann-Kinder ihren Schabernack, auch in München-Bogenhausen sind sie und ihre Freunde verschrien. 1910 wechselte die Familie von Schwabing nach Bogenhausen, rechts der Isar, damals noch ein ländlich-vorstädtischer Bezirk, der sich jedoch mehr und mehr zum Villenviertel wandelte. Zuerst bezogen sie eine Wohnung in der Mauerkircherstraße 13, Anfang 1914 schließlich eine neu erbaute herrschaftliche Villa in der Poschingerstraße 1, im sogenannten Herzogpark. Dieses Gelände, um 1910 als Baugebiet ausgewiesen, gehörte einst Herzog Karl Theodor von Bayern. Es ist damals halb Wiesengrund, halb vernachlässigter Wald. Thomas Mann hat den Charme dieser vorstädtischen Wildnis in seiner Erzählung *Herr und Hund* verewigt. Die »Poschi« indes, wie die Villa von allen liebevoll genannt wird, ist der Dreh- und Angelpunkt der wachsenden Familie, und der Entstehungsort bedeutsamer Literatur – der von Thomas Mann, bald aber auch der ersten Romane, Dramen und Erzählungen Klaus Manns.

München ist in den Jahren vor dem Ersten Weltkrieg eine zwar glänzende und kulturell hochstehende Residenzstadt unter einem kunstbeflissenen, liberalen und volksnahen wittelsbachischen Herrscherhaus, besitzt aber durch die kleinbürgerlichen und handwerklichen Vorstädte und das stark traditionsgebundene bäuerliche Umfeld noch sehr bodenständigen, urigen Charakter. Bogenhausen ist noch wie ein groß gewordenes Dorf, bestehend aus den Alteingesessenen und den »Zuagroasten«: Man kennt sich, frotzelt ein wenig übereinander, aber verhält sich nach der urbayerischen Devise »leben und leben lassen«.

Ein gutes Maß an Liberalität – oder besser: gleichmütiger Nachsicht – müssen die Bewohner Bogenhausens in jenen Jahren gleichwohl aufbringen. Denn Erika und Klaus Mann und deren Freunde formieren sich – halb in kindlichem Übermut, halb aus einer vorpubertären Freude am bösen Spaß – zur »Herzogparkbande« und treiben ihren nicht immer arglosen Unfug mit Bewohnern und Passanten (natürlich ohne Wissen der Eltern). Zu dieser »Gang« gehören Kinder aus der Nachbarschaft: Lotte und Gretel Walter (die Kinder des Dirigenten Bruno Walter) und Ricki (Richard) Hallgarten.

Ricki gehört zu den Gefährdeten, wie sie wiederholt die Lebenswege von Erika und Klaus kreuzen: Der Sohn des Juristen und Germanisten Robert Hallgarten und der Frauenrechtlerin Constanze Hallgarten wird am 14. Januar 1905 geboren. Die Familie wohnt in der nahen Pienzenauerstraße 15. Rickis vier Jahre älterer Bruder George, der später ein bekannter Historiker wird, erinnert sich in seinem Lebensrückblick an die Bekanntschaft mit den beiden ältesten Mann-Kindern (wenngleich er sich in den Alterszuschreibungen ein wenig irrt): »Es handelte sich um ein braunäugiges und frisches, etwas schelmisch dreinschauendes Mädchen, das damals etwa zehn Jahre alt gewesen sein mag – ich war wohl [im Jahre 1913] gerade zwölf –, und einen etwa acht Jahre alten, also meinem Bruder [Ricki] gleichaltrigen Knaben, blond, etwas versonnen, und gleich seiner Schwester, mit ganz leicht betonter und geschweifter Nase. […]

Die Namen der Kinder waren Erika und Klaus, und ihr Vater [...] führte den Namen Thomas Mann. Es war der Beginn von Beziehungen, die von langer Dauer, und für meinen Bruder seelisch bestimmend werden sollten, doch ließ sich das noch nicht ahnen.«[21]

Früh schon zeigt Ricki, dessen Taufpate kein Geringerer als der damals bekannteste deutsche Schriftsteller, der mit den Hallgartens befreundete Ludwig Ganghofer ist, zeichnerische Begabung. Später wird er Erika Manns Märchen *Jans Wunderhündchen* (1931) illustrieren, ebenso ihr Kinderbuch *Stoffel fliegt übers Meer* (1932). Aber er besitzt einen fatalen Hang zur Depression, einen Drang zur Selbstzerstörung – und steht vielleicht gerade deshalb Klaus Mann, der sich ein wenig in ihn verliebt, so nah. Der beschreibt ihn voller Zärtlichkeit: »Sohn einer hochkultivierten jüdischen Familie, war [er] ein attraktiver und besonderer Knabe. Wir kannten ihn seit frühester Kindheit [...]. Er wirkte zugleich delikat und verwegen, wild und sensitiv. Die Fülle des dunklen, widerspenstigen Haares hing ihm in eine niedrige Stirn, die sich oft nervös verfinsterte. Die Augen, nah beieinanderliegend unter schön geschwungenen, starken Brauen, spiegelten mit rührender Aufrichtigkeit die stürmisch wechselnden Stimmungen seiner Seele. Er hatte den komplizierten, beunruhigenden Reiz eines morbiden Hirtenknaben, eines hysterischen Zigeuners. Er war witzig und naiv, unschuldig und verschlagen. [...] wir gingen schwimmen und Schlittschuh laufen. Wir rauften und philosophierten und lachten und hörten Musik zusammen. [...] zusammen, immer zusammen ...«[22]

Dieses Zusammengehörigkeitsgefühl, verstärkt durch das Gespür für das Verwegene, Verruchte, Verbotene, wird zum inneren Antrieb für die nicht immer unschuldigen Streiche der »Herzogparkbande«: Sie erschrecken mit bunt geschminkten Gesichtern und wildem Geheul Spaziergänger. Mit verstellten Stimmen (Erika ist eine begnadete Stimmenimitatorin) rufen sie wildfremde Leute an: »Auch wie Delia Reinhardt konnte Erika sprechen, das ist die wunderbare Sängerin, für die damals alle Backfische Münchens schwärmten. So bat Erika, mit Delia-Stimme, verschiedene Backfische ans Telefon, um sie sanft und würdevoll zu einem Tee einzuladen, den sie für alle ihre jungen Freundinnen zu geben gedächte. Sämtlich sagten sie zu, mit Stimmen, die vor Freude zitterten. Es muß gräßlich für die arme Delia Reinhardt gewesen sein.«[23] Besonders mit Diebereien tun sich die Bandenmitglieder hervor: »Einmal arrangierten wir ein kleines Festmahl, bei dem *alles* gestohlen sein mußte, vom Rollschinken über die Orangen und den englischen Kuchen bis zum Mineralwasser und zum Klosterlikör – mit Bienenfleiß hatten wir's innerhalb einiger Tage zusammengerafft.«[24] In der Straßenbahn entsetzt Erika in breitestem Bayerisch die anderen Fahrgäste mit grausigen Details über einen sadistisch veranlagten Verwandten. Gewonnen hat sie das Spiel – so die Regel –, wenn die Fahrgäste angewidert die Flucht ergreifen und vorzeitig aussteigen.

In der Poschinger Straße wird der böse Jux mit den Erwachsenen fortgesetzt: »Wir erschienen mit blutigen Bißwunden an Händen und Hals und mit kunterbunt hergerichteten Gesichtern zum Mittagessen.«[25] Die Eltern sehen diesem Allotria mit hilflosem Groll zu. Eine Zeit lang werden die Hanswurstiaden geduldet – solange der eigentliche Hausfrieden in der »Poschi« nicht darunter leidet. Der besitzt einen Dreh- und Angelpunkt: Thomas Manns großzügig geschnittenes Arbeitszimmer, sein »Allerheiligstes«, befindet sich an zentraler Stelle des repräsentativen Hauses, im Erdgeschoss, mittig, mit einem großen Erker, dessen Türen auf die Veranda und den Garten hinausführen. Vormittags zwischen neun und zwölf ist im Haus Silentium zu wahren, wenn der »Zauberer«, der nicht nur Gespenster zu verscheuchen vermag, sondern vor allen Dingen ein Wortmagier ist, an seinen wundersamen Dichtungen arbeitet. Auch für die Kinder, so klein sie auch sein mögen, gilt dieses Gebot. Das Arbeitszimmer zu betreten ist ein Tabu (allenfalls Katia darf das, aber auch nicht ohne triftigen Grund). Abends liest Thomas Mann, gleichsam um die Seinen für die erwiesene Rücksicht und Geduld zu belohnen, aus den eben entstehenden Geschichten vor – Erika und Klaus Mann kommen so schon früh mit des Vaters Romanen und Erzählungen in Berührung und gehören wohl zu den besten Kennern seines Werks.

Doch nicht nur im großen Salon im Erdgeschoss entsteht Literatur: Im karg eingerichteten Knabenzimmer im zweiten Stock, unterm Mansardendach, übt sich der pubertierende Klaus im Erfinden von Geschichten und nötigt seinen Bruder Golo zum Zuhören: »Ich konnte erfinden wie die listige Dame der Tausendundeinen Nacht, so endlos und so phantastisch. [...] Ich fabulierte von Königen, Hexen und orientalischen Großkaufleuten, wobei ich etwas mit der Zunge anstieß. Golo trippelte nebenher, das finster-schlaue Mäusegesicht vom glatten Pagenhaar witzig gerahmt, verzaubert von den Verwicklungen meiner Mären [...].«[26] Kaum hat Klaus schreiben gelernt, füllt er Dutzende von Heften mit seinen Elaboraten. »In schärfstem Tempo entstand jene Fülle von Dramen, Romanen, Skizzen und Balladen, die ich mir fast alle aufgehoben habe und deren Masse mich so erschreckt«, urteilt er aus der zeitlichen Distanz. »Was ich mir nicht alles habe einfallen lassen!«[27] Golo wird von seinem Dichterbruder, der mit kindlich-unbeholfener Schrift seine Dramenhefte an Münchner Theater gesandt hat, sogar zu den Intendantenbüros geschickt, mit dem Auftrag, sich im Namen des »Herrn Klaus« zu erkundigen, wann man die bedeutenden Werke aufzuführen gedenke?

Mehr zum gesprochenen Wort, zur Kunst der Schauspielerei, neigt Erika in jenen Kindheitsjahren – der »Familienfluch« der Schriftstellerei ereilt sie erst später auf der Reise um den Globus. Wenn es dem Mädchen in der Schule nicht gefällt, täuscht sie gekonnt eine Kreislaufschwäche vor und sinkt ohnmächtig nieder. Als Onkel Peter Pringsheim einmal zu Besuch ist und bei Tisch Goethes *Der neue Amadis* rezitiert – immerhin ein Gedicht von dreißig Versen –, brilliert die siebenjährige Erika Stunden später damit, dass sie das Gedicht fast fehlerlos nach einmaligem Hören hersagt. Allerdings wird die Vorstellung für sie zur herben Enttäuschung, glaubt ihr doch keiner der Erwachsenen – Onkel Peter ausgenommen –, dass sie unterdessen das Gedicht nicht nachgeschlagen hat.

Gemeinsam verfassen die Geschwister in jenen Jahren auch erste eigene Verse. Ein Beispiel hierfür zitiert Klaus Mann in seinem Lebensbericht *Kind dieser Zeit*: »Meine ersten Gedichte machte ich mit Erika zusammen. Wir schrieben sie säuberlich ab, malten was Phantastisches drum und legten sie unserem armen Vater morgens unter die Serviette. Wenn er sich zum Frühstück niedersetzte, fand er, nahe seinem Eierbecher, Balladen von dieser Art: ›Der böse Mörder Gulehuh, / Der jagte eine bunte Kuh. / Die bunte Kuh, die sträubt sich sehr, / Der Gulehuh kriegt das Messer her. / Er haut der Kuh das Köpfchen ab, / Der Bauer kommt dabei im Trab. / Er hat den Gulehuh eingefangen, / In drei Tagen soll er am Galgen hangen. / Da weint der Mörder Gulehuh. / Da weint er sehr und schreit huhu – / Ich wills gewiß nicht wieder tun, / Um Gottes will'n, verzeiht mir nun!‹ – Und dann«, so Klaus augenzwinkernd, »sollte einem das Frühstück noch schmecken.«[28]

Erika und Klaus erhalten zunächst Unterricht im Institut von Fräulein Ebermayer, einer Verwandten des Schriftstellers Erich Ebermayer, mit dem die Geschwister Jahre später Freundschaft schließen. Unterdessen ist der Erste Weltkrieg ausgebrochen, und Thomas Mann brütet über seinen kulturpatriotischen *Betrachtungen eines Unpolitischen* – das Buch ist auch eine literarische Fehde, die er mit seinem kosmopolitischen Bruder Heinrich, dem »Zivilisationsliteraten«, ausficht. Thomas Mann wird zunehmend gereizt und ungeduldig, auch seinen Kindern gegenüber. Klaus schreibt als Erwachsener allerdings versöhnlich: »›Vater‹ bedeutet eine freundliche, sonore Stimme, die langen Bücherreihen im Arbeitszimmer – feierliches Tableau voll geheimnisvoller Lockung! –; der wohlgeordnete Schreibtisch mit dem stattlichen Tintenfaß, dem leichten Korkfederhalter, der ägyptischen Statuette, dem Miniaturporträt Savonarolas auf dem dunklen Grund; gedämpfte Klaviermusik, die aus dem halbdunklen Wohnzimmer kommt. [...] Von neun Uhr morgens bis zwölf Uhr mittags muß man sich still verhalten, weil der Vater arbeitet, und von vier bis fünf Uhr nachmittags hat es im Hause auch wieder leise zu sein: Es ist die Stunde der Siesta. Sein Arbeitszimmer zu betreten, während er dort mysteriös beschäftigt ist, wäre die gräßlichste Blasphemie. Keines von uns Kindern hätte sich dergleichen je in den Sinn kommen lassen.«[29]

Weniger verklärt sind hingegen die Erinnerungen Golos, der als alter Mann bekennt: »Am Vater hatte ich, hatten wir früher mit beinah gleicher Zärtlichkeit gehangen wie an der Mutter, das änderte sich während des Krieges. Wohl konnte er noch Güte ausstrahlen, überwiegend aber Schweigen, Strenge, Nervosität oder Zorn. Nur zu genau erinnere ich mich an Szenen bei Tisch, Ausbrüche von Jähzorn und Brutalität, die sich gegen meinen Bruder Klaus richteten, mir selber aber Tränen entlockten.«[30]

Hart ist auch die Reaktion des Vaters auf eine lebensgefährliche Erkrankung des Sohnes Klaus im Frühsommer 1915. An die Verlegergattin Hedwig Fischer schreibt er zunächst erschüttert: »Ich wollte Ihnen Nachricht geben über unseren kleinen Dulder. Er macht Unglaubliches durch. Die schwere Bauchfellentzündung war so gut wie überstanden und wir wurden von Tag zu Tag zuversichtlicher, als Anzeichen für Darmverschluß auftraten – Verklebungen und Verwachsungen als Folge der Eiterung und des Heilungsprozesses. Es war eine neue, wirklich fast phantastische Operation nötig, die ungefähr darin bestand, daß die ganze Bauchhöhle geöffnet, das Gedärm herausgenommen, auf einen gewärmten Tisch gelegt, durchsucht, geöffnet und wieder eingenäht wurde: eine Sache von 1 ¾ Stunden. Das Herz hielt aus, auch nachher. Aber dann kam Darmlähmung – ein absolutes Versagen des Apparates, das drei Tage lang anhielt und eine neue Bauchfellentzündung wahrscheinlich machte. Gestern hielten wir das Kind für verloren.«[31] Nach der überraschenden Rekonvaleszenz des Sohnes schreibt Thomas Mann hingegen schnoddrig: »Daß er durchkam, zeugt von einer Lebenskraft, die ich dem schlaffen kleinen Träumer nicht zugetraut hätte.«[32]

Klaus Mann behauptet später hartnäckig, seine Mutter habe ihm das Leben gerettet, indem sie ihm – die Ärzte hatten ihn schon aufgegeben – den Körper mit Kölnischwasser eingerieben und so die Tätigkeit des Organismus wieder angeregt habe. »So hat sie [die Mutter] eigentlich doppeltes Recht auf mein Leben«, schreibt er 1930 in einem Aufsatz mit dem Titel *Das Bild der Mutter*. »Der Gebrauch, den sie von diesem Recht macht, besteht darin, daß sie weiter hilft, wenn es nottut (es tut manchmal not), im übrigen allem den Gang läßt, den es nehmen will. Es war nicht immer ein einleuchtender Gang. Aber solange sie zuschaut, wird er sich niemals hoffnungslos verwirren.«[33] Zeitlebens ist seine Bindung an Katia Mann neben der zu Erika die wohl engste. Die Mutter hilft in ihrer unkomplizierten, praktischen Art und steckt dem Sohn immer wieder Geld zu (er kann seine bisweilen aufwendige Lebensführung – meist wohnt er in Hotels – nie durch eigene Honorare decken und ist bis zum Tode finanziell von den Eltern abhängig). Sie schenkt ihm Gehör, wenn ihn berufliche oder private Sorgen plagen, versucht stets, zwischen Vater und Sohn ausgleichend und versöhnend zu vermitteln. Dass sie – besonders gegen Ende seines Lebens – vielfach von Klaus' Problemen überfordert ist, kann man ihr kaum verdenken.

Der Krieg und die zunehmenden Versorgungsengpässe gehen indes auch am vermögenden Hause Mann nicht spurlos vorüber. Nicht nur, dass Thomas Mann 1917 das Tölzer Domizil verkauft und das Geld in Kriegsanleihen anlegt; auch der »Kohlrübenwinter« von 1917/18 verlangt von allen Opfer. Die Heizung fällt aus. Es gibt Margarinebrot mit Kunsthonig. Selbst im so vornehmen Haus der Großeltern Pringsheim wird am Sonntag nur ein »ausgemergelter Vogel« aufgetischt, eine »Art Reiher von penetrant tranigem Geschmack«, und »scheußlicher rosa Ersatzpudding«[34]. An einem kalten Wintermorgen beschließen

Erika und Klaus – denn so furchtbar ungebärdig und selbstsüchtig sind sie gar nicht –, die Mutter mit Eiern, die es auf dem freien Markt kaum noch gibt, zu überraschen. »Irgendwo in der Vorstadt«, erinnert sich Klaus, »hatten wir einen winzigen Laden entdeckt, in dem solche Kostbarkeiten zu haben waren, vorausgesetzt, daß man genug Zeit und Geduld hatte, um von sechs Uhr morgens bis zur Mittagsstunde anzustehen. Eben das taten wir – der köstliche Preis schien jedes Opfer wert. Wir bekamen die Eier. Wie glatt und appetitlich sie sich anfühlten! Sechs zerbrechliche Kleinode, ein halbes Dutzend zarter Talismane… Glückstrahlend machten wir uns auf den Heimweg. Ich trug die Eier in meiner Pelzkappe, da der Ladenbesitzer uns eine Papiertüte verweigert hatte. Aber meine bloßen Hände waren starr vom Frost. Das Schreckliche, das Unvermeidliche geschah: Die sechs Eier rollten aus der Mütze, die ich ungeschickt hielt, und zerbrachen vor unseren entsetzten Augen. Es war unbeschreiblich traurig, ja, es war wirklich zum Weinen, die schönen Dotter zu sehen, die – ein gelblich seimiges Bächlein – zwischen den Pflastersteinen versickerten. Wir brachen denn auch prompt in Tränen aus. Mir scheint es jetzt, daß unsere Tränen zu Eis erstarrten, während sie unsere Wangen hinunterliefen. Nie ist mir die Welt so kalt, so unfaßlich hart und grausam vorgekommen.«[35]

In jenem Winter 1917/18 bricht im fernen Russland die Revolution aus, nachdem die deutschen Behörden Vladimir Iljitsch Lenin die Durchquerung des Reichsgebietes Richtung St. Petersburg in einem plombierten Zug zugestanden haben. Ein Jahr später werden auch in München, wo Lenin vor dem Krieg in unmittelbarer Nähe zu Thomas Mann gelebt hat, die Unruhen der Räterepublik wüten. Das bürgerliche Zeitalter geht zu Ende, aber nicht in melancholischem Verblühen wie in den *Buddenbrooks,* sondern mit einem lauten Knall. Im Hause des hanseatischen Dichters wird der Untergang der alten Werte symbolträchtig vom »niederen« Stand besiegelt: Affa, das langjährige Dienstmädchen, unangreifbare Institution des Hauses, hat über Jahre hinweg gestohlen und sich ein ganzes Warenlager angelegt! Klaus Mann berichtet in einer Mischung aus ironischer Schadenfreude und scheuer Achtung:

»Es war anläßlich des Streites um den roten Wein, daß Affa die Hand gegen den Vater erhob. Ja, das Ungeheuerliche geschah: Sie schlug nach ihm mit geballter Faust und hätte ihm vielleicht das Nasenbein zertrümmert, wäre er nicht mit überraschender Geistesgegenwart beiseite gesprungen. Immerhin traf sie seine linke Schulter, woraufhin er, nach übereinstimmendem Bericht aller Chronisten, vernehmlich ›Au!‹ sagte. Einige Historiker wollen wissen, daß er nach kurzem Nachdenken auch noch hinzufügte: ›Da hört sich aber wirklich alles auf!‹ […] Affa hatte sich am Herrn des Hauses vergriffen! Es war das Äußerste, die Katastrophe. Es war Revolution. […] Ich begann, Affa zu bewundern. So viel Verderbtheit war eindrucksvoll. Einen schlechten Menschen kann man verurteilen und verachten; aber für das Symbol aller Schlechtigkeit, den Ausbund aller Laster empfindet man eine Art von bestürztem Respekt, in welchen sich Mitleid mischt.«[36]

Die Welt ist tatsächlich aus den Fugen geraten, im Großen wie im Kleinen. Unheimliches scheint sich in jenem Sommer 1918 anzubahnen. Der Krieg hat bislang an den fernen Fronten in Russland, Galizien und Flandern gewütet, in der Heimat hat man ihn in erster Linie in Gestalt von Hunger und Kälte erfahren. Doch wenige Wochen nach diesem ungehörigen Ereignis um die diebische Elster im eigenen Haus flutet der Krieg zurück nach Deutschland und wird in München besonders greifbar. Sein Name: Revolution!

»Jugend war eine Verschwörung, eine Provokation, ein Triumph«

Revolutionen. 1919–1924

Mit dem Aufstand der Matrosen der in Kiel und Wilhelmshaven vor Anker liegenden deutschen Flotte am 29. Oktober 1918 beginnt in Deutschland die Revolution. Die Seeleute weigern sich, dem in ihren Augen sinnlosen Befehl zum Auslaufen nachzukommen, gilt doch der Krieg, nachdem die Westfront in breiten Abschnitten eingebrochen ist, als verloren. Die Aufstände weiten sich aus: In Bremerhaven, Bremen, Hamburg und andernorts verweigern die Matrosen den Dienst, verlassen die Schiffe und Kasernen und besetzen die Rathäuser. Ihrem Beispiel folgen Soldaten und Arbeiter in etlichen Städten des Deutschen Reichs und rufen nach dem Beispiel Russlands lokale Sowjetregierungen aus. Innerhalb weniger Tage danken alle regierenden deutschen Fürsten ab. Kaiser Wilhelm II. verlässt das Hauptquartier des deutschen Heeres im belgischen Spa und geht ins niederländische Exil. Ein Versuch des Reichskanzlers Max von Baden, die Monarchie innerhalb einer parlamentarischen Demokratie zu retten, scheitert bereits in den Anfängen: Der honorige Mann wird von den Hohenzollern erpresst, die Kaiserin droht ihm, seine Homosexualität öffentlich zu machen. Max von Baden zieht sich gekränkt zurück (und gründet in der Folge das angesehene Internat in Schloss Salem). Am 9. November ruft Staatssekretär Philipp Scheidemann (SPD) vom Balkon des Berliner Stadtschlosses die Republik aus. Mithilfe von Polizei und regierungstreuen Soldatenverbänden werden die lokalen Arbeiter- und Soldatenräte und deren Stadtregierungen bald beseitigt.

Auch im vermeintlich so friedfertigen München, dessen Bevölkerung den kunstsinnigen, liberalen Wittelsbachern grundsätzlich mit Sympathie gegenübersteht, bricht sich die stürmische Entwicklung Bahn. Am 8. November proklamiert der Schriftsteller Kurt Eisner (USPD) den »Freien Volksstaat Bayern« und wird Ministerpräsident einer provisorischen Revolutionsregierung. Bereits am Abend zuvor hat König Ludwig III., den die Münchner wegen seines schlampigen Auftretens und seiner Liebe zur Landwirtschaft gern den »Millibauern« genannt haben, die Residenz verlassen und ist mit seiner Familie nach Anif im Salzburger Land geflohen. Die Legende will wissen, dem König sei noch kurz vor seiner Flucht bei einem Spaziergang im Münchner Hofgarten ein Arbeiter begegnet, der, besorgt um seinen Landesherrn, ihm zugerufen habe: »Majestät! Gangan S' hoam! Revolution is!«

Die Novemberrevolution in München verläuft im Großen und Ganzen unblutig. Allenfalls die Bürger in der Innenstadt bemerken etwas von den erregten Aufläufen, Demonstrationen und Versammlungen. Der Herzogpark rechts der Isar liegt in jenen Tagen friedlich da. Dennoch fühlt der zwölfjährige Gymnasiast Klaus Mann sich als Chronist berufen. In seinen Jugenderinnerungen *Kind dieser Zeit* zitiert er aus seinem Tagebuch jener Wochen: »Revolution! Revolution! Militärautos durchsausen die Stadt, Fensterscheiben werden eingeschmissen. Kurt Eisner ist Präsident; – zu lächerlich. Und trotzdem schmeichelt es einem zu denken, in hundert Jahren rede man von der bayerischen wie von der Französischen Revolution.«[1]

Doch die so idealistisch begonnene Republik versinkt bald in einem blutigen Kampf um Revolution und Gegenrevolution. Ministerpräsident Kurt Eisner, dessen Partei USPD bei den ersten freien Wahlen zum bayerischen Landtag am 12. Januar 1919 eine empfindliche Niederlage einstecken muss (sie kommt landesweit auf gerade einmal 2,5 Prozent), wird am 21. Februar auf dem Weg zum Landtag von dem Studenten und Reserveleutnant Graf Anton von Arco-Valley erschossen. Am 18. März wird der Mehrheitssozialist Johannes Hoffmann zum neuen Ministerpräsidenten gewählt. Doch die junge Republik kommt nicht zur Ruhe. Am 7. April rufen kommunistische und sozialistische Kräfte unter Max Levien, Eugen Leviné, Ernst Toller und Gustav Landauer die Räterepublik aus. Es sind humanistisch gebildete Anführer, die recht idealistische Ansichten und Ziele hegen. Doch die Gewalt können sie nicht stoppen: Aus Berlin ziehen regierungstreue »Weiße« Truppen auf München zu und schließen einen Belagerungsring. In der Stadt kommt es zu Übergriffen und Gewaltattacken, von linken wie rechten Kräften. Das Gros der Bevölkerung denkt und fühlt konservativ und hat nur *ein* Bedürfnis: dass die Ordnung wiederhergestellt werde.

Als am 30. April 1919 Rotarmisten im Hof des Luitpold-Gymnasiums mehrere Geiseln erschießen, um die anrückenden Regierungstruppen abzuschrecken, bewirkt dies gerade das Gegenteil: Die Arbeiterräte zerfallen in einen radikalen und einen gemäßigten Flügel (zu Letzterem gehören Toller und Landauer). Toller ist es auch, der eine Plünderung der »bourgeoisen« Mann'schen Villa durch Rotarmisten gerade noch verhindern kann. Die »Weißen« Truppen, die in den nächsten Tagen München einnehmen, gehen rigoros, brutal und unterschiedslos gegen tatsächliche und vermeintliche Revolutionäre vor. Beim Münchner Bürgertum – Bourgeoisie und Kleinbürgern – herrscht ohnehin Erleichterung über das – wenn auch blutige – Ende dieses »Spuks«.

George Hallgarten hat dies später so analysiert: »Bei uns in Bayern schlug das politische Pendel heftiger aus als im Norden. Die Mißstimmung Bayerns über das Vorherrschen des Preußentums im Krieg und insonderheit der Ärger der bayerischen Bauern über das von Berlin aus festgesetzte Höchstpreis-System erlaubte dem äußersten linken Flügel der Sozialdemokratie unter Eisner, sich in der Novemberrevolution der Gewalt zu bemächtigen. Nach Eisners Ermordung im Februar 1919 führte diese eigenartige Kombination sogar zur Errichtung einer Räterepublik und nach deren gewaltsamem Ende im Mai 1919 schlug dann der Wind um, und Bayern wurde binnen kurzem der Sitz einer ausgesprochenen Rechtsopposition. Diese Wendung hatte sich stimmungsmäßig im bayerischen Bürgertum von dem Augenblick an vorbereitet, als Eisner die Macht ergriff.«[2]

Am 1. Mai 1919 erobern die »Weißen« Truppen unter Einsatz von Artillerie die Münchner Innenstadt. Mehrere Hundert Räte und deren Sympathisanten werden getötet, sei es im Straßenkampf oder wenig später in den Gefängnissen. Ernst Toller kommt für mehrere Jahre ins Zuchthaus. Gustav Landauer wird am 2. Mai im Gefängnis Stadelheim von einem nationalistisch gesinnten Offizier brutal erschlagen – nicht nur wegen seiner Rolle in der Räterevolution, sondern auch wegen seines Judentums. Der antisemitische Korpsgeist in den Reihen der völkisch-nationalen Truppen bricht sich wieder Bahn. Die junge Weimarer Republik wird in den nächsten knapp vierzehn Jahren ihres Bestehens unter diesem Wiedererstarken antisemitischer und völkischer Tendenzen leiden und letztlich daran zugrunde gehen. Aber davon ahnt man im Deutschland des Jahres 1919 nichts.

Der jugendliche »Chronist« Klaus Mann notiert am 8. Mai 1919 betroffen: »In unserer Schule war das Regiment einquartiert, das Rosa Luxemburg und Karl Liebknecht getötet hat. – In unserem Schulhof sind zwei Spartakisten erschossen worden. Der eine, ein siebzehnjähriger Junge, ließ sich nicht einmal die Augen verbinden, [Lehrer] Poschenrieder sagte, das wäre fanatisch. Ich finde es heldenhaft.«[3]

Es kehrt wieder Friede in München ein. Und dennoch: Mit der Ruhe im Hause Mann ist es vorbei, denn Erika und Klaus stehen mitten in der Pubertät. Und zugleich mit der körperlichen Entwicklung vollzieht sich ein geistiger Auf- und Ausbruch, dessen Heftigkeit die Eltern verunsichert. Wiederholt schleichen sich die Geschwister in das »Allerheiligste«, das Arbeitszimmer des Vaters, und lesen Bücher, für die sie nach Ansicht der Erwachsenen noch gar nicht reif sind: Es sind die Abseitigen, Verfolgten, Missverstandenen, Dekadenten, so Klaus Mann, denen damals sein ganzes Interesse und sein Mitgefühl gehören. Zu diesem etwas anrüchigen »Olymp« zählen Autoren wie Novalis, Oscar Wilde, Walt Whitman, Georg Trakl, Herman Bang, Stefan George, Friedrich Nietzsche, Paul Verlaine und Arthur Rimbaud.

Es bleibt indes nicht bei der bloßen Lektüre. Die Geschwister wollen die dramatischen Werke der Weltliteratur auf die Bühne bringen. Am 1. Januar 1919 gründen Erika und Klaus zusammen mit Ricki Hallgarten den »Laienbund Deutscher Mimiker«. Mitglieder sind außer ihnen Lotte und Gretel Walter, Wilhelm Emanuel Süskind, Gerta Marcks, George Hallgarten sowie die kleineren Geschwister Golo und Monika. Bei der Gründung der Truppe wird so viel gelacht und geblödelt, dass, so berichtet Klaus, »Erika auf offener Straße etwas Grauenhaftes passierte [sie machte sich in die Hose]«.[4] Bald gibt man bei Hallgartens und Manns die ersten Stücke: Lessings *Minna von Barnhelm*, Molières *Der Arzt wider Willen*, Shakespeares *Was ihr wollt*, Theodor Körners *Die Gouvernante*, Oscar Wildes *Bunbury* und schließlich Klaus Manns Jugenddrama *Ritter Blaubart*. Bruno Walter höchstselbst steuert Musik bei. Kostüme werden geschneidert, Kulissen gezimmert und gemalt, Programme geschrieben. Die Schauspieler schminken und verkleiden sich nach allen Regeln der Maskenkunst. Eintritt zu verlangen weisen die jungen Künstler stolz von sich, eine Spendenbüchse stellen sie dennoch auf, in welche die Eltern der Mimen Münzen und Scheine zu werfen aufgefordert sind. Die Erlöse sollen »notleidenden Tonkünstlern«[5] zukommen. Aber nicht nur Manns und Hallgartens sind geladen: »Wir […] baten auch schließlich das gesamte literarische München hochmütig zu Gast.«[6]

In das »Mimikbuch«, die Vereinschronik, schreibt Thomas

Mann gut gelaunt eine Kritik (nach Erikas Ansicht eine seiner »geglücktesten Arbeiten«[7]): »Der ›Laienbund‹, jenes junge theatralische Unternehmen, von dessen Begründung und Zwecken auf vorstehenden Blättern Nachricht gegeben, hatte sich vorgesetzt, am verwichenen Sonntag einen ersten Beweis seiner künstlerischen Daseinsberechtigung zu liefern, was ihm denn auch nach dem wohl einstimmigen und vom Ref[erenten]. gern zu bestätigenden Urteil der gebildeten Öffentlichkeit recht wohl gelang. In Szene ging ›Die Gouvernante‹ [...]. Die Gouvernante wurde von Fräulein Titi [Erika Mann] mit verständiger Distinktion verkörpert. [...] Als Luise bewies Herr Klaus viel Biedersinn, doch bleibt der hoffnungsvolle Darsteller aufmerksam zu machen, daß das Sprechen gegen den Hintergrund in Kennerkreisen mit Recht als Unsitte gilt, da es das Verständnis der Dichterworte, von denen ein jedes dem Gebildeten teuer ist, erschwert. [...] Die Kostüme waren stilvoll, die Dekorationen würdig, die Zuhörerschaft erlesen [...].«[8]

Über diese Zeit der ersten Bühnenerfahrung schreibt Erika Mann später in ihrer Glosse *Kinder-Theater*: »Damals, während ich die Viola spielte [in *Was ihr wollt*], erfand ich für mich das Theater als Beruf.«[9] Von der Bühne kommt sie nicht mehr los. Engagements bei den Münchner Kammerspielen, bei Max Reinhardt in Berlin, in Bremen und Hamburg und auf den Tourneen der Skandaldramen des Bruders folgen wenige Jahre später, bis sie schließlich 1933 Prinzipalin eines eigenen Kabaretts wird.

Thomas Mann ist ob der schauspielerischen und literarischen Ambitionen seiner Ältesten weniger erfreut denn verunsichert. Ähnlich wie bei der Münchner Revolution des Frühlings 1919 fühlt er sich bedroht, nun aber auch persönlich, nämlich durch Klaus' selbstbewusstes Auftreten und durch dessen körperliches Reifen. Der arrivierte bürgerliche Autor, der noch wenige Jahre zuvor eigene homoerotische Gefühle in seiner Novelle *Der Tod in Venedig* (1911) ästhetisierte und sublimierte und seinen Antihelden Gustav von Aschenbach für Tadzios Anmut in den Tod gehen ließ, verliebt sich nun schlechten Gewissens in die Schönheit des eigenen Sohnes. Bereits im Herbst 1918 notiert er in sein Tagebuch: »Gestern abend bemerkte ich durch die verschlossene Glastür der Kinderwohnung Licht, und da ich Katja ohnehin wecken mußte, denn sie hatte mich ausgesperrt, so wurde nachgeforscht. Es zeigte sich, daß Eissi [Klaus] bei beleuchtetem Zimmer und fantastisch entblößt in seinem Bette lag. Er wußte auf Fragen keine Antwort zu geben. […] Jemand wie ich ›sollte‹ selbstverständlich keine Kinder in die Welt setzen.«[10]

Noch anderthalb Jahre später – Thomas Mann hegt die Idee zu einer »Vater-Sohn-Novelle« – heißt es im Tagebuch: »Entzücken an Eissi [Klaus], der im Bade erschreckend hübsch.«[11] Und wenige Monate darauf: »Ich hörte Lärm im Zimmer der Jungen und überraschte Eissi völlig nackt vor Golo's Bett Unsinn machend. Starker Eindruck von seinem vormännlichen, glänzenden Körper, Erschütterung.«[12] Die Verbindung von jungem Körper und aufmüpfigem Geist hat Thomas Mann verunsichert: »Das Mannwerden Eissi's zu betrachten, ist mit wunderlichen Empfindungen verbunden. Er wechselt die Stimme jetzt, sein Kehlkopf wächst, seine bloßen Beine sind kolossal, die Richtung seiner Meinung revolutionär.«[13]

Die Meinungen des ältesten Sohnes werden Thomas Mann bald *zu* herausfordernd. Im Herbst 1919 erscheint in der Schülerzeitung des Wilhelmsgymnasiums Klaus Manns Prosaskizze *Die Gotteslästerin*, worin er sich über die Spartakistenangst der Bürger mokiert. Die Redaktion der Zeitschrift druckt den Text zwar ab, um ihren Lesern ein Beispiel für die jüngste expressionistische Dichtung zu liefern, distanziert sich jedoch gleichzeitig vom Inhalt.

Als die Mutter Hefte und Tagebücher des Pubertierenden mit Texttiteln wie *Visionen der Unzucht* findet, gerät das Fass zum Überlaufen. Thomas Mann notiert erregt in sein Tagebuch: »Gestern Abend erschütterndes Vorkommnis mit K[atia]. Sie hatte Klaus' Tagebuch offen liegend gefunden und gelesen.

Ohne gerade eigentlich Schlechtigkeit zu offenbaren, zeugt es von so ungesunder Kälte, Undankbarkeit, Lieblosigkeit, Verlogenheit, abgesehen von den literarisch-radikalistischen Flegeleien und Albernheiten, daß das arme Mutterherz tief enttäuscht und verwundet war.«[14]

Zunächst versucht man es mit gutem Zureden. Doch als den Eltern zu Ohren kommt, dass die Geschwister sich mit dem jungen Schauspieler Bert Fischel, einem rechten Stutzer, in der Münchner Boheme herumtreiben, wissen sie sich nur noch *einen* Rat: Sie schicken Erika und Klaus im April 1922 an die Bergschule Hochwaldhausen im Hohen Vogelsberg. Im Grunde sind Erika und Klaus froh, dem verhassten Gymnasium in München entkommen zu sein, zumal sie zusammenbleiben können.

Doch trügt der reformpädagogische Schein der Bergschule. Das Verhältnis zwischen Lehrern und Schülern ist auch hier gestört – ein Generationenkonflikt, nicht untypisch gerade für Umbruchphasen wie jene der Nachkriegsjahre. Klaus Mann schreibt später über dieses Gefühl der Jugendlichen: »Nie zuvor in der Geschichte vielleicht sind junge Leute so bewußt, so eklatant, so herausfordernd jung gewesen wie die deutsche Generation dieser Jahre. Man sagte: ›Ich bin jung!‹ und hatte eine Philosophie formuliert, einen Schlachtruf ausgestoßen. Jugend war eine Verschwörung, eine Provokation, ein Triumph. Wenn wir uns in unseren kahlen Stuben trafen oder draußen im Wald oder beim Krämer im Dorf, tauschten wir geheime Blicke und Winke: ›Ich bin jung!‹ ›Ich auch!‹ ›Dein Glück! Die Alten sind Schweine und Narren.‹«[15]

Die Eltern, von der Direktion alarmiert, müssen erkennen, dass ihre Sprösslinge in das Schulleben nicht zu integrieren sind, sondern nur allerlei Jux und Allotria treiben. Also nehmen sie die beiden bereits im Juli 1922 wieder aus dem Internat und trennen sie. Erika kommt an das Münchner Luisengymnasium, wo sie sich recht halbherzig auf das Abitur vorbereitet. »Aus purer Liebe zu meiner Mutter habe ich das Abitur ›gebaut‹«, bekennt sie später, »und mit einem Zeugnis bestanden, das in der Welt einzig sein dürfte: es ist so miserabel, daß ich es mir eingerahmt habe, und jeder, der mich besucht, kann es in der Diele lesen.«[16]

Klaus hingegen wird im Herbst 1922 – zuvor wurde er im Internat Salem abgelehnt – auf die ebenfalls von der Reformpädagogik geprägte Odenwaldschule Paul Geheebs in Oberhambach geschickt. Die Kollegen in Salem warnen Geheeb brieflich vor dem frühreifen, manierierten, selbstgefälligen jungen Mann. Doch Paul Geheeb, ein Mann in den Fünfzigern mit langem, weißem Rauschebart, ist lebenserfahren genug, das Gute im Wesen seines neuen Zöglings zu erkennen, dessen Talente zu fördern und ihn in seinen künstlerischen und literarischen Interessen nicht zu beschneiden. Geheebs Leitspruch ist »Werde, der du bist!«, und Klaus Mann dankt es dem Pädagogen noch viele Jahre später in Briefen und rühmenden Aufsätzen.

Zum ersten Mal in ihrem Leben sind die Geschwister für längere Zeit voneinander getrennt. Besonders Klaus empfindet dies schmerzlich. Seine Briefe aus der Odenwaldschule sind bemüht fidel, verhüllen aber kaum Sehnsucht und Heimweh. So erkundigt er sich – es ist die Zeit der Inflation –, ob in München eine Tafel Schokolade auch vierzig bis sechzig Mark koste? Er könne schließlich ohne Schokolade nicht dichten und gleiche darin Annette Kolb, die, wie man wisse, auch nur im Kaffeehaus habe arbeiten können. Er sei sogar noch interessanter als Annette Kolb, so albert er, trotz seiner, wie er glaubt, biederen Züge. Er lässt die Eltern nicht außen vor, wenn er seine Schwester anweist, sie solle den Brief den »Greisen«[17] ruhig zeigen und möge nur darauf achten, Frivolitäten – oder was er eben darunter versteht – nicht unnötig hervorzukehren. Hinter solchen Scherzen verbirgt sich Bitterkeit, fühlt Klaus sich doch von den Eltern vernachlässigt. Auch in anderen Briefen an Erika klingt dies an: Erika möge ihm Lebensmittel schicken, schreibt er, als sei er am Verschmachten. Insbesondere Marmelade, Wurst und Konserven, »– was dir in die Hände fällt. Du, die Nachbarsmörderin, wirst nicht auch noch zur Bruderverhungerlasserin werden wollen.«[18] Und in einem anderen, undatierten Brief auf Papier der Odenwaldschule trägt er der Schwester auf, sie solle eine »Hilfsaktion«[19] einleiten, aber der Mutter nichts verraten, das wäre ihm peinlich. Sein Stand in der Schule sei schwierig, er habe sich mit Paul Geheeb gestritten und fürchte einen Brief des Schulleiters an den Vater. Erika solle im Übrigen dafür Sorge tragen, dass der Zauberer keinesfalls ein in Klaus' Zimmer liegendes Heft mit Novellenentwürfen in die Finger bekomme.

Solche Briefe wollen gewitzt klingen, und sind es doch nicht. Die Klagen wegen mangelhafter Essensrationen sind Koketterie, von Hungern kann an der Odenwaldschule, wohin wohlhabende Bürger ihre Sprösslinge schicken, nicht die Rede sein. Und doch spricht aus solchen Zeilen ein *seelisches* Ungenügen: Der Heranwachsende fühlt sich entfremdet, missverstanden, enttäuscht. In Erika sieht er eine konspirative Verbündete – und mehr als das: das Zwillingswesen, dem allein er sich im tiefsten Innern verpflichtet fühlt, ja das ihn in Zeiten psychischer Erschütterung und Not am Leben erhält – dieser Komplex wird bis zu Klaus Manns frühem Tod bestehen.

Er belässt es in diesen Monaten im Internat nicht bei Bitten um Lebensmittel und Klagen über die Eltern. In den sonst überwiegend heiter-scherzenden Ton der Briefe mischen sich Pathos und beinah rührende Unbeholfenheit. Liebesgeständnisse werden übermittelt. Klaus schwärmt der Schwester gegenüber von Schulkameraden. Und er geht in seinen irritierenden Geständnissen noch weiter: »Ach – mein' Ruh' ist hin – – – (Ich liebe doch leider den Knaben UTO und muß viel kostbare Geschenke für ihn erhandeln, da er so *sehr* nett ist. [...]) Ich habe ein sehr schönes Gedicht an dich gemacht, daß [sic] dich rühren wird. [...] Was denkt man [die Eltern] über meine unbedeutende kleine Zukunft? – *Ich* hab' keine Angst. Und es wird schon recht werden. (dieses kleine Kulturdokument braucht unseren Eltern, die ich im übrigen grüße, nicht in die Hände zu fallen.)«[20]

Wenig später schickt Klaus Mann seiner Schwester das angekündigte Liebesgedicht. Freilich scheut er sich, es als solches zu bezeichnen: »Übrigens habe ich jetzt ein Gedicht gemacht, das fängt an: ›Seltsam sind die Augen derer, / die die große Sehnsucht kennen –‹ und dann heißt es: ›Auf der Stirne tragen sie ein Zeichen, / das von heißer Lust und heißem Elend kündet – / Aber all die andren, all die Stumpfen weichen / Scheu zurück davor –‹ Und dann: ›Wir sind ganz allein mit unsrem Gotte / Und mit unsren lüsternen Gebeten, / Denn mit unsrem Lachen, unsrem Spotte / Treiben wir davon die Wackren, Wohlberedten, / Die gesund sind und ganz ohne Wunde.‹ Ob ich mit dem ›wir‹ wohl auch Dich meinen darf? – – –« Bestürzt schiebt er hinterher: »Aber, mein Gott, was schreibe ich da für einen seltsamen Brief. Ich weiß, Du magst es nicht, wenn so viel ausgesprochen wird.«[21]

Als Klaus im Sommer 1923 die Odenwaldschule verlässt, weil er sich nicht einmal deren lockeren Zügeln fügen will, reist er mit Erika – die Eltern wähnen die beiden beim Wandern – heimlich nach Berlin. Kaum beisammen, kokettieren sie wieder mit ihrer naiven Verdorbenheit. Die Weltstadt tanzt im Delirium von Schieberei und Inflation. Die Geschwister sehen in der Friedrichstraße die Dirnen mit hochhackigen roten und grünen Stiefeln, und eine von ihnen lässt ihre Gerte an der Wange des sechzehnjährigen Klaus vorbeisausen und raunt ihm heiser ins Ohr: »Magste Sklave sein?« Klaus schwärmt: »Ich fand es wundervoll.«[22]

Klaus Mann knüpft Kontakt zu einem Kabarettisten und darf in einem Tingeltangel, dem »Tü-Tü«, vorstellig werden. Ehe er es sich versieht, steht er auf der Bühne und kräht – geblendet von den starken Scheinwerfern – ins Dunkel hinein sein *Lied von der Schminke*: »Mögen Sie auch – mögen Sie auch – mögen Sie auch – Schminke so gern? – Aber ich liebe sie, aber ich liebe sie, aber ich liebe sie, meine Herrn! – Schminke, Schminke, Schminke wirkt so festlich – Schminke, Schminke, Schminke riecht so köstlich …«[23] Als eine Stimme von unten »Aufhören!« brüllt, bringt er gerade noch hervor: »Ohne Schminke geht's nun einmal nicht!«, und schon senkt sich der schwere Vorhang.

Erst Jahre später erfährt er, dass der Saal leer war und nur ein paar Bühnenarbeiter und Putzleute zugange waren und dem wortwörtlich Geblendeten einen Streich spielten.

Geblendet sind Erika und Klaus auch von anderen Attraktionen, bei denen Schminke von Vorteil sein kann: Sie erkunden – Klaus mit seiner Vorliebe für Jünglinge, Erika mit Gefallen an jungen Frauen – die Homosexuellenszene Berlins, ein Erlebnis, woraus Klaus zwei Jahre später für seinen Debütroman *Der fromme Tanz* schöpfen wird: »Wir kamen das erstemal [...] in ein Lokal, wo Jünglinge miteinander tanzen. Daß es so was gab, fanden wir toll; und nun gar das fette alte Ungeheuer, das in Damenkleidern drollige Strophen zum Vortrag brachte. Sündiger und widerlicher konnte nichts mehr sein, es war wirklich ganz herrlich, denn der Zwitter-Greis schwabbelte mit dem Fett, wenn er tanzte und sprang, sein großes Gesicht mit Hängebacken und verquollenen Augen war teils kreidig weiß, teils von obszöner Buntheit.«[24]

Nach München zurückgekehrt, lernt Klaus Mann Pamela Wedekind kennen, die Tochter des Dichters Frank Wedekind. Er ist von ihrem herb-männlichen Wesen und ihrer Art, die Lieder des Vaters zu singen, fasziniert. Klaus und Pamela verloben sich – und Pamela und Erika verlieben sich. Es ist Provokation und Spiel – aber mit der Liebe spielt man nicht, das werden sie alle bitter erkennen müssen. Ein Spiel mit den Wogen der Gefühle, Wogen, die mitunter so hoch und gefährlich heranrollen wie die Wellen an den Stränden Hiddensees und Usedoms, wo die drei im Sommer 1924 scheinbar unbeschwerte Wochen verbringen.

Und plötzlich stehen sie im Rampenlicht der Klatschpresse: Man weiß in der Öffentlichkeit inzwischen von den homosexuellen Neigungen des jungen Klaus Mann, und er provoziert die Journaille noch mehr, als er einige Zeit später mit seiner Verlobten auf dem Standesamt erscheint und wegen seiner Unmündigkeit – er ist noch nicht einundzwanzig – abgewiesen wird.

Vielleicht war die Idee mit der Verlobung auch nur aus dem

Wunsch heraus geboren, der Schwester Erika über den Umweg ihrer Zuneigung zu Pamela näher zu sein. Erika jedenfalls verlässt im September 1924 München und geht als Schauspielerin nach Berlin, wo sie mit finanziellen Zuwendungen des Vaters Schauspielunterricht nimmt und unter der Intendanz Max Reinhardts am Deutschen Theater kleine Rollen erhält. Pamela hingegen zieht nach Köln. Dort versucht sie unter Gustav Hartung ebenfalls ihr Glück als Schauspielerin. Und Klaus erhält – durch Vermittlung seines schwulen Onkels Klaus Pringsheim – einen Posten als dritter Theaterkritiker des Berliner *12 Uhr-Blatts*. So geht er nach Berlin, den »Sündenpfuhl«, die Stadt, in der Erika lebt – und freut sich auf beide.

»Wenn er nicht starb – dann wollte ich sterben.«

Intermezzo: Frank, Tilly, Pamela und Kadidja Wedekind. 1905–1918

Die Lebensgeschichte Pamela Wedekinds beginnt – etwas weiter gefasst – nicht mit ihrer Geburt am 12. Dezember 1906, sondern zehn Monate früher: mit einem Sprung ihrer Mutter ins eiskalte Wasser der Spree. Tilly (Mathilde) Newes, eine talentierte Schauspielerin, die in Berlin am Kleinen Theater Unter den Linden unter Kontrakt steht, hat einige Monate zuvor den Dichter, Theaterautor und Kabarettisten Frank Wedekind kennen- und lieben gelernt. Wedekind ist zum damaligen Zeitpunkt vierzig Jahre alt, Tilly erst neunzehn, aber das tut der Leidenschaft keinen Abbruch.

Die beiden begegnen sich im Mai 1905 in Wien bei der von Karl Kraus geleiteten geschlossenen Uraufführung von Wedekinds Drama *Die Büchse der Pandora,* worin Tilly Newes – sie stammt aus einer Grazer Kaufmannsfamilie – die Hauptrolle der Lulu spielt. Aber auch für den Autor selbst ist eine Rolle reserviert: Er spielt den Jack, der am Ende die männerverderbende Femme fatale ermordet.

Einen Tag vor der Aufführung kommt Frank Wedekind mit dem Zug in Wien an. Bereits beim ersten Aufeinandertreffen ist es um Tilly Newes geschehen. Wedekinds virile Ausstrahlung überwältigt sie. »Er kam dann selbst auf die Bühne«, erinnert sie sich, »ein breitschultriger, etwas untersetzter Mann mit einem prachtvollen Kopf und hellen graublauen Augen. [...] Er trug keinen Schnurrbart mehr, wie auf dem Bild, sondern war glatt rasiert, und sein Haar war ziemlich kurz geschoren.«[1] Von Frank Wedekind geht der Ruch der Verdorbenheit aus: Etliche seiner Bänkellieder, die er abends im Wirtshaus auf der Laute vorträgt, haben politisch frechen oder erotisch anzüglichen Charakter. *Erdgeist*, der erste Teil seines Lulu-Dramas, steht auf dem Index. Und fünf Jahre zuvor ist er wegen Majestätsbeleidigung Kaiser Wilhelms II. einige Monate in Festungshaft eingesessen. Doch all das macht ihn der Damenwelt nur umso interessanter und lässt ihn verwegen und draufgängerisch erscheinen. Er selbst nutzt das weidlich aus, und als er nun in Wien der außerordentlich hübschen Schauspielerin begegnet, die seine Lulu spielen soll, betrachtet er sie wohl zunächst nur als ein willfähriges, unreifes junges Huhn, das man ohne viel Federlesens vernaschen kann. Er täuscht sich – und auch wieder nicht. Denn Tilly spielt die Lulu mit Verve und Hingabe und beeindruckt damit den Dichter. Bald sind sie ein Liebespaar. Aber Wedekind täuscht sich insofern in der jungen Mimin, als sie nicht das unbedarfte Ding, das naive Hascherl ist, das er haben und wenig später wegwerfen kann. Sie hat die Rolle ihres Lebens gefunden, das ist ihr von Anbeginn klar, und sie kämpft mit dem Mut einer Löwin um Wedekind und dessen Liebe.

Frank Wedekind ist kein Kostverächter: Er hatte schon eine ganze Reihe von Gespielinnen, und er begreift noch nicht, welches Spiel die Liebelei mit Tilly darstellt: keine Komödie, keine Farce, sondern große Oper, mit all der ihr innewohnenden brennenden Leidenschaft und ausweglosen Tragik. Sie sind – und sie wissen das noch nicht – wie Feuer und Eis: Im Grunde passen sie nicht recht zueinander, aber sie *wollen* zueinanderpassen, sie werden sich gegenseitig lieben und quälen, ihre Liebe wird Lust und Schmerz sein …

Einen Vorgeschmack empfängt Frank Wedekind an jenem 16. Februar 1906 in Berlin. Wieder einmal gibt es zwischen den beiden eine hässliche, von niederen Instinkten genährte Szene: Frank hat am Abend im Kleinen Theater Unter den Linden – dort, wo Tilly ein Engagement hat – einen Vortrag zugunsten eines zu errichtenden Heine-Denkmals gehalten und darin ein paar eigene Verse rezitiert, die als Liebeserklärung an Tilly gedacht sind und ihre »Venusglieder«[2] preisen. Danach gehen er, Tilly und der befreundete Komponist Richard Weinhöppel noch in eine Kneipe auf ein Glas Sekt. Doch Frank Wedekind, ein krankhaft eifersüchtiger und im Innersten auch unsicherer Mensch, erwartet von Tilly ein Dankeswort für diese versteckte Huldigung. Ihr ist die Angelegenheit in Gegenwart Weinhöppels peinlich, und so schweigt sie. Wedekind seinerseits wertet das als Liebesverrat und Undankbarkeit und beginnt, Tilly zu provozieren und zu kränken. Die wird von hysterischer Selbstverletzungswut gepackt, zerbeißt den Rand des fragilen Sektglases und spuckt die blutigen Scherben aus. Verstört brechen die Freunde auf. Wedekind bringt Tilly in seine Wohnung am Schiffbauerdamm, zieht aber – er muss das Erlebte mit ein paar Glas Wein verarbeiten – nochmals zu einer Kneipentour los. Als er betrunken nach Hause kommt, liegt Tilly beschwipst und heulend im Bett, sie hat das Kissen aufgebissen, die Federn fliegen im ganzen Raum umher. Wedekind fängt zu toben an, reißt Porträtfotografien Tillys von den Wänden und trampelt auf ihnen herum. Doch Tilly will in ihrem Schmerz, aber mehr noch in ihrem unbändigen Groll, ihm nicht nachstehen: Sosehr sie ihn liebt, sosehr ist sie auch gewillt, seinen Starrsinn zu brechen, und sei es mit Gewalt gegen sich selbst. Sie springt wie von der Tarantel gestochen aus dem Bett und stößt dabei die Petroleumlampe um. Sofort breiten sich Flammen aus. Wedekind greift zum Ascheimer, um den Brand zu löschen. Tilly hingegen, nur mit einem kurzen Hemd und einem Höschen bekleidet, rennt barfuß aus der Wohnung, die Treppe hinunter und hinaus auf die Straße. Nur wenige Meter entfernt fließt träge die bleigraue Spree. Tilly erinnert sich: »Ich aus dem Haustor, über die Straße, auf das Geländer – und hinein in die Spree. Es gingen Steintreppen bis zum Wasser, und es lagen Äppelkähne am Ufer. Ein Glück, daß ich nicht auf eine Steintreppe oder auf einen Äppelkahn sprang. Ich hätte mir die Glieder zerschmettern können. Ich sprang ins Wasser.«[3] Das eiskalte Nass bringt sie zur Besinnung: Instinktiv beginnt sie zu schwimmen. Wedekind hat einen Schiffer zu Hilfe gerufen, der springt in einen Kahn, rudert auf Tilly zu und zieht sie an Bord. Gemeinsam bringen sie die am ganzen Körper schlotternde Frau hinauf in Wedekinds Wohnung. Die neugierige Hauswirtin, vom Lärm herbeigelockt, wird mit zwanzig Goldmark bestochen, über den Vorfall den Mund zu halten, denn Wedekind will nicht anderntags in der Zeitung lesen müssen, er sei in den Selbstmordversuch einer minderjährigen Mimin verwickelt. Nachdem Tilly sich beruhigt hat und warm in Decken eingewickelt ist, eilt Wedekind zu einer Freundin, der bekannten Theaterschauspielerin Adele Sandrock (die damals noch nicht die »komische Alte« des Filmgeschäfts ist, aber bereits in reifen Jahren steht), und beichtet ihr das Vorgefallene. Die lebenserfahrene, kluge, aber auch etwas verschrobene Dame zuckt nur mit den Schultern und meint trocken: »Wenn es noch die Donau gewesen wäre oder die Isar – aber die Spree! Du mußt sie heiraten!«[4]

Gesagt, getan: Wedekind kehrt in seine Wohnung zurück und macht Tilly einen Heiratsantrag, den sie unter Tränen der Freude und der Scham annimmt: »So waren wir also verlobt.«[5] Der Einsatz äußerster pathetischer Mittel hat sich gelohnt, das Kalkül ist aufgegangen, weibliche List und Nötigung haben gesiegt. Tilly ist nun auch im richtigen Leben Lulu.

Am 1. Mai 1906 heiraten Frank Wedekind und Tilly Newes auf dem Standesamt in Berlin-Moabit. Es ist hohe Zeit, denn die Braut im schwarzen Taftkostüm mit weißer Crêpe-de-Chine-Bluse und auffallendem weißen Atlashut, an den Kamelien gesteckt sind, ist seit zwei Monaten schwanger. Wedekind hat sich die Anwesenheit seiner und Tillys Familie verbeten, er fürchtet sentimentale Aufwallungen. Gerade als sie mit der Droschke zum Rathaus aufbrechen wollen, erscheint doch noch Besuch: Tillys geliebter Onkel Dagobert, der im fernen Wien den wunderbaren Beruf eines Donaudampfschifffahrtskapitäns ausübt. Es ist ein strahlender Frühlingstag, und die gewerkschaftlich und parteilich organisierten Arbeiter ziehen mit Fahnen und Musik durch die Straßen. Eben als das Brautpaar das Jawort spricht, setzt von draußen wie bestellt eine Blaskapelle mit lautem Trara ein – was Braut und Bräutigam, dem österreichischen Kapitän und dem Standesbeamten einen Lachanfall beschert. Danach geht es in das Restaurant im Zoo, wo sie unter dem Grunzen, Brüllen und Schreien der wilden Tiere ein Gabelfrühstück einnehmen, »eine Mixtur ganz à la Wedekind«[6], wie Tilly schmunzelnd anmerkt.

Frank Wedekind, der in München noch eine Wohnung unterhält, löst den dortigen Haushalt endgültig auf. Tilly und er beziehen ein Domizil in der Marienstraße in Berlin-Mitte, unweit des Deutschen Theaters. Sie wollen es bequem und einen kurzen Arbeitsweg haben – so zumindest glaubt Tilly. Doch schon wenige Tage nach der Hochzeit kommt ihr eine Warnung in den Sinn, die Richard Weinhöppel ihr gegenüber ausgesprochen hat: »Geben Sie acht, jetzt wird er anfangen, Ihnen alles abzugewöhnen, was ihm bis jetzt an Ihnen gefallen hat.«[7] Diese Vorhersage wird sich nur allzu bald bewahrheiten.

Die Hochzeitsreise ist zwar recht speziell, aber für ein dem Theater verbundenes Paar nicht ungewöhnlich: Es geht von Berlin mit dem Nachtzug nach Nürnberg, denn im dortigen Intimen Theater wird Wedekinds Einakter *Totentanz* aufgeführt, und das Brautpaar selbst spielt die Hauptrollen – einen Mädchenhändler und ein Freudenmädchen. Der Saal ist ausverkauft, weniger wegen des Stücks, als wegen der Besetzung: Ein Skandalautor, der vor einigen Jahren wegen Majestätsbeleidigung im Gefängnis saß, und seine schöne junge Frau, noch minderjährig, die altersmäßig seine Tochter sein könnte. So sieht es auch der Portier im Hotel, der das Paar als Vater und Tochter begrüßt, was Frank Wedekind, der wegen seines Alterungsprozesses seit einiger Zeit einen veritablen Minderwertigkeits- und Angstkomplex entwickelt, verärgert aufnimmt. Übel gelaunt betritt er abends das Theater, doch im Spiel vergessen Tilly und er die Welt um sich her. Der Abend wird ein großer Erfolg, wenngleich ein übel wollender Kritiker des *Nürnberger Generalanzeigers* moniert, Wedekind habe früher den Sadismus bühnenfähig gemacht, jetzt aber sei der Masochismus an der Reihe.[8] Auf der Bühne sind sie beide Profis, und eigentlich könnte der Dichter auf seine schöne Braut, die seine Frauenrollen kongenial zu spielen weiß, stolz sein. Doch das Gegenteil ist der Fall. Frank Wedekind ist rasend eifersüchtig: auf Tillys Jugend, auf eine längst vergangene Beziehung zu einem anderen Mann, auf ihren schauspielerischen Erfolg (den sie ja in seine Dienste stellt!), auf ihre Schönheit und ihren Charme, denen das Publikum erliegt. Er will seine junge Frau allein für sich haben, sie nicht mit dem Erfolg und schon gar nicht mit einer anonymen Öffentlichkeit teilen. So zwingt er sie bald, den Kontrakt mit dem Intendanten Victor Barnowsky zu kündigen. Und nur noch in Ausnahmefällen – etwa, wenn er eine kongeniale Darstellerin einer seiner Frauenrollen benötigt – erlaubt er ihr, wieder die Bühne zu betreten – unter den argwöhnischen Blicken seiner Argusaugen.

Mit dem Hinweis, sie sei schwanger und müsse sich schonen, wertet Tilly selbst ihr »Berufsverbot« zunächst positiv. Da Wedekind inzwischen – nach Jahren des Misserfolgs und der Not – ein erfolgreicher Theaterautor ist und die Tantiemen sprudeln, fehlt es dem Paar materiell an nichts: Eine »Perle« aus Schlesien wird engagiert, die den Haushalt macht und kocht. Tagsüber schläft Frank Wedekind (seine Junggesellen-Gewohnheiten will er nicht aufgeben), abends begibt er sich in die Kneipen, um dort zu zechen, Menschen zu beobachten und seine Stücke zu Papier zu bringen. Tilly hingegen, die eine Frühaufsteherin ist, sitzt vormittags herum, sieht tatenlos zu, wie die Schlesierin werkelt, immer in Sorge, den Hausherrn aufzuwecken, geht abends früh zu Bett, liegt dann aber oft schlaflos da, weil sie sich Sorgen um ihren Mann macht, bis er – angetrunken – irgendwann in der Nacht oder gegen Morgen nach Haus kommt und noch einen rechten Radau veranstaltet. Eine glückliche junge Ehe sieht anders aus.

Tilly erwartet ihr Kind sehnlichst – vielleicht auch in der Hoffnung, es möge ihre innere Leere ausfüllen und der Partnerschaft neue Wärme einhauchen. Nur drei Wochen vor der Niederkunft feiern sie Wedekinds wohl größten und durchschlagendsten Erfolg: Die Uraufführung seines Dramas *Frühlings Erwachen* am 20. November 1906 an den Berliner Kammerspielen unter Max Reinhardt. Wedekind hatte das Stück als junger Mann geschrieben. Sechzehn Jahre lang blieb es in der Schublade, weil kein Regisseur sich an den Stoff, der die psychischen und sexuellen Nöte der Jugend thematisiert, wagen wollte, oder weil die Zensur eine Aufführung indizierte. Wedekind selbst spielt auch mit, nämlich die Rolle des »vermummten Herrn«, der in der letzten Szene den verzweifelten Melchior, verkörpert von Bernhard von Jacobi, vom Selbstmord abhält und ihn stattdessen ins offene Leben hinausführt. Tilly Wedekind schleppt sich mit hochgewölbtem Bauch zu den Proben und zur Premiere, und als die Uraufführung mit frenetischem Applaus endet und selbst die Kritiker voll des Lobes sind, führt der abergläubige Wedekind dies auf die Aura seiner Frau zurück und meint zu ihr: »Du hast mir das Glück gebracht!«[9]

Tilly ist selig, zumindest für ein paar Wochen. Am 12. Dezember 1906 bringt sie ein Mädchen zur Welt. Die Geburt ist schwer und zieht sich eine ganze Nacht hin. Tilly hat sich am Vorabend noch die Nägel maniküren lassen: »Ich dachte, wenn ich sterbe, sollen meine Hände schön sein.«[10] Während der Nacht, in der sie in den Wehen liegt, müht sich ein Arzt um sie (während Frank Wedekind abends ins Theater geht und, nach Hause gekommen, sich in seinem Arbeitszimmer verschanzt). Endlich, morgens um acht Uhr, ist das Kind da, eine Tochter, die sie Anna Pamela nennen (Rufname wird später Pamela). Tilly fällt in einen Erschöpfungsschlaf, während der Kindsvater seiner Mutter in Lenzburg in der Schweiz vollmundig berichtet, die Entbindung sei leicht gewesen, Hebamme und Arzt hätten »nichts zu tun«[11] gehabt.

Tillys Hoffnung auf eine Besserung der Ehe scheint sich zu

erfüllen – zunächst jedenfalls. Frank Wedekind erweist sich als ein liebevoller Vater, der auf seine Tochter stolz ist, ihr vorsingt, sie aus dem Bettchen holt und mit ihr schäkert, wenn er morgens von seiner Kneipentour nach Hause kommt (was freilich nicht nur positiv zu werten ist). Tilly besteht auf einer katholischen Taufe – obgleich Wedekind der Kirche fernsteht. Am 29. Mai 1907 wird Anna Pamela getauft. Patinnen sind Adele Sandrock und deren Schwester Wilhelmine, von den Freunden verniedlichend nur Dilly und Willy genannt. Doch das sind nur kurze Lichtblicke in einer Ehe, die sich dahinschleppt, verstärkt durch Tillys Depressionen, die in jener Zeit zunehmen.

Es ist eine vererbte Disposition in der Familie Newes: Am 7. Januar 1907 schneidet sich Tillys Schwester Paula in Graz mit einem Rasiermesser die Kehle durch. Die grausige Selbstentleibung findet in den Zeitungen großen Widerhall. Später wird auch Tillys Mutter, des Lebens überdrüssig, sich selbst ein Ende bereiten. Auch Tilly versinkt in jenen Monaten und Jahren ihrer Ehe mehr und mehr in Schwermut, durchsetzt mit Hassgefühlen und Gewaltfantasien ihrem Mann gegenüber. Sie beginnt im März 1907 ein Tagebuch, das freilich nach wenigen Einträgen wieder abgebrochen wird. Pamela liegt noch in der Wiege, umsorgt von einer Amme, da Tilly beim Stillen Schmerzen empfindet, da wird dem Diarium anvertraut: »Wo ich ihn [Frank Wedekind] am empfindlichsten treffen könnte, da würde ich es mit einem jubelnden Gefühl der Rache tun. Ich glaube, da wäre ich zu allem fähig.« Um freilich schuldbewusst gleich wieder Besserung zu geloben: »Aber ich will nicht an derlei denken. Ich will wieder ein gutes, sanftes Geschöpf sein, ich weiß, wie wohltuend das auf ihn wirkt.«[12]

Pamelas Geburt kann das Eheleben nicht retten. Bereits wenige Wochen nach der Kindstaufe schlägt Wedekind seiner Frau eine Trennung auf Zeit vor: Tilly soll zusammen mit Pamela den Sommer über zu ihren Eltern nach Graz gehen, Wedekind will in Berlin bleiben und auch München, wo ein Gastspiel ansteht, einen Besuch abstatten. Tilly willigt ein – was bleibt ihr anderes übrig. Sie ist zwar seit Kurzem großjährig, aber in der Ehe ihrem Mann juristisch zu Gehorsam verpflichtet. Und im Grunde genießt sie die Wochen bei ihren Eltern, wo sie wieder »Kind« sein darf und sich verwöhnen lassen kann. An Wedekind schreibt sie artige Briefe. Ohnehin kommt sie ihm schriftlich oft näher als im persönlichen Umgang. Als der Sommer vorbei ist, fährt sie nach Lenzburg in der Schweiz zur Schwiegermutter, mit der sie sich blendend versteht. Wedekind schreibt unterdessen ein neues Theaterstück: *Die Zensur*. Wieder ist es ein exhibitionistisches Bekenntnis, und wieder wird seine Liebe zu Tilly recht offen vor dem Publikum ausgebreitet, sogar ein Liebesverhältnis zu dritt, das er eine Zeit lang mit Tilly und deren Freundin Ida Orloff (die inzwischen Gerhart Hauptmanns Geliebte ist) genossen hat. Tilly reagiert schicksalsergeben. Immerhin soll sie nach Wedekinds Willen eine der Hauptrollen übernehmen, und das allein genügt ihr, die nach den Brettern der Bühne hungert. Sie übt sogar das Laufen und Tanzen auf einer rollenden Holztrommel, weil Wedekind das in seinen Regieanweisungen so vorgibt.

Doch die Vorbereitungen zur Aufführung werden jäh durch einen weiteren Selbstmord zerrissen: Franks Bruder Donald, ein gescheiterter Schriftsteller, psychisch und finanziell am Ende, erschießt sich, erst siebenunddreißigjährig, im Juni 1908 im Wiener Prater. Frank ist erschüttert. Den Sommer 1908 verbringen sie in Berlin. Die Stadt erscheint ihnen fade und leer, viele Bewohner sind in die Sommerfrische gezogen. Frank und Tilly beschließen einen Neubeginn: Am 21. September 1908 verlassen sie die Reichshauptstadt und fahren nach München. Hier hat Wedekind vor seiner Hochzeit einige Jahre gelebt, hier fühlte er sich wohl. Die gemütliche bayerische Lebensart mit ihrer Liberalität und Nonchalance steht ihm näher als die schneidige Hektik Berlins. Tilly freilich muss sich um- und eingewöhnen. Aber sie tut auch diesen Schritt – um ihres Mannes willen.

Sie beziehen eine riesige Wohnung mit acht Zimmern im

dritten Stock der Prinzregentenstraße 50. Dem Haus gegenüber liegen die Preußische Gesandtschaft und die von Kaiser Wilhelm II. gestiftete Schack-Galerie. Der Englische Garten ist nur wenige Schritte entfernt. In anderer, östlicher Richtung fließt die Isar, dahinter erhebt sich auf einer Anhöhe der Friedensengel, jenseits liegt Bogenhausen, der noch junge Bezirk, der erst nach und nach von wohlhabenden Münchnern als Baugebiet für ihre Villen entdeckt wird. Wenige Jahre später wird hier Thomas Mann ein luxuriöses Domizil für seine größer werdende Familie errichten lassen.

Das gelöstere Ambiente scheint sich auf Frank Wedekinds Stimmung wohltuend auszuwirken: Er wird versöhnlicher, familiärer. Tilly engagiert eine Oberfränkin als Köchin und Reinemacherin. Weiterhin kann sie die Dame geben, die nicht zu arbeiten braucht, zumindest nicht im Haushalt. Denn ihr Mann entdeckt ihr Talent neu: die Schauspielkunst. Tilly darf nun wieder Rollen einstudieren, selbstverständlich nur in Stücken ihres berühmten Gatten. Wedekind indes verlässt nach wie vor abends die Wohnung und begibt sich ins Wirtshaus, am liebsten in die Torggelstube am Platzl. Hier hat er seinen Stammtisch, und wenn jemand es wagt, sich ungefragt zu ihm zu setzen, knurrt er: »Mein Herr, Sie würden sich am Nebentisch besser ausmachen.«[13] Er ist freilich kein Misanthrop, und die Torggelstube ist Treffpunkt von Künstlern und Literaten: Wenn Wedekind nicht an einem neuen Stück schreibt, so ist er leutselig und gesellig, trinkt Bier und Wein, singt zur Laute seine Bänkellieder und unterhält sich prächtig mit Franz Blei, Waldemar Bonsels, Lion Feuchtwanger, Heinrich Mann, Erich Mühsam, Alexander Roda Roda, Albert Steinrück. Selbst Thomas Mann schaut vorbei, doch bleibt dessen Verhältnis zum Dichter von *Frühlings Erwachen* distanziert. Beide Väter ahnen nicht, dass ihre Kinder wenige Jahre später eine enge Freundschaft schließen und ihr eigenes heftiges Frühlingserwachen miteinander erleben werden.

Und noch eine schicksalsbestimmende Begegnung haben

Wedekinds in jenen Jahren vor dem Ersten Weltkrieg: Sie pflegen freundschaftlichen Umgang mit Carl Sternheim und dessen Frau Thea. Sternheim, ein ebenso erfolgreicher Theaterautor, hat sich von seinen üppigen Tantiemen in Höllriegelskreuth bei München ein Palais erbauen lassen, das er »Schloss Bellemaison« nennt. Tilly Wedekind erinnert sich im Alter nicht ohne leichten Schauder, dass sie damals ihrem unseligen künftigen Schwiegersohn und dessen Tochter Mopsa begegnet ist – die beide für Pamela von schicksalhafter Bedeutung werden sollten: »Ich glaube, Annapamela war etwa vierjährig, als wir sie mitnahmen, und sie den Nachmittag über mit den etwas älteren Sternheim-Kindern [Carlhans und Dorothea, genannt Mopsa] im Park spielte. Niemand ließ sich träumen, daß sie den Vater dieser Kinder eines Tages heiraten würde.«[14]

Die Schauspielerei und die »Promotion« der eigenen Stücke zwingen Frank Wedekind, München immer wieder zu verlassen und den Aufführungen hinterherzureisen. Es sind die Jahre seiner großen Erfolge. Allein *Frühlings Erwachen* wird in Berlin unter Max Reinhardt über achtzig Mal gegeben. Tilly darf ihren Mann auf den Tourneen begleiten: Entweder, weil sie selbst eine Rolle übernommen hat, oder einfach nur, um als schöne Gattin des berühmten Dichters zu repräsentieren. Zudem ist sie auf diese Weise unter Franks Kontrolle, und seine Eifersucht lässt sich so am besten abmildern. Anfänglich nehmen sie Pamela, die gerade einmal drei Jahre alt ist, mit, doch das Kind wird wiederholt krank, und so beschließen Wedekinds, die Tochter während ihrer Tourneen in ein Kinderheim zu geben. Doch selbst auf Reisen gibt es »Anlässe« – es sind stets Nichtigkeiten –, die Frank Wedekind zur Weißglut seiner Frau gegenüber treiben. Mehrmals setzt er sie vor die Tür, brieflich bricht er wiederholt mit ihr, so im März 1910: »Ich habe Deine Unanständigkeiten gründlich satt. Mit welchem Recht gehst Du in meinem Haus noch aus und ein?«[15] Den Zerwürfnissen und Vorhaltungen folgen Tränen der Reue und Zerknirschung. Tilly gibt immer wieder klein bei. Es ist wie auf der Bühne: Dem Streit folgt die Aussöhnung, und es muss doch ein Happy End geben, so ist sie überzeugt. Ist sie nicht Lulu, Wedekinds Geschöpf, seine große Liebe, seine Bestimmung? Sie will die Ehe um jeden Preis retten, und ein weiteres Kind scheint ihr die Lösung zu sein. An Weihnachten 1910 gesteht sie ihrem Mann, dass sie erneut schwanger ist. Sie hat sich, ohne Absprache mit Frank, ganz allein und bewusst für ein Kind entschieden.

Sie trägt ein zweites Kind im Leib und muss um ihr erstes bangen: Pamela erkrankt schwer an einer Blinddarmentzündung. Die gleiche Krankheit, die dem kleinen Klaus Mann, Pamelas späterem Verlobten, im Kindheitsalter beinahe das Leben kostet. »Sie hatte«, erinnert sich Tilly, »Fieber und Erbrechen; ein Chirurg wurde zugezogen. Die Entzündung ging vorläufig vorüber; aber einige Monate später mußte doch operiert werden.«[16] Die Aufregungen und die Pflege haben Tilly überanstrengt: Sie verliert das Fruchtwasser, kann aber das Kind als »Trockengeburt« doch austragen. Am Abend des 5. August 1911 besucht Tilly Wedekind im nahen Prinzregententheater noch eine Vorstellung von Richard Wagners *Siegfried*, immer in Sorge, die Wehen könnten einsetzen und sie müsste das Kind in der Oper gebären. Doch sie schafft es nach der Vorstellung mit der Droschke nach Hause, unterhält sich noch mit ihrem Mann, der aus der Kneipe kommt, geht dann zu Bett – wo wenig später die Wehen beginnen. Anderntags, am 6. August, einem Sonntag, mittags zum Zwölf-Uhr-Läuten der Kirchenglocken, kommt das Kind zur Welt. Es ist wieder ein Mädchen. Frank Wedekind liegt noch in den Federn. Er hat die Geburt seiner zweiten Tochter verschlafen.

Tilly Wedekind genießt das Wochenbett. Alle Arbeit, alle Sorge um das Kind wird ihr abgenommen, von der Haushälterin wie auch von der eigens eingestellten Amme Senta, einer Frau aus dem Fichtelgebirge, die bald ein festes Regiment führt. Das Kind wird in der barocken Kirche St. Anna im Lehel auf die Namen Epiphania Cadega getauft, aber stets nur Kadidja gerufen.

Es folgen »verhältnismäßig ruhige Jahre«[17], wie Tilly Wedekind es beschönigt. Denn so ruhig und erholsam ist die Zeitspanne bis zum Ausbruch des Ersten Weltkriegs nicht: Frank Wedekind feiert seine größten Theatererfolge, und Tilly begleitet ihn auf seinen Tourneen. Sie reisen mit großer Bagage, »oft an die dreizehn Gepäckstücke [...], Reisekörbe mit unseren Kostümen, auch eine riesige runde Schachtel mit meinem Ballettkostüm für *Erdgeist*, dessen viele Tarlatanröckchen nicht gedrückt werden durften«[18]. Tilly genießt das Reisen, die Theaterluft, den Erfolg, das Repräsentieren an der Seite ihres berühmten Mannes, während die Kinder in jenen Jahren teilweise zu den Großeltern nach Graz oder zu Franks Mutter nach Lenzburg geschickt, meist jedoch in ein Kinderheim nach Ebenhausen südlich von München gesteckt werden. Das schlechte Gewissen hält sich bei den Eltern in Grenzen, sie machen sich wenig oder keine Gedanken über psychische Folgen dieser Abschiebung. Zu ihrer Entlastung sei angeführt, dass sich damals einige Theatergrößen dieser Einrichtung bedienen, wie Tilly stolz zu berichten weiß: »Im Kindersanatorium war Annapamela mit lauter Künstlerkindern zusammen: mit Alexander Moissis Tochter Beate, mit Carmen, der Tochter von Altert Bassermann und seiner Frau Else, mit dem Neffen des Theaterdirektors Barnay und dem kleinen Peter Eysoldt. Für alle Eltern war es eben ein Problem, ihre Kinder unterzubringen, während sie Theater zu spielen hatten.«[19] Dennoch: Pamela und Kadidja lieben ihre Eltern, Pamela ist in ihren Vater geradezu vernarrt. Sie ist erst acht, da lässt Frank sie Schillers Dramen lesen, die er über alles schätzt.

Noch einmal, bevor der Krieg ausbricht und die Alte Welt verschlingt, dürfen Tilly und Frank Wedekind einen großen Erfolg feiern: Im Sommer 1914 verbringen sie schöne Tage in Berlin, werden von Theaterkollegen hofiert und von der Presse umschmeichelt. Max Reinhardt bringt in den Kammerspielen Wedekinds Stück *Franziska* auf die Bühne, und die Hauptrolle wird von Tilly verkörpert. Die Kritiken sind enthusiastisch.

Wedekinds besuchen Max Reinhardt und Adele Sandrock, sehen im Theater des Westens Anna Pawlowa tanzen.

Frank Wedekinds 50. Geburtstag steht bevor, und dafür haben Münchner Freunde ein festliches Dinner organisiert. Zu dem Anlass erscheint sogar eine Festschrift mit Beiträgen von Autorenkollegen wie Richard Dehmel, Alfred Kerr, Erich Mühsam, Heinrich und Thomas Mann, Carl Sternheim und Stefan Zweig. Der Festakt soll am 24. Juni stattfinden, einen Monat vor Wedekinds Geburtstag (denn der fällt mitten in die Ferienzeit), und zwar im noblen Hotel Bayerischer Hof. Doch die gut gemeinte und mit so viel Liebe und Umsicht vorbereitete Veranstaltung gerät zum Eklat – und wieder einmal ist Wedekinds krankhafte Empfindlichkeit schuld. Nach dem Dinner mit allerlei Ansprachen und Würdigungen seitens der Kollegen werden in lockerer Runde von einem Schauspieler Lieder Wedekinds zum Besten gegeben. Auch eine Kapelle spielt, und die intoniert ein Couplet Jacques Offenbachs aus dessen Operette *Die schöne Helena*: *Ich bin Menelaus der Gute*, ein Spottlied auf einen alten König und dessen junge Frau. Frank Wedekind münzt das auf sich. Erbost springt er auf und verlässt den Saal, Tilly folgt ihm betreten.

Der Festakt ist verdorben, die Runde gesprengt. Frank Wedekind tobt, macht seiner Frau Vorhaltungen, schiebt ihr die Schuld zu, denn sie habe sich einst mit Emil Gerhäuser, der die Kapelle angeheuert hat, überworfen, deshalb nun dieser Racheakt. Er will nach Florenz entfliehen, ohne Tilly und die Kinder. Endgültig will er sich von ihr trennen. Erregte Briefe gehen zwischen den Eheleuten hin und her: Frank Wedekind grollt, Tilly erniedrigt sich, beschwört ihn, versichert ihn ihrer selbstlosen Liebe und versucht so noch einmal alles zu retten. Doch diesmal scheint alle Demut vergebens. Wedekind reist nach Florenz, von dort nach Paris, er will nur fort, fort von Tilly, fort aus seinen Verhältnissen. Und er fordert die Trennung, verweigert jegliche Aussöhnung: »Ich verwende den Ertrag meines Lebens nicht darauf, lächerlich zu werden. Leider hast Du dafür nicht das geringste Gefühl oder Verständnis. Ich habe aber auch keine Lust mehr, Dir dieses Verständnis beizubringen. Mit bestem Gruß F.W.«[20] Schließlich kehrt er doch nach München zurück, denn am 1. August soll in den Kammerspielen sein Stück *Hidalla* zur Aufführung kommen, und die Karriere lässt manchen privaten Ärger klein erscheinen. Doch auf dem Weg zum Theater erfahren die Eheleute, dass in Deutschland die Mobilmachung befohlen wurde und das Deutsche Reich Russland den Krieg erklärt hat. Die Aufführung wird abgesagt. Kleinlaut schleichen Frank und Tilly Wedekind nach Hause. Von Trennung oder Scheidung ist plötzlich keine Rede mehr.

Der Krieg fordert seine Opfer – direkt oder indirekt. Viele Theater schließen oder spielen nur noch patriotische Stücke – Wedekinds freche Komödien und provokante Tragödien gelten als unzeitgemäß und defätistisch. Bald bleiben Tantiemen aus. An die Front muss er nicht, dazu ist er zu alt (wenngleich sein Dichterkollege Richard Dehmel in nationaler Begeisterung sich mit zweiundfünfzig Jahren noch freiwillig zum Dienst an der Waffe meldet). Wedekind wird schwer krank. Mehrmals muss er sich in diesen Jahren am Darm operieren lassen. Die Diagnose bleibt bis zum Schluss unklar: Divertikulitis (Darmentzündung) wird genannt, Tilly Wedekind vermutet in ihren Lebenserinnerungen eher Darmkrebs. Jedenfalls ist der einst so virile, kraftstrotzende Mann bald nur noch ein gebrochenes Stück Elend, und sein Zustand verschlechtert sich von Operation zu Operation. In den Phasen, in denen er zu Hause ist, zeigt er sich handzahm, familiär, bescheiden – ganz anders als früher. Erich Mühsam besucht ihn und ist erstaunt, ihn »weicher, menschlich zugänglicher« vorzufinden: »Er sprach über seine Häuslichkeit, erzählte Niedliches von seinen Kindern [...].«[21] Aber Tilly gäbe viel, wenn sie wieder den gesunden, von Ideen und Schöpfergeist nur so sprudelnden Mann der vergangenen Jahre hätte. Wedekind spielt viel mit seinen Kindern, musiziert mit ihnen, lehrt Pamela, die sich zunehmend als sein Alter Ego begreift und stilisiert, das Lautenspiel und den Vortrag seiner

Bänkellieder. Es ist der ganz andere, weiche, verletzliche Mann, der nun zum Vorschein kommt, und den Tilly vielleicht hätte weniger anhimmeln, aber mehr lieben können. Pamela erinnert sich dankbar, der Vater sei ein »pädagogisches Genie« gewesen, sie sei »fasziniert« gewesen »von dem Wunder, dass es ihn gab und dass er für uns da war. Er behandelte uns Kinder wie Erwachsene, war stets äußerst höflich und nahm unsere Antworten ernst, so dass wir uns große Mühe gaben, die Ansprüche, die er an unsere Aufmerksamkeit und unser Verständnis stellte, nicht zu enttäuschen. Vor allem versuchte er, uns zu eigener Anschauung zu erziehen und nichts einfach hinzunehmen.«[22]

Der Tod tritt näher, sucht sich seine Opfer, nicht nur an der Front: Am 7. Januar 1915 nimmt sich Tillys Mutter Mathilde in Graz das Leben – nicht wie die Tochter Paula durch das Aufschneiden der Kehle, sondern indem sie Nähnadeln schluckt. Und am 25. März 1916 stirbt in Lenzburg in der Schweiz Wedekinds Mutter Emilie an den Folgen einer Erkältung. Es sind böse Omen, die auf der Familie in München lasten.

Die Versorgungslage in Deutschland wird immer schlechter. Auch bei Wedekinds wird der Speiseplan bescheidener und eintöniger. Moralisch klammert man sich an die wenigen Bühnenaufführungen, die Wedekinds Stücken noch gegönnt sind: in Budapest, Berlin, Mannheim. In Ungarn gibt es erstaunlicherweise noch Essen im Überfluss, und so schlagen sich Tilly und Frank den Bauch voll: »Während in Deutschland das Leben täglich kärglicher und trostloser wurde, war es in Budapest fidel!«, schwärmt Tilly. »Man bekam herrlich zu essen, es gab Zigeuner, die musizierten, und die Menschen waren heiter und voll göttlichem Leichtsinn.«[23] An den Münchner Kammerspielen wird Wedekinds *König Nicolo* gegeben, und der Dichter und seine Frau spielen selbst mit. Auf Wedekinds ausdrücklichen Wunsch dürfen die zehnjährige Pamela und die fünfjährige Kadidja der Vorstellung beiwohnen, und auch Heinrich Mann und seine leichtlebige Frau Mimi haben sich angesagt. Die Aufführung wird ein Erfolg, und Wedekind ist besonders froh, dass seine

Töchter ihn in seiner ureigenen Welt des Theaters erleben konnten. Zu seiner Ältesten sagt er: »Nun, meine liebe Annapamela, das war wohl das erste und das letzte Mal, daß du mich auf der Bühne gesehen hast.«[24]

Er wird mit seiner Prophezeiung recht behalten. Aber bevor der Tod ihn holt, wird das blinde Schicksal die ohnehin schwer geprüfte Familie auf eine weitere harte Probe stellen: Tilly Wedekind wird in jenem Winter 1916/17 schwer depressiv. Die quälenden Gespräche mit Frank, der von Obsessionen, Ängsten und Eifersucht geplagt wird, er sei zu alt für sie, und sie würde, wenn er erst einmal tot sei, ihn ohnehin nur allzu bald »betrügen« und vergessen, zermürben sie nach und nach. Ein kleiner Trost sind für Tilly manche Abende bei Mimi Mann – auch sie wird in Pamelas Leben noch eine kleine, aber folgenreiche Rolle spielen. Mimi Mann, von barocker Statur, von etwas derber Natur, stets wohlgelaunt, »hatte wunderschöne weiße Haut, und sie duftete herrlich nach Parfums und Essenzen«[25]. Sie ist zudem stolz darauf, dass der Bühnenstar Albert Steinrück (er wird später in der Verfilmung von Arthur Schnitzlers Erzählung *Fräulein Else* noch den reichen, alternden Lüstling Dorsday spielen, der das junge unschuldige Mädchen dazu nötigt, sich vor ihm nackt zu zeigen, und sie dadurch in den Selbstmord treibt) ihr, Mimi, das »unsaubere« Angebot gemacht hat, hundert Mark zu zahlen, wenn sie sich ihm in ihrer drallen, weißen Rubensblöße zeigen wolle – was Mimi keineswegs verletzt aufnimmt, sondern mit Gelächter quittiert und diesen derben »Spaß« gleich ihrem Mann Heinrich erzählt (eine Anekdote wie aus dessen Roman *Professor Unrat*).

Mimi ist nicht nur eine gute Köchin und spendable Gastgeberin, sondern auch begnadet im Organisieren von Lebensmitteln – lebenspraktische Dinge, die Tilly nie erlernt hat. Diese erinnert sich begeistert: »Mimi hat mir damals mit Rat und Tat beigestanden. Sie wußte immer einen Ausweg. So hatte sie einen Schwarzhändler an der Hand, er hieß Alphons. [...] Sie telefonierte nur: ›Tilly – der Alphons will Sie besuchen‹ – dann gab es Eier, Fett, Fleisch – alles, was lebenswichtig war für Frank. […] Oft lud Mimi alle Freunde von Heinrich Mann ein, und es gab ein herrliches Abendessen. Sie hatte vor ihrer Wohnungstür einen eisernen Rolladen anbringen lassen, wie Geschäfte ihn haben. Sie fürchtete weniger um ihr und Heinrich Manns Leben […], als um ihre Speisekammer. Und der Einbruch hätte sich auch gelohnt!«[26]

Doch selbst Mimi Manns heiterer Sinn und ihr Pragmatismus können Tilly Wedekind nicht vom Äußersten abhalten: Nach einer erneuten Auseinandersetzung mit Frank mietet sich Tilly – ihr Mann ist zu einem Vortrag nach Zürich gefahren – am 30. November 1917 im Hotel Deutscher Kaiser am Münchner Hauptbahnhof ein. Sie will ihrem Leiden ein Ende setzen, und sie will vermeiden, zu Hause von der Köchin oder den Kindern aufgefunden zu werden. In diversen Apotheken hat sie unter allerlei Ausreden Quecksilberchlorid-Tabletten und Morphium-Pillen gekauft und gehortet. Sie schließt sich in ihrem Zimmer ein, schluckt die Tabletten und legt sich zu Bett. Ihre Empfindungen umschreibt sie später so: »Wenn er nicht starb – dann wollte ich sterben. So war es unerträglich.«[27]

Doch ihr Organismus – sie ist erst einunddreißig – ist stark. Sie schläft zwar ein, wird aber nach einiger Zeit wach und muss sich heftig übergeben. Das rettet ihr das Leben. Sie klingelt nach dem Zimmermädchen, das einen Arzt ruft. Tilly wird in eine Nervenheilanstalt gebracht und dort mehrere Wochen lang behandelt. Sie ist von armen Kreaturen umgeben, die ihren Verstand verloren haben – aber auch das veranschaulicht ihr, wie sehr sie eigentlich dankbar sein müsste, an Körper und Geist weitgehend gesund zu sein und das kostbare Leben noch vor sich zu haben. Als sie nach einigen Wochen entlassen wird, ist sie sich darüber im Klaren, dass sie sich von dem Menschen trennen muss, der sie krank macht: Frank. Sie verlangt nun ihrerseits die Scheidung, nimmt Verbindung zu einem Anwalt auf, kommt bei Verwandten unter. Tagsüber besucht sie die Kinder, isst mit ihnen und Frank zu Mittag (noch immer leisten sie sich eine Köchin) – zu mehr Nähe ist sie nicht fähig und willens. Keiner ahnt, dass Untergang und Tod vor der Tür stehen, dass der Krieg im letzten Jahr wütet und dass Franks Leben nur noch an einem Faden hängt.

Am 2. März 1918 muss sich Frank Wedekind erneut einer Operation unterziehen. Sie verläuft erfolgreich. Tilly besucht ihn in der Klinik unweit des Nymphenburger Schlosses und bringt ihm einen Azaleenstock mit, den er dankbar fortwährend anblickt. Am 8. März ist ein erneuter Eingriff notwendig. Frank Wedekind ist schwach. Eine Lungenentzündung mit Fieber tritt hinzu. Delirierend summt er noch seine Lieder. Am nächsten Morgen telefoniert man nach Tilly, sie solle sofort kommen. Sie fährt zum Krankenhaus, hört schon auf dem Gang ihren Mann flehentlich nach ihr rufen. Bis zu seinem Ende bleibt er der lebensgierige Bonvivant: Er bestellt Sekt, den man ihm – es ist eine teure Privatklinik – sofort bringt, fordert dann Tilly auf, ihm den Alkohol mit dem Mund einzuflößen. Sie tut, wie ihr geheißen. Sie ist Lulu – noch immer. So empfängt er von ihr in seinen letzten Minuten einen Kuss, vermengt mit Sekt. Tilly lässt noch in der Prinzregentenstraße anrufen und bestellt die Haushälterin Senta und die Kinder her. Katholische Klosterschwestern betreten unterdessen das Sterbezimmer, knien nieder und beten für die Seele des Dahinscheidenden. Kurze Zeit darauf hört Frank Wedekind zu atmen auf. Da hört Tilly auf dem Gang die Stimmen von Senta und den Töchtern. Sie eilt hinaus. Pamela schreit: »Was ist mit Papa?«[28] Tilly erwidert: »Er ist tot.« Pamela: »Ich will zu ihm!« Doch Tilly verwehrt ihnen den Zutritt. Die Töchter sollen den Vater lebend in Erinnerung behalten. An jenem Abend schläft Tilly Wedekind in der Wohnung in der Prinzregentenstraße gemeinsam mit den Kindern in einem Bett. Sie müssen nun zusammenhalten, mehr denn je.

Drei Tage später findet die Beerdigung auf dem Münchner Waldfriedhof statt. Verwandte, Freunde und Kollegen sind gekommen. Wieder verbietet Tilly ihren Töchtern dabei zu sein. Sie will sie schonen und verhindert so doch nur eine ehrliche und nötige Trauerarbeit. Die Gemeinde ist illuster: Thomas und Heinrich Mann, Otto Falckenberg, Felix Holländer, Artur Kutscher, Heinrich Lautensack, Max Halbe, Bertolt Brecht sind gekommen, außerdem zahlreiche Bühnenkollegen, Regisseure und Schauspieler. Und nicht zuletzt eine ganze Reihe von Reportern und Kameramännern, die sich auf den letzten Metern zum Grab ein unwürdiges Rennen um die besten Plätze liefern, denn die Beisetzung des Skandaldichters ist ein mediales Ereignis. Kein Geistlicher spricht, aber es werden Gedichte Wedekinds rezitiert. Als der Sarg in die Grube hinabgelassen ist und die junge Witwe Tilly mit einer Handschaufel Erde hinabwirft, drängt sich plötzlich Heinrich Lautensack, ein junger Dichter und fanatischer Wedekind-Bewunderer, heran, wirft einen Kranz hinab, schreit: »Frank Wedekind, dem geliebten Meister – dein letzter Schüler!«[29] – und springt hinterher. Man zerrt den um sich Schlagenden heraus und führt ihn ab. Es ist eine Szene wie aus einer Wedekind'schen Farce. Lautensack wird wenig später in eine Anstalt für Geisteskranke im brandenburgischen Eberswalde eingeliefert und stirbt dort umnachtet keine zehn Monate später, am 10. Januar 1919.

Da existiert das deutsche Kaiserreich bereits nicht mehr, der Krieg ist verloren, in Deutschland wütet die Revolution, und in München organisiert eine hübsche junge Witwe mit ihren heranwachsenden Töchtern Pamela und Kadidja ihr Weiterleben – und ihren Ruhm als Frank Wedekinds Lulu. – Bis Pamela, die des Vaters scharfe Züge trägt, seine metallene Stimme hat und seine bösen Lieder singt, ihr den Rang abläuft …

»Des Menschen Leib ist schön an allen Orten«

Vor dem Leben. Herbst 1924–Herbst 1925

Tilly Wedekind hat ihren Suizidversuch überlebt, sie hat ihren Mann überlebt – aber ihre manisch-depressiven Phasen treten immer wieder auf und werden durch die plötzlich erlangte Witwenfreiheit nicht gemildert. Die Menschen in Nachkriegsdeutschland sind mit der Sicherung ihrer blanken Existenz beschäftigt, da bleibt kaum Zeit und Muße, sich einer Dichterwitwe zuzuwenden. Aber mehr noch als auf Geld ist Tilly Wedekind auf Ruhm, Publikumsliebe und Theaterluft angewiesen. Ihre kranke Seele dürstet danach, von Menschen verehrt und bewundert zu werden. Dass Pamela – sie ist bei Kriegsende zwölf – die Züge des jungen Frank Wedekind trägt, seine Stimme besitzt, seine Lieder zur Gitarre singt, empfindet Tilly als befremdlich und beklemmend, ja als Bedrohung ihres Seelenfriedens. Pamela ist mitten in der Pubertät, ihr Körper schießt in die Höhe, ihr Verstand formt sich scharfsinnig. Aber hinter der Fassade des Wedekind'schen Sarkasmus verbirgt sich ein sich nach Wärme und Geborgenheit sehnendes Menschenkind, das unter dem Verlust des Vaters mehr leidet, als es nach außen zeigen mag. Häufig gerät sie mit der Mutter aneinander, aber nicht aus Undank oder Aufsässigkeit, sondern weil sie hinter jeder Neuerung oder Änderung im täglichen Miteinander einen Verrat am geliebten Vater wittert. Tilly Wedekind hat eine Freundin, Sybil Vane, als eine Art Hausdame und enge Vertraute zu sich geholt. Pamela empfindet dies als Einmischung in die familiären Verhältnisse, als Befleckung von Frank Wedekinds Andenken. Sie will und kann es nicht ertragen, dass Sybil Vane nach und nach die Rolle einer Erzieherin und Ersatzmutter annimmt – zumal Tilly wegen ihrer Krankheitsschübe immer wieder ausfällt. Doch wenn Tilly sich in einer manischen Phase befindet, entschärft das die Lage keineswegs – im Gegenteil: Eine Zeit lang wird die Dichterwitwe von Albert Steinrück, einem der großen Mimen des Theaters und des Stummfilms, umworben. Einige Zeit später ist es der Flieger Ernst Udet, ein Tausendsassa der Aeronautik. Kadidja, ein braves, anschmiegsames Kind, Liebling der Mutter, ist von den Verehrern entzückt. Pamela hingegen reagiert eifersüchtig und gehässig, droht der Mutter, mit ihr zu brechen, sollte diese Steinrück heiraten, hält in ihrem Zimmer sogar einen Dolch versteckt und träumt von gewalttätigen Vergeltungsakten …

Tilly erträgt diese Bockigkeit irgendwann nicht mehr und entschließt sich, Pamela in ein Internat zu geben. Sie wählt die Odenwaldschule in Oberhambach. Doch an dem renitenten Mädchen scheitert selbst Paul Geheeb, der weithin für seine freigeistigen pädagogischen Ansätze berühmte Schulleiter, da Pamela sich ein Semester lang allen Integrationsversuchen verweigert und die meisten Unterrichtsstunden trotzig schwänzt. Tilly versucht es mit einem anderen Internat in Dresden, das ganz das Gegenteil zur Odenwaldschule darstellt: konservativ und von strenger Disziplin geprägt. Überraschenderweise sagt diese Schule Pamela weit mehr zu. Hätte Pamela in der Odenwaldschule länger ausgeharrt, hätte sie dort im Jahr darauf den gleichaltrigen Klaus Mann kennengelernt – so aber muss sich das Schicksal eine Kapriole einfallen lassen und bedient sich hierfür Mimi Manns, der lebenslustigen Ehefrau Heinrich Manns. Die lädt im Sommer 1923 – die Inflation galoppiert und lässt auf den wertlosen Notgeldscheinen die Nullen in Millionenhöhe tanzen – Tilly und Pamela Wedekind und deren Vertraute Sybil Vane ein, und weil es überreichlich Torten und Kekse gibt, dürfen auch die Halbwüchsigen aus der Familie ihres Schwagers Thomas Mann kommen: Erika und Klaus.

Gleich bei der ersten Begegnung ist Klaus Mann von der nur drei Wochen Jüngeren wie berauscht, wobei Pamelas geistige wie auch äußerliche Nähe zu ihrem Vater – einem der Fixsterne an Klaus Manns literarischem Himmel der Verruchten und Abseitigen – eine nicht unwesentliche Rolle spielt. Noch zwanzig Jahre später erinnert er sich der Faszination, die von Pamela ausging: »Dies war Pamelas Stimme – leuchtend, hart, von metallischer Schärfe, die guttrainierte, penetrante Stimme der ehrgeizigen jungen Bühnenkünstlerin. [...] Pamelas Züge und ihr geschultes Organ, die zeremonielle Aggressivität ihrer Gesten und Reden, ja sogar die tyrannische Wachsamkeit ihrer Liebe, alles gemahnte an *ihn*, den verewigten Meister. Frank Wedekind schien wiederauferstanden in der gestrafften Gestalt dieses Mädchens mit der großen gebogenen Nase, dem phosphoreszierenden Blick, dem grell geschminkten Mund, der sich beim Lächeln etwas schlängelte.«[1] Wenig später dürfen die Geschwister die Freundin in der Wedekind'schen Wohnung in der Prinzregentenstraße besuchen, und wieder sind sie – Kinder eines durch und durch geordneten und disziplinierten Dichterbürgers – von der Aura des Geheimnisvollen, der Boheme überwältigt. Klaus berichtet: »Welch wunderliches, rührendes Tableau! Pamela, unter der Totenmaske des Vaters sitzend, auf einer Couch in seinem Arbeitszimmer, mit seiner Laute im Arm ... Das steinerne Antlitz des Toten beherrscht den Raum mit seiner Adlernase und den weißen blicklosen Augen, die unter schrägen Brauen majestätisch ins Leere starren. Pamelas Gesicht ist nichts als eine weitere Abwandlung und verjüngte Wiederholung der väterlich strengen Miene. Sie sitzt regungslos, den kühnen jungen Kopf (ja, es ist das stolze Haupt eines Renaissance-Jünglings!) etwas zur Seite gewandt, mit halbgeöffneten Lippen und aufmerksam zusammengezogenen Brauen, als lausche sie mit äußerster Konzentration auf kaum hörbare, aus weiter Ferne hergeflüsterte Ratschläge und Instruktionen.«[2]

Rasch werden sie enge Freunde. Die Jahre der kindlichen Herzogpark-Bande sind vorbei. Die Dichterkinder scheinen den pubertären Flausen entwachsen. Aber die Spiele, die sie nun aushecken, sind nicht minder gefährlich und ärgerlich – jedenfalls in den Augen der arrivierten Erwachsenen: Diese Spiele und Fantasien kreisen um jugendliche Revolte und Provokation, um Liebe und Erotik, um Partys und Drogen, um literarisches Aufbegehren und individuelle Selbstbestimmung. Weitere Gleichgesinnte finden sich: Der ein paar Jahre ältere, begüterte Bankier und Bonvivant Theodor Lücke, der Schauspieler und Dandy Albert (Bert) Fischel, der junge Literat Wilhelm Emanuel Süskind (der Vater des Autors von *Das Parfüm*, Patrick Süskind), die Norwegerin Ella Anker (der Klaus Mann im Überschwang seiner erotisierten Jugend sogar ein Liebesgedicht schreibt, während er doch nach wie vor für Ricki Hallgarten schwärmt). Die Clique zieht nicht mehr in Bogenhausen um die Ecken und klaut sich in Krämerläden und Speisekammern das Essen zusammen. Es herrscht Inflation, und es blühen Schwarzmarkt und Schiebertum: Jetzt wird im Großen gestohlen und unterschlagen, es wird groß gefeiert, wenn man das große Geld hat (während die arbeits- und mittellosen Massen hungern). Lücke hat sein Geld von Gott weiß woher, und er genießt es angeberisch, den Gastgeber zu spielen und seine jungen Freunde freizuhalten. Man spielt Jeunesse dorée und aalt sich in einer – meist imaginierten – Haltung der Verruchtheit und der jugendlichen Einzigartigkeit. Klaus Mann beschreibt das recht genießerisch: »Unser Freund Theo [Lücke] war der Typ des jungen Mannes vom Jahre 1923 par excellence. Er war sowohl schwärmerisch als geschäftstüchtig; [...] Er zauberte Geld, wie es damals vielen begabten Jünglingen glückte; und er verschwendete es hauptsächlich, indem er uns aufs großartigste einlud. Das war eine sehr romantische Verschwendung, denn wir waren Kinder, mit denen in den Nachtlokalen und besseren Restaurants nur Verwunderung zu erregen, keinesfalls Staat zu machen war. [...] Theo ließ uns Champagner-Soupers in der Reginabar servieren, es kostete dreieinhalb Millionen pro Person. Nach dem Gastmahl fuhren wir in die Münchener Vergnügungsstätten, die unserer ahnungslosen Lebenslust so ausschweifend erschienen und die vielleicht, in diesen Monaten, wirklich zuweilen etwas wie echte Abenteuerlichkeit zwischen ihren Wänden aufkommen ließen [...].«[3]

Wenn Etablissements und Bars wie »Boccaccio«, »Malkasten«, »Bonbonniere« oder »Papa Benz« abgeklappert sind und man noch nicht den letzten »Kick« erfahren hat, wird in Lückes Wohnung weitergefeiert – und dort geht es dann etwas enthemmter zu: »Aber den nächsten Abend bat er uns mit einer geradezu flammenden Vergnügungssucht zu einer kleinen Orgie in seine Wohnung. Wir blieben die ganze Nacht, in bunte Pyjamas vermummt, Pamela sang, Theo sang, ich deklamierte, wir soffen, schwärmten, tanzten, malten uns die Gesichter an.«[4] Einmal logieren die Freunde auf Einladung Lückes im Luxushotel Jeschke in Partenkirchen: Dort bewegen sie sich mit genüsslichem Schauder unter Schiebern und reichen exilierten Russen, werden dann aber vom Geschäftsführer doch zurechtgewiesen, als sie es zu toll treiben und Klaus und Pamela, beide grell aufgemacht, eng umschlungen zu den melancholischen Klängen einer russischen Kapelle tanzen. Dann wieder weichen sie in Tilly Wedekinds Wohnung aus: Die Hausherrin ist – anders als die biederbürgerlichen Manns – etwas offener und toleranter, gehört sie doch als Schauspielerin und Chansonnière selbst zur Boheme. Hier spielen die Dichterkinder und ihre Freunde Kabarett – oder was sie eben darunter verstehen –, geschminkt, androgyn gekleidet, Zigaretten mit Spitze rauchend, und singen vor fadenscheinigem Publikum (darunter abgehalfterten Grafen, schwulen Décadents und Abenteurern mit ergaunertem Doktortitel) selbst verfasste Couplets, die literarisch betrachtet nicht eben die Sprösslingschaft bedeutender Autoren bezeugen: »Pervers ist nett, mein Sohn, pervers macht fett, mein Sohn, pervers ist besser noch als Ku-ki-rol. Pervers verdaut sich leicht, pervers ist unerreicht –«[5]

Natürlich kommt Thomas und Katia Mann so manches zu Ohren (wahrscheinlich aber die eher harmlosen Abenteuer).

Der Zauberer grollt der Dichterwitwe Tilly Wedekind und ihrem verstorbenen Gatten (den Thomas Mann insgeheim immer verachtet hat und dessen Werke er als uninteressant, bombastisch und müde aburteilt: »Sein Leben lang lief er [Wedekind] auf Bocksfüßen, freilich immer pathetisch.«[6]). Einmal hat Katia Mann ihren Ältesten dabei ertappt, wie er heimlich in des Vaters Arbeitszimmer in Wedekinds Werken (die dort bislang recht unberührt standen) las. Ein andermal büxen Klaus und Erika Mann aus und fahren mit dem Zug statt zum Wandern in die Berge nach Berlin, wo es zu jener Zeit weit verdorbener zugeht als im beschaulichen München: Dort besuchen sie Etablissements, in denen Männer mit Männern, Frauen mit Frauen tanzen, und Klaus Mann ist von den Dirnen in der Friedrichstraße mehr amüsiert denn angetan, die mit hochhackigen Stiefeln und Reitgerte auf Kundenfang gehen.

Schließlich ziehen die Eltern die Notbremse: Erika wird dazu verdonnert, in München das Abitur zu machen – egal wie –, während Klaus für ein paar Monate zu dem Dichter und Alchemisten Alexander von Bernus nach Stift Neuburg bei Heidelberg geschickt wird, in der Hoffnung, dass der dort noch immer wehende klösterliche Geist etwas Klarheit in die verworrenen Gehirnganglien des Jünglings bringen möge. Doch diese von den Eltern genährte Hoffnung zerstiebt bald: Aus der Zeitung müssen sie im Sommer 1924 erfahren, dass Klaus und Pamela sich verlobt haben und heiraten wollen. Zudem hat Erika ihr Abitur zwar gemacht, aber es ist lachhaft schlecht. Stattdessen erklärt die Tochter, sie wolle – wie auch ihre beste Freundin Pamela – die Schauspielkunst erlernen. Und schließlich erreicht die Manns noch ein Schreiben von Gerhart Hauptmann, der die Familie des Kollegen für den August 1924 nach Hiddensee einlädt. Wohl oder übel reisen sie dorthin, eher um der Kinder willen und in der Hoffnung, dass der Luft- und Tapetenwechsel sie auf andere Gedanken bringen möge. Aber die Abende müssen sie in der Pension »Haus am Meer« ausharren und Hauptmanns schier endlose, vom Alkohol befeuerte Suada über sich ergehen lassen. Die Situation entspannt sich erst, als Klaus und Erika Hiddensee verlassen und nach Usedom fahren, wo sie in Bansin Quartier nehmen und gemeinsam mit Pamela, der Verlobten und Geliebten, noch schöne Spätsommertage verbringen – Tage voller Ausgelassenheit, voller Pläne, gesättigt mit schönen Gesprächen, freundschaftlichen Gefühlen, erotischen Wunschträumen …

Mit dem Ende der sommerlichen »Flitterwochen« tauchen die drei Freunde in ein neues Leben ein: Pamela Wedekind wird Aktrice am Schauspielhaus Köln unter dessen neu berufenem (für sein expressionistisches Theater berühmt gewordenem) Intendanten Gustav Hartung. Klaus Mann wird dritter Theaterkritiker beim *12 Uhr-Blatt* in Berlin, wo er in den nächsten Monaten rund dreißig Kritiken verfasst, mit flotter Feder, meist wenig tiefschürfend, und meist zu Premieren im Steglitzer Schlosspark Theater und anderen Nebenbühnen der damaligen Theaterhauptstadt. Erika hingegen will selbst auf die Bühne: Versehen mit einem Empfehlungsschreiben und Geld des Vaters (der gleichwohl missgestimmt ist, dass seine Tochter sich in den Sündenmoloch Berlin begibt), beginnt sie eine Ausbildung an Max Reinhardts Schauspielschule. Bereits wenige Wochen später darf die Elevin das erste Mal auf der Bühne des berühmten Deutschen Theaters stehen – wenngleich nur als Statistin –, aber immerhin in der Erstaufführung von George Bernard Shaws *Die heilige Johanna*. Die Geschwister kommen zunächst getrennt unter: Klaus wohnt im herrschaftlichen Westend beim Onkel Klaus Pringsheim, Erika in der Uhlandstraße bei einer Vermieterin namens »Witwe Schmidt«, einer robusten Berlinerin mit dem Herzen auf dem rechten Fleck, die von beiden Geschwistern in ihrer Privatkorrespondenz gemeinhin nur »Puffmütterchen«[7] genannt wird. Witwe Schmidt drückt auch ein Auge zu, als Klaus nach einigen Wochen vom Onkel aus- und bei der Schwester einzieht – was beiden ein Gefühl wiedergewonnener Nähe und Symbiose vermittelt.

Das Leben in der aufregenden, nie zur Ruhe kommenden

Millionenstadt, mit ihrem temporeichen Kulturleben und ihrer schrillen Homosexuellenszene könnte für die Geschwister, die nun beide einen Fuß in die Tür des Berufslebens bekommen haben und fernab der elterlichen Überwachung sind, so schön sein – wäre da nicht Pamela, nach deren Nähe sich beide verzehren. Die Briefe aus jener Zeit sind voller Verlangen, Sehnsucht, Liebes- und Freundschaftsschwüre, aber auch voller Schmerz und Schuldkomplexe. Immer wieder laden beide die Freundin nach Berlin ein, immer wieder muss ein Treffen verschoben werden, weil Engagements dies nicht zulassen. Klaus tut, was er sein ganzes Leben lang tun wird, wenn er Menschen umwirbt – seien es Pamela oder Erika oder seine oftmals wechselnden Liebschaften mit Männern: Er schreibt ihnen in Theaterstücken Rollen auf den Leib oder porträtiert sie in seinen vielfach autobiografisch grundierten Erzählungen und Romanen. In jenen Wochen vor Weihnachten 1924 arbeitet er wie im Rausch, »wie unter Diktat«[8], an einem Theaterstück, worin – so ist von Anfang an seine dichterische Konzeption – Erika, Pamela und er sich selbst spielen sollen. Da er für diesen literarischen Wurf, den er selbst als genial einschätzt, Ruhe, vor allem aber ein vertrautes Ambiente benötigt, zieht er sich für vierzehn Tage ins Münchner Elternhaus zurück, denn nur hier – bekocht, bedient, bemuttert (und bisweilen vom Vater auch bevormundet und belächelt) – fühlt er sich in seinem poetischen Elan befeuert. Es entsteht ein recht wirres Potpourri, halb Burleske, halb Tragödie, in seinem Aufbau diffus und gebrochen, stilistisch anfechtbar, aber in der Widerspiegelung jener obsessiven Gefühls- und Wunschwelten, in die die Protagonisten (und deren realen Vorbilder) unentrinnbar verstrickt sind, auch überzeugend und beängstigend. Klaus Mann selbst hat den Inhalt seines Theatererstlings so skizziert:

»Als Schauplatz für mein empfindsames Drama dachte ich mir ein sonderbares Institut aus, ein sogenanntes ›Erholungsheim für gefallene Kinder‹, worunter man sich eine Mischung aus Ballettschule und Sanatorium, mit einem Einschlag von

Gefängnis, Bordell und Kloster vorzustellen hat. Die patriarchalische Figur, die an der Spitze dieses kuriosen Gemeinwesens steht, trägt unzweideutig die Züge meines Lehrers und Freundes Paulus Geheeb. [...] Seine Schutzbefohlenen [...] üben sich in frommen Gruppentänzen und Chorgesängen. Bei den Exerzitien werden sie überwacht und angeleitet von zwei jungen Mädchen, Anja und Esther, und zwei Jünglingen, Jakob und Kaspar, die alle vier ihre Laufbahn als ›gefallene Kinder‹ unter der Obhut des Alten begonnen haben und entschlossen scheinen, den Rest ihres Lebens im ›Erholungsheim‹ zu verbringen. Wie sich beinahe von selbst versteht, herrschen zwischen diesen vieren Beziehungen höchst tragisch-komplizierter Natur. Die beiden Mädchen haben ein lesbisches Verhältnis, welches aber der dunklen, schwerblütigen Anja viel mehr bedeutet als der etwas ruchlosen Esther. Jakob, ein gehemmter Melancholiker, betet Anja an, während Kaspar (der ein Halbbruder Anjas ist [...]) alle und keinen liebt. [...] Dann aber kommt Erik, wodurch die an sich schon prekäre Situation im Erholungsheim einfach unhaltbar wird.«[9]

Die autobiografischen Parallelen sind unübersehbar: Klaus Mann hat sich in Kaspar porträtiert, seine Schwester Erika in Anja, Pamela in Esther, bei dem schüchternen Melancholiker Jakob mag er an seinen schmerzlich geliebten Freund Ricki Hallgarten gedacht haben – freilich wird der bei der Uraufführung von jemand anderem dargestellt werden, der im Freundeskreis noch eine fatale Schicksalsrolle spielen wird: Gustaf Gründgens. Doch in jenen Wochen vor Weihnachten des Jahres 1924 kann Klaus Mann dies noch nicht ahnen. Und im Stück selbst hat er einen (zumindest partiellen) Ausweg aus den emotionalen und psychischen Verstrickungen angedeutet, der ihm freilich im wahren Leben verwehrt bleiben wird: Am Ende der Verwirrungen um Liebe und Hass, Freiheitsträume und Abhängigkeiten nämlich wird Esther mit dem schönen, virilen Erik durchbrennen, Kaspar entschwindet klammheimlich zu den Verlockungen der Großstadt, Jakob wird gebrochen zurückbleiben, während sich Anja – glücklich im Unglück – noch tiefer in ihre verschlossene Kunstwelt zurückzieht.

Klaus Mann hat das Stück kaum zu Papier gebracht – in seiner »Jungmännerklause«, wie der Freund Willi Süskind sich erinnert, mit dem »verblüffend spartanische[n] Feldbett«, »den leicht courtisanenhaften Puderdosen, Parfümflakons und Flauschquasten« und den »an Beardsley geschulten exaltierten männlichen und weiblichen Porträt- und Modezeichnungen«[10] –, da wirbt er damit bereits bei seinen Protagonisten und allerlei Theaterregisseuren, als sei er der berechtigte Nachfolger Wedekinds oder Hauptmanns. Zu Pamelas achtzehntem Geburtstag am 12. Dezember 1924 überrascht er sie mit der Übersendung des Skripts und mahnt sie, es »unbedingt in *einem* Zug [zu] lesen«[11]. Natürlich soll Pamela sich dafür bei ihrem Chef, dem Intendanten Hartung, stark machen, und Klaus, ganz von seiner Dichtergabe überzeugt, kündigt an, es dem Theatermogul auch gleich selbst zu übersenden. »Freilich«, so weiß er, »wirkt es nur in einer exquisiten Aufführung, *eine* Nuance zu plump und es ist ein lächerliches Sexualstückchen.«[12] Das junge Genie will sich nicht erst mit irgendwelchen Vorort- und Privatbühnen begnügen. Ihm sind die besten öffentlichen Bühnen gerade gut genug, und wenn es nicht Gustav Hartungs Schauspielhaus in Köln sein kann, dann eben das Renaissance-Theater in Berlin, wie er Pamela unumwunden mitteilt. Tatsächlich antwortet Hartung auf Klaus Manns Schreiben nicht (ob Pamela, die dort ja nur eine Anfängerin ist, sich bei ihm für das Stück ihres Verlobten einsetzt, bleibt fraglich), und Klaus, dadurch wenig in seinem Geniewahn berührt, schreibt der Freundin Anfang 1925: »Das mit *Anja und Esther* im Katholikennest [Köln] ist interessant. Hartung hat, wohl wegen Müh und Sorge der Sakuntalainszenierung, bis heute finster geschwiegen.«[13] Für ihn in seiner überschwänglichen jugendlichen Kraft und Unbesorgtheit ist alles Jux und Tollerei, so scheint es, und er schließt sein Schreiben mit dem skurrilen Gruß: »Meine makelhafte Schönheit lege ich Dir zu Füßen.«[14]

Anders Erika: Sie verzehrt sich nach Pamela (weit mehr, als die sich nach ihr sehnt). Pamela fährt wohl hin und wieder nach Berlin, aber nur kurz, zwischen ihren Proben und Auftritten in Köln. Immer wieder kommt es zwischen den Freundinnen zu Spannungen und Missverständnissen, vielleicht auch, weil Erika zu hohe Erwartungen hegt, sich mehr von Pamela erhofft, als diese zu geben vermag oder gewillt ist. Bereits im Oktober 1924 – Erika ist erst seit Kurzem in Berlin – schreibt sie an die ferne Freundin nach Köln: »Geliebte, komme her, Du kannst doch in vier Wochen? Bitte! Sonst werde ich auch noch eines Tages die Uhlandstraße mit Blumentöpfen bewerfen.«[15] Wenige Wochen später entblößt Erika ihr Herz, wenn sie der Freundin gesteht: »Aber leider kann ich mir nicht denken, daß Du mich so gern magst, wie ich Dich – herrje«, und sie schiebt eifersüchtig nach: »Ich werde ja doch plötzlich in Köln sein, aber wenn Du dann gerade mit offenem Haus und dem Heiner oder – wie heißt sie? – ich kann mir den Namen nicht merken, – oder mit sonst einem Alptraum im Zimmer sitzest – böse Hexenbrut!«[16] Sie schreibt diese Zeilen, kurz bevor Klaus Berlin schon wieder verlässt, um in seinem parfümgeschwängerten Zimmer im Münchner Elternhaus einen »Geniestreich«, sein Bühnenstück, zu Papier zu bringen, und klagt gegenüber der fernen Geliebten: »Der Frohsinn ist überhaupt noch nicht wieder bei mir eingezogen, hier will ich nicht bleiben und wohin soll ich und jetzt fährt auch das Klauschen weg und so.«[17] Wenig später, Erika hat *Anja und Esther* bereits gelesen, fragt sie Pamela ungeduldig: »Hast Du Kläuschens Stück gelesen? Wie magst Du es?«[18] Sie selbst enthält sich hierzu jeder Meinung – vielleicht, weil auch sie es in erster Linie als Mittel zum Zweck ansieht, nämlich Pamela dadurch wieder näher zu sein, räumlich wie geistig. Denn immer wieder schimmern in Erikas brieflichen Zeilen Ängste durch: Sie habe sich falsch verhalten, sie habe Pamelas Liebe verspielt, Pamela sei ihr gram und könne eine andere oder einen anderen (auch das Verlöbnis mit Klaus ist ja noch nicht gelöst!) mehr lieben als sie: »Schreib mir trotz allem liebster

Liebling […]. Immer liebe ich Dich und daß Du von vergessen meinerseits sprichst ist toll. Würdest Du mich noch heiraten?«[19] Das freilich ist eine rhetorische Frage, denn von einer gleichgeschlechtlichen Ehe kann im Jahre 1924 noch keine Rede sein. Umso mehr erscheint Klaus, der Lieblingsbruder, der Seelenzwilling, in Erikas Eifersuchtsanfällen als ein gefährlicher Nebenbuhler, denn ungeachtet dessen Homosexualität, die er ziemlich offen lebt und auch als Autor selbstbewusst vor dem Publikum offenlegt, sind Pamela und er berechtigt zu heiraten (wenn sie erst volljährig, also einundzwanzig sind) – um so die Häme der Klatschpresse und die Vorbehalte der Eltern doch noch Lügen zu strafen. Volljährig aber werden die Verlobten im November beziehungsweise Dezember 1927, das weiß Erika, und im Laufe der Zeit werden ihre Klagen über dieses »Damoklesschwert« einer Heirat der beiden Menschen, die sie am meisten liebt, immer dringlicher: Als nach Wochen des Wartens Erika endlich einen versöhnlichen Brief Pamelas in Händen hält, schreibt sie erleichtert und reuig: »Liebe so geliebte Pamela! Ich bin so glücklich über Deinen Brief, sei sehr bedankt dafür! Weißt Du, ich bin sogar ein furchtbarer Verfolgungswahnsinnling und grüble mir immer gleich so schlimme Sachen zurecht, aber ich habe wirklich nichts zu lachen dabei, sodaß Du Dich bitte nicht darüber ärgern sollst.«[20] Die Sorge um Pamela und deren Liebe indes bleibt bestehen und zehrt an Erika: »Ich habe solche Angst, daß Du mich nicht mehr so gern hast«[21], klagt sie im Frühjahr 1925. Und ein halbes Jahr später – da steht *Anja und Esther*, das Stück, das die Freunde eigentlich wieder zusammenschweißen soll, kurz vor der Uraufführung – entäußert sich Erika in einem großen Angstbekenntnis: »Laß Dir sagen, daß ich immerfort an Dich denke. […] Weil ich Dich so gern mag wie noch nie. Und daß Du das arme ermorderte [sic] Kläuschen heiratest kann ich doch nicht erlauben. – Obgleich ich auch darüber nachgedacht habe. Er ist doch auch so korrekt und dann ist er im Stande und sagt Anna Pamela ist meine Frau und wenn wir nicht darauf achten, läßt er sich scheiden und spricht von grellem Unbestand! Wirklich, es geht doch nie so recht mit uns zu dritt und wenn Ihr die Ehegatten seid, kann er auch noch aufs Recht pochen. Ich bin so müde, aber ich weiß schon, wie ichs meine.«[22]

Weiß Klaus von diesen Ängsten der Schwester? Wohl eher nicht. Was Pamela anbelangt, hält Erika sich bedeckt, diese Wunde will sie nicht einmal dem Herzensbruder offenbaren, zumal er ja – fatale Verstrickung! – ihr Nebenbuhler ist. Klaus Mann ist in jenen Monaten auch zu beschäftigt: mit sich selbst, mit seinen literarischen Plänen, mit der Vorbereitung einer Uraufführung von *Anja und Esther*, mit seinen Amouren (von seiner spätpubertären Schwärmerei für Pamela einmal abgesehen, begehrt er doch junge Männer). Im März 1925 kündigt er seinen ohnehin nur halbherzig ausgeübten Job als dritter Theaterkritiker und fährt nach Paris.

Die Stadt an der Seine wird seine zweite geistige Heimat: Mehr als München, ja mehr noch als Berlin atmet Paris Liberalität, geistige Frische, kulturelle Lebendigkeit, literarische Moderne, Jugend… Klaus Mann verliebt sich: in die französische Sprache, die junge französische Literatur, die Boheme – und: in René Crevel. Der junge, knapp fünfundzwanzigjährige Dichter, ein führender Exponent des in Paris beheimateten Surrealismus, stellt in vielem das Gegenteil zu Klaus Mann und dessen Sozialisation dar: Crevel entstammt kleinbürgerlichen Verhältnissen, aus deren Banden und engen moralischen und religiösen Fesseln er sich hat mühselig befreien müssen. Er ist ein Revolutionär, nicht nur der Sprache: Crevel engagiert sich in der kommunistischen Partei, ohne jedoch deren Stallgeruch zu haben. Er ist ein Außenseiter (und ähnelt darin Klaus Mann doch), aber er trägt dies nicht mit dem Bewusstsein der Würde und der Auserlesenheit, sondern als Kainsmal, als Narbe, die bei Berührung schmerzt. In jenem Jahr 1925 erscheint Crevels Roman *Mon corps et moi (Mein Körper und ich)*, im Jahr darauf wird sein Buch *La mort difficile (Der schwierige Tod)* folgen, ein Roman, aus dessen Skript Crevel dem deutschen Freund in jenem Jahr

1925 vorliest. Klaus Mann ist von der Lektüre erschüttert und bezeichnet das Buch als »das wichtigste Bekenntnisbuch der europäischen Jugend nach dem Krieg überhaupt«[23]. Bald verbindet Klaus Mann mit dem gut aussehenden René Crevel eine innige Freundschaft. Aber das Schicksal spielt mit den Geschwistern Mann ein seltsam paralleles Spiel: Wie Erika Pamela einseitig liebt und sich eher unglücklich nach ihr verzehrt, so ist auch Klaus Manns Verlangen nach Crevel in fataler Weise unerwidert – trotz oder gerade wegen der freundschaftlichen Sympathie, die der Franzose dem Deutschen entgegenbringt. Crevels Karriere blitzt auf, ist aber nur von kurzer Dauer, wie die Bahn einer Sternschnuppe am Firmament: Im Juni 1935 wird er sich, der an Nierentuberkulose erkrankt ist und an Depressionen leidet, noch keine fünfunddreißig Jahre alt, das Leben nehmen, indem er den Gashahn aufdreht. Man wird einen Abschiedszettel finden, auf dem geschrieben steht: »Je suis dégouté de tout«[24], »Alles ekelt mich an«. Er wird nicht der einzige geliebte Mensch sein, den Klaus Mann vorzeitig an den Tod verliert…

Auch Klaus Mann arbeitet 1925 – ähnlich wie sein Freund René Crevel – an einem Schlüsselroman: *Der fromme Tanz* erscheint zum Ende jenes Jahres und stellt ein autobiografisch gefärbtes Bekenntnis dar. Es ist der erste Roman mit offen homosexueller Thematik, der in Deutschland publiziert wird. Das Thema dieses *Abenteuerbuchs einer Jugend*, wie der Untertitel lautet: Ein junger Dichter namens Andreas taucht ein in das Künstlerleben von Berlin und Paris. Er sucht seinen Weg, in der Gesellschaft, in der Literatur, in der Liebe, und ist entflammt von der Idee, seiner Generation – die sich in Zielen, Idealen und Milieu scharf von jener der bürgerlichen, am Krieg schuldigen Väter abgrenzt – eine literarische Stimme zu verleihen. Aber Andreas ist kein »typischer« Vertreter seines Jahrgangs. Er ist ein Außenseiter, in seinen künstlerischen Ansätzen, in seiner homosexuellen Prägung, in seiner Sozialisation. So führt ihn sein Weg in die Pariser Boheme letztlich auf die lange Reise zur Akzeptanz seiner selbst. Über seine Liebe zu Niels befindet der Held:

»Andreas gab sich dieser Liebe ganz hin, die er nicht als Verirrung empfand. Ihm kam es nicht in den Sinn, sie vor sich zu leugnen, sie zu bekämpfen als ›Entartung‹ oder als ›Krankheit‹. Diese Worte berührten die Wahrheit so wenig, sie kamen aus anderer Welt. Gut hieß er diese Liebe vielmehr ganz und gar, er lobte sie, wie alles, was Gott gab und verhängte – sei es noch so leicht oder schwierig zu tragen.«[25] Am Ende steht sein Aufbruch in den Süden, eine Metapher für die Feier des schönen, glücklichen Lebens. Seiner Braut, von der er sich gleichwohl auf längere Zeit verabschiedet (die Konstellation erinnert stark an Klaus Manns schwärmerische, aber keinesfalls sexuelle Beziehung zu Pamela Wedekind), legt der Romanheld in einem Brief ein Bekenntnis zum Leben ab: »Alle Bäume rauschen für mich, alle Meere warten auf mich. Menschen sitzen in ihren Wohnstuben, denen ich nächstens zu begegnen habe. Des Menschen Leib ist schön an allen Orten. Ich liebe des Menschen Leib –.«[26]

Weniger Akzeptanz seinen ältesten Kindern gegenüber zeigt in jenem Frühjahr 1925 Thomas Mann (der sich nach eigenen Aussagen schon in jungen Jahren eine »Verfassung« gegeben hat, ein strenges Gesetz, nach dem er lebt und arbeitet – ungeachtet innerster Wünsche und Sehnsüchte, auch solcher homoerotischer Art): Er schreibt an der Novelle *Unordnung und frühes Leid* (sie erscheint noch im selben Jahr in der *Neuen Rundschau*), worin er in autobiografischer Manier den Lesern Einblick in sein häusliches Dasein und die als Affront und Bedrohung empfundene Lebensweise seiner ältesten Kinder gewährt. Natürlich ist dem Vater zu Ohren (und vor Augen) gekommen, woran der schriftstellernde Sohn Klaus in jenen Wochen und Monaten gearbeitet hat. An den Kölner Literaturwissenschaftler Ernst Bertram schreibt Thomas Mann denn auch unumwunden und ohne jegliche Loyalität, *Anja und Esther* sei ein »unbeschreiblich gebrechliches und korruptes Stückchen des jungen Mannes«[27]. Davon ahnt Klaus indes nichts. Er hat noch sieben Wochen zuvor sein Stück dem Germanisten vertrauensvoll zugesandt und die Hoffnung geäußert, ihn zu sehen, wenn er, Klaus, nach Köln komme, um mit dem Intendanten Gustav Hartung wegen einer Aufführung zu verhandeln. Nun, in *Unordnung und frühes Leid*, legt Thomas Mann seine Vorbehalte vor der Leserschaft offen und diskreditiert seinen ältesten Sohn recht schamlos. Über den siebzehnjährigen, effeminierten Bert, der unleugbar die Züge Klaus Manns trägt, sinniert der Hausherr Professor Cornelius (alias Thomas Mann): »Man sollte meinen, entweder Schwermut oder Schminke. Zusammen bildet es doch einen seelischen Widerspruch. Wie mag ein Schwermütiger sich schminken?«[28] Und wenig später: »[...] mein armer Bert, der nichts weiß und nichts kann und nur daran denkt, den Hanswursten zu spielen, obgleich er gewiß nicht einmal dazu Talent hat!«[29]

Klaus Mann ist über diesen hinterrücks geführten Hieb des Vaters empört und zeigt sich verständlicherweise zutiefst verletzt. An Erika schreibt er von des Vaters »Novellenverbrechen«[30]. Er »rächt« sich literarisch auf seine Weise: In der im Jahr darauf erschienenen *Kindernovelle* zeichnet Klaus Mann recht unverblümt seine eigene Familie – allerdings ohne den Vater. Der ist längst verstorben, nur seine über dem Bett der Mutter hängende Totenmaske blickt streng und bedrohlich in die Welt der Lebenden hinein. Die noch junge Witwe indes verliebt sich in einen jungen Mann (eine erotische Projektion des Autors) und heiratet ihn: Die Kinder, darunter Heiner, das Alter Ego des Autors, erhalten einen jungen (und darüber hinaus gut aussehenden) Stiefvater, der sich im Gegensatz zum leiblichen Vater als ein heiterer Mensch und verständnisvoller Kinderfreund erweist.

Allzu lange kann sich Klaus Mann über solche Sticheleien des Vaters freilich nicht empören – denn Paris und dessen aufregendes Leben nimmt ihn völlig in Beschlag. Während Erika in Berlin sehnsüchtig auf Pamela wartet und sich mit Selbstvorwürfen kasteit, denkt er eher oberflächlich an seine Verlobte. Immerhin berichtet er ihr hin und wieder von seinen Erlebnissen, Erfahrungen und Eroberungen an der Seine. Am 19. Juni

1925 etwa schreibt er an die »liebe und verehrte Dame«: »Hier habe ich sehr viel Freude und Aufregung, viel Umgang, alte und funkelnagelneue Freundschaften.«[31] Zu denen zählt er André Gide, Jean Cocteau – und natürlich René Crevel (dem er auch die *Kindernovelle* widmen wird, während Pamela den Roman *Der fromme Tanz* dediziert bekommt). Immerhin vertröstet er Pamela im selben Brief: »Wir heiraten uns doch noch«[32], und spielt sogleich wieder seinen Mummenschanz, wenn er mit »Päpstin Johanna«[33] unterzeichnet. Die Possenschneiderei treibt er munter weiter, berichtet der »Hofschauspielerin«[34] in einem weiteren Brief von seinen ergebnislosen Bemühungen um eine Uraufführung von *Anja und Esther* in Köln. Er hat sich zwischenzeitlich mit Gustav Hartung getroffen, der jedoch von »traumhafter Komik« gewesen sei. Hartung sei zu sehr mit der Inszenierung eines Stücks über Oscar Wilde beschäftigt. Dessen Autor: Carl Sternheim, der vor dem Krieg neben Frank Wedekind als der bedeutendste zeitgenössische Theaterautor galt, dessen Nimbus jetzt aber am Verblassen ist. Klaus urteilt salopp, Sternheim sei ein »undichterischer und arroganter Narr«, und weiß doch nicht, dass Pamela sich große Hoffnungen macht, in dessen Oscar-Wilde-Drama eine Rolle zu erhalten. Was Klaus ebenfalls nicht ahnt: Carl Sternheim wird ihm, dem ewig und halbherzig Verlobten, bald den Rang ablaufen! Er ist so von der Pariser Luft beschwipst, dass er sogar plant, einen weiteren Trip nach Afrika zu unternehmen (eine erste Reise gemeinsam mit dem befreundeten Übersetzer Hans Feist, von den Freunden wegen seiner verschwommenen Ausdrucksweise »Nebel« genannt, führte im April 1925 nach Marseille, wo Klaus sich in einem Paradies sexueller Freizügigkeit wähnte, »einer *phantastischen* Stadt, mit *blauem* Meer, *schwarzen* Negern, wilden Bordells«[35], und weiter nach Tunesien – auf den Spuren Oscar Wildes und André Gides). Leider hat sein neuer, »höchstgeliebter Freund«[36] René Crevel zu viel zu arbeiten, und so tut Klaus sogleich einen anderen Jüngling auf, mit dem er die Abenteuertour unternehmen will. All das setzt er Pamela auseinander, die in Köln auf einen Anschub ihrer Karriere harrt (und auch auf eine Lösung ihres privaten Beziehungsknotens), und bezeichnet sich selbst kokett als »Sonderling, zwischen krauser Geselligkeit und philosophischer Einsamkeit schwankend, von Depressionen beunruhigt und von Tatendurst berauscht«[37].

Auf einen zweiten Roadtrip nach Afrika verzichtet Klaus Mann dann doch: Denn es hat sich eine Möglichkeit eröffnet, seinen Geniestreich *Anja und Esther* zur Uraufführung zu bringen. Oder vielmehr: Es haben sich *zwei* Möglichkeiten aufgetan. Sowohl die Münchner Kammerspiele als auch die Hamburger Kammerspiele wollen das Stück auf die Bühne bringen! Vor allem die Hamburger Inszenierung liegt dem Autor am Herzen: In ihr sollen die Dichterkinder – wie von ihm intendiert – sich selbst spielen. Regie und die vierte Hauptrolle im Bunde soll ein junger Shootingstar namens Gustaf Gründgens übernehmen. Und ein weiteres Dichterkind stößt hinzu: die 1905 geborene Dorothea Sternheim, genannt Mopsa, Tochter von Carl Sternheim und dessen Frau Thea. Mopsa übernimmt die Bühnenausstattung. Der Kreis der Freunde und Dichterkinder erweitert sich, und die Konstellationen verstricken sich noch mehr: Zwei Hochzeiten werden anstehen, aber nicht die von Klaus und Pamela. Und die Drogen treten ins Leben der Freunde und werden sie nach und nach zugrunde richten … Alles ähnlich wie in *Anja und Esther*, nur komplizierter und auswegloser.

»Lieber tot auf dem Uttwiler Friedhof als lebend in Waldhof!«

Intermezzo: Carl, Thea und Mopsa Sternheim. 1903–1925

Sie ist ein Dichterkind – und weiß es doch lange nicht: Elisabeth Dorothea, genannt Mopsa. Ihr Vater, so glaubt sie bis zu ihrem achten Lebensjahr, sei der rechtschaffene, etwas biedere Rechtsanwalt Arthur Löwenstein. Der lebt mit seinen beiden Töchtern Agnes und Mopsa in einem großbürgerlichen Haus in Oberkassel bei Düsseldorf. Löwenstein ließ sich 1907 von der Mutter seiner Kinder scheiden: Thea, genannt Stoisy, lebt in Höllriegelskreuth bei München in einem Palais mit ihrem zweiten Ehemann Carl Sternheim und dem gemeinsamen Sohn Klaus. Nur zwei Sommermonate im Jahr dürfen die Töchter zur Mutter nach Bayern kommen – so hat das Gericht entschieden. Ein Modus Vivendi, mit dem sich alle wohl oder übel arrangiert haben.

Doch seit einiger Zeit wird für die siebenjährige Mopsa das Leben in des Vaters Haus schwerer: Er hat eine neue Frau kennengelernt. Die Stiefmutter verhält sich den Kindern gegenüber kühl und reserviert. Löwenstein, sonst ein eher zögerlicher Mann, der viel auf Konventionen und gesellschaftliche Reputation hält, fällt eine Entscheidung: An einem Morgen im August 1912 packt er Mopsas Köfferchen und besteigt mit ihr eine Droschke. Sie fahren zum Bahnhof nach Düsseldorf, von dort geht es nach Köln. Vater und Tochter begeben sich zum Domhotel. Dort wartet Thea Sternheim, die bereits vor Tagen von ihrem Ex-Mann herbeizitiert worden ist. Mutter und Tochter schließen sich in die Arme. Thea versichert Mopsa, sie könne nun immer bei ihr bleiben. Das Kind ist überglücklich, versteht aber nicht, warum nicht auch Agnes, ihre geliebte Schwester, mit zur Mutter kommen könne? Erst jetzt offenbart ihr die Mutter, dass Arthur Löwenstein gar nicht ihr Vater ist, sondern Carl Sternheim, jener sonderliche Mann, der Mopsa seit jeher unheimlich ist. Aus Elisabeth Dorothea Löwenstein ist Mopsa Sternheim geworden. Sie ist ein Dichterkind, Tochter des neben Gerhart Hauptmann und Frank Wedekind berühmtesten Bühnenautors jener Zeit. Für Mopsa tut sich die Welt des Theaters auf, zunächst nur familiär, als Tochter Carl Sternheims, später auch beruflich. Die Bühne wird ihr Schicksal – und sie wird als junge Frau in den Dunstkreis anderer Dichterkinder geraten und mit ihnen gemeinsam die »Bretter, die die Welt bedeuten«, betreten …

Mopsas Mutter Thea Bauer wird 1883 in Neuss geboren und wächst in Köln auf. Es ist ein großbürgerliches, wohlhabendes Haus. Die Familie Bauer nennt eine gut gehende Schraubenfabrik und mehrere Häuser ihr Eigen. Als Theas Eltern Agnes und Georg Bauer im August 1905 und im Mai 1906 im Abstand von nur neun Monaten sterben, hinterlassen sie eine schwerreiche, erst zweiundzwanzigjährige Erbin. Theas Ehe mit dem Rechtsanwalt Arthur Löwenstein ist zu jener Zeit bereits gescheitert. Sie lebt in Trennung von ihrem Mann. Ihre beiden Kinder Agnes und Mopsa sieht sie nur selten. Auch ihr Geliebter Carl Sternheim lebt in Trennung, die Ehe mit seiner Frau Eugenie wird wenige Wochen später, im Juni 1906, geschieden. Thea gilt nach den bürgerlichen Konventionen ihrer Zeit als gefallene, unehrenhafte Frau. Nur ihr durch das Erbe zugefallener Reichtum mildert diesen Umstand – zumindest materiell. Thea, von Carl Sternheim stets nur Stoisy genannt, ist sich dieser Fatalität durchaus bewusst. Aber sie ist in den Dichter nicht nur verliebt, sie hängt an ihm mit geradezu zerstörerischer Leidenschaft. Für Zeitgenossen ist das nicht nachvollziehbar, zumal Thea als eine der schönsten Frauen ihrer Zeit gilt, der damals achtundzwanzigjährige Carl Sternheim hingegen als eher hässlicher, früh zu einer Glatze neigender Mann, dessen unausgeglichener, cholerischer, ja psychopathologischer Charakter und zahlreiche Liebschaften allgemein bekannt sind. Doch Thea ist ihm verfallen, allen Warnungen zum Trotz.

Die erste Begegnung findet im Frühjahr 1903 statt. Thea Löwenstein – sie ist seit gerade einmal anderthalb Jahren verheiratet und seit wenigen Monaten Mutter der kleinen Agnes – erhält Besuch von einer ehemaligen Internatskameradin namens Eugenie, die seit zwei Jahren mit dem Theaterautor Carl Sternheim verheiratet ist, mit ihm einen kleinen Sohn namens Carlhans hat und mit der Familie in München lebt. Thea empfängt Eugenie freudig, in der Erwartung, alte Schulerinnerungen, Tratsch und Klatsch aufzuwärmen. Dass Carl Sternheim seine Frau begleitet, erscheint zunächst kaum erwähnenswert. Das erste Aufeinandertreffen Theas mit dem damals noch kaum bekannten Schriftsteller verläuft eher reserviert. In ihren Erinnerungen beschreibt Thea ihn als »mittelgroß, schlank, excentrisch und überangezogen«[1].

Seine großen Erfolge wird Sternheim erst einige Jahre später feiern, mit der sarkastischen, bürgerfeindlichen Komödientrilogie *Die Hose* (Uraufführung 1911), *Der Snob* (1914) und *1913* (1915/1919). Doch bereits zu jener Zeit seiner ersten Begegnung mit Thea ist er von seiner Einzigartigkeit, seinem Genie und überdies seiner unwiderstehlichen Anziehungskraft auf Frauen durch und durch überzeugt. Thea findet ihn zunächst zwar etwas geckenhaft, aber nach wenigen Tagen erliegt auch sie seinem Charme, seiner virilen Ausstrahlung, seinem scharfsinnigen Witz. Ihre Internatsfreundin Eugenie muss sich in einer nahen Klinik operieren lassen. Carl Sternheim nutzt die Gelegenheit, freie Bahn zu haben, und stattet Thea mehrere Besuche ab – alles unter den wohlwollenden Augen Arthur Löwensteins, der ebenfalls Gefallen an dem zwar etwas eigentümlichen, aber geistreichen Mann findet und mit ihm bald Spaziergänge und Wanderungen unternimmt.

Nachdem Sternheims wieder nach München zurückgekehrt sind, erhält Thea Briefe von ihrer neuen Bekanntschaft, die sie recht unbedarft beantwortet und dadurch eine Erwartungshoffnung in dem Dichter befeuert. Ein Jahr später kündigt Sternheim erneut einen Besuch an: Er wolle sich in Aachen einer Kur unterziehen und hoffe, das Ehepaar Löwenstein in Köln zu treffen. Arthur und Thea freuen sich auf das Wiedersehen, holen Carl Sternheim (er reist allein) am Bahnhof in Köln ab und bringen ihn zum Domhotel. Wenig später reist er weiter nach Aachen. Doch die Kur bringt ihm keine Erleichterung, denn sein eigentliches Leiden trägt den Namen der schönen Frau Löwenstein. Er schreibt ungeduldige, feurige Briefe nach Oberkassel, verlässt an einem Wochenende das Kurhotel und reist an den Rhein. Thea fällt wie eine belagerte Festung. Aber sie selbst öffnet dem Angreifer bereitwillig das Tor: »Eines Tages erscheint er [Carl Sternheim] in Oberkassel. Vom Verandafenster her sehe ich ihn mit Arthur aus dem Schiff steigen, die Rheinwiese durchschreiten. Plötzlich ist mir's, als ob eine Hand in mein Herz griffe […]. Wie ein Gebot erschlägt mich die Leidenschaft, ich bedenke nichts mehr, werde Carls Frau.«[2]

Der Ehebruch vollzieht sich keineswegs hinter dem Rücken Arthur Löwensteins. Im Gegenteil: Der in Konventionen lebende, ängstlich um seine Reputation bedachte Mann scheint sich mit Theas Seitensprung abzufinden, sofern nur die bürgerliche Fassade gewahrt und die Ehe auf dem Papier bestehen bleibt. Er redet sich sogar ein, mit Sternheim eine Art Freundschaft schließen zu können – ungeachtet des Umstands, dass der ihm Hörner aufgesetzt hat. Thea genießt diese Wochen, in denen Sternheim regelmäßig seine Kur unterbricht, um sich in Oberkassel ganz anderen Erholungen hinzugeben, in einer Mischung aus Wollust und Kitzel – sie ahnt, dass alle drei einen gefährlichen Tanz auf dem Vulkan vollführen. Die Wollust freilich überwiegt. Bereits nach wenigen Wochen, am 18. März 1904, notiert sie: »In diesen Tagen bin ich selig, gewiß, die bessere Hälfte meines Ichs gefunden zu haben. Carl, an meinem

Herzen, versichert mir, der Augenblick seines Lebens sei da, in dem er den Himmel bittet, den Ablauf der Ereignisse stillstehen zu lassen. […] Als Carl zwei Tage später nach Aachen zurückreist, weine ich nicht mehr beim Abschied: Ich weiß, daß ich von ihm in Hoffnung gekommen bin.«[3]

Die nächsten Monate vergehen wie im Rausch. Arthur Löwenstein glaubt – oder will es glauben –, dass Thea von ihm schwanger ist. Die drei führen wider alle Vernunft eine Ménage-à-trois, während die Nachbarschaft sich bereits die Mäuler zerreißt. Thea schreibt enthusiasmiert: »Manchmal wird ein Spaziergang gewagt. Rast in den Rheinwiesen. Schiffe fahren vorbei. Carl legt seinen Kopf in meinen Schoß, während ich mich, elend und gleichzeitig beseligt, an Arthur lehne.«[4] Die beiden Männer – jeder glaubt, der Vater zu sein, jeder hält den anderen für den »Verlierer« – unternehmen in jenem Sommer 1904 sogar gemeinsam eine Fahrt nach Thüringen, wo sie wandern und sich blendend unterhalten. Thea kommentiert naiv und gerissen zugleich: »Die Hauptsache bleibt, daß die Männer sich nicht hassen […].«[5] Wenn da nicht Eugenie Sternheim wäre, Theas Internatsfreundin. Die riecht sehr wohl Lunte und bereitet ihrem Mann Szenen. Aber bis zum Zerwürfnis geben sich alle vier noch ein wenig ihren Illusionen hin.

Am 10. Januar 1905 kommt Theas zweites Mädchen zur Welt, die Elisabeth Dorothea genannt wird. Thea ist überglücklich über die Tochter, »die mit roten Lippen, hellbraunen Augen und rötlichem Haar eher einem Clown als einem Kind gleichend, in meinen Armen liegt […]«[6]. Inzwischen hat sich der Wind allerdings gedreht, aus dem Freundschaftsbund zu dritt ist eine Todfeindschaft geworden. Noch glaubt Arthur, er sei der Vater. Aber den Ehebruch will er nicht mehr hinnehmen, er droht, seine Frau aus dem Haus zu jagen, sollte sie Sternheim schreiben oder ihn gar ein weiteres Mal treffen. Thea hält still, was soll sie auch tun? Ihre Mutter in Köln ist todkrank. Aus München kommen alles andere als erbauliche Gerüchte: Sternheim, so heißt es, habe eine neue Freundin (und ist zugleich immer noch mit Eugenie verheiratet). Thea, die selber ihrem Mann untreu ist, beklagt sich nun über die Untreue und den Wankelmut Sternheims, der ihr mit seiner ganz eigenen Logik zu verstehen gibt, dass »das Gesetz, dem er gehorcht, ein anderes ist als das, dem ich zu gehorchen verlange«[7].

Am 8. August 1905 stirbt Agnes Bauer. Thea eilt mit ihren Töchtern nach Köln und nimmt vom Leichnam Abschied, indem sie eine Locke Carl Sternheims (es dürfte eine seiner letzten sein, denn schon frühzeitig bekommt er eine Vollglatze) der Mutter in den Sarg legt, »als letztes Geschenk, das ich ihr zu machen imstande bin – es ist mein kostbarstes«[8]. Noch lebt Theas Vater, aber auch er ist krank – und Thea weiß, dass sie bald die Erbin eines großen Vermögens sein wird, das ihr ein Leben in materieller und gesellschaftlicher Unabhängigkeit ermöglichen wird, egal, wie die bürgerliche Konvention über sie urteilt. Also heißt es noch warten und ein wenig gute Miene zum kalkulierten Spiel machen. Carl aber, ihren Abgott, will sie auf jeden Fall zurückerobern, egal, welche Amouren er im fernen München pflegt.

Sie hat Carl längst darüber aufgeklärt, dass er Mopsas Vater ist, und er nutzt eine Geschäftsreise Arthurs, um nach Düsseldorf zu kommen, sich mit Thea zu treffen und sein eigen Fleisch und Blut in Augenschein zu nehmen. Doch vom Zauber der Monate zu dritt ist nichts mehr übrig. Thea erinnert sich: »Nichts verfehlter als diese Zusammenkunft! Ich entziehe mich seiner Umarmung, während er den Unmut über die verlorene Faszination mit Erörterungen über Rahel Hermann [seine neue Geliebte] kompensiert. Er fürchtet, daß sie von ihm in Hoffnung sei, bespricht die Anschaffung eines Kinderwagens.«[9] Das Düsseldorfer Treffen endet in seelischer Zerrüttung. Thea spricht in ihren Memoiren von »diesem angebeteten Rüpel«[10]. Sie hasst Carl Sternheim geradezu, und kann doch nicht von ihm lassen. Widersinnig scheinen ihre Gefühle diesem Mann gegenüber, und sie werden es bis zu Sternheims elendem Ende bleiben.

Anfang 1906 reist Carl Sternheim nach Rom – allein. Er will sich seiner Gefühle klar werden. An Thea schickt er ein Telegramm, worin er sie beschwört, ihm zu vertrauen und ihn weiter zu lieben. Erneut ist Thea beseligt. In ihrem Überschwang, eine Klärung der Verhältnisse herbeizuführen, bittet sie ihre alte Freundin Eugenie, Sternheims Ehefrau, nach Oberkassel. Löwenstein ist wieder auf Geschäftsreise, und so können die beiden Frauen in Ruhe alles besprechen. Thea gesteht Eugenie, dass Mopsa Sternheims Tochter ist. Die ist keineswegs erstaunt, wird vielmehr körperlich zudringlich: Die beiden Frauen verbringen eine heiße Liebesnacht, damit ist der Ehebruch komplett – eine Szene wie aus Carl Sternheims bösen Komödien. Thea erinnert sich voller Entzücken: »Sie bestand darauf, ich solle bei ihr schlafen. Aus unserer Erregung ergab sich das, was, wie mir Genchen [Eugenie] am folgenden Morgen gestand, sie bereits in Bonn mit mir zu tun verlangt hatte.«[11]

Doch die sexuelle Erlösung währt nur kurz: Wenige Tage später erreicht Thea ein Schreiben von Sternheims Anwalt. Carl sitzt in Untersuchungshaft, ihm wird ein Sittlichkeitsdelikt vorgeworfen: sexueller Umgang mit einem minderjährigen Mädchen. Es folgen Tage und Wochen nervenzehrenden Wartens. Thea rechnet damit, dass Sternheim verurteilt wird, ihm drohen mehrere Jahre Haft. In ihr reift jedoch die Überzeugung, dass sie zu ihm gehört, selbst wenn er als Sexualstraftäter ins Gefängnis müsste. Sie ahnt nicht, dass Sternheim wenige Jahre später seiner eigenen Tochter nachstellen wird... In ihren Memoiren gibt sich Thea heroisch, in wahrer Nibelungentreue: »Es ist klar, ich liebe Carl, wenn auch mit allen Ernüchterungsphasen der inzwischen Sehendgewordenen, noch immer mehr als das eigene Leben.«[12]

Die Angelegenheit geht glimpflich aus: Das Mädchen gibt schließlich zu Protokoll, dass es nicht zu sexuellen Annäherungen gekommen sei. Vielmehr habe Sternheim, der sie auf sein Zimmer nahm, sich ihr als der »liebe Gott« vorgestellt und verlangt, sie solle vor ihm niederknien und ihn anbeten, woraufhin das Mädchen entsetzt aus dem Fenster sprang und sich beide Beine brach – was wiederum die Polizei auf den Plan rief. Dass es sich bei Sternheims seltsamem Gebaren um düstere Vorboten einer Geistesverwirrung (wahrscheinlich infolge einer Syphilisinfektion) handeln könnte, wird von niemandem aus seinem Umkreis erwogen.

Am 18. Mai 1906 stirbt Theas Vater Georg Bauer. Mit einem Mal ist sie – gemeinsam mit zwei Brüdern – Erbin eines großen Vermögens, das ihr sämtliche Freiheiten gewährt, nicht nur materieller Art. Nun ist sie nicht mehr genötigt, auf gesellschaftliche Konventionen achtzugeben. Sie steht über allen Zwängen, sie ist nicht mehr darauf angewiesen, von Verwandten, Freunden, Nachbarn geachtet und geliebt zu werden. Das Geld allein macht Thea zu einer Respektsperson. Wem ihre Lebensweise nicht passt, der kann gehen.

Der Erste, der den Hut nehmen muss, ist indes Carl Sternheim: Seine Frau Eugenie hat einen anderen kennengelernt und reicht nun die Trennungsklage ein. Die Ehe wird im Juni 1906 geschieden. Sternheim ist das nur recht. Als Thea und Arthur im Sommer 1906 zu den Festspielen nach München reisen, wo sie Wagners *Die Meistersinger von Nürnberg*, dirigiert von Richard Strauss, hören, begegnen sie in der Oper Carl Sternheim. Thea beteuert ihrem Mann, dies sei ein Zufall. Wie dem auch sei: Sie nehmen abends gemeinsam eine Droschke zum Hotel, und zum Abschied befiehlt Arthur in einer geradezu masochistischen Aufwallung, seine Frau und Sternheim sollen sich umarmen und sich küssen. Thea bricht in Tränen aus. Sie empfindet das Verhältnis als krankhaft und unwürdig.

Doch sie ist jetzt materiell unabhängig. Im Herbst einigt sie sich mit Arthur auf eine Trennung und auf die Einreichung einer Scheidungsklage. Arthur solle Agnes behalten, sie solle Mopsa mit sich nehmen – so ist es mündlich vereinbart. Thea will sich in München, in Sternheims Nähe, eine Wohnung suchen. Doch plötzlich steht Löwenstein nicht mehr zu seinem Wort, weigert sich, seiner Frau Mopsa, Sternheims Tochter, zu überlassen. Thea will sich nicht erpressen lassen: Sie besteigt ohne ihre Kinder den Zug nach München. Es ist Ende Dezember 1906. Kaum sechs Wochen zuvor ist in München Thomas Manns ältester Sohn Klaus zur Welt gekommen – er wird Mopsas enger Freund werden …

Noch muss Thea um ihre Kinder bangen: Mit Arthur einigt sie sich im Februar 1907 auf ein notariell beurkundetes Abkommen: Sie, die Millionenerbin, zahlt ihren beiden Kindern eine Aussteuer von je 500000 Mark, die auf einem von Arthur verwalteten Sparkonto ruhen. Im Gegenzug darf sie ihre Kinder jedes Jahr zehn Wochen lang zu sich nehmen – allerdings nur in Begleitung einer von Löwenstein bestimmten Gouvernante. Zu sehr fürchtet Arthur, die Kinder könnten in Gegenwart Theas und vor allem Carl Sternheims geistigen und moralischen Schaden nehmen – Löwensteins dunkle Ahnungen sollten sich nur allzu sehr bewahrheiten.

Thea ist wie im Rausch: Endlich können Sternheim und sie ein gemeinsames Leben führen! Sie beschließen, München zu verlassen, um dem auch hier wabernden Geschwätz zu entkommen. In Höllriegelskreuth im Isartal, südlich von München, lässt Thea von dem Stararchitekten Gustav von Cube (dem Ehemann von Carls Schwester Maria) für sich und ihre große Liebe ein Schloss mit zweiunddreißig Zimmern im Stile Louis XVI. erbauen. »Bellemaison« nennen sie es mit etwas Understatement (heute ist das denkmalgeschützte Palais im Eigentum der Linde AG). Um sich die Zeit bis zum Einzug angenehm zu vertreiben, unternimmt das Paar eine Reise nach Griechenland und Italien. Am 10. April 1907 – sie sind eben in Neapel, haben den damals noch rauchenden Vesuv vor Augen, dessen Kegelspitze ein Jahr zuvor bei einem vehementen Ausbruch weggesprengt wurde – erreicht Thea telegrafisch die Nachricht, dass ihre Ehe mit Arthur Löwenstein geschieden ist. Der Vesuv hat sich nach der heftigsten Eruption seit fast dreihundert Jahren, in deren Folge über hundert Menschen unter den Trümmern einer einstürzenden Kirche begraben wurden, wieder beruhigt, und Theas und Carls Leben – so beider Hoffnung – soll Ähnliches bevorstehen. – Sie werden sich irren.

Am 13. Juli 1907 lassen sich Thea und Carl in München standesamtlich trauen. Thea ist nun Frau Sternheim. Carls Stern ist im Steigen begriffen: Wenige Jahre später wird er einer der meistgespielten, meistgeliebten und meistgehassten Theaterdichter Deutschlands sein, mit immensen Tantiemen und großer literarischer Reputation. Aber noch lebt er vom Geld seiner neuen Frau, und sie lebt immer mehr von ihrer Rolle als schöne Repräsentantin ihres Mannes. Darin gleicht sie Tilly Wedekind. Deren Tochter Pamela ist noch kein Jahr alt und wird zwanzig Jahre später – seltsame Laune des Schicksals – in Thea und Carl Sternheims Leben tief eingreifen.

Einen Tag nach der Trauung fährt Thea Sternheim nach Frankfurt und nimmt am Bahnhof aus Löwensteins Händen ihre Kinder in Empfang: Sie sollen ein paar Wochen – gemäß der gerichtlichen Vereinbarung – bei ihrer Mutter leben. Doch Thea muss sehr bald erkennen, dass Carl, der seine Liebe nicht teilen will und ein krankhafter Hypochonder ist, auf die beiden Mädchen (zu der Zeit vier und zwei Jahre alt) eifersüchtig reagiert. Er setzt sich in die neue, von Thea finanzierte, sechszylindrige belgische Luxuslimousine vom Typ Minerva und fährt mit seinem Schwager, dem Architekten Cube, nach Bad Tabarz im Thüringer Wald, um seine Ex-Frau Eugenie und seinen Sohn Carlhans zu besuchen.

Die Ehe von Thea und Carl Sternheim ist von Anbeginn spannungsgeladen, und auch die Geburt eines zweiten Kindes, des Sohnes Klaus, am 2. Januar 1908, ändert daran nichts. Carl Sternheim hasst Kinder und Kindergeschrei. Er treibt sich nächtelang in der Münchner Boheme umher, reist mit seinem Freund, dem Literaten Franz Blei, immer wieder nach Berlin und genießt dort ein ausschweifendes Nachtleben, auch unter Einfluss von Alkohol und Drogen.

Thea sitzt währenddessen mit ihren Kindern und mehreren Bediensteten in ihrem neu erbauten Schloss in Höllriegelskreuth, einem goldenen Käfig, und langweilt sich. Um ihren Lebensüberdruss zu kompensieren, beginnt sie Kunst zu kaufen. In den folgenden Jahren wird sie eine beachtliche Sammlung moderner Meister zusammentragen, die damals auf dem Markt noch relativ wohlfeil zu haben sind: Gemälde von Pierre-Auguste Renoir, Paul Gauguin, Vincent van Gogh, Pablo Picasso, Henri Matisse, Chaim Soutine, Frans Masereel und anderen kann sie bald ihr Eigen nennen. Dem deutschen Expressionismus hingegen, für den Carl Sternheim ein Faible hat, steht sie verständnislos gegenüber. Ihre erste Erwerbung, van Goghs *L'Arlésienne*, für nur dreizehntausend Mark erstanden, hängt sie sich ins Schlafzimmer ihres Schlosses »Bellemaison«. Voller Begeisterung notiert sie: »Nun hängt es meinem Bett gegenüber, durchleuchtet mein Leben mit lodernder Inbrunst.«[13] Später wird sie die meisten dieser Bilder verlieren, sei es infolge ihrer Scheidung, des notbedingten Verkaufs während der Inflation oder des Gangs ins Exil.

Doch alle Gemälde dieser Welt, die sie auf ihren Sammlerzügen bei Händlern in Frankreich und Holland erwirbt (sie nennt irgendwann ein ganzes Dutzend van Goghs ihr Eigen!), können sie nicht über die Leere ihres Lebens hinwegtrösten. Bald schlafen Carl und sie nur noch in getrennten Betten. Einmal gibt sie sich ihrem Ex-Mann Arthur hin, um dadurch bessere Bedingungen hinsichtlich des Besuchs ihrer Kinder herauszuschlagen. Sie tut es aus Liebe zu ihren Kindern, denn die sind ihr Ein und Alles. Und umgekehrt hängen die drei voller Zärtlichkeit an ihrer Mutter.

In München lernt Thea Sternheim im Jahre 1910 Frank Wedekind kennen und findet ihn sympathisch und bescheiden. Wedekinds Tochter Pamela ist noch keine vier Jahre alt – wieder berühren sich die Lebenskreise der beiden Dichterfamilien kurz und noch ohne weitere Folgen.

Carl Sternheims Ausfälle nehmen unterdessen zu: Er ist lieblos, gereizt, auch gewalttätig, besonders Klaus gegenüber. Der überaus hübsche Knabe ist in seinen Augen ein Nebenbuhler um Theas Gunst, und so verprügelt er das Kind des Öfteren. Thea vertraut ihren Schmerz dem Tagebuch an. Sie fühlt sich durch ein Band schicksalhafter Bestimmung an Carl gekettet, obwohl sie ihm gegenüber inzwischen überwiegend Abscheu empfindet. Als sie feststellt, dass sie von Carl erneut schwanger ist, lässt sie das Kind abtreiben – was damals illegal ist, aber sie hilft mit Geld nach und gibt »nicht eher Ruhe, als bis der Arzt jede Spur von Sternheim aus mir entfernt hat«[14]. Carl Sternheim gönnt sich indes recht offen Seitensprünge mit anderen Frauen. Sein »Genie«, so seine Überzeugung, berechtige ihn dazu, ja verlange sogar nach fortwährender erotischer Befeuerung. Theas resigniertes Resümee: »Von Tag zu Tag enttäuschter, ziehe ich mich tiefer in mich zurück.«[15]

In jenen Jahren erfährt Carl Sternheim als Dramatiker den großen Durchbruch: *Die Hose* und *Die Kassette* werden in Berlin, München und anderen Städten aufgeführt und mit frenetischem Applaus und besten Kritiken bedacht. Thea klammert sich an diesen Erfolg wie an einen Strohhalm und gesteht: »Im Schatten der *Kassette* erlebe ich mit Sternheim noch einmal eine Periode, die an Glück streift.«[16]

Das Glück währt indes nur kurz: Arthur Löwenstein heiratet ein zweites Mal – und setzt es sich plötzlich in den Kopf, mittels eines Rechtsanwalts über die Konditionen der Überlassung der Kinder nachzuverhandeln. Zwar kann Thea Sternheim im August 1912 endlich Mopsa »auslösen« und ganz zu sich nehmen, sie muss im Gegenzug aber auf Agnes verzichten. Das Unglück tritt auch von anderer Seite heran: Carl Sternheims Vater, der Bankier Carl Jakob Sternheim, hat rund 600000 Mark aus ihm anvertrauten Vermögen anderer Familien veruntreut. Die Gläubiger treten nun mit Regressforderungen an Carl Sternheim heran. Thea Sternheim zieht die Notbremse: Sie verkauft die Minerva-Limousine und Bellemaison und entlässt die Bediensteten. Insgeheim ist sie erleichtert, denn das Schloss lastete mit den Erinnerungen an trostlose Jahre schwer auf ihrer Seele. Carl und sie entschließen sich, nach Belgien zu gehen, das

Thea seit ihrer Jugendzeit kennt und liebt. Zudem sind dort die Lebenshaltungskosten und die Immobilienpreise niedriger als im Deutschen Reich.

Sie mieten zunächst eine möblierte Villa in Westende an der belgischen Küste, wenig später erwerben sie in La Hulpe in der Wallonie ein sieben Hektar großes Anwesen mit dem Haus »Clairecolline«, das mit seinen »nur« zehn Zimmern weit bescheidener ausfällt als »Bellemaison«, jedoch allen modernen Komfort besitzt. Im Juni 1913 ziehen die Sternheims mit ihren Kindern Mopsa und Klaus ein. Bald führen sie wieder ein gastfreies Haus. Freunde aus Deutschland kommen, unter ihnen der expressionistische Lyriker Ernst Stadler und der Romancier Fritz von Unruh. Carl Sternheim arbeitet an einer neuen Komödie mit dem Titel *Der Snob*. Die Bühnen in Deutschland wetteifern um die Aufführung seiner Stücke. Während Gerhart Hauptmanns Stern in jenen Jahren bereits im Sinken begriffen ist, gilt Sternheim – neben Frank Wedekind – als der Star unter den Theaterautoren. Er hätte also allen Grund, zufrieden und glücklich zu sein – aber er mäkelt an seinen Lebensumständen, an dem neuen Haus, an seiner Frau, den Kindern, dem Personal, dem Essen … Immer wieder flieht Sternheim La Hulpe und reist zurück ins Reich, zu Aufführungen seiner Stücke oder zu heimlichen Stelldicheins mit Geliebten, denn nach wie vor besteht er auf seinem Privileg der Promiskuität – um den Preis einer Syphilisinfektion, die er sich irgendwann und irgendwo zuzieht. Theas abgeklärte Erkenntnis jener Jahre: »Packt er jetzt seine Koffer, bin ich schon nicht mehr betrübt.«[17]

Den Juli 1914 verbringen die Sternheims im Städtchen Boitsfort bei Brüssel, da sie Clairecolline umbauen lassen. Die Übergangswohnung ist etwas klein, und Thea ist gezwungen, das Schlafzimmer mit Carl zu teilen, was sie belastet. Doch sind das vergleichsweise kleine Sorgen. Ende Juni erreichte sie die Nachricht von der Ermordung des österreichischen Thronfolgers Franz Ferdinand. Dann überstürzen sich die Ereignisse: Am 28. Juli erklärt Österreich-Ungarn Serbien den Krieg. Vier Tage später, am 1. August, wird im Deutschen Reich und in Frankreich die Mobilmachung angeordnet. Noch am selben Tag erklärt Deutschland Russland den Krieg und besetzt das kleine Luxemburg. Zwei Tage später, am 3. August, folgt die deutsche Kriegserklärung an Frankreich. Deutsche Truppen marschieren in das neutrale Belgien ein und verletzen damit internationale Abkommen. Ziel ist es, in einem militärischen »Sichelschnitt« gemäß dem Schlieffen-Plan die französischen Verteidigungslinien in der Champagne zu umgehen und über Belgien und die Picardie die Hauptstadt Paris zu erreichen und so im Westen einen raschen Sieg zu erringen. Doch bereits einen Tag darauf erklärt das Vereinigte Königreich Deutschland den Krieg. Ganz Europa steht mit einem Mal in Flammen, aber auch in den Kolonien in Afrika und im Pazifik wird gekämpft.

Carl und Thea Sternheim sind entsetzt: Sie stehen dem belgischen Volk nahe, sind gern zu Gast in deren Land. Von der deutschen Botschaft erhält Carl Sternheim die Aufforderung, sofort nach Deutschland zu reisen und sich zum Wehrdienst zu melden. Gleichzeitig erteilen die belgischen Behörden allen im Land lebenden Deutschen die Anordnung, Belgien über die neutralen Niederlande sofort zu verlassen. Die Sternheims brechen mit ihren Kindern auf, können nur das Nötigste mitnehmen, müssen wertvolle Besitztümer in Clairecolline zurücklassen. Mit dem Zug fahren sie über Brüssel nach Antwerpen, immer in Furcht vor Übergriffen. Während die Deutschen Lüttich bombardieren, entlädt sich die Wut der Belgier an den im Land lebenden Deutschen: Es kommt zu Raubzügen, Prügeleien, Lynchmorden. In Antwerpen müssen Sternheims umsteigen. Der Fahrkartenschalter für den Grenzzug nach Holland wird von Ausreisepflichtigen umlagert. Endlich gelingt es ihnen, Billets zu kaufen. Die Flüchtlinge erstürmen den bereitstehenden Zug, stehen dicht gedrängt. An der belgisch-niederländischen Grenze steigen die Sternheims aus und ergattern ein Taxi. Die Grenzposten winken sie lachend durch. Sie sind in Sicherheit.

So rasch wie möglich kehren sie nach Deutschland zurück. Über Oberkassel – wo Thea kurz die inzwischen elfjährige Agnes in die Arme nehmen darf – fahren sie weiter nach Harzburg am Nordrand des Harzes. Thea quartiert sich mit Mopsa und Klaus in einem Hotel ein, während Carl Sternheim nach Berlin weiterfährt. Sie versucht, den Kindern ein normales Leben in Geborgenheit zu vermitteln. Sie selbst übernimmt den Unterricht, liest ihnen vor, spielt mit ihnen. Es ist eine Insel des Friedens, fern dem Krieg.

In Belgien erringen die deutschen Truppen nach wenigen Wochen des erbitterten Widerstands den Sieg und besetzen das ganze Land. Carl und Thea Sternheim beschließen, ihr Anwesen in La Hulpe wieder zu beziehen. Zu sehr hängen sie an ihrem Besitz, an ihrer Bibliothek, den Möbeln, den Gemälden. Es gelingt ihnen sogar, Handwerker zu beauftragen und die unterbrochenen Umbaumaßnahmen zu Ende zu führen. Aber als Fremde in einem unterjochten Land fühlen sie sich nicht wohl. Nach wenigen Wochen kehren sie nach Harzburg zurück. Thea Sternheim hasst den Krieg. Unstet reist sie in den nächsten Monaten umher, die Kinder lässt sie in Obhut einer Gouvernante. Sie kommt nach Berlin, schreibt für Franz Pfemferts Zeitschrift *Die Aktion*, fährt in die neutrale Schweiz, wo sich viele deutsche Kriegsgegner im Exil befinden, und schließt Freundschaft mit Annette Kolb und Romain Rolland, beide erklärte Pazifisten. Zurück in Deutschland, mieten die Sternheims in Königstein im Taunus ein Haus. Weiterhin versuchen sie Familie zu spielen und den Kindern ein möglichst sorgloses und geregeltes Dasein zu ermöglichen. Carl Sternheim ist wehrdienstuntauglich, er begibt sich in Königstein in ein Sanatorium, um seine »Nervosität« zu therapieren, wie Thea schreibt. Ob sie ahnt, dass ihr Mann an Syphilis erkrankt ist und bereits Zeichen geistiger Verwirrung zeigt, bleibt unklar.

Nach wie vor reist Sternheim zu etlichen »Geschäftsterminen«. Dass sich dahinter mehr verbirgt als die Premieren seiner Bühnenstücke, ahnt Thea. An einem Augusttag des Jahres 1915 bricht sie die verschlossene Schublade seines Schreibtisches auf und findet darin ein Notizbuch: »Ein Blick hineingeworfen und ich verstehe, daß ich die Leporelloliste, die Namen fast aller weiblichen Bekannten, die seit unserer Ehe in unserem Haus ein- und ausgingen, in Händen halte. Mehr als hundert Namen mit Anmerkungen wie ›saepe [oft], zwölfmal, dreimal, einmal‹ versehen.«[18] Das Zusammensein mit Carl – von einem Zusammen*leben* kann schon lange keine Rede mehr sein – wird für Thea Sternheim unerträglich. Dessen große Zeit als gefeierter Bühnenautor neigt sich in jenen Kriegsjahren schon wieder dem Ende zu: Mehrere seiner Stücke werden von der Zensur als undeutsch und defätistisch verboten. Man will seichte Lustspiele und heroische Tragödien sehen, um die gute Laune und die Kampfkraft an der »Heimatfront« zu stärken. Das Kriegsgeschehen im Westen kommt in mörderischen Grabenkämpfen zum Stillstand. Im Herbst 1915 fassen die Sternheims einen für Außenstehende absurden Entschluss: Sie ziehen zurück nach La Hulpe, in ihr nun endlich renoviertes und umgebautes Haus Clairecolline, das, mit einem Turm versehen, wie eine kleinere Ausgabe von Schloss Bellemaison erscheint. Noch immer wollen sie repräsentieren, auch architektonisch, Thea als eine der reichsten Fabrikantenerbinnen Deutschlands, Carl als der bedeutendste deutsche Komödiendichter. Das Haus bietet allen Komfort, aber ein angenehmer Aufenthalt wird es dort nie werden. Die Ehehölle lodert auch im neuen Heim. Thea und Carl richten sich mit gegenseitigen Schuldzuweisungen zugrunde, die Kinder leiden darunter. Hinzu kommt das ungute Gefühl, als Deutsche in einem von Deutschen besetzten Land zu leben.

Etwas Abwechslung in diesem Rosenkrieg bietet die Begegnung mit einem jungen Lyriker und Mediziner, den sie auf ihr Anwesen einladen: Gottfried Benn arbeitet als Militärarzt in einem Krankenhaus für Prostituierte in Brüssel. Er ist 1912 mit seinem erschütternden Gedichtband *Morgue* hervorgetreten. Jetzt, im geistigen Exil in Belgien, schreibt er an seinen sogenannten *Rönne-Novellen*, die er später unter dem Titel *Gehirne* publizieren wird. In seinem autobiografischen Aufsatz *Epilog und lyrisches Ich* beschreibt Benn das Gefühl, vom Krieg seltsam unberührt wie in einem Kokon gelebt zu haben, als eine Art gespaltenen Geisteszustand: »Ich [...] verstand die Sprache kaum; strich durch die Straßen, fremdes Volk; eigentümlicher Frühling [1916] [...], was war die Kanonade von der Yper, ohne die kein Tag verging, das Leben schwang in einer Sphäre von Schweigen und Verlorenheit, ich lebte am Rande, wo das Dasein fällt und das Ich beginnt. Ich denke oft an diese Wochen zurück; sie waren das Leben, sie werden nicht wiederkommen, alles andere war Bruch.«[19] Die Erinnerung an die Begegnung in Clairecolline bleibt lebendig. Benn schreibt noch fünfunddreißig Jahre später, 1952: »Im Ersten Weltkrieg und schon Jahre vorher wohnten Sternheims in Belgien. Im Winter 1917 luden sie mich auf ihre Besitzung La Hulpe bei Brüssel ein [...]. Auf diese Weise lernte ich den ungewöhnlichen, waldumgebenen, reichen Herrensitz und seine Bewohner kennen [...]. Seitdem blieben wir in Verbindung.«[20]

Thea Sternheim ist von Benn, dem melancholischen Wortmagier, überwältigt. Eine eigenartige erotische Kraft strahlt von ihm aus. Er war als Amtsarzt dabei, als man am 12. Oktober 1915 die wegen angeblicher Spionage zum Tode verurteilte englische Krankenschwester Edith Cavell füsilierte, und erzählt der Hausherrin von Clairecolline haarklein von diesem Geschehen. Thea erinnert sich – halb fasziniert, halb angewidert: »Benn, von dem mich ein paar Gedichte auf's tiefste beeindrucken, erzählt das Erlebnis und ähnliche mit der Sachlichkeit eines Leichensezierers.«[21] Wie Mopsa, damals zehn, auf den Dichter reagiert, wissen wir nicht. Neun Jahre später wird sie dem Magier verfallen ...

Anfang November 1918 brechen die Fronten zusammen, scharenweise desertieren soldatische Verbände, in den Kriegshäfen verweigern Matrosen den Befehl und rufen lokale Räteregierungen aus. Der Krieg implodiert. Kaiser und regierende

Fürsten fliehen ins Exil. Thea Sternheim hat bereits Ende Oktober vom Bürgermeister von La Hulpe gesteckt bekommen, es wäre ratsam, sie und ihre Familie verließen Belgien, im Falle einer deutschen Niederlage könne er nicht für ihre Sicherheit garantieren. So verlassen Carl Sternheim und die Kinder überstürzt Clairecolline (Thea selbst hat dies angeordnet, da sie ihres Mannes Hysterie kennt und fürchtet) und fahren, so schnell sie können, nach Holland. Überall herrschen Auflösung, Gewalt, Anarchie. »Die Stimmung der zurückflutenden Soldateska«, beobachtet Thea Sternheim, die noch in ihrem Herrenhaus ausharrt, um nach Möglichkeit ihren beweglichen Besitz zu retten, »wird revolutionärer. Viele haben belgische Frauen mitgenommen, versichern, daß nunmehr in Deutschland wie nach dem Dreißigjährigen Krieg die Vielweiberei von neuem gestattet sei.«[22] Bis Mitte Januar 1919 bleibt Thea Sternheim in La Hulpe, kann einen Teil ihrer Möbel und Gemälde bei belgischen Freunden unterstellen, anderes verkauft sie (zu schlechtem Preis). Immerhin rettet sie so ihren Besitz vor Plünderung und Beschlagnahme. Erst dann gelingt es ihr mithilfe von Freunden, Belgien zu verlassen. Am 14. Januar 1919 sieht sie am Bahnhof von Den Haag ihren Mann und Klaus wieder. Mopsa ist nicht erschienen: Sie hat am Morgen »aus Freude über meine Ankunft einen – Blutsturz gehabt«[23].

Die nächsten Wochen verbringen sie in Scheveningen und Amsterdam. In einem Amsterdamer Auktionshaus lässt Thea Sternheim einen Teil ihrer Gemälde versteigern. Sie benötigt Devisen, an ihre Bankkonten in Deutschland kommt sie nicht heran. In die Heimat wollen sie einstweilen nicht zurück, zu entsetzt sind sie über Berichte von Revolution und Gegenrevolution, Ausschreitungen, Barrikadenkämpfen, Hunger und Not. In Holland befindet sich unterdessen noch ein anderer prominenter Exilant: Kaiser Wilhelm II.

Ende März 1919 schließlich fällen die Sternheims die Entscheidung, in die Schweiz zu gehen. Auch die ist vom Krieg verschont geblieben. Die Zugfahrt führt durch die gebeutelte Heimat: »Das einmal so geordnete, blühende Land gleicht einem zerstörten Ameisenhaufen; zwischen einer hin- und herreisenden Bevölkerung in abgerissenen Uniformen und vielfach verstümmeltem Körperzustand die Heimkehrer.«[24]

Die Geschwister Mopsa und Klaus, inzwischen vierzehn und elf, erleben jene Jahre mit vollem Bewusstsein. Beide sind aufgeweckt, intelligent, hübsch. Thea Sternheim beobachtet Mopsas wachsende erotische Ausstrahlung mit naivem mütterlichen Stolz: »Moiby [Mopsa] ist ein aufgeworfenes, unbändiges, manchmal faszinierendes Mädchen geworden. Die Männer sind hinter ihr her. Ein Schüler wirft einen Brief in ihr offenstehendes Fenster. Ich lache über den Gymnasiastenstreich. Carl rast vor Eifersucht.«[25] Dass Sternheims Eifersucht ganz primitive Ursachen hat, will ihr nicht in den Sinn kommen.

Thea Sternheim plagen in diesen Wochen genügend andere, existenzielle Sorgen: Ihr Besitz in Belgien wird per Gesetz enteignet, ihre finanziellen Mittel schmelzen. Nach Deutschland wollen sie nicht zurück. Aber der Aufenthalt in der Schweiz ist deutschen Besuchern nur befristet gestattet. Um eine dauerhafte Aufenthaltserlaubnis zu erhalten, müssten sie Grundeigentümer sein. Das Ehepaar sucht ein passendes Anwesen und wird in Uttwil am Bodensee fündig: ein Haus zur Miete, dahinter zum Kauf ein Grundstück direkt am Wasser. Doch kurz bevor Thea Sternheim sich endgültig entscheiden kann, brennt ihr Mann schon wieder mit einer anderen durch und verlustiert sich im schicken Urlaubsort St. Moritz in Graubünden.

Thea reist mit den Kindern nach München, lernt dort Heinrich und Mimi Mann kennen (deren übervolle Speisekammer in jenen Notjahren bei etlichen Schriftstellern legendär wird). Sie ist vom Autor des *Professor Unrat* fasziniert, fühlt sich aber von dessen draller Frau abgestoßen und bezeichnet sie als die »in krankhafter Weise aus der Form gegangene, übermäßig viel Luft versetzende, tschechische Gattin«.[26]

Zurück in der Schweiz, erwirbt Thea Sternheim das Anwesen in Uttwil. Im September 1919 ziehen die Sternheims ein, auch Carl, der von seinem erotischen Abenteuer in St. Moritz zurück ist. Theas Verhältnis zu ihrem Mann ist ambivalent: Einerseits versucht sie um der Kinder willen wenigstens den Anschein eines Familienlebens aufrechtzuerhalten, andererseits verabscheut sie Carls Ausfälle, seine Untreue, seine cholerischen Ausbrüche; einerseits bewundert sie noch immer den gewitzten Theaterautor, andererseits durchschaut sie seinen Charakter, andere Menschen stets nur als dienstbare Geister zu missbrauchen. Thea Sternheim indes wird in jenen Jahren selbst zur Schriftstellerin: Neben ihren Tagebüchern, die sie seit etlichen Jahren regelmäßig führt und die ähnlich denen Harry Graf Kesslers eine kulturgeschichtliche Chronik werden, sind es Erzählungen und ein Roman, an denen sie intensiv arbeitet. Ein paar ihrer Prosaarbeiten, so die Erzählung *Anna*, erscheinen unter Carl Sternheims Namen und ernten lobende Kritiken. 1952 schließlich erscheint Thea Sternheims Roman *Sackgassen* im renommierten Literaturverlag Limes und wird von Gottfried Benn freundlich besprochen.

In jener Zeit in Uttwil nähert sich Carl seiner aufblühenden Tochter Mopsa wiederholt in eindeutig lüsterner Absicht: Er überrascht sie in ihrem Zimmer oder im Bad, macht anzügliche Bemerkungen, passt sie beim Umkleiden ab. Das vierzehnjährige Mädchen reagiert mit Abscheu, schreit, verriegelt die Badezimmertür. Thea überrascht Carl, als er einmal durchs Schlüsselloch linst. Als sie ihn darauf anspricht, streitet er alles ab. Thea schließt sich in ihrem Zimmer ein, vermeidet aber, der Sache auf den Grund zu gehen. Das Verhältnis zwischen den Eheleuten und zwischen Vater und Kindern ist durch und durch vergiftet. Auch Klaus, ein hübscher, sanfter Knabe, meidet seinen Vater, der ihn als verweichlicht und weibisch ablehnt, immer mehr.

Thea Sternheim will in jenen Jahren wieder ein »normales« Leben haben, fern von Not und politischen Unruhen. Sie will, wie einst in Bellemaison, ein offenes, kunstsinniges Haus führen. Ganz in der Nähe wohnen die Literatin Annette Kolb, der

Schriftsteller René Schickele und dessen Frau Anna sowie die Familie des Architekten Henry van de Velde. Thea lädt die neuen Freunde ein, gibt die generöse Gastgeberin, genießt ihren Ruf als Kunstliebhaberin, Sammlerin und literarische Debütantin – während ihr Mann Carl sich sommers am Ufer des Bodensees herumtreibt und durchs Gebüsch Badende und Liebespärchen voyeuristisch beäugt. Thea kommt dies zu Ohren, aber sie ist ohnmächtig und gibt, wenn Carl – zur Rede gestellt – sich in Wutausbrüche hineinsteigert, meist klein bei, um den letzten Rest häuslichen Friedens nicht zu zerstören. Und sie weiß, welch großes Privileg es ist, das Gastrecht in der Schweiz zu besitzen: Als sie Anfang Juni 1920 nach München reist, ist sie über die Verelendung der Bevölkerung und die exorbitante Teuerung entsetzt. Zudem sieht sie bereits in jenen Jahren an etliche Revers kleine Hakenkreuze geheftet. Selbst zum katholischen Fronleichnamsfest, da die Häuser entlang der Prozessionsstrecke traditionell in den vatikanischen Farben Gelb und Weiß geschmückt sind, werden immer mehr Fassaden mit dem Hakenkreuz versehen. Thea Sternheim versteht nicht mehr, was in den Köpfen ihrer Landsleute vor sich geht. Sie zieht sich zunehmend in ihr selbst gewähltes Schweizer Exil zurück und nimmt dafür die Lüge ihrer Ehe als unumgänglichen Preis in Kauf. Freilich kann sie den psychischen Belastungen nicht immer standhalten: Im Oktober 1920 will sie sich mit Veronal-Tabletten das Leben nehmen. Als das nicht gelingt, versucht sie, vom Veronal noch betäubt, sich mit einem Rasiermesser die Pulsadern zu öffnen. Carl Sternheim kann sie retten. Die Angelegenheit wird vertuscht. An den Umständen, die zu dieser Verzweiflungstat führten, ändert sich indes nichts.

Sommer 1921. Mit Wohlgefallen betrachtet Thea das geistige und charakterliche Reifen ihrer Kinder: Klaus, dreizehnjährig, schwärmt für ein Nachbarsmädchen, liest begeistert Eichendorffs *Taugenichts* und de Costers *Eulenspiegel*, dressiert einen Eichelhäher, träumt davon, Bauer zu werden, da er das Leben auf dem Land liebt. Mopsa hingegen, inzwischen sechzehn, grübelt über den Sinn des Lebens, über Gott und die letzten Dinge, gibt sich mit vorgefassten Meinungen und Anschauungen nicht zufrieden, interessiert sich gleichermaßen für die Weisheit Jesu, Buddhas und Laotses und tauscht sich mit ihrer Mutter über die Befähigung des Menschen zu einem Gewissen und über das Walten und Wehen eines Heiligen Geistes aus. Ein Nachbarssohn verliebt sich in Mopsa, die lässt es sich eine Zeit lang schwärmerisch gefallen. Ihr Verhältnis zu Männern indes ist zeitlebens gebrochen, vielleicht auch unter den Erfahrungen mit ihrem Vater. Mopsa bleibt sexuell unentschieden, verliebt sich gleichermaßen in Männer und Frauen, ohne sich jemals tiefer auf jemanden einlassen zu können. Am meisten genießt sie die Freundschaft zu homosexuellen Männern (etwa Klaus Mann und René Crevel).

Wieder steht ein Umzug an: Das Leben in der Schweiz wird für die Sternheims wegen des Tauschkurses der Mark zum Franken zu teuer. Sie entschließen sich, ein Domizil in Deutschland zu erwerben, aber das Grundstück in Uttwil zu halten. In der Nähe von Dresden kaufen sie ein etwas heruntergekommenes barockes Gutshaus namens Waldhof – wegen der allgemeinen Verelendung sind die Immobilienpreise in Deutschland stark gefallen. Am 24. Juni 1922 beziehen sie das neue Heim. Der Waldhof wird das Domizil der nächsten Jahre. Hierher kommen Freunde und Kollegen: die Literaten Franz und Anna Pfemfert, der Maler Conrad Felixmüller, der kommunistische Politiker Otto Rühle und dessen Frau, die Schriftstellerin Alice Rühle-Gerstel. Mit Rühles Tochter Grete, zwei Jahre älter als Mopsa, unterhält diese im Sommer 1922 eine schwärmerische, vielleicht auch erotische Freundschaft. Durch Pfemferts und Rühles und deren kommunistische Anschauungen wird Mopsas Weltbild entscheidend geprägt: Zeitlebens wird sie sich für eine sozialistische Gesellschaftsordnung mit menschlichem Gesicht interessieren und sich mit den Mitteln der Kunst dafür einsetzen. Die bourgeoise Herkunft, der sie etliche Privilegien verdankt, wird sie hingegen zunehmend verleugnen, freilich ohne jemals in ihrer anhänglichen Liebe zu ihrer Mutter nachzulassen. In jenen Monaten des Sommers und Herbstes 1922 freilich fantasiert Mopsa – von idealisierten Erzählungen der Rühles aufgewühlt – davon, in die Sowjetunion auszuwandern, um gemeinsam mit anderen jungen Leuten aus der ganzen Welt am Aufbau des real existierenden Sozialismus mitzuarbeiten. Thea Sternheim, die Fabrikantentochter und Millionenerbin, hat alle Mühe, der Tochter diese Grillen auszureden.

Das Leben auf dem Waldhof, wenngleich günstiger als das in der Schweiz, wird dennoch nach und nach zur Belastung: Fortwährend wechselt das Personal, das die Allüren des Hausherrn nicht erträgt. Mopsa wird krank – vielleicht psychisch bedingt –, sie leidet unter Keuchhusten und Zahnweh. Thea schreibt über ihren Mann als von »einem Irren, einem Unmenschen«[27], den die Kinder hassen. Auf dem Grundstück in Uttwil lassen sie ein als »Hütte« bezeichnetes Häuschen mit zwei Zimmern, Küche und Bad errichten. Thea sieht darin mehr als nur ein Sommerhaus, vielmehr ein Refugium: »– was braucht der Mensch weiter, seinen Tod abzuwarten?«[28] Dennoch harrt sie im Waldhof aus, auch um der Kinder willen. Klaus geht in Radebeul auf ein Gymnasium, inzwischen ist er fünfzehn, er hat seine Freunde in Dresden und ist gut eingebunden. Mopsa besucht ab Herbst 1923 die Dresdner Kunstakademie und macht hier eine Ausbildung zur Bühnenausstatterin. Thea hofft, dass die etwas haltlose junge Frau dadurch einen Lebenssinn findet.

Nachdem die »Hütte« in Uttwil fertiggestellt ist, fährt Thea Sternheim wiederholt dorthin: Zumindest für einige Wochen will sie der Hölle des Waldhofs, dem Zusammensein mit ihrem verrückten Mann, entkommen. Uttwil ist eine Zuflucht: vor ihrer Ehe, auch vor dem Elend in Deutschland. Während sie beim Einzug in das Uttwiler Häuschen einen Regenbogen am Himmel sieht und dies als gutes Omen wertet, schlagen im fernen Waldhof die Wellen hoch: Mehr als einmal flieht Mopsa aus dem Haus ihres verhassten Vaters und fährt nach Berlin, wo sie sich bei ihrer Schwester Agnes, die dort eine Gesangsausbildung macht, versteckt. Sie kehrt freilich immer wieder zurück: Ihre Ausbildung an der Dresdner Akademie gefällt ihr, sie hat dort zudem etliche neue Freunde gewonnen. Carl Sternheim, dessen Lustspiel *Der Nebbich* im Frühjahr 1924 unter seiner eigenen Regie an den Kammerspielen in Berlin uraufgeführt werden soll, gelingt es, seiner Tochter Mopsa den Auftrag zur Bühnenausstattung zu vermitteln. Immerhin ist es Mopsas erstes großes Projekt, und sie vollbringt die Arbeit gut und erntet viel Lob. Auch Thea Sternheim ist bei der Premiere zugegen, sie ist eigens aus Uttwil angereist und auf ihre Tochter außerordentlich stolz.

Im Frühjahr 1924 bricht Klaus Sternheim – sehr zu Theas Verdruss – die Schule ab und verlässt den Waldhof, um eine Zeit lang in London bei Freunden der Mutter zu leben. Es ist eine Flucht vor den Verhältnissen, und Thea, die immer versöhnliche Töne angeschlagen hat, kann dem nichts entgegensetzen. Am Bahnhof in Dresden verabschiedet sich der Sechzehnjährige von seiner Mutter mit den Worten: »Ich habe von ihm [Carl Sternheim] übergenug!«[29] Theas desillusioniertes Resümee jener Monate: »Lieber tot auf dem Uttwiler Friedhof als lebend in Waldhof!«[30]

Auch Mopsa spielt mit dem Gedanken, den Waldhof zu verlassen – aber sie ringt sich doch dazu durch, ihre Ausbildung zur Bühnenausstatterin abzuschließen. Wieder verliebt sie sich ein wenig in ein Mädchen, die sechzehnjährige Eva Jeaffreson aus London, bei deren Eltern Klaus lebt, und die im Gegenzug den Waldhof für ein paar Wochen besucht. Thea beobachtet argwöhnisch, wie Carl Sternheim dem Mädchen aus England mit lüsternen Blicken nachstellt. Die indessen beachtet den seltsamen Mann kaum und verbringt stattdessen mit der achtzehnjährigen Mopsa viel Zeit draußen in der Natur, wie Thea festhält: »Stundenlang bräunen sie sich in der Sonne, schwimmen in den Waldteichen, machen ein Akademiesommerfest mit.«[31] Wenig später fährt Mopsa mit einer anderen Freundin, der gleichaltrigen Thylla, einer Tochter Henry van de Veldes, nach Holland. Ob Mopsa in Amsterdam zum ersten Mal mit Drogen in Kontakt kommt, ist unklar, aber nicht auszuschließen. Jedenfalls wird sie bereits wenig später in der Freundschaft mit den Geschwistern Mann von allerlei Rauschmitteln Gebrauch machen.

Auch Thea versucht nochmals auszubrechen: Sie entscheidet sich in jenem Sommer 1924 für den Verkauf des Waldhofs. Das Haus in Uttwil, wofür sie selbst die Pläne gezeichnet hat, ist fertiggestellt. Noch hat sie nicht die Absicht, auf dem Uttwiler Gottesacker begraben zu liegen, aber sie will endlich in Frieden leben, und noch hat sie genügend Geldmittel, um dafür die Voraussetzungen zu schaffen, zumal die Kinder inzwischen weitgehend flügge sind. So befürwortet sie auch Mopsas Plan, Dresden und die Akademie zu verlassen und eine Einladung Gustav Hartungs anzunehmen: Der Intendant wechselt von Darmstadt ans Kölner Schauspielhaus und hat der Tochter des Theaterautors das Angebot unterbreitet, als Assistentin der Bühnenausstattung zu arbeiten. Es ist – das wissen Mutter und Tochter – eine einmalige Chance. Thea begleitet Mopsa nach Köln, um für sie ein Zimmer zu suchen. Dann kehren sie nochmals zum Waldhof zurück, um Mopsas Sachen zu packen. Thea erinnert sich an den überstürzten Aufbruch der Tochter: »Als ich mich vor dem Dresdener Zug zu einer letzten Umarmung zu fassen suche, ist sie plötzlich wie vom Erdboden verschwunden. Ach, unser Leben ist nichts als eine Kette von Abschieden!«[32] Wenige Wochen später, im Oktober 1924, ist auch der Verkauf des Waldhofs perfekt: Das Haus wird in ein Heim für tuberkulöse Kinder umgewandelt. Thea bricht nach Uttwil auf. Mit Carl. Noch sind sie beisammen.

Bereits im Dezember 1924 kommt es zu einem Wiedersehen mit Mopsa: Hartung inszeniert Carl Sternheims Komödie *1913*, und sie, Mopsa, des Dichters Tochter, soll Dekor und Kostüme anfertigen. Aber Mopsa ist nicht nur talentiert, sie ist vor allem ehrgeizig. Die Arbeit stellt für sie einen Ausweg aus ihrer familiären und psychischen Misere dar, und sie ermöglicht es ihr, zur bunten Welt der Künstlerboheme Kontakt zu halten. Die Premiere am 18. Dezember wird ein Erfolg. Mopsas Bühnenausstattung und Kostüme, ganz in schwarz-weiß gehalten, erregen Aufmerksamkeit und finden Gefallen. Wieder ist Thea Sternheim auf ihre Tochter sehr stolz: »Allgemein wird Moibys [Mopsas] Leistung lobend vermerkt.«[33] Aber eine dunkle Ahnung überfällt sie: »Im übrigen werde ich das bange Gefühl nicht los, daß auch Moiby [Mopsa] ein Geheimnis verbirgt.«[34]

Das Geheimnis: Sind es die Drogen? Ist es die neue Freundschaft zu der als etwas verrucht geltenden Pamela Wedekind? Weihnachten verbringen die Sternheims mit Mopsa in Köln, gehen mit Tilly und Pamela Wedekind ins Domhotel essen. Pamela ist Schauspielerin am Kölner Theater, Mopsa und sie sind Kolleginnen und haben Freundschaft geschlossen. Über Pamela lernt Mopsa Erika und Klaus Mann kennen, wahrscheinlich in jenem Winter 1924/25, denn wenig später wird Mopsa als Ausstatterin für Klaus Manns Bühnenerstling *Anja und Esther* gehandelt. Die Dichterkinder von Thomas Mann, Frank Wedekind und Carl Sternheim bilden nun ein Kleeblatt – und sie spielen Theater, auf der Bühne wie auch im richtigen Leben. Nur was das *richtige* Leben ist, darüber gehen in ihren etwas wirren jungen Köpfen die Meinungen auseinander.

Klaus Mann hat Mopsa bis zu seinem Tod freundschaftliche Treue bewahrt. In seinem Lebensrückblick *Der Wendepunkt* bekennt er: »Thea Sternheim, ›Mopsa‹ genannt, die Tochter des Dramatikers, war Künstlerin von bedeutenden Gaben, dazu ein warmherziger, mutiger und liebenswerter Mensch: eine der ganz wenigen von den alten Freunden, denen ich mich heute noch verbunden fühle.«[35]

Bereits im Sommer 1925 lädt Mopsa ihre neuen Freunde nach Uttwil ein: Die Eltern haben das in stupender Eile erbaute Haus im Januar bezogen, und noch ist manches in Unordnung. Aber das stört Mopsa, Pamela, Erika und Klaus wenig: Ihnen ist die neu gewonnene Freundschaft genug. Zudem lockt der glitzernde See und lädt zum Schwimmen und zu Bootsfahrten ein, auf denen sie literarische und schauspielerische Pläne ausspinnen. Wenig später wird Klaus Mann nach Paris zurückkehren, wo der von ihm umschwärmte René Crevel lebt (der unterhält eine Liebesbeziehung zu dem amerikanischen Maler und Pianisten Eugene MacCown, für dessen formidable Schönheit sich sogar der Schah begeistert). Crevel wird auch in Mopsas Leben eine bedeutende Rolle spielen. So kreuzen und verknüpfen sich die Lebensfäden der Dichterkinder – und manchmal gerät den Parzen auch ein Knoten, der nicht mehr zu lösen ist und nur durchtrennt werden kann …

»Von einem süßlichen Moderduft durchzogen«

›Anja und Esther‹ – Dichterkinder spielen Theater.
Herbst 1925–Frühjahr 1926

Von dem sommerlichen Renkontre in Uttwil bei Sternheims abgesehen, sind die Dichterkinder in jenem Jahr 1925 häufig voneinander getrennt: Klaus schreibt in Paris an seinem Roman *Der fromme Tanz* oder treibt sich in Marseille in den Hafenkneipen herum, wo er von der erotischen Ausstrahlung schwarzer Matrosen überwältigt ist. Pamela schauspielert in Köln unter Gustav Hartung. Überraschend kommt von Carl Sternheim, den sie an Weihnachten 1924 bei einem Mittagessen kennengelernt hat, und der sich ihr noch auf dem Nachhauseweg an die Fersen heftete und sie an einen »Amokläufer«[1] erinnerte, das Angebot, sie könne bei der Premiere seines Stücks *Oscar Wilde* am Deutschen Theater Berlin unter der Regie Max Reinhardts die Rolle des Hugh Dundee übernehmen. Er, Carl Sternheim, habe bereits Pamelas Chef Hartung gebeten, sie freizustellen. »Sind Sie bereit?«, fragt der Vater von Pamelas neuer Freundin Mopsa und lockt sie: »Eine bessere Einführung gäbe es für Sie in Berlin nicht. […] Borgen Sie sich von Mopsa das Buch, und schreiben Sie mir bitte gleich nach Uttwil […].«[2] Pamela ist einerseits hocherfreut über das großherzige, wie ihr scheint so selbstlose Angebot des berühmten Theaterautors, andererseits auch etwas verunsichert über diese Art, mit der Tür ins Haus zu fallen. Also berichtet sie ihrer Mutter davon. Tilly durchschaut Sternheims Winkelzug: Der Frauenheld will bei ihrer Tochter nur Süßholz raspeln, sein Gurren beim Weihnachtsessen ließ bei ihr die Alarmglocken schrillen. Also redet sie der Tochter das Ansinnen, das Angebot anzunehmen, vehement aus. Pamela gehorcht und schreibt Carl Sternheim ein höfliches Absagebrieflein: »Ihr Stück las ich schon vor 14 Tagen, es ist so unerhört gut, dass man wirklich kaum etwas darüber sagen kann. [...] Und ich möchte natürlich nichts lieber als den Hugh Dundee spielen! Aber ich kann noch gar nichts, bin gerade ein halbes Jahr beim Theater. Und da ich nun einmal das (vielleicht übergroße) Verantwortungsgefühl meinem Namen gegenüber habe, möchte ich nicht in Berlin spielen, bevor ich mich selbst künstlerisch reif dafür fühle.«[3] Die Zurückweisung betrübt alle: Pamela wird um eine veritable Karrierechance gebracht, Sternheim um ein kleines erotisches Vergnügen (er schwört sich indes, nicht klein beizugeben, auch diese Beute will erlegt sein), und im fernen Berlin ist Pamelas Freundin Erika Mann über die Absage traurig, hoffte sie doch, da sie in Sternheims Stück die Rolle einer Prinzessin übernehmen darf, gemeinsam mit ihrer »geliebten Göttin«[4] auf der Bühne zu stehen und Applaus zu ernten. Der Freundin in Köln schreibt sie: »Allerliebste Pamela! Warum nur spielst Du nicht den LIEBEN kleinen Zwitter [Hugh Dundee]? Es ist ein großer Jammer [...]. Wir hätten täglich zusammen Probe gehabt, wie wäre es schön gewesen!«[5]

Wenig später verlässt Erika Berlin und wechselt nach Bremen. An den dortigen Bühnen hat sie einen Kontrakt erhalten. Obgleich sie ungern nach Norddeutschland geht, weiß sie doch, dass sie das Angebot nicht ausschlagen darf, denn in Bremen wird sie größere Rollen übernehmen dürfen, während sie in der Weltstadt Berlin als Schauspielschülerin unter Max Reinhardt nur die kleinen Nebenfiguren geben darf. Dennoch: Sie ist in der Hansestadt unglücklich, kommt als Münchnerin, die sich bisweilen sogar darin gefällt, das Bayerische recht derb zu sprechen, mit der kühlen Aura der Bremer nicht zurande und sehnt sich zurück: nach München, nach der Zeit, als sie drei – Erika, Klaus und Pamela – unzertrennlich waren. Erikas Briefe an Pamela sind einzige Klagelieder, Ausdruck einer existenziellen

Krise: »Aber du weißt es nicht, wie ich (direkt!) unglücklich bin. Ich glaube doch im Grunde selbst nicht, daß ich [...] simpel unbegabter bin, wie alle schlechten Schmierenschauspieler Bremens. So unbegabt bin ich doch sicher nicht. Aber ich eigne mich einfach nicht zum Theaterspielen, ich passe einfach nicht so recht dafür, es ist unendlich schlimm, denn was in aller Welt soll ich denn sonst tun?«[6]

Einen überraschenden Ausweg aus dieser Bredouille der Enttäuschungen und Trennungen soll nun ausgerechnet Klaus Manns Bühnenerstling *Anja und Esther* weisen – und das, obwohl im Vorfeld (das Stück erscheint bereits im Frühjahr 1925 als Buchausgabe) sich ablehnende Stimmen dazu mehren. Klaus Mann sandte bereits vor Weihnachten 1924 einen Abzug seines mit heißer Nadel gestrickten Dramentextes an den in Köln lehrenden Germanistikprofessor Ernst Bertram, einen Freund des Vaters. Der äußert sich dazu nicht – zumindest nicht dem Autor gegenüber. Freilich stehen Ernst Bertram und Thomas Mann in brieflichem Austausch, auch über das Bühnenstück Klaus Manns. Der hat es gleich nach Fertigstellung im Kreis der Familie in der Poschinger Straße vorgelesen, und Thomas Mann hat sich wie üblich hinter unverbindlichen Worten und ironischen Wendungen versteckt. Im Austausch mit seinem Freund Bertram wird der Vater der Dichterkinder gleichwohl konkreter: »Sehen wir zu mit den besten Wünschen, aber aus der Ferne. Denn in die Premiere bringen mich keine zehn Pferde.«[7] Und in einem weiteren Brief an Bertram bezeichnet Thomas Mann das Bühnenwerk des ältesten Sohnes als »unbeschreiblich gebrechliches und korruptes Stückchen«[8]. Aus Anlass des fünfzigsten Geburtstags Thomas Manns am 6. Juni 1925 – im Jahr zuvor ist der Roman *Der Zauberberg* erschienen – schreibt Friedrich-Carl Kobbe in der angesehenen *München-Augsburger Abendzeitung* einen Artikel, worin er Parallelen zwischen dem großen Zeit- und Bildungsroman des Vaters und dem Theaterstück des Sohnes zieht und zu der Erkenntnis gelangt, in beiden Werken werde eine Welt »moralisch Verwesender« dargestellt, »bestenfalls« werde Klaus Mann »neunzehnjährig und ohne Vergangenheit [...] ein hoffnungsloser Fall, ohne Gegenwart, ohne Zukunft [...] der Ausklang Thomas Manns werden, wird, vielleicht, Thomas Manns schönstes Sterben sein«[9]. Klaus Mann wird durch solche Schmähungen wenig belangt. Zu sehr sonnt er sich in seinem frühen Ruhm – und das Rauschen des Blätterwalds bestätigt ihn darin, dass er nicht nur ein Newcomer im literarischen Leben ist, sondern auch einer mit Erfolg, einer, der zur Stimme der jungen Generation geworden ist, einer, dem sich die Zukunft eröffnet: *Vor dem Leben* stehend, wie auch sein im selben Jahr im Hamburger Enoch Verlag erschienener Band mit Erzählungen betitelt ist.

Freilich will es mit einer Uraufführung von *Anja und Esther* zunächst nicht gelingen. Gustav Hartung in Köln und Max Reinhardt in Berlin lehnen trotz des glamourösen Namens des jungen Autors ab. Schließlich sagt Otto Falckenberg von den Münchner Kammerspielen zu, das Stück aus der Taufe zu heben. Doch weit bedeutungsvoller wird für Klaus Mann eine Premiere in Hamburg – vor allem aus ganz persönlichen Gründen: Denn in ihr sollen sich die Dichterkinder selbst spielen, und kein Geringerer als der junge Shootingstar Gustaf Gründgens wird Regie führen und selbst eine Rolle übernehmen.

Klaus Mann besucht am 5. September 1925 die Premiere von Georg Büchners *Leonce und Lena* an den Hamburger Kammerspielen und sieht darin zum ersten Mal in seinem Leben den damals fünfundzwanzigjährigen Gustaf Gründgens in der Rolle eines frivolen Leonce. Ihm gefällt der Darsteller, er findet dessen Spiel »recht gut«[10], wie er der Schwester Erika vermeldet. Das ist untertrieben. Noch in seinem Lebensbericht aus den Vierzigerjahren schildert Klaus Mann, wie sehr er von dem schillernden Schauspieler fasziniert und überwältigt war: »Gründgens war der vielseitige Star der Hamburger Kammerspiele [...]. Er glitzerte und sprühte vor Talent, der charmante, einfallsreiche, hinreißende gefallsüchtige Gustaf! Ganz Hamburg stand unter seinem Zauber. Welche Verwandlungsfähigkeit! Welche Virtuosität der Dialogführung, der Mimik der Gebärde! Sein Repertoire umfaßte alle Typen und Altersstufen. [...] Gustaf war brillant, witzig, blasiert, mondän. [...] Gustaf war düster und dämonisch, Gustaf war müde und dekadent. Gustaf war von überströmender Lebendigkeit; er war abwechselnd jugendlicher Liebhaber, ›père noble‹, Intrigant und Bonvivant; er war alles und nichts. Er war der Komödiant *par excellence.*«[11]

Diese rühmenden Zeilen datieren aus einer Zeit, als Klaus Mann und Gustaf Gründgens längst entzweit sind. Wie groß also muss die Anziehungskraft gewesen sein, als sich die beiden jungen Leute – noch weitgehend unbefleckt vom Leben und noch nicht über weltanschauliche Differenzen zerstritten – im Herbst 1925 kennenlernten! Klaus Mann nimmt Kontakt zu Gründgens auf, bietet ihm *Anja und Esther* an. Gründgens liest das Stück und überrascht den Autor »mit dem Elan eines neurotischen Hermes«[12] in dessen Hotelzimmer. Klaus Mann erinnert sich: »So leichtfüßig war sein Gang, daß man nicht umhinkonnte, seine etwas abgetragenen, aber doch irgendwie sehr schicken Sandalen mit mißtrauischem Blick zu streifen. Gab es dort keine Flügel? Nein; auch war es kein antikes Göttergewand, was ihm da mit edler Nachlässigkeit um die Schultern hing, sondern nur ein ziemlich schäbiger Ledermantel. Er war schön, die gerade, etwas zu fleischige Nase, die stolzen Lippen, das markante Kinn: Alles war von kräftiger und reiner Bildung. Die leichte Verzerrtheit seiner Miene war wohl auf das Monokel zurückzuführen, welches er wegen starker Kurzsichtigkeit trug.«[13] Klaus Mann glaubt, Hermes vor sich zu haben. Das Schicksal, so ist er überzeugt, habe ihm, dem jungen, von den Göttern geliebten Helden, diesen Boten gesandt. Jahre später wird er mit bitterer Einsicht begreifen, dass Mephisto, »der Geist, der stets verneint«, in sein Leben getreten ist... Doch wer ist jener Gustaf Gründgens in der realen Welt, außerhalb des Theaters, außerhalb des Teufelskreises, in dem er die Menschen gleichermaßen verzaubert und verführt?

Gustav Gründgens (im Geburtenregister ist sein Vorname

mit »v« geschrieben, seit 1921 unterzeichnet er mit »f« und kreiert damit eine Kunstfigur, die sich von seinem bisherigen bürgerlichen Leben abgrenzen soll) kommt am 22. Dezember 1899 in Düsseldorf zur Welt. Seine Eltern Arnold und Emilie Gründgens, geborene Ropohl, entstammen gutbürgerlichen, wohlhabenden Industriellenfamilien, allerdings gilt Arnold, »nurmehr« Teilhaber eines Sanitätsartikel-Großhandels, als eher arbeitsscheuer Mann, der neben seiner Ehe einige Frauengeschichten unterhält, das väterliche Erbe allenfalls verwaltet, es aber nicht mehrt und den bürgerlichen Schein nach außen nur mühsam wahrt, ihn aber später gleichwohl von seinem künstlerisch talentierten Sohn einfordert. Einen »Industriemann mit progressivem Mißerfolg«[14] wird Gustaf Gründgens' Adoptivsohn Peter Gorski den rheinischen Kaufmann abfällig nennen. Nach Gustav kommt im Jahre 1903 noch die Tochter Maria Theresia, genannt Marita, zur Welt (sie wird später als Vortragskünstlerin tätig sein). Vater Gründgens versucht beruflich in diversen Firmen sein Glück, ohne je wirklich zu reüssieren. Er wird in den fünfzehn Jahren vor Ausbruch des Ersten Weltkriegs nacheinander Anteilseigner oder Leiter in einer Wäschereimaschinenfabrik, einem Stahlwerk, einer Kieselgur-Abbau-Gesellschaft, einer Isolierrohrfabrik. Die Familie zieht mehrfach um, immer Arnolds beruflicher Odyssee hinterher. 1912 schließlich mieten sie ein Haus in Oberkassel, gegenüber von Düsseldorf. Das Ehepaar bestellt Ölporträts bei Fritz Reusing, einem angesehenen Maler der Düsseldorfer Schule. Damit werden die Wohnräume geschmückt – sichtbarer Ausdruck der bürgerlichen Stellung (oder was Arnold Gründgens sich darunter vorstellt). Emilie Gründgens ist eine musikalische Frau, die Klavier spielt und Lieder von Schubert, Schumann und Brahms singt. Gustav hört ihr als Kind gerne zu. Mutter und Sohn pflegen eine innige geistige Beziehung (bis zu Emilies Tod im Jahre 1935), während das Verhältnis zum Vater (der 1937 in zweiter Ehe eine fast vierzig Jahre jüngere Frau heiraten wird) zeitlebens angespannt, ja gestört ist.

Gustav Gründgens besucht Schulen in Düsseldorf und Oberkassel. Er ist ein eher mittelmäßiger Eleve, einmal bleibt er sogar sitzen. Früh fällt er jedoch durch seine Rezitationskunst auf, die er bei Schulfeiern effektvoll darbringt. Im Mai 1916 verlässt Gustav das Comenius-Gymnasium in Oberkassel, wechselt an das Gymnasium in Mayen in der Eifel und wohnt in einem von Nonnen geführten Internat. Ein Jahr später beendet er mit siebzehn vorzeitig die Schule mit dem »Zeugnis über die wissenschaftliche Befähigung für den Einjährig-Freiwilligen Dienst«. Der Vater holt ihn nach Düsseldorf zurück, ihm schwebt für den Sprössling eine kaufmännische Laufbahn vor. Gustav wird Lehrling in der als »kriegswichtig« erklärten Werkzeugmaschinenfabrik Schiess. »Mit dem jungen Mann war nicht viel los«[15], weiß die Personalakte recht euphemistisch. Gustav will und kann sich nicht ins reguläre Arbeitsleben einpassen: Wiederholt erscheint er nicht in der Fabrik, liegt lieber in den Rheinwiesen und liest Dramentexte. Nach nur drei Monaten wird er zum Wehrdienst eingezogen, ist in Saarlouis bei einer Maschinengewehrkompanie stationiert, wird auf den Fronteinsatz vorbereitet. Doch eine Verletzung mit dem Gewehrkolben, bei einer Übung durch einen schusseligen Kameraden verursacht, bewahrt ihn vor dem Krieg. Stattdessen wird er in ein Militärlazarett nach Bad Kreuznach eingeliefert und erkrankt dort an Ruhr: Damit ist für den Infanteristen in spe Gustav Gründgens der Krieg zu Ende. Kaum gesundet, bewirbt er sich als Schauspieler an einem in Saarbrücken beheimateten Fronttheater. Er schwindelt Bühnenerfahrung vor – schon damals der »Komödiant par excellence«, als den Klaus Mann ihn später charakterisiert – und wird prompt engagiert. In Saarbrücken tritt er wenig später in einer Inszenierung von Goethes *Faust* in der kleinen Rolle des Schülers auf. Als Mephisto im selben Stück wird er später die Zuschauerherzen erobern und Klaus Mann als Vorlage in seinem gleichnamigen Roman dienen.

Inzwischen implodiert der Krieg, Gründgens' Truppenteil wird nach Thale im Harz verlegt – und hier, in der tiefsten Bühnenprovinz, beginnt seine unglaubliche Karriere als Schauspieler, Regisseur und Intendant. In der Freilichtbühne des Harzer Bergtheaters brilliert er bald in Komödien und Schwänken, als Conférencier, aber auch hinter den Kulissen als Leiter und Regisseur. Und man kann ihn an einem Abend als Rezitator der ersten drei Szenen aus *Faust* erleben, jetzt aber im Part des Mephisto. Er hat die Rolle seines Lebens gefunden. Aber noch kennt ihn außerhalb Thales keiner.

Gustav Gründgens kehrt nach dem Ende der Revolutionswirren zurück in die Heimatstadt Düsseldorf. Im April beginnt er ein Studium an der von Louise Dumont geleiteten privaten Schauspielschule, die an das Schauspielhaus Düsseldorf angegliedert ist. Schule und Bühne genießen einen hervorragenden Ruf, die Prinzipalin gilt als eine der bedeutendsten Pädagoginnen Deutschlands. Gründgens wird in Atem- und Sprechtechnik, Fechten, Ästhetischer und Rhythmischer Gymnastik unterrichtet, hört aber auch Vorlesungen in Philosophie und Literatur. Ziel ist eine ganzheitliche Ausbildung, die Erlangung einer breiten Bildung über das enge Segment der mimischen Kunst hinaus. Gründgens rühmt viel später noch sein Studium bei Louise Dumont: Sie habe ihn »Ehrfurcht vor unserem Beruf und die Tatsache, daß Kunst nur auf dem Boden der Wahrheit und der Wirklichkeit gedeihen kann«[16], gelehrt.

Gründgens ist zwanzig, und sosehr er in vollem Wissensdurst und Lerndrang in seinem Studium aufgeht, treibt ihn doch auch die Sehnsucht nach erotischer Erfüllung um. Wie in vielen künstlerischen Institutionen geht es auch an Louise Dumonts Schule recht nonchalant zu, und die Prinzipalin selbst belehrt ihre Studenten: »Bi-Sexualität! Sie schadet nicht. Seid ihr begabt, dann flutet's ineinander!«[17] Irgendwann in jener Zeit entdeckt Gründgens seine eigene Bisexualität. Zumindest glaubt er, sich für beide Geschlechter zu interessieren. Sein späteres Leben jedoch beweist, dass er mit wirklichem sexuellen Verlangen nur Männer begehrte und mit ihnen Erfüllung fand. Zu jener Zeit in Düsseldorf, noch unter den Fittichen der ihn finanzierenden Eltern, kann er jedoch nicht frei sein und sublimiert vieles.

Im Juli 1920 verlässt Gründgens die Düsseldorfer Schauspielschule mit einem glänzenden Abschlusszeugnis und fährt erst einmal für ein paar Tage nach Berlin. Dort logiert er sich im Luxushotel Eden nahe dem Zoologischen Garten ein – er hat bereits die Allüren eines Stars, auch wenn die Eltern ihn noch budgetieren. Zu vermuten ist, dass er den Trip in die Hauptstadt nicht nur dazu nutzt, um Max Reinhardts Deutsches Theater zu besuchen, sondern auch, um sich in der bunten Homosexuellenszene umzutun.

Er hat freilich schon seinen ersten Kontrakt in der Tasche: Die Städtischen Bühnen Halberstadt haben ihn als Schauspieler und Sänger verpflichtet, und Gründgens geht nicht ungern dorthin, genießt das Theater unter seinem Intendanten Francesco Sioli doch einen exzellenten Ruf. In Halberstadt entwickelt sich Gründgens zu einer ganz eigenständigen mimischen Persönlichkeit, hier lernt er das Theaterleben in allen Facetten kennen – unschätzbare Erfahrungen auch für seine spätere Karriere als Regisseur und Intendant. Innerhalb von nur acht Monaten spielt er in zweiundzwanzig Stücken, er erprobt seine Verwandlungsfähigkeit und die ganze Bandbreite seines Könnens. Und er schreibt hymnische Gedichte (veröffentlicht auch einige davon in spätexpressionistischen Zeitschriften), die er der ehemaligen Kommilitonin Renée Stobrawa schickt, in die er glaubt verliebt zu sein. Die Liebe freilich besteht nur auf dem Papier, und das ist bekanntlich geduldig. In jenen Jahren ist noch immer seine Mutter Emilie seine engste Vertraute, selbst in intimen Dingen – und wenngleich er ihr nicht alles beichtet, so wagt er sich doch weit vor, hoffend, dass sie seine Sehnsucht richtig deutet: »Ich kann, glaube ich, weder mit der Frau als Herrin noch mit der ›Käthchen von Heilbronn‹-Natur etwas anfangen. Für eine rein physische Erotik ohne starkes geistig-seelisches Band werde ich nie Verständnis haben.«[18]

Solch ein Geständnis allein beseitigt das erotische Problem, das ihn beschäftigt, nicht: Sein Verlangen will genährt sein. Aber Gründgens ist hin- und hergerissen zwischen den bürgerlichen Erwartungen seiner Eltern und dem ihm vermittelten katholischen Wertekanon einerseits und seinem Drang nach künstlerischer Freiheit und sexueller Erfüllung andererseits. Und er ist ein Schauspieler, der auch außerhalb der Bühne zu bezirzen und zu verführen weiß – immer mit der Gefahr, im Spiel die realen Gegebenheiten zu verpassen. Später gesteht er seinem Adoptivsohn Peter Gorski: »Ich habe oft und viele Menschen verzaubert […] durch die Kraft und den Einsatz, durch die Unbeirrbarkeit meiner Zielsetzung – und habe sie überrannt, gewonnen und verloren. Denn es waren nicht sie, die sie waren, sondern die, die ich wollte, daß sie waren.«[19] Gründgens schwärmt von Theater- und Künstlerkollegen, und das Milieu, in dem er arbeitet, ist von homoerotischem Timbre mehr als gesättigt. In Liebesdingen besitzt er jedoch selten ein geschicktes Händchen, verliebt sich oft in heterosexuelle oder allenfalls latent bisexuelle Männer.

Gemeinsam mit seinem Kollegen Hanns Böhmer verlässt er im April 1921 Halberstadt und wechselt an das Theater Kiel. Den Kontrakt unterzeichnet er mit »Gustaf Gründgens« und setzt hier zum ersten Mal ein »f« in seinen Rufnamen. Er will nicht mehr der Sohn biederbürgerlicher Eltern sein, nicht mehr das Geschöpf anderer, sondern eine originäre Kunstfigur. Als ein neuer Mensch will er die Theaterwelt erobern – und setzt in Kiel zu einem weiteren Sprung an. Das Verhältnis zu Böhmer zerbricht einige Zeit später, als Gründgens erfährt, dass er nur des Freundes wegen nach Kiel berufen worden ist. Umgekehrt überzieht Böhmer den einstigen Weggefährten mit bitteren Vorwürfen, als der die große Karriere macht, er, Böhmer, aber in kleineren Rollen und Provinztheatern verharrt. Noch in einem Brief vom Dezember 1952 – die einstigen Freunde sind längst zum distanzierten »Sie« zurückgekehrt – hält Böhmer dem inzwischen allgewaltigen Gründgens in einer opernhaften brieflichen Abrechnung vor: »All die Macht und Herrlichkeit haben

Sie dazu gebraucht, um mich künstlerisch zu verhindern. […] Aber irgendwie sind Sie doch ein Geschöpf von mir […]. Vielleicht müssen Sie mich deshalb auch so töten!«[20]

Auch Kiel dient Gründgens nur als Sprungbrett für die wirklich großen Bühnen. Und auch hier beweist er sich als arbeitswütiger Berserker: In einer einzigen Saison wird er in neununddreißig Inszenierungen eingesetzt. Als jedoch der Intendant Max Alberty im März 1922 mit erst achtundvierzig Jahren an einem Herzinfarkt stirbt, muss Gründgens schon wieder die Anstellung wechseln: Er erhält ein Engagement am Berliner Theater in der Kommandantenstraße und arbeitet hier ein knappes Jahr. Sein Verhältnis zu Berlin ist gespalten: Einerseits empfindet er die Stadt als unbarmherzig und kalt, andererseits genießt er die hiesigen Freiheiten, auch die große Schwulenszene. Parallel zu seinem Engagement in der Kommandantenstraße tritt er mehrere Monate lang mit Chansons und kabarettistischen Rezitationen im Cabaret Größenwahn an der Ecke Kurfürstendamm/Joachimsthaler Straße auf.

Frühjahr 1923: Die Inflation in Deutschland schlägt Kapriolen und treibt breite Schichten in die Verelendung. Gründgens' Karriere erfährt nicht einmal in dieser Krise einen Dämpfer, auch wenn sein Gehalt für eine Existenz nicht ausreicht: Er lebt zum Teil auf Pump, zum Teil greifen seine Eltern im fernen Düsseldorf ihm unter die Arme. Und er erhält vom Intendanten der Hamburger Kammerspiele Erich Ziegel, der Gründgens bei einer Aufführung in Berlin erlebt hat, überraschend ein Angebot. Ziegel, der gemeinsam mit seiner Frau Mirjam Horwitz fünf Jahre zuvor die Kammerspiele am Besenbinderhof gründete, hat das Theater als eine renommierte Spielstätte für das junge, zeitgenössische Drama profiliert. Gründgens nimmt das Angebot an, der Vertrag sieht ihn für das Fach »jugendlicher Charakterspieler, Bonvivants und verwandte Rollen« vor. Zur neuen Saison im Herbst 1923 zieht er nach Hamburg und mietet eine Dreizimmerwohnung.

Gründgens ist beinahe vierundzwanzig, beruflich arriviert.

Nun will er auch sein Privatleben ordnen: Er will eine Kollegin aus Kiel heiraten und kündigt das in einem Brief an die Eltern an. Doch die Auserwählte will Kiel und ihr Engagement nicht verlassen. Gründgens wartet am Hauptbahnhof in Hamburg vergeblich: Sie hat den vereinbarten Zug gar nicht bestiegen und meldet sich zwei Wochen lang nicht. Erst dann kommt eine dürre Nachricht: Sie sei krank gewesen. – Damit haben sich Gründgens' Heiratspläne zerschlagen. Vorerst zumindest. Er kündigt unterdessen die zu große Wohnung und bezieht ein Zimmer zur Untermiete bei einer Witwe. Er tut gut daran, denn Erich Ziegel kann nur eine kleine Gage zahlen, und die Inflation frisst alles restlos auf.

Gründgens fühlt sich in Hamburg gleich wohl. Die Stadt ist überschaubarer als Berlin, weniger kalt und unbarmherzig, und bietet doch eine lebendige Mischung aus alter hanseatisch-patrizischer Kulturgönnerschaft und modernem, ethnisch vielfältigem Leben (bedingt auch durch den Überseehafen). Gründgens ist nicht nur Stammgast in der Kantine der Kammerspiele, wo sich ein reges intellektuelles Leben abspielt, sondern verkehrt auch in den Schwulenbars in St. Pauli und St. Georg, in den Hafenkneipen, wo sich die Matrosen aus aller Herren Länder besaufen, in den Kabaretts und Varietés. Er sieht Anita Berber ihre berühmt-berüchtigten Nackttänze aufführen, betrachtet die Huren in den Gassen von St. Pauli und begafft die Strichjungen in den Zuhälterkneipen. Gründgens selbst verpasst sich ein neues Image, nachdem er bereits seinen Vornamen leicht abgeändert hat: Er durchstreift die Stadt im langen Ledermantel und klemmt sich ein Monokel ins rechte Auge – angeblich, um seine Kurzsichtigkeit auszugleichen, aber natürlich ist das Glas das etwas altertümliche Accessoire eines extravaganten Dandys. »Monokelprinz« wird er bald von seinen Freunden und Gegnern genannt, mal bewundernd, mal abschätzig – und er genießt es. Der Sohn eines Biedermanns geriert sich als Anti-Bürger, als Bohemien, aber als einer, dem die Welt bewundernd zu Füßen liegt. Seine Briefe an die Eltern, die er gleichermaßen liebt und ein wenig verachtet, sind voll trunkenen Überschwangs: »Ich liebe schmerzlicher und bekomme tiefer Liebe. Ich lebe und muß leben in den Extremen. Die Mitte bietet keine Luft, in der ich atmen kann.«[21] Die Mitte: das ist das Bürgerliche. Gründgens will dieses Milieu, das ihm den Hals abschnürt, endlich hinter sich lassen. Ein junger, gerade einmal neunzehnjähriger Maler zieht in Gründgens' Junggesellenzimmer ein: Hans Robert Kurzke, Jan genannt, ist ein blonder, blauäugiger Typ, dem Gründgens zu Füßen liegt. Jan ist in seinem Metier glücklos, und Gründgens bekniet seine Freunde, ja sogar die Eltern, dessen Gemälde abzukaufen. Aber Jan teilt nur manchmal mit seinem Zimmergenossen das Bett. Er ist offensichtlich bisexuell und flirtet auch mit Gustafs Schwester Marita, was diesen zu fürchterlichen Wutausbrüchen reizt: Türen knallen, Gegenstände fliegen an die Wand, Gründgens verlässt schreiend die Wohnung, rennt wie irr durch die Stadt – um doch wieder reumütig und verzeihend zu seinem Idol zurückzukehren, um dessentwillen er sogar »Logenschließer« geworden wäre, wenn er »nur hätte bei Jan bleiben können«[22]. Seine Eltern sind in ihrer engen bürgerlichen, katholischen Vorstellungswelt recht beunruhigt über die Bekenntnisbriefe des Sohnes. Gustafs Vater versucht es mit Druck, verweist auf den Umstand, dass er den Sohn noch immer alimentiere. Gustaf reagiert mit weiteren haltlosen Konfessionen, die die Eltern noch tiefer verschrecken müssen: »Und wenn Vater damals schrieb, daß im Grunde er es wäre, der für den Luxus, Jan zu haben, bluten müsse, kann ich nur sagen: Jan ist für mich nötiger wie das tägliche Butterbrot.«[23]

Zumindest beruflich konsolidiert sich Gründgens weiter: Im Herbst 1925 erhält er eine Verlängerung seines Vertrags, die Gage steigt (die Inflation ist überwunden), und zudem wird er als Schauspieler *und* Regisseur verpflichtet – eine Erweiterung seines Betätigungsfelds, auf die er es seit je abgesehen hat, denn er fühlt sich in seiner kraftstrotzenden Genialität zu Höherem auserkoren als nur zum Rollenspiel. Zu Beginn der neuen Saison inszeniert er Büchners *Leonce und Lena*, spielt darin – recht frivol-lasziv – die männliche Hauptfigur und wird bei der Premiere von Klaus Mann bewundert, der gleich Kontakt zu ihm aufnimmt und anfragt, ob der Herr Regisseur daran interessiert sei, seinen Bühnenerstling *Anja und Esther* zur Aufführung zu bringen. Gründgens liest das Stück, ist begeistert und sagt zu. Ob er sich am Text entflammte, darf bezweifelt werden, denn er war stets durch und durch ein Mann des Theaters und wusste, was auf der Bühne zündet und was nicht. Und *Anja und Esther* mit seinen schier endlosen Dialogen, seinem Sammelsurium aus pubertärem Palaver und angelesenen philosophischen Diskursen konnte nicht funktionieren, egal welcher Regisseur es in die Hand nahm. Es ist zu vermuten, dass Gründgens, der eine starke opportunistische Ader hatte und Menschen nicht nur freundschaftlich schätzte, sondern sie für seine karrieristischen Zwecke auch gebrauchte (und missbrauchte), lediglich vom Marktwert des Namens »Mann« überzeugt war (und dahinter stand in erster Linie der Name Thomas Manns). Vielleicht auch ist er von Klaus Manns hübschem Gesicht und dessen Charme angetan, als er ihn wenige Tage später in dessen Hotelzimmer besucht, hereingeflogen kommt wie der Götterbote Hermes – so zumindest überhöht Klaus die erste persönliche Begegnung.

Inzwischen, es ist Mitte September 1925, steht fest, dass Otto Falckenberg Klaus Manns Stück zur Uraufführung bringen will, allerdings in einer von ihm selbst bestimmten Besetzung. Klaus Mann billigt das, lobt in einem Brief an Erika Falckenbergs »Feingefühl« und »Genauigkeit«[24], doch kommt das letztlich seiner Intention nicht nach: mit *Anja und Esther* ein literarisches Spiegelbild des Dreierbunds der Dichterkinder zu schaffen. Nun also Gründgens' Angebot. Der erkennt intuitiv den autobiografischen Hintergrund und dessen Sensationspotenzial. Darin sind sich Autor und Regisseur einig: Um des Erfolgs willen, und sei es ein Eklat, ist ihnen jedes Mittel recht. Also setzt Gründgens bei Ziegel durch, dass die Dichterkinder sich selbst spielen: Anja soll von Erika Mann, Esther von Pamela Wedekind, der Dichter Kaspar von Klaus Mann verkörpert werden. Die Rolle des Jakob übernimmt Gründgens selbst. Das expressionistisch anmutende Bühnenbild stammt von einem weiteren Dichterkind: Mopsa Sternheim. Gerade einmal vierzehn Tage verbleiben den jungen Darstellern zum Einüben der Rollen und für die Proben. Doch sie sind mit allem Feuer ihrer Jugend dabei, und mit dem unbändigen Willen, Publikum und Kritik zu erobern und den Durchbruch zu schaffen.

Am 20. Oktober 1925 findet in München die Uraufführung unter Otto Falckenbergs Regie statt. Es wird ein Misserfolg. Die *Frankfurter Zeitung* verreißt das Stück als »phantasielos im ganzen, mißglückt im einzelnen, ohne Mut zum Entscheidenden, ganz verkehrt angelegt«[25].

Ungleich besser verläuft hingegen die Hamburger Premiere zwei Tage später, am 22. Oktober. Gustaf Gründgens hat nichts dem Zufall überlassen und als begnadeter Propagandist das Publikum entsprechend eingeschworen. Im Programmheft der Hamburger Kammerspiele mit dem Titel *Der Freihafen* ist ganz unbescheiden zu lesen: »Die jüngere Generation hat in Klaus Mann ihren Dichter gefunden. […] Lieben muß man vor allem den Dichter dieser Menschen, der seine Gestalten so beseelt und leidvoll durch dies erregende Stück sendet und sie nicht – wie die meisten Propheten von heute – mitten im Schlamassel sitzen läßt, sondern mit hilfreicher Hand zur Klarheit führt. Und das ist das Wesentliche an diesem Klaus Mann: Er ist nicht nur ein Schilderer der heutigen Jugend, er ist vielleicht berufen, ihr Wegweiser zu werden.«[26] Die Premiere in dem gut achthundert Plätze fassenden Theater Erich Ziegels ist ausverkauft. Es herrscht eine gespannte Erwartung: Dichterkinder spielen sich selbst, so ist bereits im Vorfeld ausreichend kolportiert worden, um die Werbetrommel zu rühren. Als der Vorhang fällt, bricht ein Tumult los: Applaus mischt sich mit Pfiffen, Zischen und Klappern von Schlüsselbünden. Klaus Mann ist bestürzt und beglückt zugleich: Das Publikum ist gespalten, aber er hat den

Skandal auf seiner Seite! Noch in seiner Autobiografie *Der Wendepunkt* erinnert er sich: »Unsere Hamburger Veranstaltung hingegen darf wohl als ein durchschlagender Erfolg bezeichnet werden – mindestens als ein ziemlich lauter *succès de scandale*. Von den Gestaden der Nordsee bis nach Wien, Prag und Budapest gab es ein Gerausche im Blätterwald: ›Dichterkinder spielen Theater!‹ [...] Aber ob die Kommentare spöttisch oder enthusiastisch waren, ihre Überfülle mußte uns als Reklame willkommen sein. Die ›Dichterkinder‹ spielten vor vollen Häusern.«[27]

Die spöttischen Kommentare überwiegen freilich – vielmehr: die gehässigen. Gleichwohl reißen sich die Bühnen im In- und Ausland um die Aufführungsrechte, und Klaus, Erika und Pamela reisen zu den Premieren, um entweder selbst zu spielen oder zumindest im Parterre zu sitzen (nur Gustaf Gründgens steigt bald aus dem Unternehmen aus, fürchtet er doch um sein eben erst konsolidiertes Renommee). Bühnen in Berlin, Darmstadt, Wien und Budapest ziehen nach, und die größten Blätter Deutschlands und Österreichs schicken ihre namhaften Kritiker. Die allerdings lassen meist kein gutes Haar an Klaus Manns autobiografisch-exhibitionistischem Stück und ergehen sich in wüsten, kalauernden Tiraden. Das *Hamburger Fremdenblatt* etwa geifert, diese Jugend solle »ihre düsteren Angelegenheiten im Stillen mit sich selbst abmachen, aber nicht vor der Öffentlichkeit«[28]. Auch der Berliner Großkritiker Herbert Ihering bricht den Stab, wenn er urteilt, Klaus Mann habe mit dem Stück »den szenischen Marlittroman der Homosexualität« geschrieben. Und weiter: »Alles ist nur verzärteltes Auskosten, morbides Glimmern, undramatisch, unlebendig, von einem süßlichen Moderduft durchzogen.«[29] Freundlicher zeigt sich Fritz Engel im *Berliner Tageblatt*: »Man fühlt Begabung, Frühreife [...], man stellt sich aufs Zuwarten ein.«[30] Anders in Darmstadt: Hier gerät die Premiere von *Anja und Esther* nicht nur zum Theaterskandal, sondern zum Politikum. Der hessische Landtag befasst sich damit in einer eigens anberaumten Sitzung, in der

der Abgeordnete der Deutschnationalen Volkspartei Ferdinand Werner erregt ins Plenum ruft: »Was hier auf krankhaft perverse Weise in Herabsetzung des Weibes auf die Stufe tierhafter Schamentblößtheit unter Verwendung kindlicher Mitdarsteller und vor größtenteils jugendlichem Publikum geleistet wurde, mußte Schrecken und Grauen zugleich erwecken. [...] ich frage daher die Regierung, was sie zu tun gedenkt, um in Zukunft die Aufführung derartiger Fragwürdigkeiten zu verhindern.«[31]

Der »succès de scandale« indes gibt den ach so verruchten Dichterkindern Klaus, Erika, Pamela und Mopsa recht. Sie feiern sich selbst und ihren zweifelhaften Ruf, indem sie die Tage nach der Hamburger Premiere recht ausgelassen in den Stricherbars und Matrosenkneipen der Hafenstadt zubringen – der neue Freund Gustaf Gründgens ist auch mit von der Partie. Die Aufführung von *Anja und Esther*, so scheint es, hat die Freunde nicht nur wieder zusammengebracht, sondern sie auch zusammengeschweißt. Alle Missverständnisse des vergangenen Jahres sind vergessen. Ein Wermutstropfen freilich fällt in die Süße jener Tage des Überschwangs und Triumphs: Am 31. Oktober bringt die viel gelesene *Berliner Illustrirte Zeitung* auf ihrem Titelblatt ein Szenenfoto der Hamburger Premiere von *Anja und Esther*: Darauf sind, mit weiß gepuderten Gesichtern und schwarz umrandeten Augen, die Dichterkinder Klaus, Erika und Pamela zu sehen. Darunter die Textzeile: »Dichterkinder.« Die originale Fotografie hingegen zeigte links neben Erika auch Gustaf Gründgens. Ihn hat die Bildredaktion einfach weggeschnitten, nur ein Haarschopf ist von ihm noch zu sehen, den der unbedarfte Betrachter als Schatten deutet. In einer später von Klaus Mann selbst gestrichenen Passage aus *Der Wendepunkt* heißt es hierzu lapidar: »Welch ein Moment tödlicher Peinlichkeit, da er [Gründgens] den Affront entdeckte!«[32]

Die Freunde werden bald wieder auseinandergerissen: Engagements, Verpflichtungen, Aufträge rufen sie zurück an ihre

Wohnorte. Klaus Mann hat dies später sehr kritisch beurteilt: »Meine Unrast – oder meine Angst vor Wiederholung, Monotonie und Überdruß – ließ mich niemals an einem Ort, bei einem Freundeskreis, einer Beschäftigung verweilen. Es trieb mich fort. Immer trieb es mich zum Aufbruch, zum neuen Abenteuer. Ich gefährdete (oder rettete) menschliche Beziehungen, riskierte berufliche Chancen, unterbrach Studien und Amüsements – nur aus dem nervös-irrationalen Bedürfnis nach Wechsel und Bewegung.«[33]

Klaus eilt nach Berlin, Wien und Budapest, wo sein Stück ebenfalls gegeben wird. Was er nicht weiß: Sein Vater, der noch wenige Monate zuvor Ernst Bertram gegenüber tönte, keine zehn Pferde würden ihn in die Premiere bringen, hat unterdessen in München doch eine Vorstellung besucht – die Neugier war größer als die Angst, sich anstelle des Sohnes zu blamieren. Sein Urteil fällt erwartungsgemäß ironisch-kühl aus. Wissend, dass Erika es ihrem Bruder weitertragen wird, schreibt er seiner Ältesten, er bestätige die Wirkung des »gewissen jugendlich-überjugendlichen Charmes […], den das Stück jedenfalls besitzt«[34]. Indes, so leicht kann er das Bühnenwerk seines Sohnes nicht abschütteln: Anonym erhält Thomas Mann in den folgenden Wochen, im Verlauf des »Triumphzugs« von *Anja und Esther*, Zeitungskritiken zugesandt, meistens Verrisse. Klaus erfährt davon und schreibt seinem Vater recht kleinlaut: »Die letzten Dinge, die Du mir schicktest, waren ja wieder recht häßlich und mir fängt es wirklich an greulich zu sein, daß Du meinetwegen so widerliches Zeug geschickt bekommst. Ich selber bekomme natürlich fast täglich solche Sachen, *aber Gott sei Dank nicht nur pöbelnde.*«[35] Dann versucht er zu relativieren, um dadurch den »Zauberer« etwas gnädiger zu stimmen: »Obwohl das Hamburger Publikum sich sehr nett gegen uns verhalten hat – vor allem dadurch, daß es so zahlreich kam, wir waren dort beinah das bestgehende Stück […]. Von Schustermann [ein Zeitungs-Ausschnitt-Büro in Berlin] bekomme ich fast *täglich* ganze Päckchen von Ausschnitten geschickt […].«[36]

Nachdem der Wirbel um *Anja und Esther* abgeflaut ist, reist Klaus Mann Anfang April 1926 nach Nizza. Er logiert sich im schicken Palace Hotel ein, um seine *Kindernovelle,* eine literarische Antwort auf Thomas Manns »Novellenverbrechen« *Unordnung und frühes Leid,* zu schreiben. Der junge Autor ist im Jahr zuvor trotz Anwürfen und Verrissen in seinem Selbstverständnis und seinen literarischen Ausdrucksmöglichkeiten gewachsen, er hat sein erstes Bühnenwerk in mehreren Städten zur Aufführung gebracht, sein erster Erzählband und sein erster Roman (der zugleich das Dokument eines homosexuellen Coming-outs darstellt) sind erschienen und haben ihn als ernst zu nehmende Größe in der literarischen Öffentlichkeit eingeführt. In Nizza arbeitet er nicht nur, er genießt auch den warmen mediterranen Frühling und das Nachtleben in den Matrosenkneipen, bei den »schwarzen Negern«. Nach Abschluss seiner Novellenarbeit will er nach Deutschland zurückkehren, vielleicht zu Erika, vielleicht zu Pamela – egal wie: Alle Wege scheinen ihm offenzustehen …

Da erreicht ihn aus Hamburg eine bestürzende Nachricht: Erika, seine Lieblingsschwester, die er in *Anja und Esther* literarisch umwarb, hat sich verlobt! Gustaf Gründgens, der »neurotische Hermes«, der mit seinem geliebten Jan in einem Zimmer haust, hat um ihre Hand angehalten und eine Einwilligung bekommen! An seine eigene Verlobte Pamela (er hat die Verbindung bislang nicht aufgekündigt) schreibt Klaus aus dem Palace Hotel: »Die Nachricht von Eris [Erikas] Verlobung hat mich sehr erschüttert, wenngleich ich vorbereitet war und ja auch nicht weiß, wieweit sie stichhaltig ist.« Und er belügt sich selbst: »Ich war stets sehr dafür.« Dann folgt seine Revanche, halb aus Verzweiflung, halb aus Eifersucht: »Ich möchte gerne, daß wir jetzt im Frühsommer auch heiraten. Ich halte den Zeitpunkt jetzt für gekommen. Schreibe mir bitte nach Paris, ob Du auch willst. Ein wenig davon abgekommen war ich, als Du mich in Wien so haßtest. Das muß möglichst selten vorkommen, zu viel werden wir ja auch gar nicht miteinander sein.«[37]

So schreibt kein Verliebter, sondern einer, der Vergeltung fordert. Seine Lieblingsschwester, sein geistiger Zwilling, soll ihm von einem anderen weggenommen werden. Also wird er der Schwester die Geliebte entziehen. Dichterkinder spielen Theater.

»Kannst Du mir mal sagen, warum ich Idiot heirate?«

›Revue zu Vieren‹ und der große Bruch. Frühjahr 1926–Herbst 1927

Für Gründgens dürfte das Motiv für eine Heirat mit der Tochter des berühmten Thomas Mann klar gewesen sein. Was Erika Mann dazu trieb, bleibt letztlich ein Rätsel. Die Aussicht auf eine Protektion durch Gründgens an den Hamburger Kammerspielen? Deren Intendant Erich Ziegel übernimmt 1926 zusätzlich das Deutsche Schauspielhaus in Hamburg-St. Georg, weshalb Gründgens die Leitung der Kammerspiele übertragen wird. Gleichwohl ist in Erika Manns Briefen nie von karrieristischem Kalkül die Rede. Vielleicht sehnt sie sich in jenen Jahren der beruflichen und persönlichen Stagnation nach Sicherheit – auch aus der Furcht heraus, dass Pamela ihr abhandenzukommen droht. Dennoch bleibt Pamela für Erika die angebetete »Göttin«, von ihr umschmeichelt und umworben, die Vertraute, der man die innersten Seelennöte offenbart. Klaus Mann logiert noch im Palace Hotel in Nizza, schreibt an seiner *Kindernovelle* (einem kleinen Meisterwerk) und ist von der Nachricht von Erikas Verlobung mit Gustaf Gründgens aufgewühlt, als die sich in einem Brief an Pamela, ihre »liebe, einzige, wunderbare Braut«, über den Bräutigam beklagt: »Er ist unendlich deprimiert, klagt und seufzt so richtig Tag und Nacht, so dass ich anfangen muss, mich vor dem heiligen Ehestand ein bisschen zu fürchten. UND die Hysterie!«[1] Erika Mann ist nicht die Einzige, die sich vor der Ehe fürchtet. Auch Gründgens schwant Schlimmes. Den Eltern bekennt er, es werde »nun bitterer Ernst«[2]. Und seine Schwester Marita schreit er drei Tage vor dem Termin auf dem Standesamt an: »Kannst Du mir mal sagen, warum ich Idiot heirate?«[3] Die »große Liebe«[4], von der Hedwig Pringsheim, Erikas Großmutter, spricht, sieht jedenfalls anders aus. Bei der alten Dame scheint der Wunsch Vater des Gedankens gewesen zu sein.

Immerhin gelingt es Erika, vier Wochen vor der Hochzeit ihre Herzensflitterwochen zu verleben: nicht mit dem Bräutigam, sondern mit ihrer liebsten Braut Pamela. »Ich bin den Juni über noch zu ALLEM bereit«, schreibt sie jubelnd ihrer Göttin, »könnten wir nicht irgendwo in der ländlichen Provinz unser Wesen treiben? Vielleicht in Bozen?«[5] Sie entscheiden sich für den näher liegenden Bodensee und fahren im Juni 1926 nach Friedrichshafen, wo sie sich im noblen Kurgartenhotel einquartieren. Pamela erscheint in Hosen und mit Reitgerte – eine ihrer üblichen Maskeraden, wodurch sie sich als emanzipierte junge Frau der Jeunesse dorée darstellen will – und wird vom Herrn am Empfang prompt als »Herr Wedekind« angesprochen. Die beiden Damen treiben das Spiel belustigt weiter. Den Aufenthalt am See nutzen sie gleich noch zu einer Stippvisite in Uttwil auf der Schweizer Seite und überraschen Sternheims in deren Haus: Mopsa, die Freundin, ist da, und die drei jungen Frauen haben sich allerlei zu erzählen, spazieren am Ufer entlang, gehen schwimmen. Thea Sternheim befindet sich (wieder einmal) in innerer Auflösung, hat ihr Mopsa doch wenige Tage zuvor gestanden, wie sehr ihr eigener Vater ihr nachstelle. Unterdessen gerät Carl Sternheim, wenngleich mit Anzeichen geistiger Verdunkelung, in hormonelle Wallung: Mit einem Mal sind gleich drei hübsche junge Frauen im Haus! Wohlgefällig lässt er die Blicke auf Pamela ruhen und versucht sie – er kann durchaus gewitzt und charmant sein – ins Gespräch zu verwickeln. Thea ist eifersüchtig und notiert säuerlich: »Erika, die Tochter Thomas Manns, Pamela, die Tochter Frank Wedekinds, achtzehn- und neunzehnjährig, lebende Figurinen zur *Schule von Uznach* [eine Komödie Carl Sternheims], besuchen Moiby [Mopsa]. Burschikos, emanzipiert, ein Produkt von freier Schulgemeinde und bürgerlich saturierter Bohèmeatmosphäre. Auf ihren Spaziergängen fuchtelt Pamela mit einem Reitstöckchen herum. Ich stelle sowohl der Mädchen als auch meinen totalen Mangel an gegenseitiger Neugier fest.«[6] Die Hausherrin kann nicht ahnen, dass die mühsam gewahrte Fassade ihres Lebens bald wie ein Kartenhaus zusammenstürzen wird …

Thea Sternheim sorgt sich in jenen Wochen mehrfach um Mopsa: Bei der Tochter wird ein Tumor diagnostiziert, und kurze Zeit nach Erikas und Pamelas überraschendem Besuch wird sie in einer Zürcher Spezialklinik operiert. Man entfernt ein Teratom, im Volksmund auch »falscher Zwilling« oder »Wundergeschwulst« genannt: ein Keimzelltumor, der Gewebearten wie Haut, Haare, Zähne, Muskelfasern enthalten kann. Die Operation gelingt, und Thea Sternheim, die vor der Tür gewartet hat, schreibt erleichtert, aber auch angewidert über das Geschwür, das man ihr präsentiert: »In einer Schüssel schwimmt eine gallertähnliche, eher gelb als rot aussehende Fleischkugel, von acht bis zehn Zentimeter Durchschnitt. Der Professor schneidet sie vor mir entzwei. In dem kompakteren Teil zusammengeknäuelte, fahlblonde Haare, zwei Zähne. Ich bin vor Entsetzen sprachlos; der Arzt erläutert: ›Das ist ein verunglückter Zwilling Ihrer Tochter. Die Natur, gnädige Frau …‹ Moiby wird in ihr Zimmer gefahren, eingebettet. Eine Stunde lang liegt sie röchelnd und Galle erbrechend da.«[7]

Während Thea noch am Krankenbett ihrer langsam genesenden Tochter wacht, laufen in München die Vorbereitungen zur Hochzeit von Erika Mann und Gustaf Gründgens. Die beiden Familien wollen sich an jenem Tag kennenlernen. Freunde sind eingeladen, das Aufgebot ist bestellt, das Mittagessen am Starnberger See ebenso wie das Abendessen in der Mann'schen Villa in München-Bogenhausen geordert. Doch im letzten Moment sagt Pamela ohne Begründung ab – vielleicht, weil sie nicht als halbherzig Verlobte an der Seite von Klaus stehen will, vielleicht, weil sie es nicht erträgt, dass ihre beste Freundin heiratet. Auch Vater Gründgens und seine Tochter Marita erscheinen nicht: Sie haben einen Autounfall; es geht glimpflich ab, aber sie verpassen den Termin. So ist vonseiten Gustafs nur seine Mutter Emilie angereist, und vielleicht ist der Bräutigam darüber sogar froh, hat er doch, was sein Elternhaus anbelangt, den bildungsbürgerlichen Familien Mann und Pringsheim gegenüber einen ausgeprägten Minderwertigkeitskomplex. Mag er auch Unsicherheit verraten, so wird Erika schlicht von Angst geschüttelt, wie sie Pamela gesteht: »Halt es, wie Du willst, Prinz Wunderhold, und bete in jedem Fall ein bisschen für mich.«[8]

Es ist Samstagvormittag, der 24. Juli 1926: Der Chauffeur der Familie Mann wartet vor dem Haus in der Poschinger Straße. Erika Mann und Gustaf Gründgens, Thomas Mann und Emilie Gründgens steigen ein. Dahinter wartet ein Taxi, das Klaus, Monika und Golo aufnimmt. Die Automobile starten und erreichen eine Viertelstunde später den Petersplatz, wo sich das Standesamt befindet. Dort warten bereits weitere Familienangehörige und Freunde. Die Trauzeremonie ist kurz und bürokratisch-pragmatisch. Thomas Mann und Katias Zwillingsbruder Klaus Pringsheim (der ein wohlgefälliges Auge auf den Bräutigam geworfen hat) sind Trauzeugen. Erika berichtet wenig später ihrer »geliebten Göttin«, wie sie Pamela noch immer tituliert, bemüht munter (wobei aus ihren Worten eher das Entsetzen spricht): »Ja, Pamela, es war *schon* ein großer Schreck! Wie so der Herr auf dem Standesamt noch ganz freundlich ›Fräulein Mann‹ zu mir sagte, als er uns ermahnte doch lieber richtig herum den Tatort zu betreten – G. G. links und ich rechts (wir hatten es natürlich falsch gemacht!) und dann plötzlich herrschte er mich an ›jetzt unterschreiben Sie, Frau Gründgens!‹. Ein *großer* Schreck war es schon!«[9] Danach fährt die Hochzeitsgesellschaft nach Feldafing am Starnberger See, wo im noblen Hotel Kaiserin Elisabeth das Mittagessen serviert wird, »gute, *aber* teure Forellen«[10], wie Klaus Mann seiner ferngebliebenen Pamela berichtet.

Abends sind die Familien samt Freunden zu einem legeren Fest in der »Poschi« versammelt. Selbst die Großeltern Pringsheim sind gekommen (Hedwig, wie eine Herzogin, mit schwerem Perlenschmuck), und sogar die blendend schöne Tilly Wedekind (die ja offiziell noch immer Klaus Manns künftige Schwiegermutter darstellt, wenngleich sie selbst das nicht ernst nimmt). Die Stimmung ist ausgelassen, auch der Alkohol trägt dazu bei. Gustaf Gründgens bildet sich etwas darauf ein, dass der so berühmte und hanseatisch-kühle Thomas Mann ihm das Du angeboten hat, und lässt es sich gern gefallen, dass sein Trauzeuge Klaus Pringsheim mit ihm flirtet, während Erika, Klaus, Monika, Golo und die Freunde Ricki Hallgarten und Wilhelm Emanuel Süskind ihren fröhlichen Schabernack treiben und auf Musik von Schellackplatten Tango und Shimmy tanzen. Die Geschenke werden ausgepackt: Thomas und Katia haben – ganz entgegen ihrer sonstigen repräsentativen Art – dem Brautpaar keine seltene Klassikerausgabe überreicht, sondern »einen Apparat, wo man Toilettenpapier abzieht und der spielt: *Üb immer Treu und Redlichkeit*«[11]. Es gibt Ansprachen, Einlagen und gespielte Szenen: Der mit Thomas Mann befreundete Schriftsteller Bruno Frank, ein Nachbar aus dem Herzogpark, spricht ein paar launig-feierliche Worte, und Ricki Hallgarten, als Bauer verkleidet, bringt einen Sketch in bayerischer Mundart dar. Höhepunkt ist natürlich eine kleine Festrede Thomas Manns, der alle ergriffen lauschen. Der Hausherr versucht einen saloppen Ton anzuschlagen, nennt seine frisch verheiratete Tochter die »Vielgeliebte«[12] und erwähnt auch die leider abwesende künftige Braut Pamela und deren »Astralleib«[13], »den er neben Kläuschen sitzen sähe«[14].

Die Hochzeitsfeierlichkeiten sind ohne Skandal, ohne Eifersüchteleien, ohne hysterische Ausfälle überstanden, und alle gehen wieder ihrem Alltag nach. Das Brautpaar hingegen begibt sich in die vierzehntägigen Flitterwochen, fährt nach Friedrichshafen am Bodensee und logiert sich just im selben Hotel ein, in dem vier Wochen zuvor Erika und Pamela einen Honeymoon verbrachten. Bereits jetzt ist aller Zauber der Hochzeit verflogen, und Erika schüttet ihr wehmütiges Herz in einem Brief an ihre Göttin Pamela aus: »Und jetzt sind wir einfach im Kurgartenhotel, wo groß und klein uns frivol behandeln muß, da niemand und der Klügste nicht, den Ehestand uns glauben *kann*. Aber daß wir (Du und ich!) in der Kurliste des vorigen Monats stehen – ich als Schauspielerin und Du als Herr Wedekind aus München, ist mir lieb.«[15] Und sie fleht – unglücklich und einsam – die Freundin an: »Meine Pamela, *bitte, bitte* komm bald. So schrecklich gern möchte ich es, weil ich Dich eben doch über die Maßen liebe.«[16] Pamela lässt sich erweichen, und auch Klaus kommt angereist, um das Kleeblatt aus *Anja und Esther* zu vervollständigen. Gustaf Gründgens ist keineswegs pikiert, findet er in Friedrichshafen doch anderweitigen Zeitvertreib: Hermann Kleinhuber[17] ist der Name des gerade einmal zweiundzwanzigjährigen Athleten, der auf einem Platz des örtlichen Sportvereins leicht bekleidet trainiert und – obgleich aus Oberbayern stammend – sich mit seinem dunklen Haar und dem südländischen Teint recht exotisch ausnimmt. Bald verbringen Gustaf und Hermann viel Zeit miteinander (der Bräutigam entdeckt, dass sein sportlicher Freund bisexuell ist), und noch Jahre später treffen sich die beiden, die eine *affaire à distance* unterhalten, immer wieder zu sommerlichen Paddeltouren auf dem Inn oder dem Lago Maggiore, wo sie nicht nur das Boot miteinander teilen.

Als das glamouröse Brautpaar die Flitterwochen überstanden hat, fährt Gründgens zurück nach Hamburg, um die gemeinsame Wohnung einzurichten (mit dem Geld der Brauteltern, versteht sich) und sich wieder seiner Theaterkarriere zu widmen, während Erika, Klaus und Pamela nochmals einen Abstecher nach Uttwil zu Mopsa, ihrer Freundin, wagen. Wieder ist Thea Sternheim *not amused*, kann aber nichts dagegen ausrichten, ist sie doch froh, dass Mopsa nach der schweren Operation wieder auf dem Wege der Rekonvaleszenz ist und im Beisein der Freunde hoffentlich wieder Lebensmut fasst. Sie hat zudem kurz zuvor erfahren, dass ihr Noch-Ehemann an Syphilis leidet, »eine veraltete Lues«[18] ist es gar, die nun mit Salvarsanspritzen, Jod und Quecksilber behandelt wird. Während sie sich noch Gedanken darüber macht, ob vielleicht auch ihre Kinder angesteckt wurden, gesteht ihr Mopsa »mit dunkel umränderten Augen«[19], sie sei in Gottfried Benn verliebt. Mopsa gebärdet sich seltsam, gereizt, überspannt, in ihrer Stimme, so die Mutter, »vibriert eine Verwundung, die mich erschreckt«[20]. »Ist die Sternheimsche Besessenheit«, so fragt sich Thea, »auch in ihr wirksam, bei jeder Beziehung nicht nur die Hauptrolle, sondern auch die einzige zu spielen?«[21]

Um wie viel geringer wiegt da der Umstand, dass die Dichterkinder Klaus, Erika und Pamela nun schon wieder mit der Tür ins Haus fallen? Klaus Mann freundet sich gleich mit seinem Namensvetter Klaus Sternheim an, einem feschen Achtzehnjährigen voll »windhundhaften Charmes«, den der junge Autor »rasch und zärtlich lieben«[22] lernt. Erika müsste nun eigentlich »Frau Gründgens« genannt werden, aber sie hat, krittelt Thea, noch immer nichts Damenhaftes, vielmehr ist sie burschikos, jungenhaft, ein wenig frech und ihr, der Hausherrin, noch immer genauso unsympathisch wie wenige Wochen zuvor. Aber Thea spielt das Spiel der freundlichen Gastgeberin mit – einzig, um Mopsa nicht noch mehr zu gefährden.

Die nämlich befindet sich in einem äußerst kritischen Zustand: Eben die Tumoroperation überstanden, laboriert sie nun an einem Leiden, das viel tiefgreifender ist und ein anderes »Organ« befallen hat: das Herz. Gottfried Benn, Frauenverwüster und Tiger in Menschengestalt, hatte vor Kurzem in Berlin ein Techtelmechtel mit der erst einundzwanzigjährigen Mopsa. Sie ist volljährig, aber Benn, fast zwanzig Jahre älter, ist doch der Erfahrenere, Abgebrühte, ein Zyniker und Nihilist, der seine Ansichten über das menschliche Herz aus seiner Tätigkeit im Sezierraum gewonnen hat. Für ihn war die kurze Affäre mit Mopsa Sternheim nicht einmal eine Liebelei, allenfalls ein Abenteuer, ein Jagdausflug, auf dem eine hübsche kleine Beute erlegt worden ist... Mopsa jedoch nimmt das Vorkommnis ernst und tragisch, es hat ihr das Herz gebrochen und nagt an ihrem Lebensnerv. Im Grunde liebt sie Benn seit Langem: Seit sie fünfzehn ist, liest sie seine dunklen, schwermütigen Gedichte mit ihrem eigenartigen, hymnischen Klang, die sie zu verschlingen drohen, von denen sie infiziert ist, die sie berauschen und zerstören wie die Drogen, mit denen sie um diese Zeit wohl zum ersten Mal in Kontakt kommt.

Mopsas Mutter Thea reagiert wie immer, wenn sie mit erotischen oder gar sexuellen Belangen belästigt wurde (etwa, als sie bemerkte, dass ihr Mann Carl sich der pubertierenden Mopsa voyeuristisch näherte): Sie wimmelt ab und verweigert die Zuständigkeit. Ja, sie sieht sogar die eigentliche Ursache von Mopsas Leiden darin, dass die Tochter keiner geregelten Arbeit nachgeht, sich mit den falschen Freunden umgibt (etwa den Geschwistern Mann), nicht lernen will, Verantwortung für ihr eigenes Leben zu übernehmen. An Gottfried Benn, den »Übeltäter«, schreibt die besorgte Mutter in jenen Augustwochen einen Brief, der Mopsa eher verurteilt denn in Schutz nimmt: »Ich sage so: Mops[a] muß mit ihren Privatdingen fertig werden wie jeder andere Mensch. Ich habe sie bereits als Kind vor ihrem Hang zur Selbstbetrachtung gewarnt. Ich glaube, das hat nun überhandgenommen; [...] Daß Mops[a] krank nach Berlin reiste [zu Benn], ist nicht meine Schuld. [...] Ich lehne es strikt ab, mich noch einmal mit Mopsens innerem Schicksal zu beschäftigen. Zu solcher Beschäftigung braucht es von der einen Seite Aufrichtigkeit, von der anderen Lust, überhaupt Geschicke zu lenken. Weder ist ihrerseits Aufrichtigkeit, noch meinerseits eine Absicht vorhanden. Sie werden meine Ausflucht brutal finden – das macht nichts. Ich ertrage Ihre Meinung.«[23] Dann fordert sie – ganz pragmatisch nach dem »Verursacherprinzip« – Benn zur Kooperation auf: »Da ich Eingriffe ferner ablehne, wäre es im höchsten Sinne human, daß der Mensch, der Einfluß auf Mops[a] hat, ihr klarmachte, sie muß, einmal gesund, unbedingt den Entschluß zu einer Arbeit, egal welcher, fassen. Es ist doch ausgeschlossen, daß jemand sich ausschließlich von morgens bis abends mit seinem Gefühlsleben beschäftigen kann.«[24]

Die Anwesenheit der Freunde Erika, Klaus und Pamela kann Mopsa nur bedingt aufheitern. Sie krankt an gebrochenem Herzen, an einem Wahn, der mit der Realität – dass sie für Benn nur ein Spielzeug war – nichts gemein hat. Thea Sternheim mag mit ihrer harschen Einstellung recht haben, indes – wer weiß? –, vielleicht wäre etwas Nachsicht, Verständnis, Wärme in jenen Tagen besser. Vollends läuft die Angelegenheit aus dem Ruder, als die Freunde Uttwil wieder verlassen und nach Deutschland zurückkehren, um ihrem Arbeitsalltag nachzugehen: Mopsa schluckt Veronal-Tabletten. Der Suizidversuch misslingt, und Thea, die von Benn soeben den Vorschlag erhielt, Mopsa könne doch Bürokraft, Tippfräulein, werden, kontert in einem Brief an den Lyriker: »Was Mops[a] sonst betrifft, wollen Sie wirklich Ihren [...] Einfluß auf sie auch dazu brauchen, ihr die Vorstellung einer regelmäßigen Arbeit näherzurücken. Nur kommen Sie um Gotteswillen nicht mit dem Schreibmaschinenvorschlag, der von Ihnen gemacht nur ein passender Vorwand für sie sein würde, vier, fünf Veronaltabletten auf einmal zu schlucken.«[25] Immerhin: Thea erkennt, wie sehr Mopsas Lebensnerv am Theater hängt, wie groß ihr Talent ist, und dass man sie nun nicht fallen lassen darf. Schließlich hat Thea auch Mopsas Studium an der Akademie in Dresden befürwortet und sich über deren erste Arbeiten als Bühnenausstatterin in Berlin und Köln gefreut – nur das Zusammensein mit den Mann-Kindern und die Beteiligung an dem unseligen Projekt *Anja und Esther* waren und sind der Mutter ein Dorn im Auge: »Nach wie vor meine ich, wäre der Beruf einer Ausstatterin für Mops[a] am geeignetsten; sie hat besonders für Kostüme geschmackvolle Einfälle und inkliniert für die Theateratmosphäre.«[26] Und noch immer hofft Thea auf Carl Sternheim, auf seine Beziehungen in der Branche. Könnte er nicht ein gutes Wort für die eigene Tochter einlegen? Wenn schon zwischen ihnen beiden, Carl und Thea, ein fortwährender Rosenkrieg herrscht, so müssten doch die Blutsbande zwischen Vater und Tochter noch halten? Thea spinnt diesen Faden in ihrem Schreiben an Benn fort: »Mit Sternheims Beziehungen zum Theater wird es auch trotz der veränderten Geschäftslage nicht schwerhalten, mit Reinhardt oder Barnowsky das eine oder das andere zu arrangieren. […] Mache ich mir also Sorgen um Mops[a], bin ich doch hoffnungsfreudiger als Sie, weil ich überzeugt bin, daß sie auch von dem Stoff, der Ruhe gibt, in sich hat. Bei ihr wird die Frage die sein, welche Veranlagung die Oberhand gewinnt.«[27] Wie wahr, und doch: wie naiv. Die Dichterkinder sind allesamt von hellen wie dunklen, lebensbejahenden wie abgründigen Veranlagungen durchzogen. Sie alle tanzen auf einem Seil, hoch über der Manege, und ohne Sicherungsnetz. Wenn sie das Gleichgewicht verlieren, werden sie stürzen. Sie alle vollführen diesen Trapezakt auf Leben und Tod …

Von Carl Sternheim ist unterdessen wenig zu erwarten: Er arbeitet an einer neuen Komödie mit dem Titel *Die Schule von Uznach*, worin er die Generation seiner Kinder und deren Freunde der Lächerlichkeit preisgibt (in gewisser Weise hat er darin auch Mopsas Kreis konterfeit und verzerrt). Das Dichten erfordert seine ganze Konzentration, da kann er sich nicht noch mit den beruflichen Angelegenheiten seiner Tochter befassen. Zudem liegt er im Clinch mit dem Uttwiler Bauern Zeller, der dem zugereisten Deutschen allerlei Frechheiten heimzahlt, indem er seine Kühe auf der Weide, die an Sternheims Garten grenzt, mit den größten Glocken behängt, die er nur auftreiben kann. Das laute Bimmeln Tag und Nacht bringt Sternheim schier um den Verstand. So liegt er nachts schlaflos da, verflucht den Bauern Zeller und denkt sehnsüchtig an Pamela Wedekind, deren erneuter Auftritt in Uttwil ihn im Innersten erschüttert hat. Er weiß: Er wird auch diese Frau erobern. Thea ahnt wohl davon, verbietet es sich aber wie üblich, darüber nachzudenken. Und Mopsa? Sie geht nach Berlin, logiert sich zur Untermiete ein, ganz in der Nähe ihres Freundes Klaus Mann. Sie scheint vom Benn-Virus geheilt, schwebt aber immer in der Gefahr, ihm irgendwo auf der Straße oder im Theater zu begegnen. Immerhin arbeitet sie wieder als Bühnenausstatterin und schreibt ihrer Mutter einen reuigen Brief, worin sie mit ihrer eigenen »Hysterie und Übernervosität« ins Gericht geht: »Alles Geschehene tut mir maßlos leid, es war so sinnlos, so überflüssig.«[28]

Klaus Mann bemüht sich in diesen Wochen sehr um eine Wiederannäherung an Pamela. Sie starten sogar eine gemeinsame Tournee – er liest aus seinen Büchern, sie begleitet ihn auf der Laute mit frechen Liedern ihres Vaters –, die sie nach Zürich, Wien, Prag, Breslau, Frankfurt und Hamburg führt. Während die Presse Pamelas Gesangsdarbietung wohlwollend zur Kenntnis nimmt, erntet Klaus Spott und wird als »Wunderkind ohne Zukunft« und »Homunculus«[29] verunglimpft. Egal wie: Beider Heiratsabsichten werden in diesen Wochen des Zusammenseins aufgewärmt, und als sie in Hamburg bei Erika und Gustaf aufkreuzen, gibt das wohl den endgültigen Anstoß, sich gesetzlich zu binden. Erika ist darüber enttäuscht, vielleicht auch eifersüchtig. Sie fürchtet, den geliebten Bruder und Pamela, ihren »Prinzen Wunderhold«, zu verlieren. Aus einem Brief an Pamela spricht schiere Angst: »Wollt ihr wirklich heiraten. Ich sähe es inkonsequenterweise halt immer noch ungern. [...] Niemand auf der ganzen Welt werde ich je so lieben wie Dich, bei allem, was ich tue, denke ich an Dich, und Du musst immer wissen, dass es so ist.«[30] Aber weshalb sollte dem Bruder und der Geliebten etwas verwehrt sein, was sie, Erika, gewagt, womit sie letztlich den engen Bund aufgebrochen hat?

Klaus Mann und Pamela Wedekind versuchen es also ein zweites Mal. Doch beide sind nach damaligem Recht noch nicht volljährig. Für eine Heirat benötigen sie nicht nur die Einwilligung der Eltern, sondern auch eine Sondergenehmigung. Klaus Mann geht aufs Münchner Standesamt, um sich zu erkundigen, welche Dokumente und Anträge er brauche. Ihm wird beschieden, er müsse beim Vormundschaftsgericht vorsprechen. Gemeinsam mit seiner eigens angereisten Schwester Erika betritt er also – beide haben sich adrett herausgeputzt – das Gebäude am Mariahilfplatz. Doch weder die himmlische noch die irdische Macht erbarmt sich des jungen Mannes: Als sie endlich vor dem zuständigen Richter stehen, staucht der den Antragsteller zusammen, er solle gefälligst die Hände aus den Hosentaschen nehmen! Damit sind sie abgefertigt und können unverrichteter Dinge gehen. Und auch vom Justizminister höchstpersönlich kommt wenig später ein ablehnender Bescheid, den Dichtersohn vorzeitig mündig zu erklären. Klaus Mann tut nun, was er in jenen Jahren immer tut: Er münzt die Niederlage in einen Sieg um, indem er die Klatschpresse beliefert und damit wieder einmal im Scheinwerferlicht der Öffentlichkeit steht. Gleich in zwei Blättern in Leipzig und Berlin erscheint wenig später seine Glosse *Als ich heiraten wollte*. Darin offenbart er seiner Fangemeinde diese ins Witzige gewandte Anekdote: »Man macht es uns schwer, man behandelt den Untertan unwirsch, selbst wenn er nichts als das durchaus Löbliche will. So scheucht man uns auf den Pfad des Lasters, dort lustwandeln wir wieder, aber man gebe uns nicht die Schuld. Das mit dem häuslichen Glück muß ich zunächst verschieben. Aber ich bin heilig entschlossen, es wieder in Angriff zu nehmen, *wenn ich erst 21 Jahre alt bin.*«[31]

Das Heiratsvorhaben ist also erneut verschoben – aber weder Klaus noch Pamela glauben ab diesem Zeitpunkt noch ernsthaft daran. Aus Uttwil treffen unterdessen Kärtchen und Briefe an Pamelas Adresse ein – von Carl Sternheim. Pamela hält sich noch bedeckt, weder Klaus noch Erika dürfen einstweilen davon erfahren. Und Klaus? Er betrachtet den Hausstand des Ehepaars Gründgens in Hamburg, liest Erikas Klagebriefchen und begreift: Für die Ehe ist er doch nicht geschaffen – zumal in Paris René Crevel wartet, den er noch immer anhimmelt, und in Marseille und Nizza die schwarzen Matrosen recht umstandslos zu haben sind.

Die Ehe der Gründgens: Gustaf inszeniert an den Hamburger Kammerspielen ein Stück ums andere – Komödien, Tragödien, Operetten – und wird doch der Farce im eigenen Leben nicht Herr. Das Paar hat eine Wohnung in der Oberstraße im bürgerlichen Stadtteil Hamburg-Harvestehude bezogen und mit Geld von Erikas Eltern eingerichtet. Es erinnert an die Anfänge im Ehestand von Thomas und Katia Mann – nur dass Gustaf und Erika der Wille oder schlicht die Fähigkeit fehlt, sich familiären Erwartungen zu fügen und gesellschaftliche Konventionen notfalls auch gegen die eigene sexuelle Veranlagung zu befolgen. Erika will sich nicht mit der Rolle der Hausfrau begnügen (zu Gründgens' Ehrenrettung sei gesagt, dass er seine Frau sehr wohl in seine Inszenierungen einbezieht; sie spielt tragende Rollen in Stücken von George Bernard Shaw und Jacques Offenbach und erhält viel Applaus und gute Kritiken). Schwerer wiegt, dass sie – von den wohlhabenden Eltern stets alimentiert – mit Geld schlicht nicht umzugehen weiß. Sie ist freizügig, lädt gern und oft Freunde und Verwandte ein, die auch auf längere Zeit bei ihr unterkommen, sie gönnt sich ein Dienstmädchen, und auch drei Katzen und ein Hund wollen gefüttert und versorgt sein. Bald häufen sich die Schulden. Die Schauspielerin Ruth Hellberg, die eine Zeit lang bei Gustaf und Erika unterkommt, erinnert sich: »Wir wohnten parterre und hatten sehr viele Schulden, und wenn es klingelte, dann krochen wir unter den Tisch, weil nämlich die Leute von draußen durchgucken konnten.«[32]

Gustaf Gründgens nähme all das noch hin, aber in Rage gerät er, als seine Frau nonchalant ihren Theaterkontrakt verletzt und – anstatt in Carlo Gozzis *Turandot* zu spielen – lieber in den Skiurlaub fährt. Selbst der Großmutter Hedwig Pringsheim in München kommen solche Allotria zu Ohren, und die alte Dame meint betrübt über die »so komische moderne Ehe, daß sich schon geradezu der Heilige Geist bemühen müßte, um mir Urgroßmutterfreuden zu verschaffen [...]«[33].

Wieder einmal soll das Theater es richten und die auseinanderdriftenden Paare, Geschwister und Freunde zusammenführen: Klaus schreibt in jenem Herbst 1926 ein weiteres Theaterstück. *Revue zu Vieren* nennt er es, und gedacht ist es wieder für das Kleeblatt, das auch *Anja und* Esther auf die Bühne brachte. Bereits im Vorfeld versucht er seiner Schwester und seiner Braut die ihnen zugedachten Rollen mit zweifelhaften Regieanweisungen schmackhaft zu machen. Erika, so schreibt er ihr im Oktober, werde in einer Szene von Pamela die Treppe hinuntergeworfen, das sei der Höhepunkt des Stücks. Und auch Pamela werde eine Glanznummer bekommen: eine »tödlich sanfte Szene […] weinend über eine Laute geneigt, hilfsbedürftig verzagt und allein«[34]. Alles in allem schneidere er, Klaus, das neue Stück aber nach altbewährtem Muster, und dennoch werde etwas Neues daraus: »Natürlich ist überhaupt alles ganz anders, als das letzte Mal, aber es ist so beängstigend, daß die *Typen*: Anja – Esther – Kaspar – Jakob – eben doch gegeben sind, nur Erik fällt diesmal weg, denn man ist sowieso schon tief genug im Leben.«[35]

Von dieser Reife, »tief genug im Leben« zu stehen, lässt das fertige Stück freilich nichts ahnen. Klaus Mann hat die »Komödie«, wie er sie selbst nennt, in wenigen Wochen niedergeschrieben und verhandelt bereits im November 1926 mit Theaterverlagen. Alberti winkt ab, auch Oesterheld in Berlin sträubt sich zunächst, sosehr auch Klaus Mann auf den Skandalerfolg seines ersten Stücks verweist. Schließlich lässt sich Oesterheld doch breitschlagen, entgegen literarischer Überzeugung und ökonomischen Bedenken. Das freilich lässt in Klaus Mann keine Selbstzweifel aufkommen. Im Gegenteil: Er bemüht sich nicht nur um eine Uraufführung, sondern auch um eine ganze Tournee. Die *Revue* soll die vier Freunde wieder zusammenschweißen, und was gäbe es Schöneres, als unter brausendem Applaus von einer Bühne zur nächsten, von einer Stadt zur anderen zu eilen? Gründgens wird wieder Regie führen, Mopsa Sternheim wieder die Kostüme schneidern und das Bühnenbild entwerfen. Im Höhenrausch seiner Ideen und Projekte merkt Klaus Mann gar nicht, dass sowohl Gustaf als auch Pamela sich nicht zu einer begeisterten Äußerung verleiten lassen und wohl oder übel den Thespiskarren besteigen, dabei aber schon frühzeitig Ausschau halten, abzuspringen, bevor der Wagen aus der Kurve getragen wird…

Klaus Mann hat sich mit seinem neuen Stück schlicht überhoben. Er wollte darin alles, aber auch dies alles nicht ernsthaft, sondern als Klamotte ad absurdum geführt. Vier Personen singen, tanzen, reden endlos: Michael (gespielt von Klaus Mann) und seine Partnerin Renate (Erika Mann-Gründgens), Allan (Gustaf Gründgens) und seine Verlobte Ursula Pia (Pamela Wedekind). Es geht um Politik, Religion, Kunst, Philosophie, Kommunismus, Erotik, Körperlichkeit… Alles ist irgendwie mit allem verbunden, die Gegensätze und Widersprüche sollen in einer Synthese zusammengeführt und miteinander versöhnt werden, und diese Synthese soll von der Jugend ausgehen, wie Klaus Mann sie versteht: körperbetont, extrovertiert, erotisiert und im Grunde apolitisch. Renates Sturz die Treppe hinunter, von Ursula Pia angezettelt, stellt den Höhepunkt der dürftigen Handlung dar. Die vier jungen Leute, eben noch mit den Proben für eine Revue beschäftigt (also im Grunde der müde Versuch, ein Stück im Stück darzustellen), müssen das Theater fluchtartig verlassen und kommen in einem Vorstadthotel unter, wo sie der naiven Klientel eine Komödie vorgaukeln, damit die Ernsthaftigkeit ihres Unternehmens und die des Stückes Klaus Manns völlig ins Groteske zerren, und es schließlich auch zum Partnertausch kommt – womit Gustaf an der Seite Erikas steht und Klaus an der Pamelas: Dichterkinder spielen wieder einmal sich selbst. Ein paar junge, smarte Tänzer hüpfen auch noch über die Bühne: Martin Kosleck und Hans Deppe, beide schwul, und beide vom Autor Klaus Mann heiß umschwärmt, besonders in Deppe (nach dem Krieg ein erfolgreicher Regisseur von Heimatfilmen), »zauberhafter, als ein Traum, gewachsen«, ist er »unendlich verliebt«[36].

Am 21. April 1927 findet die Uraufführung von *Revue zu Vieren* im Alten Theater in Leipzig statt. Die Kritiken sind vernichtend. Gestand man nach der Hamburger Premiere von *Anja und Esther* anderthalb Jahre zuvor dem Autor noch ein Gran Talent und den Schauspielern beste Absichten zu, so sehen die Herren Rezensenten nun rot und zermalmen Autor, Stück und Darsteller wie ein wild gewordener Stier den Matador in der Arena. Auch die nachfolgende Erstaufführung an Max Reinhardts Kammerspielen in Berlin wird mit Häme übergossen. Gustaf Gründgens steigt nach der Berliner Premiere aus dem Projekt aus, auch Pamela kneift bald. Neue Schauspieler werden engagiert. Klaus geht mit Erika und dem Rumpfensemble noch auf Tournee. Sie spielen, blind vor Wahn, in Budapest, Wien, Prag, München, Breslau, Cottbus und Kopenhagen. Nur die sanftmütigen Dänen spenden brav Applaus und zeigen sich etwas gerührt von den jugendlichen Darstellern. Ansonsten: Verrisse, Pfiffe, Schmähungen, ja sogar Handgreiflichkeiten. »Man prügelte sich noch lange in den schon dunklen Foyers«[37], berichtet Klaus Manns Freund Erich Ebermayer von der Uraufführung in Leipzig. Der Kommunist Erich Mühsam höhnt wortgewandt: »Es geht nicht um den individuellen Fall Klaus Mann, es geht um den typischen Fall einer Sorte von Zwanzigjährigen, die nicht die Jugend repräsentieren, sondern das stagnierende Greisentum, das als klebriges Rudiment erledigter kultureller Ansätze mit unnützer Indolenz in die gärende, flutende, grundstürzende Gegenwart hineinschnarcht.«[38] Und der Berliner Kritiker Herbert Ihering versetzt dem Ensemble der *Revue zu Vieren* den Todesstoß: »Die Dichterkinder etablieren sich als Generation. Unter dieser Firma schreiben und spielen sie. Unter dieser Firma führen sie Fehden. Unter dieser Firma wollen sie beurteilt sein. Auf die Neugier, die Klatschsucht des Publikums wird spekuliert. Die vier sind Schlagzeilen und Unterschriften illustrierter Sensationsblätter. Lebende Magazinbilder. […] Kämpferische Ideen werden versüßlicht. Eine Limonadenjugend. Kindliche Greise.«[39]

Klaus Mann ist – obgleich erst im Jahr zuvor seine beachtenswerte *Kindernovelle* erschienen ist, womit er hinlänglich sein

Talent bewiesen hat – als Autor vorerst geliefert, hingerichtet, ausgelöscht. Das Verlöbnis mit Pamela Wedekind ist zerbrochen, die Freundschaft nachhaltig beschädigt. Auch die Ehe von Erika und Gustaf ist endgültig am Ende, gerade einmal ein Jahr nach der Hochzeit. Das Gespann zu vieren hat den Thespiskarren umgeworfen, die Geschirre zerrissen und sprengt nun in alle vier Himmelsrichtungen davon.

Während Erikas Theaterlaufbahn – auch aus eigenem Ungeschick – am Ende ist, hat Pamela Wedekind gerade noch den Absprung vom *Revue*-Zug geschafft, bevor dieser entgleiste: Sie erhält Gastengagements an Bühnen in München und Berlin. In der Reichshauptstadt spielt sie in der Uraufführung von Carl Sternheims Komödie *Die Schule von Uznach*. Es ist eine Persiflage auf die Reformschulbewegung und die Jugend der neuen Sachlichkeit. Sternheim dienten hierzu auch Berichte und Anekdoten über Paul Geheebs Odenwaldschule aus dem Munde Klaus Manns und Pamela Wedekinds. Und recht unverblümt hat er den jungen Protagonisten Wesensmerkmale der Freunde seiner Tochter verliehen. Vor allem die Figur des »Klaus«, eines Zöglings der Schule von Uznach, ist eindeutig ein Abbild des jungen Autors, der ihn, Sternheim, mehrere Male in Uttwil besucht hat. Klaus Mann ist von diesen Renkontres einerseits geschmeichelt, andererseits auch verunsichert: Sternheim lobt ihn und sein Talent über die Maßen, versucht aber, ihn auf seine Seite zu ziehen, ihn gleichsam zum literarischen Jünger zu machen. Klaus Mann bleibt höflich-reserviert, fühlt sich insgeheim von Sternheims Umwerbung beengt und von seinem augenscheinlichen beginnenden Irrsinn abgestoßen. In einem Brief an Erika vom Sommer 1926 gesteht er: »Der Besuch bei Sternheim war sehr sonderbar und ergreifend. Es stellte sich heraus, daß Sternheim, am Vorabend meiner Ankunft, ›Anja und Esther‹ gelesen hatte, und es erschütterte mich ein wenig, aus diesem krankhaft schimpfsüchtigen Munde extremes Lob zu hören. Er wußte es nur mit dem ›Wozzek‹ [sic] und ›Frühlings Erwachen‹ zu vergleichen, stellte es gewissermaßen über beide – und selbst über die ›Schule von Uznach‹. […] Er bemühte sich leidenschaftlich pädagogisch um [mich], […] forderte eine neue, strengste ›Ökonomie‹ meines Lebens von mir und forderte auch, ich sollte mich innerlich immer tiefer von meinem Vater trennen. – Der ganze Tag war sehr sonderbar und mich erschütterte seine gehetzte, verzweifelte, tragisch-geniale Lächerlichkeit und Einsamkeit sehr.«[40]

Carl Sternheim indes kann sich doppelt freuen: Nach einer Phase wiederholter Bühnenflops landet er mit *Die Schule von Uznach* endlich wieder einen Erfolg – auch dank Pamela Wedekind, deren Spiel sehr gelobt wird. Als die fünfzigste Vorstellung gegeben wird, kommt Sternheim nach Berlin, nicht nur, um sich feiern zu lassen, sondern auch, um Pamela wiederzusehen und mit ihr endlich allein sein zu können – ohne Beobachtung durch seine Ehefrau oder die lästigen Dichterkinder.

Carl und Pamela nähern sich einander an – und bald kursieren Gerüchte, die auch Erika zu Ohren kommen. Sie schreibt im August 1927 aus München verzweifelt an ihre »liebe Göttin«, »WUNDERBARE Dame«, »GELIEBTE Königin« Pamela: »WIE sehr ich mir wünsche, dass Du hier wärst! […] Ich denke so oft, wir werden immer verschiedener, und eigentlich KANN ich doch gar nicht mehr viel für Dich sein.«[41] Erika hat instinktiv erspürt, dass ihr Prinz Wunderhold von ihr fortdriftet. Es ist eine Strömung des Schicksals, gegen die anzukämpfen sinnlos ist.

Erika verlässt die eheliche Wohnung in Hamburg. Klaus und sie verfolgen einen fantastischen Plan: eine Reise nach Amerika! Gustaf, von seiner Karriere besessen, die glücklicherweise durch das peinliche Scheitern der *Revue zu Vieren* keinen Schaden erlitten hat, zeigt sich verstimmt, aber nicht ernstlich beleidigt. Die Wohnung in der Oberstraße löst er auf und zieht in eine Pension am Eilbekkanal. Als er von den Übersee-Reiseplänen seiner Ehefrau und des Schwagers erfährt, schreibt er an seine Mutter: »*Erika,* die bestens grüßen läßt, fährt am 6. Oktober mit *Klaus* nach Amerika und ik bin Neese.«[42] Er hat noch versucht,

Erika davon abzuhalten, hat sie an ihren Kontrakt mit den Hamburger Kammerspielen erinnert, stieß aber auf taube Ohren und gehässige Widerworte. Und Klaus, nach wie vor eifersüchtig auf seinen Schwager, spricht in Briefen an Erika nur noch abschätzig von »Onkel G. G.«[43]. Gründgens indes wird wenige Monate später von Max Reinhardt nach Berlin gerufen und als Regisseur am Deutschen Theater verpflichtet. Damit sitzt er in der deutschen Bühnenhauptstadt endgültig fest im Sattel – eine schwindelerregende Karriere wird ihm in den nächsten Jahren bevorstehen …

Das Fiasko um *Revue zu Vieren* hat ein weiteres Gutes: Klaus und Erika, die Seelenzwillinge, schließen sich wieder enger aneinander. Bis auf Weiteres haben sie genug und übergenug vom literarischen Betrieb, von Theatern, von Eheschließungen, vollzogenen und beabsichtigten, von Kritikern, Krach und Konventionen. Sie treten die Flucht nach vorne an. Das Zauberwort: Amerika! Ein Angebot des New Yorker Verlags Boni & Liveright gibt den Anstoß zu einer Lese- und Vortragstournee, die zunächst nur in die Vereinigten Staaten von Amerika führen soll, dann aber zur Weltreise *Rundherum* ausgeweitet wird (wie das gemeinsam von Klaus und Erika verfasste Buch, das 1929 bei Samuel Fischer erscheint, denn auch betitelt wird). Nochmals schreibt Erika einen Klagebrief an die ihr entgleitende Freundin: »ACH, PAMELA, wenn Du mitfahren könntest!«[44] Lange kann sie freilich nicht über ihre Traurigkeit nachgrübeln. Denn die Ereignisse überschlagen sich. Als »Literary Mann Twins« werden Erika und Klaus in Amerika von gewieften Verlagsleuten und Agenten bereits angekündigt. Die Tourneemaschinerie läuft an. Dann, die Koffer sind bereits gepackt, zieht der Verleger Horace Liveright die Notbremse und telegrafiert den »Mann Twins«, die Saison sei »overcrowded«, man müsse die Tournee verschieben. Die Geschwister reagieren dreist und kabeln zurück: »Vielen Dank, wir kommen nun also«[45], und fahren nach Cuxhaven.

Am 7. Oktober 1927 gehen sie an Bord des Liniendampfers

»Hamburg«. Die Überfahrt erfolgt ohne Zwischenfälle. Wenige Tage später erreichen sie den Hafen von New York. Schon von Weitem grüßen verheißungsvoll die Freiheitsstatue und »die Silhouette der Wolkenkratzer, die viel gerühmte und doch immer wieder erstaunliche, unglaubliche, überwältigende ›Skyline‹ von New York«[46]. Am Pier werden sie von Vertretern des Verlags und der Universität Princeton erwartet, aber auch von jemand anderem: Ricki Hallgarten, in den Klaus noch immer ein wenig verliebt ist, lebt seit ein paar Monaten im Big Apple und schlägt sich mit Gelegenheitsjobs durch. Die Wiedersehensfreude ist groß. Dann werden die »Literary Mann Twins« ins noble Astor Hotel in Manhattan gefahren. Die Tournee kann beginnen.

Wenige Wochen später, Ende Dezember – Erika und Klaus befinden sich in Hollywood –, erhalten sie einen Ausschnitt des *Berliner 8 Uhr-Abendblatts* zugestellt: eine Fotografie von Pamela Wedekind und Carl Sternheim, und darunter die sensationsheischende Ankündigung deren Verlobung: »Interessante Verbindung von ›Schule von Uznach‹ und ›Frühlings Erwachen‹. Sternheim ist beinahe fünfzig Jahre alt, Pamela kaum über zwanzig.«[47] Die Geschwister sind bestürzt, vor allem Erika kann es nicht fassen, ihre geliebte Göttin nun an der Seite dieses alternden, spottsüchtigen, kranken Menschen zu sehen. Die Ehe von Carl und Thea Sternheim, so haben sie erfahren, wurde erst zehn Tage zuvor geschieden. Sie lesen weiter. Die Zeitung hat sich nicht entblödet, einen geschmacklosen Kalauer anzubringen: »Dorothea (Mopsa) Sternheim wird nun also zu ihrer Freundin Pamela ›Mama‹ sagen müssen.«[48]

»So viel Schminke bringt der ganze Kurfürstendamm nicht auf«

Erika und Klaus Manns Weltreise »rundherum«. Herbst 1927–Sommer 1928

Wenngleich die Nachricht von Pamelas Verlöbnis mit Carl Sternheim die Geschwister Erika und Klaus überraschend ereilt, so haben sie in den Monaten zuvor eine Entfremdung von der Freundin doch schmerzlich wahrgenommen. Das Fiasko von *Revue zu Vieren* hat dazu beigetragen, aber auch der Umstand, dass Pamela als Schauspielerin und Diseuse zunehmend eigene Wege geht und sich mehr und mehr in Kreisen bewegt, die mit der Welt der Geschwister nichts zu tun haben. Bereits im Spätsommer 1927 hat Klaus recht säuerlich an seine damalige Noch-Verlobte geschrieben, er habe kürzlich in Berlin einen Unfall mit dem Auto gehabt, Wolfgang Hellmert (ein mit Klaus befreundeter junger Autor) habe ihr sicherlich davon erzählt, sie jedoch habe es wohl »vor Haß nicht verstanden«[1]. Und er schließt mit einem sarkastischen Vorwurf, der auf Pamelas neuen Bekanntenkreis zielt – es sind genau die Kritiker, die an Klaus Manns letztem Theaterstück kein gutes Haar ließen: »Übrigens werden Deine Herren Freunde immer ausfallender gegen mich: auch Erich Mühsam – Axel Eggebrecht in der Literarischen Welt.«[2] Dass er noch ein »ich liebe Dich trotzdem«[3] anhängt, kann wohl keiner ernst nehmen, Pamela nicht, und er selbst auch nicht.

Ja, Pamela bewegt sich in anderen Kreisen. Sie macht Karriere. Bereits im Jahr zuvor hat sie in München gemeinsam mit ihrer Mutter in *Schloss Wetterstein,* einem Stück ihres verehrten Vaters, gespielt und bei Publikum und Kritik nicht nur Applaus und großes Lob geerntet, sondern Tilly – der Witwe und Nachlassverwalterin – geradezu die Schau gestohlen. Jetzt, im Spätsommer 1927, spielt sie an Max Reinhardts Bühnen in Berlin und zudem am Staatlichen Schauspielhaus Berlin unter dessen Intendanten Leopold Jessner als Lulu im gleichnamigen Stück ihres Vaters. Und obgleich die Verbindung zu Erika und Klaus inzwischen dünn geworden ist, kommen dem düpierten Autor der *Revue zu Vieren* diese Erfolge zu Ohren. Recht verstimmt und eifersüchtig schreibt er – bereits auf Tournee in Amerika – im Dezember 1927 aus Hollywood an Pamela: »Zwischen hier und unserer letzten, so wenig schönen Begegnung in der Garderobe der Kammerspiele liegt schon wieder so vieles, daß ich Dir heute viele liebe Grüße schicken kann. Ob Du inzwischen Lulu, unter Deines bedeutenden Onkel Jessner Regie, gespielt hast?«[4] Er ist ein schlechter Verlierer, und selbst seiner gegenteiligen trotzigen Behauptung ist der Jammer anzumerken: »Unsere Amerikatournee bereue ich *noch* weniger als alles andere, was ich unternommen habe.«[5] Er hofft, dass der Brief sie noch vor Silvester erreicht, und schließt mit dem wehmütigen Satz: »Einmal waren wir doch Sylvester in Köln zusammen.«[6] Ob Pamela diesen Brief rechtzeitig zum Jahreswechsel erhält, ist nicht bekannt. Wohl aber erfahren Klaus und Erika kurz vor Silvester 1927 von der Verlobung Pamelas mit Sternheim. Die Geschwister sind nicht nur vor den Kopf gestoßen, sondern zutiefst enttäuscht und verletzt. Sie werten diese Verbindung als Verrat an einem als unverbrüchlich empfundenen Freundschaftsbund.

Äußerlich freilich lassen sich die »Literary Mann Twins« in jenen Wochen und Monaten ihrer Tournee von ihrer Niederlage nichts anmerken. Und die Ereignisse und Begegnungen sind so vielfältig, bunt und aufregend, dass ihnen ohnehin kaum Zeit bleibt, ins Grübeln zu verfallen.

Ricki Hallgarten ist bei ihnen. Er hofft, als Zeichner und

Maler im »Land der unbegrenzten Möglichkeiten« sein Glück zu finden, und muss sich doch als Tellerwäscher und Bedienung mühselig durchbringen. Die Geschwister nehmen ihn mit auf ihr Zimmer und füttern ihn auf Kosten des Verlags erst einmal ein wenig heraus. Der Portier ist über »this fellow«[7] zunächst etwas konsterniert, drückt aber ein Auge zu und hält ihn für den Bruder der berühmten Mann Twins. Klaus umschwärmt Ricki noch immer. Ob sie jemals ein Verhältnis miteinander haben, bleibt unklar. Jedenfalls zeigen sie füreinander zärtliche Empathie. Noch 1931 wird Klaus in einem Brief an Erika recht schalkhaft schreiben: »Ricki schlage ich die Zähne in den Popo, das hatte er immer so *gerne.*«[8]

Ricki Hallgarten ist ein talentierter, aber verkannter Künstler, der für einen Galeristen die Klosetts schrubben darf. Wenn er zeichnet, habe sein Gesicht den Ausdruck eines Mörders, sagt Klaus. Er sei der Georg Trakl der Malerei, er wisse um das Leid in der Welt. Klaus Mann schreibt später über Rickis Motive: »Das magere, eckig-anmutige Kind und die selbst fast noch kindliche Mutter; die Verrenkung des Krüppels, des Akrobaten und des stürzenden Radfahrers; der verzweifelte Greis; die blasse Stirne der Schlafenden; das Huschen, Springen und traurige Sich-Kauern der Tiere – der Hunde, Pferde und Katzen –; [...] Überall ist der Schmerz; überall dieser Fluch, der nur manchmal zu einer schwermütigen Anmut sich löst.«[9]

Sie begegnen auch einer Bekannten aus Berliner Tagen wieder: Eva Herrmann ist knapp fünf Jahre älter als Erika. In New York studiert sie Tanz und Zeichnen. Sie hat auch schon Thomas Mann porträtiert. Nun gerät sie in einen Strudel der Gefühle. Sie verliebt sich in Klaus, aber die Liebe bleibt unerwidert. Später sagt Thomas Mann einmal zynisch zu ihr: »Wissen Sie denn nicht, dass Klaus ein Frauenzerstörer ist?«[10]

»Wir zogen herum«, schreiben Erika und Klaus in ihrem Reisebericht *Rundherum,* »vom Negerviertel in die Italienerstadt, vom chinesischen Theater in die Metropolitan-Oper, von der Fünften Avenue ins stinkende Getto. New York ist eine der allerallerschönsten Städte.«[11] Sie erkunden Manhattan genauso wie Greenwich Village und Harlem, werden wie Sensationen von einer Cocktailparty zur anderen Vernissage herumgereicht, bewundert und belächelt. Sie sind jung und genießen bei vielen Gastgebern eine Art Narrenfreiheit. Man sieht ihnen sogar ihr mangelhaftes Englisch nach (später, im Exil, werden die Geschwister das fremde Idiom perfekt erlernen und sogar ihre Texte auf Englisch schreiben).

Sie begegnen dem großen Romancier Upton Sinclair, der in seinen Romanen *König Kohle* und *Öl!* die Auswüchse eines ungehemmten Kapitalismus kritisiert. Alexander Moissi, der große Wiener Schauspieler, hält sich in New York auf, und bei Max Reinhardt, der auf Tournee ist, sind sie zu Gast. George Gershwin, dessen *Rhapsody in Blue* sie mit Begeisterung hören, ist unter den flüchtigen Begegnungen. Er entgegnet auf die Frage nach dem Ursprung dieser neuen Verbindung von ernster und unterhaltender Musik: »Was wollen Sie? Ich war einundzwanzig Jahre alt und lebte in der großen Stadt New York.«[12]

Tagsüber schlafen Erika und Klaus lange oder bummeln durch die Museen und Einkaufspassagen, abends dinieren sie fremdländisch: »Austern, die in Europa als Gipfel des Luxus galten, waren hier Volksnahrungsmittel; statt des gewohnten Weines oder Biers wurde zum Braten Kaffee mit Eiswasser serviert. […] Wir aßen chinesisch, armenisch, mexikanisch und oberbayerisch; wenn wir uns beim ›lunch‹ an einem echt ungarischen Gulasch gelabt hatten, wollten wir zum ›supper‹ ein echt italienisches Risotto oder ein echt indisches Reisgericht. In Manhattan läßt eine kulinarische Weltreise sich ohne jede Schwierigkeit durchführen. Eine Möglichkeit, von der wir denn auch enthusiastisch Gebrauch machten.«[13]

Mit Ricki und dessen etwas fadenscheinigen Freunden stromern die Geschwister durch den Dschungel der Millionenstadt. Vielleicht, um die Ex-Verlobte im biederen Uttwil am Bodensee neidisch zu machen, übertreibt Klaus in einem Brief an Pamela maßlos: »Wir pendeln so zwischen Millionären, Strichjungen, Universitätsprofessoren, Literaten, kleinen Studenten, Filmschauspielern, Malern hin und her.«[14] Freilich kann er auch jetzt nicht an sich halten und gibt sich und seiner Eifersucht eine Blöße: »Die Zeitungsnachrichten hatten mich sehr entsetzt. [...] Ich habe niemals geglaubt, daß Du Sternheim heiraten würdest. [...] Mein Gefühl in dieser ganzen Sache ist das Gefühl einer *Angst.* Ich kann mir mit aller Phantasie nicht vorstellen, wie das zu Ende gehen soll, was Du hier so entschlossen angefangen hast [...].«[15]

Aber noch können sich Klaus und Erika nicht allzu sehr mit Pamelas Heiratsabsichten beschäftigen. Europa ist so fern, und Amerika in seiner Vitalität, Exzentrik und Dynamik schlicht überwältigend – in jeder Hinsicht. Sie besuchen Konzerte und Musicaltheater am Broadway, lernen den Jazz kennen, treiben sich in »speak-easys« herum, Kneipen, in denen konspirativ geflüstert und nur in Hinterzimmern – es sind die Jahre der Prohibition – und unter dem Schutz der Mafia Alkohol ausgeschenkt wird. Auch die neue »Körperlichkeit« der jungen Generation, die Klaus Mann in seinen frühen Aufsätzen pries, kommt nicht zu kurz: So besuchen sie auch Football-Matches und einen Boxkampf – mit ernüchterndem Resümee: »Wenn zwei aufeinander losgehen, bis Blut fließt oder einer am Boden liegt, ohne aufstehen zu können, ist das für Enthusiasmus kein Anlaß, sogar wenn die Rauferei nach streng sportlichen Regeln vonstatten geht. Der halb bewußte, dumpfe Sadismus von viertausend aufgeregten Männern und Weibern erscheint eher unappetitlich als hinreißend. Vom ästhetischen Vergnügen kann vollends auf die Dauer nicht die Rede sein, auch das netteste Gesicht wird durch Nasenbluten entstellt.«[16]

Natürlich sind die Geschwister nicht zum Spaß nach Amerika gekommen. Der Verleger Liveright und ein Literaturagent verfolgen geschäftliche Interessen, weshalb die »Literary Mann Twins« im Pullman-Zug kreuz und quer durch die Vereinigten Staaten kutschiert werden: Boston, Philadelphia und Princeton stehen auf dem Programm, Chicago, Milwaukee und die endlosen Weiten des Mittleren Westens, San Francisco, Los Angeles und die Traumfabrik Hollywood. Sie lesen und plaudern über deutsche Literatur, über Jugend und Kultur in Europa, am liebsten jedoch über sich selbst und die eigene Laufbahn. Sie halten ihre Lectures in Buchhandlungen und literarischen Clubs, in Colleges und an Universitäten, in Filmateliers und Kirchen, vor Frauenvereinen und in Gemeinderäumen deutscher Auswanderer. Sie sehen die Großen Seen, den mächtigen Mississippi, die schier endlosen Great Plains, den Grand Canyon (»so stellt man sich die Gebirge anderer Planeten vor«[17]), die schneebedeckten Rocky Mountains, den Garten Eden Kaliforniens und – den Pazifik, das Tor nach Asien. Ein Gedanke reift: den Erdball zu umrunden, nicht auf demselben Weg nach Deutschland zurückzukehren, sondern immer westwärts zu fahren, über den Stillen Ozean nach Asien und weiter durch das riesige Sowjetreich zurück nach Europa.

Aber zuerst werden die berühmten »Zwillinge« noch in der Traumfabrik Hollywoods herumgereicht. Auch deutsche und österreichische Regisseure und Schauspieler sind dort vertreten und führen mitunter ein Leben voller Glamour und Luxus. Erika und Klaus sehen Hollywood zwar nicht unkritisch, aber heiter und unbeschwert. In einem Brief an die Eltern schreibt Klaus: »Gestern haben wir etwas *sehr* Komisches mitgemacht: eine große und feierliche Filmpremière, eine Gala-night, wo alle Stars dabei sein müssen. So etwas Kindliches träumt der kleine Moritz schon lange nicht mehr: wo vor dem Kinopalast die Autos halten, stehen Dutzende von irrsinnigen Scheinwerfern, und dann muß man vom Auto bis zum Portal an einem Spalier von *Tausenden* vorbei, *im Scheinwerferlicht* – gebückt vor Verlegenheit. Wenn ein prominenter Filmmann aussteigt, wird er ausgerufen und das Publikum klatscht. Drinnen im Kino geht es natürlich auch aufs drolligste zu, so viel Schminke bringt der ganze Kurfürstendamm nicht auf.«[18]

Im Hause des Schauspielers und Regisseurs Emil Jannings lernen Erika und Klaus Mann Greta Garbo kennen, die geheimnisvoll im Fauteuil lümmelt und ihre Raubtierblicke aussendet. Sie bestaunen Charlie Chaplin, Fritz Murnau, Ernst Lubitsch, Ludwig Berger, Connie Veidt, Pola Negri. Sie lernen den Kostümbildner Gilbert Adrian kennen, der – er ist ein begeisterter Sammler erotischer Kunst – ihnen eine phallische Zeichnung im Stile Aubrey Beardsleys schenkt. Klaus Mann schreibt nebenher noch eine Novelle mit dem programmatischen Titel *Gegenüber von China*, den Blick bereits sehnsüchtig über den Pazifik gerichtet. Sollen sie schon ein Schiff besteigen und weiter gen Westen fahren, den Erdball umrunden? Aber zunächst sind da noch Partys: Weihnachten unter Palmen, Silvester im Sommeranzug. Bei solch einem Fest im Hause Jannings begegnen sie auch der Stummfilmdiva Dorothy Mackaill. Sie sitzt neben dem deutschen Botschafter, einem soignierten Herrn, der mit ihr die vornehmste Konversation auf Deutsch zu führen versucht. Die Diva sieht ihn nur verständnislos an, kramt dann aber die wenigen deutschen Brocken hervor, die ihr der boshafte Jannings kurz zuvor eingetrichtert hat: »Du bist eine alte Scheißkerl!«, wirft sie dem völlig konsternierten Diplomaten an den Kopf, »ja, Scheißkerl, und ich bin eine vollgefressene Sau!« »Wahrscheinlich«, so Klaus Mann genüsslich, »wollte sie ›Ich möchte Deutschland kennen‹ oder ›Ich liebe die Kunst‹ damit bemerken, des perfiden Emil Schuld, wenn es ihr mißlang.«[19]

Rasch ist in diesem Karussell der Eitelkeiten und der Sensationen das Versprechen vergessen, für des Vaters Roman *Königliche Hoheit*, wofür die »Literary Mann Twins« sogar ein Exposé im Gepäck mitgebracht haben, einen Filmproduzenten zu finden. Zu viel Amüsement, zu viel Zerstreuung bietet dieser Kosmos der Neuen Welt. Die Dichterkinder staunen und werden bestaunt. Das Jahr 1927 endet indes beinahe tödlich: Nach einer orgiastischen Feier bei Gilbert Adrian – alle sind betrunken, und Adrian tanzt, lediglich noch eine Federboa um die Hüften geschlungen, zu Gershwins *Rhapsody in Blue* – unternehmen die Geschwister mit dem ebenso bezechten Raimund von Hofmannsthal, einem Sohn des Dichters, eine mitternächtliche

Spritztour in die Berge Kaliforniens: »Welchem Heiligen haben wir unser Leben zu danken? Wie wir um die Kurven rasten, hinter denen der Abgrund lag! Entweder der Abgrund mochte uns nicht, oder Raimund war von der Geschicklichkeit der Schlafwandelnden. Dicht am Abgrund vorbei ging es ins neue Jahr.«[20]

Das leichtfertige Leben droht indes abrupt zu enden. Die Ausgaben für Hotel, Essen und Vergnügungen sind immens, die Vorschüsse von Horace Liveright und Samuel Fischer längst aufgebraucht. Zwar schreibt Klaus für Blätter wie die Essener *Wochenschau* und das *Berliner 8 Uhr Abendblatt* Reiseberichte, doch auch deren Honorar ist nur ein Tropfen auf den heißen Stein. Als Erika sich weigert, ihrerseits Artikel in die Schreibmaschine zu hämmern, und dickköpfig behauptet, sie sei nun einmal Schauspielerin und es gebe in der Familie schon genügend Schriftsteller: den Vater, den Onkel Heinrich, die Urgroßmutter Hedwig Dohm, den eigenen Bruder – da kichert Klaus boshaft und meint geradezu seherisch: »Armes Ding! Dir wird's auch nicht erspart bleiben – das Schriftstellern, meine ich. Es ist der Familienfluch.«[21]

Irgendwann reißt dem Literaturagenten der Geduldsfaden. Das Englisch dieser angeblich so berühmten literarischen Zwillinge ist ziemlich schauderhaft, und überhaupt geht dem Unternehmen allmählich die Luft aus. Erika und Klaus bestehen jedoch vordergründig auf ihrem Kontrakt und lassen es darauf ankommen: Schließlich erpressen sie von dem genervten Geschäftsmann eine Ablösesumme von eintausend Dollar, die der Agent gerne berappt, nur um die beiden loszuwerden. Genau das haben die Geschwister beabsichtigt: Endlich sind sie von Verpflichtungen frei und können auf eigene Faust ihre Reise »rundherum« fortsetzen.

Erika und Klaus Mann besteigen einen Dampfer und fahren nach Hawaii. Weiterhin betrachten sie die Fremde überwiegend als Bühne für Jux und Tollerei. Auf der zu den Vereinigten Staaten gehörenden Inselgruppe bringen sie Kindern der indigenen Bevölkerung die angebliche deutsche Nationalhymne bei: Die

Geschwister haben auf einen gängigen Kanon einen neuen Text ersonnen, der den befreundeten Literaten Erich Ebermayer (der Autor des Filmexposés von *Königliche Hoheit!*) aufzieht: »Erich Ebermayer – Erich Ebermayer reist zwar ziemlich viel, doch immer nur kurze Strecken …«[22] Klaus und Erika spötteln: »Zuletzt ging es schon ganz manierlich, wenngleich der Name ›Ebermayer‹ ihnen große Mühsal bereitete. ›Eris Ebamaya –‹, besser konnten sie's nicht.«[23] Und auch an Axel Eggebrecht, den Klaus als bissigen Kritiker seiner Theaterstücke verabscheut, zumal der sich seit einiger Zeit in Pamelas Dunstkreis bewegt, wird Vergeltung geübt: »Wird das ein Spaß, wenn der Axel Eggebrecht mal nach Honolulu reist und bekommt gleich was von Erich Ebermayer und seinen Lustpartien zu hören!«[24]

Nach einiger Zeit besteigen die Geschwister wieder einen Liniendampfer und fahren nach Japan weiter. In den Hotels in Tokio, Kobe und Kyoto tragen sie sich unter den Namen Annette Kolbs und André Gides ein. Sie werden sogar vom deutschen Botschafter Wilhelm Solf ehrenvoll empfangen, halten Lesungen, lassen sich von der Presse hofieren, besichtigen Heiligtümer und besuchen japanische Puppenspiel- und Tanzdarbietungen.

Dann setzen sie nach Korea über, tun sich auch dort etwas um und fahren schließlich mit dem Zug durch die Mandschurei und mit der Transsibirischen Eisenbahn quer durch die Sowjetunion nach Moskau, und von dort weiter über Warschau zurück nach Berlin. Mehr Glück als Verstand haben sie – nicht zum ersten Mal in ihrem Leben – in der Transsib: Sie haben den letzten Rubel ausgegeben und wissen nicht mehr, wovon sie Essen und Trinken bezahlen sollen, geschweige denn die Tickets für die lange Weiterfahrt. Schließlich ringen sie sich durch, einen soignierten Herrn, der im selben Waggon sitzt, anzusprechen und auf ihre missliche Lage aufmerksam zu machen. Der Herr entpuppt sich als kein Geringerer als der deutsche Bestsellerautor Bernhard Kellermann, der sich erfreut zeigt, den schnorrenden Sprösslingen seines geschätzten Kollegen Thomas Mann aus der

Klemme helfen zu können. Mit einem Mal geht es zu wie im Schlaraffenland: Es wird üppig geschlemmt, was die Küche der Transsib an russischen Köstlichkeiten hergibt, und mit reichlich Wodka hinuntergespült. Kellermann bleibt spendabel, und die Fahrt ist noch lang …

Im Frühsommer 1928 erreichen die »Literary Mann Twins« Berlin. Der Zug fährt in den Bahnhof Zoologischer Garten ein. Sie sehen die Kaiser-Wilhelm-Gedächtniskirche – und mit einem Mal ist ihnen, als wäre die ganze Reise »rundherum« ein einziger Traum gewesen, als hätten sie nicht New York und Hollywood, Hawaii, Japan und die Weiten Sibiriens gesehen: »Nie sind wir anderswo spazierengegangen als zwischen Uhlandstraße und Lützowufer, nie haben wir andere Musik in den Ohren gehabt als die uralten Rufe: ›B. Z. am Mittag – B. Z.! – –‹«[25]

Sie nehmen den Zug nach München – nur noch eine Spazierfahrt im Vergleich zu den riesigen Distanzen, die sie im letzten Dreivierteljahr zurückgelegt haben. Am Bahnhof in der Isarmetropole, die ihnen nun wie ein Puppenhaus erscheint, werden sie von den Eltern und den jüngsten Geschwistern Michael und Elisabeth erwartet. Obwohl es elf Uhr am Vormittag ist – die geheiligte Arbeitszeit des »Zauberers« – hat Thomas Mann den Schreibtisch verlassen, um seine »berühmten« literarischen »Zwillinge« abzuholen.

So sind Erika und Klaus nach einer Reise um den Erdball wieder im Elternhaus angekommen. Sie sind zweiundzwanzig und einundzwanzig Jahre alt und stehen nun – nach den Skandalen um Klaus Manns Theaterstücke und den gescheiterten Partnerschaften – etwas ratlos da. Der Vater wird für den Literaturnobelpreis gehandelt (er wird ihn ein Jahr später verliehen bekommen), aber die ach so berühmten »Literary Twins« sind orientierungsloser denn je. Sie begreifen: Eine Flucht wie die Reise »rundherum« mag eine willkommene Ablenkung sein, stellt aber keine Lösung ihrer Probleme dar. Erika wird, dessen ist sie sich bewusst, nicht mehr zu Gustaf zurückkehren (die Ehe wird am 9. Januar 1929 geschieden werden). Klaus, nach rund vier Jahren endgültig »entlobt«, verwindet im Innersten die Trennung von Pamela, oder vielmehr: den Bruch der einst so vertrauensvollen Freundschaft, noch immer nicht. Pamela ist ihm wie ein Stachel im Fleisch, und ihre Hinwendung zu Carl Sternheim wertet er als Verrat an einem von ihm idealisierten Dreierbündnis. Selbst auf seiner von Eindrücken gesättigten Weltreise war er in Gedanken immer wieder bei ihr, hat ihr Briefe aus New York und Hollywood geschrieben, sie um Erklärungen gebeten, ihr seine Angst um sie gestanden. Jetzt, Ende Juli 1928, erhält er überraschend eine Einladung nach Uttwil, wo Pamela mit ihrem Verlobten Sternheim in dem Haus lebt, das Thea entwarf und bauen ließ. Klaus Mann ist perplex. Was steckt dahinter? Der ernste Wille zur Aussöhnung, zur Wiederannäherung? Oder ist es eine Finte, von Sternheim, dem er jede Kabale zutraut, ausgeklügelt? Zögerlich nimmt er an: »Ich werde Mitte des Monats [August] in Salzburg sein und könnte danach, also gegen den 20. August, nach Uttwil kommen.« Vorsorglich nimmt er seine Schwester in Schutz: »Erika ist noch nicht so fest entschieden, für sie stehen die Dinge ja vielleicht auch noch schwieriger als für mich. Heute läßt sie nur grüßen – und sicher wird sie auch ihrerseits bald von sich hören lassen.«[26] Er war ein Dreivierteljahr nicht in Deutschland, hat vom Klatsch und Tratsch des Theater- und Literaturbetriebs fast nichts erfahren und weiß also nichts von dem Stück – halb Tragödie, halb Farce –, das sich unterdessen in Uttwil abgespielt hat.

»Dieses Heiraten ist ja wie eine Epidemie unter uns«

Pamela Wedekind wird Frau Sternheim. Sommer 1927–Frühjahr 1930

Als Erika, Klaus und Pamela das letzte Mal zu Gast in Uttwil sind – es ist August 1926, und Erika ist die frisch verheiratete »Frau Gründgens« –, gerät für Thea Sternheim die Welt bereits aus den Fugen: Ihre Tochter Mopsa, die nach einer Tumoroperation soeben aus dem Krankenhaus entlassen ist, leidet Gottfried Benns wegen an gebrochenem Herzen und versucht kurz darauf, sich mit Schlaftabletten das Leben zu nehmen. Und zudem beobachtet Thea mit Argwohn, wie ihr Mann Pamela Wedekind schöne Augen macht.

Nachdem die Geschwister Mann, die der Hausherrin in Uttwil wenig sympathisch sind, endlich abgereist sind und Mopsa nach Berlin zurückgekehrt ist, um ihre Arbeit als freiberufliche Bühnenausstatterin wieder aufzunehmen, glaubt Thea Sternheim aufatmen zu können. Aber es ist nur die trügerische Ruhe vor dem Sturm: Carl Sternheims beleidigende und cholerische Hasstiraden gegen sie nehmen zu, seine geistigen Ausfälle treten immer öfter zutage. Zumindest Mopsa, die in Berlin in der Nähe Klaus Manns lebt, scheint in ihrer Arbeit Halt gefunden zu haben. Sie verfertigt, wie sie der Mutter nach Uttwil berichtet, Holzschnitte und zeichnet Akt und Porträt.

Die Aufträge von Theatern freilich könnten üppiger sein, und Thea ist gezwungen, der Tochter finanziell unter die Arme zu greifen. Auch ihr Sohn Klaus ist nach Berlin gezogen: Er hat eine Anstellung in einem Verlag gefunden. Von Mopsa indes kommen – nach den beunruhigenden Vorkommnissen um ihre Liebe zu Benn – beschwichtigende Beteuerungen: »Kein Mann mehr, der in meinem Leben eine bedeutende Rolle spielt [...].«[1] Ob Thea Sternheim dem Glauben schenkt, sei dahingestellt.

Wenig später wird sich Mopsa in die Schauspielerin und Schriftstellerin Ruth Landshoff (eine Nichte Samuel Fischers) verlieben. Gemeinsam treiben sie durch das Berliner Nachtleben, verkehren in Literatencafés, Bars und Varietés, gern auch in der bunten Lesbenszene, und erregen durch ihre Kostümierungen Aufsehen. Der Bücher- und Menschensammler Harry Graf Kessler berichtet in seinem Tagebuch, er habe auf einer Soiree im Hause des Literaten Karl Gustav Vollmoeller ein halbes Dutzend nackter Mädchen vorgefunden, unter ihnen auch die berühmt-berüchtigte Tänzerin Josephine Baker, »ebenfalls bis auf einen rosa Mullschurz völlig nackt, und die kleine Landshoff (eine Nichte von Sammy Fischer) als Junge in Smoking [...]. Zwischen Reinhardt, Vollmoeller und mir, die darum herum standen, lagen die Baker und die Landshoff wie ein junges bildschönes Liebespaar umschlungen.«[2]

Im April 1927 reist Thea nach Berlin. Sie will eine Aufführung von Carl Sternheims *Die Schule von Uznach* sehen, wofür Mopsa die Kostüme entworfen hat. Als sie ihre Tochter besucht, ist sie über das wüste Durcheinander in der Künstlerabsteige entsetzt und zeigt sich verwundert über die Porträtfotografien von Mopsas neuen Freunden: »Auf einer vierten Etage ein mit Plunder hergerichtetes Atelier, an dessen Wänden Pistolen, Tierfelle, vergoldete Drachen hängen. Ein gelbseidenes, zerfetztes Sofa, ein nicht ganz reinlicher Divan, der nachts als Schlafstätte dient. Unzählige Photografien von Francesco von Mendelssohn und Ruth Landshoff stehen herum. Angefangene Dekorationen zu Klaus Manns *Kinderkreuzzug*, ein Plakat für Klaus Manns und Pamela Wedekinds Vortragsreise.«[3] Ein Reizwort: Pamela Wedekind. Thea ahnt mehr, als sie sich selbst eingestehen will.

Im Mai 1927 kehrt Mopsa nach Uttwil zurück. Sternheim ist

in Berlin, er lässt sich anlässlich der fünfzigsten Aufführung seiner Komödie *Die Schule von Uznach* feiern (und nutzt dies zu einem Stelldichein mit Pamela, die in seinem Stück eine Rolle hat). Thea freut sich auf ein entspanntes Beisammensein mit ihrer Tochter am sommerlichen See – als Mopsa am Feiertag Christi Himmelfahrt, dem 26. Mai, einen schweren Unfall als Beisitzerin eines Motorradfahrers erleidet. Sie hat offene Brüche und wird im Krankenhaus in Münsterlingen operiert.

Es ist wie ein böses Omen: Von nun an löst sich Theas Leben auf. Carl Sternheim kommt nach Uttwil zurück, gebärdet sich cholerisch, voll größenwahnsinniger Ideen und misogyner Sprüche: Sie, Thea, existiere nur dank der Ehre, seine, Carl Sternheims Frau zu sein. Er verbietet seiner Frau jegliche Meinungsäußerung. Die reagiert verständlicherweise mit Schreiattacken. Sternheim packt seinen Koffer und reist nach St. Moritz, um in der dortigen Schickeria der Schönen und Reichen sein Image zu pflegen. Als er zurückkehrt, ist er geistig wie umnachtet, erinnert sich nicht einmal, dass Mopsa (die unterdessen im Münsterlinger Krankenhaus die ersten Gehversuche unternimmt) seine Tochter ist. Sternheims Zustand bessert sich allmählich, aber seiner Frau ist er unheimlich geworden. Sie will nur noch fort von ihm. Als Mopsa nach ein paar Wochen aus dem Hospital entlassen wird und zurück nach Berlin fährt, setzt sich auch Thea in den Zug nach Deutschland. In Berlin trifft sie mit ihren Kindern Agnes, Klaus und Mopsa zusammen und versucht, sich durch Theaterbesuche etwas abzulenken. Schließlich ringt sie sich – sie ist zurück in Uttwil, Carl hingegen wieder in Berlin – zu einem schwerwiegenden Entschluss durch: Sie schreibt ihrem Mann einen Brief, worin sie eine Scheidung samt Gütertrennung verlangt. Kopien des Briefes gehen an ihre Kinder und an einen Anwalt.

Als Carl Sternheim Anfang Oktober 1927 nach Uttwil zurückkehrt – im fernen Cuxhaven haben die Geschwister Mann eben den Liniendampfer nach New York bestiegen –, gibt er sich gefasst und verständig. Allerdings bleibt die Frage der Gütertrennung ungelöst: Sternheim billigt seiner Frau lediglich die Gemälde zu, die als Leihgabe in einem Museum in Winterthur hängen. Alle anderen Bilder hingegen und vor allem den Uttwiler Besitz betrachtet er als sein Eigentum. Im Übrigen scheint er eigenartig enthusiasmiert und macht sich gleich an die Niederschrift einer neuen Komödie. Thea ahnt noch immer nicht, was Sternheim so zuversichtlich stimmt. Der Anfall geistiger Umnachtung ist wie verflogen, und keiner der beiden will wahrhaben, was es damit auf sich hat.

Carl Sternheim hofft auf einen weiteren Bühnenerfolg, nachdem er soeben mit *Die Schule von Uznach* in Berlin ein großes Comeback feiern konnte. Sein neues Stück trägt den Titel *Die Väter oder Knock out*. Es wird indes zu seinen Lebzeiten nicht aufgeführt und erst aus dem Nachlass publiziert werden. Die Komödie ist Sternheims geschmacklose, künstlerisch impotente und darüber hinaus illoyale Abrechnung mit den Familien Mann und Wedekind. Recht schamlos tragen die Figuren in dieser Groteske die Namen ihrer realen Vorbilder: Carl, Thomas, Tilly, Klaus. Sie werden vorgeführt, lächerlich gemacht, wie Idioten dargestellt, mit Originalpassagen aus ihren literarischen Werken zitiert. Das Ende dieser »Komödie«, die keinen geistig Gesunden lachen machen kann, spielt in einem Irrenhaus, in dem Carl Sternheim und Thomas Mann sich als Patienten begegnen und sich aussöhnen, wobei sie an den Brüsten der »Fantasia« trinken, die wiederum Pamela nachgezeichnet ist.

Sternheims Machwerk wird zwar nie aufgeführt, wohl aber werden Teile daraus in Abschriften und Vorabdrucken bekannt. Auch Klaus Mann bekommt solch ein Exemplar in die Hände. Empört schreibt er im Oktober 1928 an Pamela (die zu jenem Zeitpunkt bereits mit Carl Sternheim liiert ist): »Außerdem habe ich, nach Vorabdrucken, den Eindruck, daß die ›Väter‹-Komödie, an der er arbeitet, zu einer Taktlosigkeit von ruchlosen Ausmaßen wird; ruchlos finde ich, z. B., die Beibehaltung der Vornamen – Thomas, Tilli, Carl usw. – oder daß die Figur, mit der ich ›getroffen‹ sein soll, sich gleich neckischer Weise mit einem Zitat aus ›Heute und Morgen‹ [ein Essay Klaus Manns] einführt.«[4]

Carl Sternheim versteht es also weiterhin, die Gemüter gegen sich aufzubringen, sei es durch seine Stücke oder durch sein Verhalten. *Eine* freilich hofft, sich endlich aus seinem Netz zu befreien: Thea Sternheim. Es wird ihr nur unzureichend gelingen. Das Scheidungsverfahren zieht sich hin. Noch lebt sie in Uttwil gemeinsam mit Sternheim. Der klagt Besuchern gegenüber, die von den Trennungsabsichten nichts wissen, seine Frau sei genusssüchtig und verantwortungslos, wolle nur sich selbst verwirklichen und sei nicht geneigt, auch nur das geringste Leid mit ihm, dem kranken Genie, zu teilen. Thea beißt die Zähne zusammen, schweigt und zählt die Tage bis zum gerichtlichen Scheidungstermin.

Inzwischen erfährt sie – es ist November 1927 –, dass Mopsa in Berlin zu ihrer Freundin Ruth Landshoff gezogen ist. Thea ist skeptisch, ahnt, dass sich weitere Verwirrungen der Gefühle daraus ergeben werden. Wenige Tage später erscheint Carl Sternheim in Berlin, will die Proben zu seinem Stück *Das Fossil* anschauen, das am Renaissance-Theater unter Gustav Hartung gegeben werden soll. Mit Thea, Agnes und Klaus frühstückt er im noblen Hotel Adlon am Pariser Platz. Thea ist über Carls Aussehen entsetzt, ein »Anblick des Verfalls, in den Knien knickend, grüngelb«[5]. Wieder geraten die Eheleute aneinander. Thea ist ungehalten, wirft – vor den Kindern, was sie bislang vermieden hat – Carl Worte der Abrechnung an den Kopf. Dann lässt sie ein Taxi rufen, steigt gemeinsam mit Agnes ein. Carl Sternheim wirft sich vor das Auto, will sie am Wegfahren hindern. Thea kennt diese theatralischen Possen und fordert den Chauffeur auf, einfach Gas zu geben. Der Taxler meint mit seiner Berliner Schnauze: »Det wär Ihnen recht! Sie sind ihn los und ick sitze im Kittchen!«[6] Schließlich gelingt ihnen die Weiterfahrt. In ihrem Hotel angelangt, telefoniert Thea Sternheim mit ihrem Anwalt. Den Abend verbringt sie allein, während ihre Tochter Agnes die Premiere von *Das Fossil* besucht. Zurück im

Hotel, berichtet sie der Mutter, das Stück sei durchgefallen, keine einzige Hand habe sich zum Applaus gerührt. Sternheim sei in der Direktorenloge gesessen, aber nicht allein, sondern mit Pamela Wedekind. Und: In der Pause hätten die beiden die Vorhänge blickdicht zugezogen.

Endlich zeigt der Kalender den 16. Dezember 1927: In München findet im Justizpalast der Scheidungsprozess Sternheim gegen Sternheim statt. Von den Anwälten ist alles vorbereitet. Nach wenigen Minuten der Verhandlung wird das Scheidungsurteil gesprochen. Allerdings soll die Frage der Gütertrennung in einem späteren Verfahren geklärt werden. Ein fataler Fehler für Thea, wie sich noch herausstellen wird. Sie jedoch ist bloß erleichtert und telegrafiert ihren Kindern die Neuigkeit. In einem Antiquitätengeschäft in der Theatinerstraße kauft sie sich zum Andenken an diesen Tag einen holzgeschnitzten Miniaturkruzifixus. Sie sieht ihre Pein im Leiden Christi aufgehoben und ahnt nicht, wie viel sie um Carl Sternheims willen noch weiter zu erdulden haben wird.

Thea Sternheim zieht nach Berlin. Carl bleibt in Uttwil. Es ist ein schönes Anwesen geworden, nicht zuletzt durch Theas Geld, ihren Geschmack, ihre Möbel und Gemälde, darunter Werke von van Gogh, Matisse und Picasso. Auf dem Grundstück stehen die sogenannte »Hütte« (ein Sommerhäuschen mit zwei Zimmern) und das eigentliche, von Thea entworfene Haus mit zwei Stockwerken und Mansardendach, großzügig geschnittenen Fenstern und einem Balkon mit Blick zum See. In dieses Haus nun zieht Pamela Wedekind ein. Sie bestaunt Carl Sternheims Bibliothek, die wertvollen Gemälde, die geschmackvollen Möbel. Aber vieles erinnert an Thea, etwa ihr Arbeitszimmer – was Pamela verunsichert und es ihr unmöglich macht, das Uttwiler Domizil wirklich als neues Zuhause zu empfinden.

Ende Dezember 1927 vermeldet das *Berliner 8 Uhr-Abendblatt* die Verlobung des Schriftstellers Carl Sternheim mit der Dichtertochter Pamela Wedekind. Die Nachricht geht wie ein Lauffeuer durch die literarische Welt – und darüber hinaus.

Denn beide Verlobten sind längst Objekte der Klatschpresse und einer nach Sensationen heischenden Promi-Kultur. Zwar lassen Carl und Pamela die Nachricht dementieren – allerdings glaubt ihnen diesen Rückzieher keiner. Im fernen Hollywood sind die »Literary Mann Twins« über die Schlagzeile entsetzt und von Pamelas »Verrat« tief enttäuscht. Aufgebracht ist verständlicherweise auch Thea Sternheim, die zwar von Carl geschieden ist, doch noch auf eine Klärung der Besitzverhältnisse drängt. Der Gedanke, dass ihr Ex-Mann mit einer »Neuen« in dem schönen Haus am Bodensee lebt und Pamela in ihrem Arbeitszimmer wohnen könnte und ihre Gemälde bewundert, ist ihr unerträglich. Immerhin hat sie an Weihnachten 1927, nur eine Woche nach der Scheidung, Mopsa nach Uttwil geschickt, um Theas wichtigste Unterlagen und Dokumente – Briefe, Tagebücher, das Skript eines Romans und ein paar kleinere Bilder – zu holen und nach Berlin zu bringen. In ihrer neuen Wohnung, manchmal auch stilsicher im Restaurant Kempinski, empfängt Thea bald wieder Freunde und Verwandte, Literaten und Maler. Ihr Sohn Klaus kommt mit seinem Freund Antonio de Gandarillas vorbei, der in Paris in der chilenischen Botschaft arbeitet, und Mopsa mit einem neu gewonnenen Freund aus Frankreich: Es ist kein anderer als der Dichter René Crevel! Auch der französische Romancier André Gide und sein junger Geliebter, der Filmemacher Marc Allégret, stoßen hinzu. Für Thea Sternheim ist es ein Wiedersehen, denn sie hat Gide bereits vor einiger Zeit, als sie noch eifrig Kunst sammelte, in Paris kennengelernt. Allégret hat zwei Jahre zuvor seinen ersten Film präsentiert, eine Dokumentation über seine Reise mit Gide ins »Herz der Finsternis«: *Voyage au Congo*. Indes: Die Sorgen reißen nicht ab: Gandarillas raucht Opium, und Thea befürchtet, dass er Klaus dazu verführen könnte, während Mopsa dem gut aussehenden, geheimnisvollen Crevel geradezu verfällt (wie sie zuvor schon Gottfried Benn verfallen ist). Sie will nicht recht wahrhaben, dass der bislang nur für Männer erotisches Interesse zeigte. Immerhin, Crevel hat sich vor einiger Zeit von seinem

Geliebten, dem Maler Eugene MacCown, getrennt. Und in den nächsten Monaten wird die Freundschaft zwischen Mopsa und René, eine Seelenverwandtschaft, so eng, dass er sich im Januar 1929 in einer romantischen Aufwallung dazu hinreißen lässt, Mopsa einen Heiratsantrag zu unterbreiten – unter der Bedingung allerdings, weiterhin mit jungen Männern der Pariser und Berliner Boheme Amouren unterhalten zu dürfen. Mopsa lehnt ab, will aber gleichzeitig von ihrer Schwärmerei nicht lassen. Und Crevel sucht weiterhin in ihr Halt und Rückversicherung – ein recht eigennütziges Verhalten, weiß er doch um Mopsas Obsession. Die wiederum findet privat nicht zur Ruhe, unterhält Liebeleien und kurzzeitige Beziehungen mit Frauen, etwa mit Ruth Landshoff (die jedoch im Jahre 1930 überraschend den homosexuellen Grafen David Yorck von Wartenburg heiraten wird – eine Ehe, die nur wenige Jahre Bestand hat), oder mit der verheirateten Salondame Alice Apfel.

Thea Sternheim weiß von all diesen Dingen wenig oder kann sich allenfalls manches zusammenreimen. In jenen Tagen in Berlin, als sie mit Crevel, Allégret und Gide zusammentrifft, ist sie jedenfalls von den jungen Leuten begeistert und sieht in der Freundschaft ihrer Tochter mit dem homosexuellen Crevel gar ein »Symbol deutsch-französischer Verständigung«[7] – und wohl noch mehr.

Weniger gelassen sieht Thea die Entwicklung in Uttwil: Carl Sternheim beansprucht den ganzen Besitz für sich, entblödet sich dabei nicht, seine Ex-Frau brieflich weiterhin seiner Liebe zu versichern, und lebt mit einer Frau zusammen, die altersmäßig seine Tochter sein könnte. Thea berät sich mit ihrem Anwalt und schreibt am 26. Januar 1928 ihrem Ex-Mann einen geharnischten Brief:

»Herr Gronemann [Carl Sternheims Anwalt] übermittelt mir heut[e] Deine über unsere Finanzverhältnisse gemachten Behauptungen, deren Verlogenheit mich überaus anekelt. Ich warne Dich, mit meinen Gefühlen, die von Dir im Laufe unseres Zusammenlebens so grenzenlos zermartert worden sind, noch weiter zu spielen. Bitte Dich, Deinen grenzenlosen Egoismus für eine Weile auszuschalten, begreifen zu wollen, daß meine Scheidung von Dir wegen der Arabeske mit Pamela Wedekind (die ja nicht mich kränkte, sondern nur Dich in die Reihe der meisten Deiner Zeitgenossen wie [Franz] Blei etc. rückte), doch nur der sehr oberflächliche Beweggrund gewesen ist für etwas, das zu tun ich schon seit 1915 bedürftig war. [...] Sehr geduldig von Natur, habe ich es endlich satt, ewig Spielball Deiner grenzenlosen Haltlosigkeit zu sein. Ich rate Dir, den Bogen, der bereits bis zum letzten gespannt ist, nicht weiterzuspannen: denn mir, das versichere ich Dich, ist es jetzt auch völlig egal geworden, einen Monstreprozeß über diese Schmutzgrube, die Du aus unserer Ehe veranstaltest, zu machen, da ich weder die öffentliche Meinung noch mein Leben und Sterben fürchte. Daß Du aber bei diesem Prozeß entweder in die Irrenanstalt, in die Du mich so oft stecken lassen wolltest, oder an einen anderen noch sichereren Ort kämest, ist sicher.«[8]

Thea Sternheims Prophezeiung, Carl werde in die »Irrenanstalt« kommen (wie man damals die Psychiatrie landläufig nennt), wird sich bewahrheiten. Aber bis dahin überziehen sich die geschiedenen Eheleute tatsächlich mit einem »Monstreprozeß« und verschleißen dabei nicht nur viel Geld (Theas finanzielle Lage ist angespannt, und sie ist genötigt, van Goghs Gemälde *Der Briefträger* an einen Pariser Kunsthändler zu veräußern), sondern auch mehrere Anwälte. Schließlich gelingt es Thea, einen Teil ihres wertvollen Besitzes, darunter einige Gemälde, gerichtlich übertragen zu bekommen.

Um sich von den Anstrengungen der vergangenen Monate zu erholen, startet sie im Sommer 1928 mit ihrem Sohn Klaus im Automobil zu einer Reise durch Belgien, Frankreich und Spanien. Über Brügge, Dieppe, Rouen und Caen nähern sie sich von Norden her Paris. Dort begegnen sie Gide, Crevel und Gandarillas wieder. Über Tours und Bordeaux geht es weiter in die Pyrenäen und zum Wallfahrtsort Lourdes, wo Mopsa bereits auf sie wartet. Die Rheinländerin Thea ist seit ihrer Kindheit im Katholizismus verwurzelt, Mopsa hat seit diesem Frühjahr ihre ganz individuelle Hinwendung zum katholischen Mystizismus und zum Empfang des Sakraments der Kommunion gefunden. Klaus hingegen findet den Marienwallfahrtsort »undiskutierbar«[9], und auch Mopsa ist – entgegen ihrem transzendentalen Interesse – von dem Massenandrang und der billigen Vermarktung des heilsamen Ortes abgestoßen. Thea Sternheim muss zudem ratlos mit ansehen, wie ihre Tochter, die eben noch von René Crevel schwärmte, im Hotel einen Flirt mit einem jungen Spanier beginnt, während sich Klaus tagsüber schmollend ins Bett zurückzieht.

Bald brechen sie wieder auf, überqueren das Gebirge und erreichen Spanien, damals noch nicht vom Bürgerkrieg zwischen Republikanern und Faschisten erschüttert. Sie besuchen Tolosa, Valladolid, Madrid, Sevilla und Cádiz. Auch Klaus kommt nun auf seine Kosten: »Denn Spanien«, wie seine Mutter verlegen konstatiert, »ist für ihn El Dorado. Jeder Kellner, der uns bedient, jeder in der Sorella ein Stück Wegs mitgenommene Wanderbursche, wird von ihm mit sonst nicht gewohnter Zuvorkommenheit behandelt.«[10] Thea spürt sehr wohl das erotische Flimmern, das ihre Kinder umgibt. Sie geht indes gern darüber hinweg, hat noch genug von den Abgründen, die sie mit Sternheim durchmessen hat. Über Katalonien, Südfrankreich und Savoyen gelangen sie schließlich in die Schweiz, umfahren den Bodensee auf seiner Nordseite und blicken sehnsüchtig hinüber zum Schweizer Ufer, wo sie ihr schönes Haus wissen. In Thea reißt die räumliche Nähe zu Uttwil gleichwohl manches auf: »Die seit zwei Monaten durch die Reiseeindrücke mehr oder weniger verschütteten Realitäten treten mit dem ganzen Grauen, die friedlose Zustände in mir auslösen, in mein Bewußtsein.«[11] Thea und ihre Kinder statten noch München einen Besuch ab, bevor es zurück nach Berlin geht. In der bayerischen Metropole treffen sie sich mit Heinrich Mann und dessen Neffen Klaus, der an einem Roman über den Makedonenkönig *Alexander* arbeitet. Vor allem Mopsa freut sich über das Wiedersehen mit ihrem engen Freund, während sich Thea seit dem Auftritt der Dichterkinder in Uttwil reserviert gibt. Gleichwohl sieht sie in Klaus Mann nun plötzlich einen Verbündeten in ihrem Leid, ist er doch »als ehemaliger Verlobter Pamela Wedekinds durch die Ereignisse persönlich getroffen«[12].

Thea Sternheims plötzlich empfundene Sympathie für Klaus Mann hat ihre Berechtigung, denn der hat in jenem Herbst 1928 einen wahren inneren Kampf um seine Gefühle für und wider Pamela ausgefochten. Die Weltreise »rundherum« war tatsächlich ein Akt der Verdrängung, und nach seiner Rückkehr brachen die Wunden nur umso heftiger auf.

Freilich hatte und hat auch Pamela im schönen Uttwil nicht viel zu lachen: Auch ihr setzt Theas Brief an Carl, worin sie ihm mit einem »Monstreprozeß« droht, zu. Carl bereitet Pamela bald Szenen, die denen gleichen, mit denen er einst seine Frau überzog: Sie dürfe ihn auf keinen Fall verlassen; zugleich verbietet er ihr, Theas Arbeitszimmer, das er wie das Sterbegelass einer Verschiedenen hütet und unberührt lässt, auch nur zu betreten. Die Haushälterin Frieda König, einst von Thea eingestellt und dieser loyal ergeben, schneidet die neue Herrin, quittiert bald die Stellung und kehrt zu Thea zurück. Einmal kommt Conrad Felixmüller zu Besuch. Carl Sternheim schätzt die Expressionisten – im Gegensatz zu Thea – und lässt sich von dem jungen Maler porträtieren. In den Pausen spazieren sie über die Felder bei Uttwil. Einmal strauchelt Sternheim, kippt ohnmächtig zur Seite. Ein Bauer, der auf dem Feld arbeitet, hilft, ihn hochzuhieven und nach Hause zu schleppen. Pamela vermutet einen Schwächeanfall. Dass es sich um Folgen der Syphilis handelt, die zerebrale Störungen verursacht, weiß sie nicht oder will sie nicht wissen.

Als schließlich das Gericht Thea deren mobile Besitztümer zuspricht, kommt ein Spediteur und lädt Möbel, Gemälde und Bücher in seinen Lastwagen. Mit einem Mal hat das Haus seine gute Seele verloren. In seinem Wahn nimmt Carl Sternheim das nicht wahr. Pamela hingegen wird immer unglücklicher und zieht sich in die benachbarte »Hütte« zurück, die ihr anheimelnd erscheint und wie ein Handschuh passt.

Es ist Sommer 1928: Erika und Klaus Mann sind von ihrer Weltreise zurück und bringen recht flott und journalistisch geübt einen amüsanten und etwas verklatschten Reisebericht mit dem Titel *Rundherum* zu Papier, den S. Fischer in Berlin bestellt hat. Dann wendet sich Klaus den Vorarbeiten zu seinem neuen Roman *Alexander* zu, während Erika, die von ihren schauspielerischen Talenten nach dem Reinfall von *Revue zu Vieren* nicht mehr so überzeugt ist, beginnt, für diverse Zeitungen und Zeitschriften Reiseberichte, Glossen, Feuilletons und Rezensionen zu verfassen. Der »Familienfluch« des Schreibens, wie Klaus es ihr bereits in Amerika prophezeite, hat auch sie ereilt. Doch trotz aller hektischen Betriebsamkeit gelingt es den Geschwistern nicht, mit dem »Fall« Pamela innerlich abzuschließen. Erika ist geneigt, sich selbst zu belügen und schreibt in jenen Monaten an ihre einstige Geliebte wider besseres Wissen: »Ich weiß jetzt, dass alles noch gut werden wird zwischen uns. Ich stehe zu Dir, Pamela, genau noch so wie seit Jahr und Tag.«[13] Sie würde, schreibt Erika, die Freundin gern besuchen, fürchte sich jedoch vor Sternheims Haus: »Dort ist kein Boden, auf dem ich gehen und stehen kann, und eine erste Begegnung mit DIR, gerade dort, wäre mir NICHT MÖGLICH.«[14] Tatsächlich hat Pamela eine Einladung nach Uttwil ausgesprochen. Wie sehr sie im Herzen noch an Erika und Klaus hängt, bleibt unklar. Vielleicht will sie durch diesen Besuch ihre Liaison mit Sternheim, die ja – noch – nicht durch eine Eheschließung legitimiert ist, gesellschaftlich billigen? Klaus jedenfalls reagiert auf die Einladung (nachdem Erika ihm gestanden hat, dass dies über ihre Kräfte gehe) mit einer vagen Zusage: Er sei im August beruflich in Salzburg und wolle um den 20. herum gern nach Uttwil kommen. Er ist also guten Willens, einen großen Umweg zu fahren, erhält aber von Pamela eine Absage, dieses Datum passe ihr nicht. Sie nennt einen anderen Termin, den jedoch Klaus, noch in Salzburg geschäftlich gebunden, nicht wahrnehmen kann. Auf ein weiteres Schreiben, worin er Pamela dies auseinandersetzt, erhält er keine Antwort. Klaus schreibt ihr erneut ein paar Zeilen, beteuert, wie sehr ihm an einem Wiedersehen gelegen sei, bringt einen Besuch im Herbst ins Gespräch. Doch auch auf diesen Brief erhält er von Pamela keine Reaktion. Jetzt reißt ihm der Geduldsfaden: Am 18. Oktober 1928 – er macht einen Kurzurlaub in Bad Saarow am Scharmützelsee in Brandenburg – rechnet er mit Pamelas Schweigen und ihrem Verhalten des vergangenen Jahres ab:

»Du hast mir auf meinen Brief aus St. Wolfgang [im Salzkammergut] nicht mehr geantwortet. Ich habe so den Beweis dafür, daß Du meine Absage im August nachhaltig übel genommen hast. Diese Reaktion ist leider sehr typisch für Dein Verhalten überhaupt gegen uns. [...] Daß ich es aber für den *einen* Tag, den Du dann endgültig festlegtest, nicht einrichten konnte, war eine unverzeihliche Frechheit.

Die Fiktion, daß *wir* uns untreu und unfreundschaftlich gegen *Dich* verhielten, wirst Du bei aller Mühe vor Dir selber nicht aufrechterhalten können, wenn Du einmal ganz genau, sachlich und bis ins Detail, *Dein* Benehmen gegen *uns* in allen seinen Phasen, von Oktober 1927 bis heute, vorhältst.

Mein Interesse für Dich ist unauslöschlich; es ist ein Interesse, so tief, daß man es beinah Liebe nennen könnte. [...] Aber ich bin der Überzeugung, daß Du Dich, was Deine Beziehungen zu uns angeht, unaufhörlich belügst. [...] Es *sind* Unrichtigkeiten geschehen, und zwar beinah unverbesserliche.«[15]

Dann geht er auf Pamelas Beziehung zu Carl Sternheim ein: Er versichert sie seines Respekts, gesteht auch, dass er Sternheim als Persönlichkeit verehrt habe. Allerdings habe sich seine, Klaus', Einstellung Sternheim gegenüber gewandelt, nachdem er dessen Briefe an die Familie zu lesen bekommen habe, Briefe, die »den Stempel des Pathologischen«[16] trügen. Auch der Vorabdruck aus Sternheims jüngster Komödie *Die Väter* trage zu dieser Einschätzung bei. Letztlich stelle Sternheim das Hindernis einer Wiederanknüpfung der alten freundschaftlichen Beziehungen dar, »denn es geht nicht, daß bedingungsloses Ja-Sagen zu allem, was Carl Sternheim unternimmt, die Grundlage und Voraussetzung unserer Beziehungen sein soll. Wir müssen aber zu einer Entscheidung kommen.«[17]

Klaus Mann erzwingt schließlich diese Entscheidung: Als er im Oktober 1928 in Heidelberg zu tun hat, während sich Carl Sternheim und Pamela Wedekind in Baden-Baden aufhalten, arrangiert er zwei Treffen im Restaurant eines Kurhotels. Wenige Tage später schreibt er an Pamela nochmals einen bekennenden Brief, worin er ein illusionsloses Resümee zieht: »[…] ich bin sehr froh, Dich wiedergesehen zu haben und bei Euch gewesen zu sein. Ich hatte, nach dem ersten Abend, das Gefühl einer Todesangst: alles wäre umsonst gewesen und zwischen uns jede Verbindung unmöglich. So weit hatte es Sternheim mit seiner unbarmherzig examinierenden Art gebracht. Daß ich das Examen, dem er mich unterzog, schlecht bestand, lag vielleicht weniger an meiner Unfähigkeit, als an einem ganz primitiven Gefühl der Auflehnung.«[18] Pamela hat bei jener Begegnung in Baden-Baden die Echtheit der Gefühle ihres Ex-Verlobten angezweifelt. Entrüstet fragt Klaus: »Wie *konntest* Du glauben, ich ›verwechselte‹ Dich? War unsere Verlobung nicht Dokument genug? Und Anja und Esther? Und die Widmung des ›Frommen Tanzes‹? Und schließlich auch die Ursula Pia [Pamelas Rolle in *Revue zu Vieren*], die Du nicht mochtest?«[19] Und er schlussfolgert sarkastisch: »Ihr wollt Tatsachen, keine Gefühle. Das verschüchtert mich etwas. […] Du siehst: die Sternheimsche Pädagogik fängt an zu wirken.«[20]

Noch immer kommt Klaus Mann von Pamela nicht los, nochmals, gut zwei Wochen später, versucht er brieflich an alte Zeiten und Gefühle anzuknüpfen und fragt, wie es ihr gehe? Ob sie eine Tournee plane? Er berichtet ihr von seiner Arbeit am Roman *Alexander*, und dass Erika in Frankfurt in der Premiere von Ferdinand Bruckners Stück *Krankheit der Jugend* wieder auf der Bühne stehe. Dann umwirbt er Pamela – ein letztes Mal – mit schönen Erinnerungen an eine verflossene Zeit: »Ich habe hier an der Wand zwei Bilder von Dir, das schöne Bild [ein Doppelporträt] mit Erika von der [Fotografin] Sogalla, und die Karikatur von Mopsa, mit mir am Tischchen [und Pamela mit Reitgerte].«[21] Sein Werben verhallt ungehört. Pamela ist inzwischen ganz in Sternheims Fängen. Klaus erfährt davon über seine Freundin Mopsa – denn in Uttwil bahnt sich eine Katastrophe an.

Aus großer zeitlicher Distanz wird Klaus Mann in seinem Lebensbericht *Der Wendepunkt* die Wiederbegegnung mit Pamela und Sternheim in jenem Oktober 1928 in Baden-Baden weniger versöhnlich zeichnen. Persönliche Enttäuschungen und Desillusionierungen, auch die schmerzliche Erfahrung des Exils, mögen dazu beigetragen haben: Im Restaurant des Hotels Stephanie sitzen sich Klaus Mann, Carl Sternheim und Pamela Wedekind gegenüber. An einem der anderen Tische speist Generaloberst a.D. Hans von Seeckt, ein typischer Vertreter der alten militärischen Kaste (und von 1920 bis 1926 Chef der Heeresleitung). Plötzlich, so Klaus Mann, habe Carl Sternheim recht laut zu fantasieren begonnen: Seeckt, mit seinem Monokel und seinem weißen Schnurrbart, sei ein Prachtexemplar von Mann, und sie beide, Seeckt und Sternheim, seien aus demselben Holz geschnitzt: »Seine Exzellenz und ich, wir gehören zum Adlergeschlecht! Aber mit euch von der jungen Generation ist nichts los. Kein Schmiß, kein Schneid, keine Rasse. Lahme Enten seid ihr – alle, wie ihr da sitzt. Lahme Enten – die ganze Jugend von heute!«[22] Pamela redet begütigend auf ihren Geliebten ein, Klaus hingegen windet sich vor Verlegenheit. Weiter schreibt er: »Carl Sternheim, der beißende Satiriker, ›des zynischsten Jahrhunderts krassester Besserwisser‹, wie er sich selbst genannt hat, und liegt auf dem Bauch vor einem gezwirbelten Schnurrbart, einer straffen Offiziersfigur! Darum werden wir den Krieg verlieren, empfinde ich mit einem plötzlichen Schmerz. Was für einen Krieg denn? Nun, den *unseren* natürlich, den uralten Kampf zwischen Militär und Zivilisation, zwischen den Raubrittern und den honetten Leuten. Auf ›unserer‹ Seite – der Seite der Zivilisation – gibt es zuviel perverse Bewunderung für den schnöden Glanz, die Brutalität der Macht…«[23] Und er schließt seinen Bericht mit dem Wissen dessen, der den weiteren Verlauf von Sternheims Schicksal mitverfolgt hat: »Ein paar Tage nach meinem Besuch in Baden-Baden mußte der Dichter Carl Sternheim in ein Irrenhaus übergeführt werden.«[24]

Tatsächlich ist in jenem Jahr 1928, als Klaus in mehreren langen Briefen an Pamela rückhaltlos eine Bilanz ihrer gescheiterten Freundschaft zu ziehen versucht, Carl Sternheims Krankheit schon erschreckend weit vorangeschritten. Die Menschen in seinem engen Umfeld verdrängen das: Weder Thea noch seine Kinder noch seine Verlobte Pamela wollen wahrnehmen, dass er an Syphilis leidet und in deren Folge zerebrale Ausfälle und Wahnvorstellungen entwickelt. Am 11. Dezember 1928 – einen Tag vor Pamelas Geburtstag – bricht sich Sternheims Wahn vollends Bahn: Er ruft die halbe Nacht irgendwelche Leute an und verkündet ihnen, er feiere ein großes Fest, alle seien eingeladen. Etliche Beschwerden gehen beim Amt ein, das schließlich in den frühen Morgenstunden Sternheims Telefonanschluss sperrt. Der jedoch ist in seinem Furor nicht zu stoppen: Er rennt, einen Revolver in der einen Hand und das Geburtstagskind Pamela an der anderen, zu einem Nachbarn, klingelt ihn aus dem Bett und fuchtelt mit der Waffe herum. Der in seiner Nachtruhe gestörte Bürger ruft die Polizei. Sternheim und Pamela laufen panisch zurück und verschanzen sich. Schließlich erscheinen der Bürgermeister und zwei Polizisten, die den verwirrten Dramatiker (der hier keine Tragödie liefert, sondern allenfalls eine Groteske) auffordern, sich zu ergeben. Der Ortsvorsteher, der um des Dichters Größenwahn und seine eitle Verführbarkeit weiß, ködert ihn, indem er ihm zuruft, der Kaiser höchstselbst erwarte Sternheim in Konstanz, er wolle mit ihm die Weltlage besprechen. Sternheim fühlt sich vom Ansinnen Seiner Majestät geschmeichelt, begreift in seiner Geistesverwirrung nicht, dass Deutschland bereits seit zehn Jahren keinen Kaiser mehr hat, und kommt friedlich heraus. Die Polizei nimmt ihn in Gewahrsam und verfrachtet ihn nach Kreuzlingen in ein Sanatorium.

Die ärztliche Diagnose ist bald gestellt: Syphilis im Tertiärstadium mit einhergehender Gehirnparalyse. Eine Heilung ist nach damaligem medizinischen Stand kaum möglich, die Behandlungsmethoden – etwa mit Quecksilber – sind schmerzhaft und zeitigen schlimme Nebenwirkungen. Für Pamela bricht eine Welt zusammen. Die Welt von Uttwil, die Welt als Verlobte an der Seite des berühmten Dramatikers Carl Sternheim, die Welt, in die sie sich flüchtete, als die Freundschaft zu Erika und Klaus Mann zerbrach. In ihrer Panik tut sie etwas, was sie wohl besser hätte sein lassen: Sie lanciert eine Pressemeldung und gibt so der Welt die Erkrankung ihres Lebensgefährten bekannt. Nicht nur die literarische Gemeinde, auch die Sensationspresse wirft sich nun auf diesen »Fall« und streut die absonderlichsten Mutmaßungen. Pamela sitzt unterdessen einsam im Uttwiler Haus und wird von ihren Ängsten zu den schlimmsten Verdächtigungen gegen Thea getrieben: Die habe bereits seit Langem von Sternheims Krankheit gewusst und nichts dagegen unternommen.

Indes lassen sich weder Thea noch Klaus noch Mopsa in Kreuzlingen blicken. Einzig Carlhans, Sternheims Sohn aus erster Ehe, ein schwieriger Mensch, der bis zum Hals in Schulden steckt, eilt an des Vaters Bett: Der erkennt den eigenen Sohn nicht, starrt nur blöde an die Decke. Pamela – sie ist ja nicht die Ehefrau – wird nicht zum Patienten vorgelassen. Sie fürchtet nicht nur um Sternheims Genesung und um die eigene Zukunft an der Seite dieses Mannes, sondern auch um den Besitz: Thea Sternheim hat den angedrohten »Monstreprozeß« mithilfe ihrer Anwälte aufgenommen und ihren Ex-Mann auf vierhunderttausend Mark und die Herausgabe des Hauses verklagt. Die Chancen für ihren Sieg sind gestiegen, denn neben ihren Hinweisen, sie habe den Großteil des Anwesens bezahlt, wiegt nun auch Sternheims Geisteszustand schwer. Es kursieren Gerüchte, er solle entmündigt werden.

Pamela erleidet einen Nervenzusammenbruch: Sie verlässt

das Uttwiler Haus, das ihr wie eine Grabkammer erscheint, und reist nach Deutschland. Ihre Mutter hat die Wohnung in der Prinzregentenstraße, dort, wo Pamela aufgewachsen ist, soeben aufgelöst und ist im Begriff, nach Berlin zu ziehen. Nun, im denkbar schlechtesten Augenblick, steht Pamela vor ihr, »völlig verstört und gebrochen. Sie weinte viel und war nicht zu trösten.«[25] Tilly bietet ihr an, sie könne mit nach Berlin kommen, aber Pamela weigert sich. Stattdessen fährt sie nach Ammerland am Starnberger See. Hier hat die Familie Wedekind vor vielen Jahren ein paar glückliche Sommer verbracht, hier sucht Pamela instinktiv nach Geborgenheit und Sicherheit. Sie kommt im Haus einer langjährigen Freundin unter. Später mietet sie von einer Fischerfamilie eine kleine Wohnung und richtet sie mit restlichen Möbeln aus dem elterlichen Haushalt ein. Sie ist erstaunt, als ausgerechnet von Erika Mann, die von den Vorgängen vernommen hat, ein Brief eintrifft. Erika ermuntert Pamela, sie doch in der »Poschi« in München zu besuchen. Doch Pamela reagiert auf die gut gemeinte Einladung nicht. Weshalb, bleibt unklar. Ist sie zu stolz? Fürchtet sie, sich eine Blöße zu geben? Oder ist sie einfach überfordert, paralysiert, einsamkeitssüchtig? Erst als ältere Frau wird sie sich dazu mit Worten tiefen Bedauerns äußern: »Ich war so außerstande, einen Kontakt aufzunehmen, der nach Ersatz aussehen könnte oder einer Weigerung gleichkäme, diese schreckliche Wirklichkeit, wie sie sich mir aufzwang, auch mit allen Konsequenzen zu akzeptieren, dass ich mich erst in die Bitte, mir Zeit zu lassen, und später, als Eri[ka] dringlicher wurde, in brutale Abwehr rettete und mit verletzender Entschiedenheit die dargebotene Hand zurückwies. So habe ich mein kostbarstes Gut beleidigt und mein größtes Glück von mir gestoßen.«[26]

Unterdessen ist Thea Sternheim doch an den Bodensee gereist, besucht das Uttwiler Haus, um das sie prozessiert, und Carl in der Klinik. Immerhin erkennt er sie, aber seine Wahnvorstellungen halten unvermindert an: Er behauptet, mit Gott zu sprechen, der ihn jedoch des vielfachen Mordes bezichtige.

Sternheims Zustand bessert sich in den kommenden Wochen nicht, er wird sogar gewalttätig, greift die Pfleger an, zerscherbt Geschirr, beschädigt Möbel, macht mutwillig ins Bett. Thea Sternheim lässt sich dies alles von den Ärzten und einem Anwalt berichten, denn obwohl sie von Carl geschieden ist, fühlt sie sich noch immer für ihn verantwortlich und will ihm im Rahmen des medizinisch und pflegerisch Möglichen helfen. Sie begleicht sogar die Rechnungen für die Unterbringung in der Anstalt. Das Haus in Uttwil lässt sie ganz räumen und ihren restlichen Besitz nach Berlin schaffen. Wenig später wird das Anwesen am Bodensee verkauft. Schließlich, im Mai 1929, fällt Thea Sternheim – sie hat kurz zuvor eine Wohnung in der Düsseldorfer Straße bezogen – die Entscheidung, ihren Ex-Mann zu sich nach Berlin zu holen, um ihn – mit Unterstützung eines Pflegers – bei sich in der Wohnung zu haben. Eine sicherlich ehrenwerte Absicht, aber zugleich ein Unterfangen, das masochistische Züge trägt, und woran Thea selbst beinahe zerbrechen wird.

Am 1. Juni langen Carl Sternheim und der Pfleger in Berlin an. Zunächst wird Sternheim in einer Kurklinik untergebracht, wo er bereits in der ersten Nacht schreit und wütet. Man sperrt ihn in die geschlossene Abteilung. Trotz dieser Vorfälle besinnt sich Thea Sternheim nicht eines Besseren. Sie mietet sogar die Wohnung neben ihrer eigenen, weil sie die Illusion hegt, so könne jeder ein eigenes Leben führen und sie doch jederzeit für ihn erreichbar sein. Sie findet auch einen erfahrenen und körperlich starken Pfleger, der bereit ist, sich dauerhaft um Sternheim zu kümmern. Das Experiment beginnt…

Unterdessen, es ist November 1929, hat sich Pamela Wedekind am Starnberger See recht gut erholt. Sie zieht nach Berlin, wo sie ein Engagement am Theater am Bülowplatz erhalten hat. Sie will Carl Sternheim besuchen. Nach anfänglichem Widerstand lenkt Thea Sternheim ein. Carl schreibt Pamela Nachrichten auf Zettelchen, worin er sich erfreut zeigt, dass sie wieder um ihn sein will. Bald geht Pamela in Sternheims Wohnung ein und aus, als sei sie hier zu Hause. Theas Eifersucht wächst, ihre Nerven liegen blank. Sie wird bisweilen handgreiflich, ohrfeigt den Pfleger, schreit. Carl Sternheim bereitet ihr Szenen, verfolgt sie mit seinen Wahnvorstellungen. Es ist erneut die Hölle auf Erden, und manchmal erscheint es Thea, als habe sich seit den fürchterlichen Tagen in Uttwil nichts in ihrem Leben zum Besseren gewandelt. Sie lässt sich zur Beruhigung ein Opiat spritzen. Die Schriftstellerin Annette Kolb, die Thea Sternheim aus München her kennt, kommt Ende Januar 1930 nach Berlin, um eine ihrer gefürchteten Honorarverhandlungen mit Samuel Fischers Schwiegersohn Gottfried Bermann zu führen (in deren Verlauf sie dem Verleger auch schon mal einen Brieföffner an den Kopf wirft). Die als schusselig verschriene Literatin will nun Thea besuchen, klingelt aber an der falschen Tür. Pamela öffnet, ein »Kammerkätzchen«[27], wie Annette Kolb meint. Pamela verweist die berühmte Autorin recht barsch zur Wohnung nebenan und schlägt die Tür zu. Als Annette Kolb schließlich an Theas Kaffeetisch sitzt, erzählt sie von ihrem Fauxpas und wird von der Gastgeberin aufgeklärt: »Das war die Wedekind.«[28] Darauf Annette Kolb: »Um Gotteswillen!« Und Thea Sternheim sarkastisch: »Ja, meine Liebe. So ist die neue Sachlichkeit.« Als die beiden später das Haus verlassen, begegnen sie Gottfried Benn. Carl Sternheim hat ihn gerufen, nicht zu einem Plausch unter Autorenkollegen, sondern weil er Benn als Arzt für Geschlechtskrankheiten schätzt. Thea, die auf den Lyriker nicht eben gut zu sprechen ist, seit sie damals von Mopsas gebrochenem Herzen erfahren hat, überwindet sich und bittet Benn beinahe flehentlich, er möge seinen Einfluss auf Carl geltend machen und ihn und Pamela überreden, »daß das Paar endlich heiratet und ich von seiner Gegenwart erlöst werde«.[29]

Benn tut sein Bestes, und wenig später erscheinen Pamela und Carl bei Tilly Wedekind zum Tee. Die ist erstaunt, als der sichtlich geisteskranke Mann »feierlich und in aller Form«[30] um Pamelas Hand anhält. Tilly bittet Pamela ins Nebenzimmer, um mit ihr unter vier Augen sprechen zu können, und fragt sie, ob

»Ein breitschultriger, etwas untersetzter Mann mit einem prachtvollen Kopf und hellen graublauen Augen«, Tilly Wedekind über Frank Wedekind.

»Du hast mir das Glück gebracht!«, Frank Wedekind über Tilly Wedekind.

»Moiby [Mopsa] ist ein aufgeworfenes, unbändiges, manchmal faszinierendes Mädchen geworden.« Thea Sternheim über die Tochter Mopsa; hier beide um 1915/16.

»Wir traten wie Zwillinge auf.« Klaus Mann über seine Schwester Erika; hier fotografiert von Lotte Jacobi, um 1928.

»Aber leider kann ich mir nicht denken, daß Du mich so gern magst, wie ich Dich«.
Erika Mann in einem Brief an Pamela Wedekind, 1924.

»Das stolze Haupt eines Renaissance-Jünglings!«
Klaus Mann über die junge Pamela Wedekind.

»Pamela wurde bald unsere beste Freundin; sie war unzertrennlich von Erika und mir.« Der Dreierbund Erika (li.) und Klaus Mann und Pamela Wedekind.

»Schalten und dann mit Vollgas in die Kurve, das war meine Devise.« Erika Mann als Rennfahrerin, 1931.

»Ich will ja nicht schön sein. Ich will bloß zum Theater.« Therese Giehse, um 1919.

»Er war reinen Herzens.« Klaus Mann über René Crevel; hier 1928.

K. Mann, A. Schwarzenbach, E. Mann, R. Hallgarten (v. l.).

Erika Mann, Annemarie Schwarzenbach und Klaus Mann, Venedig, Mai/Juni 1932, wenige Wochen nach Ricki Hallgartens Selbstmord.

»Ein warmherziger, mutiger und liebenswerter Mensch«, Klaus Mann über Mopsa Sternheim; hier fotografiert von Annemarie Schwarzenbach, 1933.

Die Hochzeit von Rudolph von Ripper (li.) und Mopsa Sternheim (vorn) am 17.12.1929, hinten und rechts: Carl Sternheim und Alice Apfel.

»Er hatte mir geschrieben, er habe eine Mauer um sich errichtet.«
Tilly Wedekind über Gottfried Benn; hier eine Aufnahme von 1934.

»Aber was soll das alles? Mich freut gar nichts mehr.« Klaus Mann in einem Brief an Erika, 1947; hier im Mai 1949 in Cannes, wenige Tage vor seinem Tod.

»Merkwürdig, wenn Sie ein *Junge* wären, dann müßten Sie doch als *ungewöhnlich* hübsch gelten.« Thomas Mann zu Annemarie Schwarzenbach; hier in den 1930er-Jahren.

»Berlins unverwüstlicher Liebling vor, während und nach der Nazizeit.« Klaus Mann über Gustaf Gründgens. Hier Gründgens als Christian Maske in Carl Sternheims *Der Snob*, 1948.

Sternheim das ernst meine? Pamela bejaht. Tilly ist entsetzt, fleht ihre Tochter an, diesen Schritt nicht zu tun. Vergebens. Irgendetwas bindet Pamela an diesen Mann. Tilly mag in diesem Augenblick an Klaus Mann gedacht haben, an Pamelas Verlöbnis mit ihm, und daran, wie sie, Tilly, dies von Anfang an nur als Jux der »Dichterkinder« belächelt hatte. Jetzt aber kommt ihre Tochter, so ist sie überzeugt, vom sprichwörtlichen Regen in die Traufe – aber Tilly ist machtlos, »alle meine Bedenken und Vorstellungen halfen nichts. Sie haben schließlich doch geheiratet.«[31]

Währenddessen wird Thea Sternheim, die die arbeitslose, drogensüchtige Mopsa bei sich aufgenommen hat, von deren Anwürfen überzogen: Sie, Thea, sei eine Beutelschneiderin, die die eigene Tochter »mit Sternheim – verkuppeln«[32] wollte. Thea ist einer Ohnmacht nahe. Mopsa verlässt die Wohnung. Am Tag darauf erfährt die Mutter von einem Bekannten, Mopsa habe den Abend in einem Nachtlokal verbracht, gemeinsam mit Rudolph von Ripper, einem morphiumsüchtigen österreichischen Zeichner mit Monokel im Auge und seltsam verschobener Visage, und Klaus Mann und dessen anrüchigen Freunden. Thea ahnt Schlimmes und räsoniert: »Der mir von Mops[a] versetzte Schlag hat getroffen. Er kam aus der Richtung, woher alle Zerstörungsmethoden dieses Kindes immer gekommen sind. Sie ist der auf die Spitze getriebene Abklatsch Sternheims.«[33] Den Namen Rudolph von Rippers – den nach dem Londoner Frauenmörder alle nur »Jack the Ripper« nennen – wird sich Thea indes noch merken müssen …

Vier Tage später erklärt sich Thea bereit, Mopsas Hypothekenbriefe, die sie verwahrt, einem Anwalt zur treuhänderischen Verwaltung zu übergeben und im Gegenzug dafür, dass das Kapital erhalten bleibt und nicht in den Drogenkonsum versickert, Mopsa weiterhin einen monatlichen Zuschuss zu gewähren. »Aber auch das«, schreibt Thea, »scheint mir eher ein Aufschieben als ein Vermeiden der Katastrophe.«[34] Kaum ist sie vom Anwaltstermin wieder zu Hause, klingelt es an der Tür. Es ist Carl Sternheim. Er erklärt seiner Ex-Frau, dass er Pamela heiraten wolle. Ob Benn ihm zugeredet hat, bleibt unklar. Thea möchte am liebsten jubeln. Als ihre Haushälterin Frieda König das Zimmer betritt, fällt Thea ihr im Überschwang um den Hals. Endlich, so glaubt sie, ist sie Sternheim, ist sie eine große Last los. Sie irrt.

Die Hochzeitsvorbereitungen laufen. Carl Sternheim – inzwischen wenigstens so weit wiederhergestellt, dass er das Haus verlassen und kleine Unternehmungen selbst bewerkstelligen kann – bestellt auf dem Standesamt das Aufgebot. Die Eheschließung ist für den 17. April 1930 angesetzt. Man will im kleinsten Kreis feiern, nur die engsten Familienangehörigen sollen geladen sein. Zu sehr haben alle Beteiligten in den letzten Monaten und Jahren Federn lassen müssen, zu viel Spott und Häme hat sich über sie ergossen. Zudem fürchtet man die Klatschpresse. Wenige Wochen vor der Feier, am 4. März, klingelt Thea Sternheims Telefon. Es ist Gottfried Benn. Er teilt ihr mit, dass er seinen Dienst als Sternheims behandelnder Arzt niederlege. Noch am selben Tag erhält Thea Besuch von Carl und Pamela, die erklären, Sternheim werde die Salvarsantherapie abbrechen. Thea ist fassungslos: »Sie [Pamela] ist eine Gans, die ihm [Carl Sternheim] jedes Wort nachplappert, ihm hörig und wohl auch nicht ganz zurechnungsfähig. Man kann nichts anderes tun, als die beiden ihrem Schicksal überlassen.«[35] Thea ist müde und ausgebrannt. Sie sehnt sich nach Ruhe, nach ihrem Seelenfrieden, danach, frei von Verantwortung zu sein. Am 12. März 1930 reisen Carl und Pamela nach Belgien und weiter nach Südfrankreich. Thea geht früh zu Bett und notiert anderntags dankbar in ihrem Tagebuch: »Ich habe still und tief geschlafen wie seit Wochen nicht. Wie ich mich hingelegt habe, bin ich aufgewacht. Geistig und körperlich ausgeruht. Ein Schlaf ohne Angst um Carl. Mit meinem Gott allein!«[36] Wenig später treffen aus Nizza Briefe Pamelas bei der Mutter ein, worin sie sich beklagt, Sternheim sei verwirrt, unruhig, nirgends gefalle es ihm …

Nach der Rückkehr der beiden Brautleute findet die Eheschließung am 17. April 1930 auf dem Standesamt Berlin-Moabit statt. Nur die Trauzeugen sind zugegen: der Maler Conrad Felixmüller und dessen Frau Londa. Hinterher trifft man sich in kleiner Runde zum Essen im Restaurant des noblen Hotels Eden: Tilly Wedekind und Pamelas jüngere Schwester Kadidja sind geladen. Pamela gibt sich aufgekratzt fröhlich. Carl Sternheim ist witzig und schlagfertig, ein Außenstehender könnte kaum glauben, dass es sich um einen schwer kranken Mann handelt. Abends holt Pamela ihre Siebensachen aus Tillys Wohnung und zieht zu Carl Sternheim, ihrem Mann, in die Düsseldorfer Straße. Sie heißt nun selbst Sternheim. In der Wohnung nebenan lebt die andere Frau Sternheim: Thea hat es vorgezogen, der Hochzeitsfeier fernzubleiben.

Auch Pamelas Ex-Verlobter Klaus Mann und ihre Ex-Geliebte Erika sind nicht zur Hochzeit erschienen. Ob sie eine Einladung erhalten haben, ist nicht bekannt. Indes: Sie sind mit dem Automobil unterwegs auf großer Fahrt: über Frankreich und Spanien nach Marokko, ins Land des Schlafmohns. Hier wollen sie – wieder einmal – ihre Sorgen vergessen und im bewusstseinserweiternden Rausch ins Reich der Freiheit eintauchen. Sie werden dieses Experiment ums Haar mit dem Leben bezahlen …

Zurück in Deutschland, veröffentlicht Klaus Mann in der Wochenschrift *Die literarische Welt* eine *Nicht gehaltene Rede beim Hochzeitsessen einer Freundin* und lässt damit diesen langen Abschnitt seines Lebens so enden, wie er ihn im Sommer 1924 begonnen hat: mit der exhibitionistischen Zurschaustellung vor der Öffentlichkeit.

»Nun also auch Du«, heißt es süffisant in dem launigen, maliziösen Text des verschmähten Verlobten. »Dieses Heiraten ist ja wie eine Epidemie unter uns, einer nach dem anderen tut den sonderbaren und gewagten Schritt. Und gerade wir galten doch für so besonders anrüchig und exzentrisch. […] Woher kommt mit einemmal dieses akute Bedürfnis, sich auf einen Bestimmten festzulegen? Dieses Nacheinander-Greifen, Sich-aneinander-Halten, unter scheinbarem Verzicht auf die Freiheit, von der noch unlängst soviel die Rede war? Von Stärke ist das doch sicher kein Zeichen; aber auch nicht von einer neuen Bürgerlichkeit. [...] Handelt es sich in allen diesen Fällen um die vielgepriesene ›Kameradschaftsehe‹? [...] Die Ehe aber ist unser pathetischer Versuch, eine Einsamkeit zu überwinden, von der wir wissen, daß sie endgültig ist. [...] Ich glaube auch, daß man seltener als früher aus geschäftlichen Gründen heiratet. All diese Ehen haben weder mit dem Geld noch mit dem Sexus zu tun. Ich muß aussprechen, daß es Liebesehen sind. Liebe ist der Versuch des Menschen, seine unüberwindliche Einsamkeit zu überwinden. [...] Was gelobt Ihr Euch heute? Doch nicht, daß der eine dem anderen ewig gehören muß? Wie könntet Ihr das! [...] Der Versuch, auf den Du Dich einläßt, ist ernst und schön – einen besseren Glückwunsch finde ich nicht. Ich mag Dir nicht prophezeien, daß er gut ausgehen wird. Du weißt selbst, wie unsicher und wie unwichtig das ist. Ich könnte auf Deiner nächsten Hochzeit keine anderen Worte finden als heute – sogar dann nicht, wenn es *unsere* Hochzeit sein sollte.«[37]

So endet die innige Freundschaft von Klaus Mann und Pamela Wedekind. Beide werden einander nicht wiedersehen. Auch Erika – im Innersten verletzt – wird zu Pamela Abstand halten. Nach Klaus Manns frühem Tod wird Pamela mit einem Beileidsbrief wieder an Erika herantreten. Aber dann wird mehr zwischen ihnen stehen als eine Abfolge von Jahren: Es werden Epochen und Katastrophen über sie, die Überlebenden, hinweggegangen sein.

»Wir drei hatten zusammen nur eine Lunge«

Eine Liebe zu dritt – Mopsa Sternheim, René Crevel und Rudolph von Ripper. 1928–1935

Von einer »Epidemie« des Heiratens schrieb Klaus Mann in seiner nicht gehaltenen Rede anlässlich der Hochzeit von Pamela Wedekind und Carl Sternheim. Dies war auch ein versteckter Hinweis auf eine andere Eheschließung jenes Winters 1929/30 in den Reihen seiner Freunde: Am 17. Dezember 1929 hatten Mopsa Sternheim und Rudolph von Ripper standesamtlich geheiratet. Hatte ein Journalist nach der Sensationsmeldung von Pamelas Verlobung mit Sternheim noch gewitzelt, bald könne Mopsa zu ihrer Freundin »Mama« sagen, so erweiterte sich nun der Kalauer insofern, als Ripper gleich *zwei* Schwiegermütter angeheiratet hatte: Thea und Pamela. Aber die Situation war noch weit verzwickter: Denn auch René Crevel spielte in diese Geschichte hinein und machte die Liaison zeitweise zu einer Ménage-à-trois …

Mopsa lernt den jungen, erst siebenundzwanzigjährigen französischen Dichter im Januar 1928 kennen. Dass ihr bester Freund Klaus Mann unglücklich in ihn verliebt ist, weiß sie. Indes schert sie sich wenig darum, als sie in den nächsten Monaten eine Gefühlslawine lostritt, die vieles verwüsten wird. René Crevel und Mopsa Sternheim werden bald gute Freunde – und mehr. Sie sind Seelenverwandte, kennen beide die Abgründe des Daseins und die Verlorenheit des Menschen. Mopsa: Carl Sternheims Kind, das zunächst unter dem Dach des Stiefvaters aufwuchs, bis es vom Gericht endlich der Mutter zugesprochen wurde; das Kind, das vom eigenen Vater mit voyeuristischen Nachstellungen verfolgt wurde; das Kind, dessen Mutter wegsah, weil nicht sein konnte, was nicht sein durfte.

Und René: Auch er hat eine Kindheit und Jugend voller Brüche und Demütigungen. Er wird am 10. August 1900 in eine kleinbürgerliche Pariser Familie hineingeboren. René hat noch drei Geschwister: einen älteren Bruder und zwei jüngere Schwestern. Die Eltern, angepasst, unauffällig, wollen ihrem begabten zweiten Sohn den sozialen Aufstieg ermöglichen und schicken ihn aufs Gymnasium. Dort lernt der Schüler, ein überaus hübscher Junge, Marc Allégret kennen. Beide verbindet die Liebe zur Literatur und zum Film – und: die Homosexualität. Allégret wird später nicht nur einer der führenden Cineasten Frankreichs werden, sondern zeitweise auch der jugendliche Geliebte des berühmten (1947 mit dem Nobelpreis geehrten) Schriftstellers André Gide. Doch im Jahre 1914 erfährt Renés Leben einen herben Schlag: Der Vater erhängt sich. Die Gründe hierfür bleiben unklar, werden vertuscht. Es gibt Gerüchte über ein homosexuelles Doppelleben. Der Suizid des Vaters entwickelt sich für René zu einem dreifachen Trauma: dem Verlust an den Tod, der Angst vor der »Schande« der Homosexualität (auch der eigenen!) und der Verstörung, als seine Mutter – Vater Crevel baumelt noch an einem Strick von der Zimmerdecke – den halbwüchsigen Sohn an der Hand nimmt, zu dem noch nicht erkalteten Leichnam führt und den Toten wie vor einem Tribunal seiner sexuellen Ausschweifungen und Sünden bezichtigt. René wird ein Leben lang an der eigenen Sexualität leiden. Sein bisweilen uneindeutiges Liebesleben – meist Beziehungen zu Männern, manchmal halbherzige Annäherungsversuche an Frauen, unter ihnen Mopsa – mag eine Folge dieser psychischen Deformierung gewesen sein.

Rein äußerlich scheint René Crevels bürgerlicher Aufstieg vorgezeichnet: Nach dem Abitur beginnt er an der altehrwürdigen Sorbonne ein Jurastudium – zum Stolz seiner verbitterten Mutter. Doch im Quartier Latin, dem Studentenviertel, kommt er bald mit allerlei jungen Literaten in Kontakt – und mit der homosexuellen Liebe. Er bricht das Jurastudium ab, will nur noch ein Dichter sein, gerät in den Kreis der Surrealisten um Roger Vitrac, Louis Aragon und André Breton, ein Kreis, der sich bald als ein schwarzes Loch erweist, das ihn zu verschlingen droht. Crevel wird sein restliches Leben im Zwist mit den surrealistischen Freundfeinden stehen, auch, weil etliche von ihnen zwei Seiten seiner Existenz ablehnen: die Homosexualität und den Kommunismus.

1919 stirbt Renés älterer Bruder an einer Lungenentzündung. Auch René erkrankt früh an der Lunge – es ist die Tuberkulose. Später wird sich eine Syphilisinfektion hinzugesellen – an ihr wird René nicht nur körperlich leiden, sondern auch psychisch, zumal diese Krankheit in der bürgerlichen Vorstellungswelt mit Schande behaftet ist.

Trotz physischer und psychischer Nöte und finanzieller Engpässe entstehen in den kommenden Jahren in rascher Folge mehrere Romane, die eine Nähe zum Surrealismus offenbaren, diesen in ihrer satirischen Schärfe und gesellschaftlichen Kritik aber bald hinter sich lassen: *Détours* (1924), *Mon corps et moi* (1925), der von Klaus Mann geschätzte und auch rezensierte Roman *La mort difficile* (1926) – der 1930 unter dem Titel *Der schwierige Tod* auf Deutsch erscheint –, *Babylone* (1927), *Êtes-vous fous?* (1929) und *Les pieds dans le plat* (1933).

Im Sommer 1926 stirbt René Crevels Mutter. Für den jungen Mann eine Befreiung, war sie doch das fleischgewordene schlechte Gewissen seines angeblich unmoralischen Lebenswandels. Doch bereits zu jenem Zeitpunkt trägt er – und er wird dies unterschwellig stets als Bestrafung empfinden – die Krankheit der Lungentuberkulose in sich. Bis zu seinem Suizid im Juni 1935 wird Crevel von einem Sanatorium zum anderen ziehen, sich Operationen und schmerzhaften Therapien unterwerfen, und in den immer kürzer werdenden Phasen dazwischen in gierigen Zügen das Bohemeleben in Paris und Berlin auskosten, stets auf der Suche nach der einen, erfüllten Liebe.

Im Januar 1928 kommt Crevel zum ersten Mal nach Berlin. Die Boheme von Paris mag älter und legendärer sein – das Berlin der Zwanzigerjahre hingegen schwitzt geradezu vor Vitalität, Jugendlichkeit und schriller Buntheit. Crevel ist überwältigt, nicht nur vom künstlerischen Leben: Er findet Gefallen an der lebendigen Schwulenszene, an den vielen blonden Männern, an der legeren Unkompliziertheit. Für die Schattenseite des Molochs – Armut, Krankheit, soziale Verelendung in den östlichen Arbeiterbezirken – hat er damals noch kein Auge, kommt er doch aus dem bürgerlichen Charlottenburg und Schöneberg nicht hinaus. Er lernt Mopsa Sternheim kennen. Es entsteht eine tiefe Freundschaft, bald auch eine Liebelei – so zumindest wirkt es auf Außenstehende (Thea Sternheim etwa sieht in Crevel bereits den künftigen Schwiegersohn), und so reden es sich René und Mopsa selbst ein.

Als Mopsa einige Zeit später René in Paris besucht, lernt sie ein paar der Literaten und Künstler aus dem Kreis der Surrealisten kennen: Sie sind einander unsympathisch. Lediglich zu dem Dichter Paul Éluard und dem Maler Max Ernst findet Mopsa Zugang. Éluards Ehefrau und Muse Gala begegnet zu jener Zeit dem jungen spanischen Maler Salvador Dalí (1932 wird sie sich von Éluard scheiden lassen, zwei Jahre später werden Dalí und sie heiraten und als exzentrisches Paar in die Kunstgeschichte eingehen). Obgleich Mopsa selbst ein »Dichterkind« ist und in der Berliner Boheme verkehrt, sind ihr die Exklusivität und das Elitegehabe der Surrealisten fremd und zuwider. Vielleicht ist sie auch durch das krankhafte Geniegebaren ihres unseligen Vaters traumatisiert.

In jenem Jahr beginnen Mopsa und René einen Briefwechsel – sofern sie die Zeit nicht miteinander verbringen. Im August 1928 besucht sie ihren neuen Freund in Seelisberg bei Luzern, wo er in ärztlicher Behandlung steht. Paul und Gala Éluard stoßen hinzu. Es sind glückliche Tage. Dann aber reist Mopsa weiter nach Lourdes, wo sie sich mit Bruder und Mutter trifft und mit ihnen gemeinsam nach Spanien fährt.

Wenn René Crevel in Paris oder der Schweiz ist und Mopsa in Berlin, treffen haufenweise Briefe und Kärtchen bei ihr ein, die einen immer sehnlicheren Ton anschlagen – und Mopsa sicherlich auf eine Fährte locken, die sich als verwunschener Pfad erweisen wird. Am 21. Januar 1929 schreibt Crevel in seinem mangelhaften Deutsch: »Mein süsse und schoen und liebe Mopsa, wie get's. Ich liebe dich und fur mir alles ist gut yets.« Und weiter, in seiner Muttersprache: »Mopsa, schreib mir bald. Deine Briefe sind das größte Vergnügen meines einsamen Lebens [...].«[1] Kurz darauf unterbreitet er Mopsa einen Heiratsantrag. Seine Bedingung: Eine Josephsehe, mit der Möglichkeit sexueller Freizügigkeiten. Thea Sternheim, die freilich von den »Zusatzklauseln« dieses Antrags nichts weiß, ist grundsätzlich einverstanden, jedoch besorgt um Crevels finanzielle Lage: Der braucht in jenen Jahren nach und nach sein Erbe auf (auch für aufwendige medizinische Behandlungen), hofft auf den großen Verkaufserfolg seiner Bücher (der, allem literarischen Ruhm zum Trotz, ausbleibt) und muss sich, Mopsa und Thea eingestehen, dass er so gut wie bankrott ist.

Schließlich, Ende April 1929, kommt es zwischen Mopsa und René doch zu Intimitäten: Die beiden unternehmen einen zweitägigen Ausflug nach Saint-Germain-en-Laye bei Paris, und offensichtlich verbringen sie auch die Nächte miteinander. René fühlt sich in seinem Heiratsverlangen bestätigt, vermutlich ist es die erste sexuelle Erfahrung mit einer Frau. Mopsa hingegen, obgleich sie sich bislang immer eine Liebe zu ihm eingeredet hat, fühlt sich körperlich überfordert, ja abgestoßen. Ein Gefühl von Missstimmung und Fadheit bleibt bei ihr zurück. Kurz darauf kehrt sie Paris den Rücken und reist zurück nach Berlin.

Von dort fährt sie nach Aigen bei Salzburg. Sie folgt einer Einladung. Es existiert seit einiger Zeit ein weiterer Mann in ihrem Leben: Rudolph von Ripper, den alle nur »Jack the Ripper« nennen. Er wird in Mopsa den Keim zur Selbstauslöschung legen, denn er konsumiert seit Jahren Drogen: Opium, Kokain,

Heroin, und weiß sicher und bequem an Rauschmittel aller Art heranzukommen.

Rudolph Carl von Ripper wird am 29. Januar 1905 in Klausenburg in Siebenbürgen geboren. Keine drei Wochen zuvor ist im fernen Oberkassel Mopsa Sternheim zur Welt gekommen. Die Rippers sind eine alte österreichische Offiziersfamilie. Rudolphs Mutter Clara Rosa ist eine geborene Gräfin von Salis-Samaden. Rudolphs Vater wird vor dem Ersten Weltkrieg mehrmals versetzt. Die Familie – Ehefrau, Sohn und zwei Töchter – zieht mit: von Klausenburg nach Lemberg in Galizien, und weiter nach Görz (österreichische Küstenlande, heutiges Friaul) und Salzburg. Bereits als Jugendlicher zeigt Rudolph zwei Leidenschaften: das Zeichnen und das Abenteuer. Zum Ende des Ersten Weltkriegs stirbt der Vater, die Mutter muss sich allein um die Erziehung der Kinder kümmern und zieht sich auf ihren Besitz in Aigen zurück. Rudolph besucht ein Internat, reißt wiederholt aus und wird schließlich ohne Abschluss von der Schule entlassen. Die weltoffene, kunstsinnige Mutter indes lässt ihm Privatunterricht im Zeichnen und Malen erteilen. 1921 büxt Rudolph, sechzehnjährig, erneut aus und fährt zunächst nach Innsbruck, später nach Berlin. Hier haust er ärmlich in einem Arbeiterbezirk zur Untermiete. Seinen kärglichen Lebensunterhalt verdient er als Handlanger in einem Sägewerk, dann als Kassierer und Clown in einem Wanderzirkus. Sein Weg führt ihn nach Duisburg, hier schlägt er sich als Zimmermannsgehilfe in einem Kohlebergwerk durch. Er bewirbt sich an der Akademie der bildenden Künste in Düsseldorf, wird angenommen und studiert dort eine Zeit lang. Doch Ripper hat einen unruhigen, weltbegierigen Geist: Bald geht er, achtzehnjährig, nach Paris und kommt mit jungen Künstlern und Literaten in Kontakt. Wieder muss er sich seinen Lebensunterhalt als Arbeiter verdienen, in einer Seidenfabrik. Versuche, eigene Zeichnungen zu verkaufen, scheitern. Die Boheme in Paris ödet ihn indes bald an, deren Aura erscheint ihm von Stallgeruch und inzüchtiger Eitelkeit durchzogen. Er will die weite Welt erleben, die Fremde, das Abenteuer. Ripper unterzeichnet bei der französischen Fremdenlegion einen Vertrag, der ihn auf fünf Jahre bindet.

Die Fremdenlegion ist mehr als nur die Legende einer Elitetruppe. Sie ist Werkzeug einer weltumspannenden Kolonialmacht, die dorthin geht, wo reguläre Truppen nicht eingesetzt werden: in Kriegs- und Krisengebiete, um gefährliche und verschwiegene bis schmutzige Aufträge auszuführen. Der dafür nötige Korpsgeist der Legionäre wird mit aller Härte gedrillt und eingebläut, Ungehorsam oder gar Desertion werden drakonisch bestraft. Rudolph von Ripper dient in einem Kavallerieregiment. Er wird in Tunesien, im Libanon und in Syrien eingesetzt, kämpft gegen Rebellen und Partisanen. Im Einsatz in Syrien wird er schwer verletzt und nach Tunesien gebracht, wo er längere Zeit in einem Militärlazarett liegt. Er hat von diesem Abenteuer genug, will desertieren. Von einer Verwandten, die ihn besucht, leiht er sich Geld. Dann reißt er aus, schlägt sich nach Tunis durch, taucht im Suk unter, kauft Zivilkleidung. Ein böser Zufall will es, dass ihm ein Vorgesetzter über den Weg läuft. Ripper kann gerade noch entkommen, rennt zum Bahnhof, nimmt den nächsten Zug nach Algier. Dort gelingt es ihm, sich als Seemann auszugeben und ein niederländisches Schiff zu besteigen. Er kann nach Europa entkommen.

Doch nicht die Enge des Abendlandes lockt ihn – zumal er als Deserteur in den kommenden Jahren stets auf der Hut vor der französischen Militärgerichtsbarkeit sein wird. Gemeinsam mit einem Freund macht er sich nach Schanghai auf, das damals als Rückzugsort von Glücksrittern, Kriminellen, Mafiosi, Drogensüchtigen und Künstlern gilt. Es ist eine Stadt jenseits des Gesetzes, es gilt das Recht der Clans und des Geldes. Hier macht Ripper ausgiebig Bekanntschaft mit Drogen, die günstig zu haben sind – eingeschmuggelt aus dem Inneren Chinas. Eine Zeit lang arbeitet er für einen amerikanischen Waffenschieber namens Ellison, der, mit einer Panzerweste angetan, seinen krummen Geschäften nachgeht und recht eingeübt darin ist, die chinesische Beamtenschaft zu bestechen. Doch die Weste schützt Ellison nicht: Eines Tages wird er ermordet aufgefunden. Ripper weiß, dass er im Visier von Ellisons Feinden steht und der Nächste auf der Abschussliste ist. Er lässt alles stehen und liegen, besteigt den nächsten Zug und fährt in die Mandschurei, und von dort mit der Transsibirischen Eisenbahn quer durch die Sowjetunion nach Europa.

Ruhelos reist er umher: zwischen Aigen, wo seine Mutter wohnt, die ihn noch immer alimentiert, und Berlin, wo er als Künstler zu reüssieren hofft. Er fühlt sich müde und leer, unternimmt einen Selbstmordversuch, wird gerettet. Dann begegnet er Mopsa Sternheim – und verliebt sich in sie. Rudolph von Ripper weiß um Mopsas Beziehungen zu Frauen, weiß auch um ihre enge Freundschaft mit René Crevel. Aber er fühlt sich von ihr verstanden – so wie sie sich von ihm. Beide stehen am Rand des Lebens, tragen ein existenzielles Trauma mit sich. Und: Beide werden Liebende im Rausch, ganz wörtlich genommen. Die Drogen werden ihre »Communio«, die sie vereint und aneinanderkettet, sie von anderen abgrenzt und in höhere Sphären erhebt. Thea Sternheim, die bald von Mopsas Exzessen in anrüchigen Nachtlokalen erfährt, ahnt richtig: Ripper wird ihrer ohnehin labilen Tochter nicht guttun, wird sie hinabreißen in eine Hölle, der sie nicht mehr entkommen wird. Über den Schwiegersohn in spe kommen ihr bald üble Geschichten zu Ohren, von vermeintlich vertrauenswürdigen Leuten hinterbracht. Am 13. Dezember 1929 – nur vier Tage vor Mopsas und Rippers Heirat – schreibt Thea nach einem Theaterbesuch in ihren tagebuchartigen Erinnerungen: »Hinter uns Moiby und Ripper. Moiby strahlend und gleichzeitig verkrampft. Ich denke an den Bericht [der Schauspielerin] Alexa von Poremskys: ›Erst zeichneten beide mich in lasziven Posen. Dann trieb es Mops[a] mit Ripper vor mir. Als aber Ripper seine alten Rechte auf mich geltend machen wollte, gab es zwischen den Verlobten eine wilde Eifersuchtsscene. Ich werde sie in Zukunft nicht mehr besuchen.‹«[2] Kann Thea der Informantin glauben? Immerhin gilt Alexa von Poremsky als eine etwas leichtlebige, promiskuitive Dame, die ihr Geld auch als Aktmodell verdient. Thea zieht den Schluss: »Das alles steht auch in Moibys Gesicht.«[3] Anderntags notiert sie voller Unbehagen: »Wo steuert das Kind hin? So ist doch keine Ehe aufzubauen.«[4] Zwei Tage später steckt Rudolph von Ripper Thea ein Briefchen zu, worin er beteuert: »Stoisy [Thea Sternheim], ich verspreche Ihnen, daß ich alles tun werde, um aus Mops[a] den glücklichsten Menschen zu machen. [...] Ihre Liebe hat mein Leben völlig verändert – ich habe einen abenteuerlichen und mühsamen Lebensweg hinter mir – ich war schon etwas müde. Jetzt bin ich wieder ganz jung.«[5] Thea weiß aus eigener Erfahrung: Papier ist geduldig.

Am 17. Dezember 1929, vier Monate vor der Hochzeit Pamela Wedekinds und Carl Sternheims, schließen das Dichterkind Mopsa Sternheim und der Abenteurer Rudolph von Ripper den Bund der Ehe. Trauzeugen sind Gottfried Benn und Alice Apfel – beide wurden vor nicht langer Zeit von Mopsa unglücklich begehrt. Geladen sind zudem die Brauteltern Thea und Carl und Mopsas Bruder Klaus. Rippers Mutter ist in Aigen geblieben. Es ist eine gespenstische Runde am Mittagstisch in Theas Wohnung: Rudolph und Mopsa stehen sichtlich unter Drogen und sind »total erschöpft«[6], Thea hat eine schlaflose, verweinte Nacht hinter sich und sieht völlig zerknautscht aus, Benn ist übermüdet und kämpft mit dem Schlaf, Carl Sternheim ist nur noch »der Schatten seiner einstigen Persönlichkeit«[7]. Thea dämpft die Stimmung, indem sie Ripper, den sie noch immer eisern siezt, einen Zettel zusteckt, worauf steht: »Natürlich mache ich mir Sorgen über diesen Zusammenschluß – nicht, wie Sie denken, Sorgen pekuniärer Art – aber aus charakterologischen Gründen. Ich halte Sie beide für überaus beeinflußbare, schwankende Rohre, zu jeder Extravaganz des Leibes und der Seele bereit.«[8] Frieda König, die treue Seele aus Uttwiler Zeiten, zeigt ihre ganze Kunst als Köchin, aber keinem am Tisch mag es richtig schmecken. Thea betet im Stillen:

»Herr, Herr […], wir haben alle keinen Wein mehr!«[9] Endlich löst sich die »Feierrunde« auf, Carl Sternheim macht den Anfang, weil er müde ist und nach nebenan strebt, um Siesta zu halten. Immerhin ist er diesmal nicht mit Schimpftiraden oder sexualisierten Gesten auffällig geworden.

Thea Sternheims Befürchtung wird sich nur allzu bald bewahrheiten: Keine fünf Wochen später ruft ihr alter Freund, der Kunsthändler Alfred Flechtheim an, sie solle sofort zu ihm kommen. Dort trifft Thea auf die Herren Nathaniel Wolff und Max Simon, beide Ärzte, die ihr mitteilen, Mopsa sei gestern von einem Bohemeball betrunken nach Hause gekommen und die Treppe hinabgestürzt. Sie habe eine Gehirnerschütterung davongetragen, sei im Übrigen aber in eine Entzugsanstalt eingewiesen worden, da sie offensichtlich drogenabhängig sei. Thea Sternheim ist am Ende: »Mich übermannt ein mit Ekel vermischter Zorn, eine geradezu irre Sehnsucht, dieser höllischen Verwahrlosung zu entkommen. Als ob der Wahnsinnige [Carl Sternheim] im Haus nicht genügte!«[10] Sie verliert die Fassung, beschimpft Wolff als Versager, bezeichnet die von ihm vertretene Psychoanalyse als fadenscheinig, beschuldigt ihn, Mopsa und Ripper Rezepte für Eukodal, ein süchtig machendes Schmerzmittel, ausgestellt zu haben. Im Übrigen sei sie »nicht imstande, für diese von allen guten Geistern verlassene Jugend Teilnahme aufzubringen!«[11]. Thea lässt die verdatterten und eingeschüchterten Herren stehen und fährt nach Hause, dort erwarten sie bereits ihr Sohn Klaus, der sich auch schon wieder etwas hat zuschulden kommen lassen, und der »Verfolgungswahnsüchtige«[12] Carl Sternheim, den sie kurzerhand zusammenstaucht und nach nebenan schickt. Dann geht sie zu Bett, zieht »die Decke bis über die Ohren und« verheult »die Nacht«[13].

Doch so leicht ist der Wirklichkeit nicht zu entfliehen. Wenige Wochen später heiraten Pamela Wedekind und Carl Sternheim und ziehen nach Brüssel. Thea indes kommt nicht zur Ruhe: Es häufen sich Nachrichten über Drogenpartys der

Kinder und deren Freunde: Auch Klaus Sternheim lässt sich von Schwester und Schwager verführen, sein Freund Antonio de Gandarillas aus Paris ist wieder in Berlin und wirft mit Geld um sich, hält die anderen frei, animiert sie zu jeder Ausschweifung. Thea weist auch den anderen Dichterkindern eine gehörige Schuld zu: »Der Einfluß, den Pamela Wedekind, Erika und vor allem Klaus Mann ausgeübt, jenes Kabarettunternehmen veranlassend, das unter dem Motto ›Kreuzzug der Dichterkinder‹, bei dem Moiby die Dekorationen und Kostüme ausgeführt, die junge Welt eine Zeitlang in Atem hielt, wurde durch Ripper ebenso erledigt wie die zwischen Anbetung und Haß pendelnde Bindung Moibys zu Gottfried Benn.«[14]

Mopsa wird nach einigen Wochen aus der Klinik entlassen, jedoch kurz darauf rückfällig. Unter den Qualen des Entzugs beschimpft sie die Mutter, fordert den Schlüssel zu einem Safe, in dem Thea Mopsas Hypothekenbriefe treuhänderisch verwahrt. Thea weigert sich, Mopsa wird handgreiflich, Klaus setzt die Schwester vor die Tür. Thea schwört sich, den Kontakt zur Tochter abzubrechen – ihr mütterliches Herz wird sich diesem Gelübde nicht fügen. In ihrem Tagebuch rechtfertigt sie sich vor sich selbst: »Ich hatte Herrn von Ripper nur dreimal gesehen, fand ihn aber instinktiv unsympathisch. Außerdem galt er für tuberkulös. Ich habe Mops[a], natürlich vor Herrn von Ripper, von der Heirat abgeraten, habe auch meine finanzielle Lage aufrichtig mit den jungen Leuten besprochen und ihnen gesagt, daß ich nicht imstande wäre, Mops[a] wegen der Heirat mehr zu geben.«[15] Thea Sternheim weiß vieles nicht, ahnt nur von dem Umgang, den Mopsa pflegt, stellt sich vage vieles vor, das sich in ihrer Besorgnis zu furchtbaren Mutmaßungen auswächst: »Ich kenne mich in des Kindes Absichten nicht mehr aus, unterscheide nicht einmal die Rollen, die Francesco von Mendelssohn, Marc Allégret, René Crevel, Dr. Hans Feist, noch die reizvolle, allgemein ›Äpfelchen‹ gerufene Frau des Rechtsanwalts Apfels spielen. […] Mopsa, temperamentvoll, klug, großherzig, talentiert, durch Charme befähigt, die Hürden der

Vorurteile spielend zu nehmen, aber auch sensationslüstern, intrigant, mit dem vom Vater ererbten Drang belastet, immer die Hauptrolle spielen zu müssen, unterminiert die Möglichkeiten ihrer Natur; entscheidet sich zum Vabanquespiel mit ihrer Gesundheit und gerät wie Ripper in die totale Abhängigkeit von der Droge, die sie nicht nur zur Aufgabe des erfolgreich begonnenen Berufs als Theaterausstatterin, aber auch zu ausschließlicher Sorge um die Beschaffung des Rauschgifts veranlassen wird.«[16]

Nein, Thea begreift Mopsas Welt nicht mehr, ahnt manches, und kann doch vieles nicht wissen. Hierzu gehört auch das komplizierte Geflecht, in das sich wenige Monate zuvor Mopsa, Ripper und Crevel verstrickt haben, und das sie noch immer umfangen hält: Mopsa war im Sommer 1929 schwanger, ob von René, mit dem sie im April zwei intime Nächte in Saint-Germain-en-Laye verbracht hat, oder von ihrem neuen Freund Rudolph von Ripper, bleibt unklar. Vielleicht weiß es Mopsa selbst nicht. Jedenfalls erzählt sie Crevel zunächst nichts von Ripper und lässt ihn im Glauben, das Kind, das sie erwartet, sei von ihm. Rudolph von Ripper hingegen, mit dem sie nun intim ist, glaubt, er sei der Vater. Die Situation ist verfahren, und Mopsa weiß weder ein noch aus. Crevel ist in jenen Wochen wieder krank und begibt sich in ein Sanatorium in Leysin im Schweizer Kanton Waadt. Sein Erbe ist inzwischen aufgebraucht, aber noch immer macht er sich vage Hoffnungen auf eine Hochzeit mit Mopsa – auch wenn er den materiellen Vorstellungen Thea Sternheims nicht genügen kann. Mopsa indes zieht die Notbremse – und lässt das Kind abtreiben. René Crevel ist empört. Aber er ist ohnmächtig, kann – schwach, wie er ist – nicht aus Leysin fort. Am 15. August 1929 steht plötzlich Mopsa in der Empfangshalle des Sanatoriums. Sie ist nicht allein, sondern hat ihren Geliebten mitgebracht: Rudolph von Ripper, ein dürrer, blonder Hüne mit Seitenscheitel und etwas schiefem Gesicht, das ihn aber eigenartig interessant wirken lässt. Crevel ist fassungslos und entrüstet. An den Schriftsteller

Georges Poupet schreibt er: »Ein Ripper, Maler, sanft, verrückt, war mitgekommen. Allein wäre sie mir lieber gewesen. Mops[a] wird fünfzehn Tage hierbleiben. Sie wohnt mit ihrem Ripper im Dorf. Sie haben mir Bridge spielen beigebracht [...]. Ich akzeptiere, dass sie für mich nur eine gönnerhafte Freundschaft empfindet. Sie war aus Mitleid gekommen. Ripper liebt sie. Sie haben zwei Monate miteinander verbracht.«[17] Sie spielen nicht nur Bridge. Alsbald kommt es zu einer Ménage-à-trois – aber nicht so, wie Mopsa es sich ursprünglich vorgestellt hat. Crevel und Ripper nämlich finden durchaus Gefallen aneinander, nicht als bloße Kumpel, die zufälligerweise dieselbe Frau begehren, sondern ganz anders: Sie landen alle drei im Bett. Mit einem Mal erscheint die Vision einer Liebe zu dritt eine realistische Option, und Crevel, der inzwischen ohnehin Zweifel an einer Ehe mit Mopsa hegt, willigt ein, dass seine Herzensfreundin »Jack the Ripper« heiratet, damit sie den gesellschaftlichen Konventionen genügen und sie ein amüsantes und aufregendes Leben zu dritt führen können. Als schließlich auch noch der Maler Eugene MacCown auftaucht, mit dem Crevel einige Zeit zuvor ein Liebesverhältnis hatte, scheint die Konfusion perfekt (und wie aus einer der frechen Erfolgskomödien von Mopsas Vater Carl Sternheim).

Doch René Crevels Krankheit verschlimmert sich. Im September 1929 muss er sich in einer Klinik in Lausanne einer Thorax-Operation unterziehen. Mopsa und Rudolph fahren zurück nach Berlin, nicht ohne zu versprechen, René so bald wie möglich nachzuholen. Sie wohnen in Rippers Atelier in Berlin-Neukölln und genießen weiterhin das Nachtleben und die Drogen – sofern sie das Geld dafür heranschaffen können.

Ripper hat an dem erotischen Dreierbund Gefallen gefunden und schreibt glühende Briefe an den in der Klinik liegenden Crevel: »Ich denke pausenlos an unser schönes Leben zu dritt, und ich bin überzeugt davon, dass wir der Welt eine Anschauung des vollendeten und großen Bündnisses zu dritt geben. [...] Welch Glück das Leben uns doch beschert hat! Mit den beiden zu leben, die man liebt: dem Mann und der Frau – und alle drei vollkommen vereint – ich denke, das ist der Himmel auf Erden. […] Crecre [Kosename für Crevel], ich denke immer an dich – an dich in deinem Bett mit den Rollen, wie du durchs Fenster auf die Berge blickst […]. Du – ich – Mops[a], das ist ein geschlossener Kreis. Alles dreht sich zwischen uns. Crecre, ich liebe dich und küsse dich.«[18] Die Liebesschwüre häufen sich. Acht Tage später schreibt Ripper dem fiebernden Crevel: »Ich bin sehr betrübt, dass du wieder Schmerzen leidest und fieberst. […] Crecre, ich küsse dich, ich halte dich fest in meinen Armen und ich nehme deinen Mund, um ihm so viele Küsse zu verpassen, dass man sie gar nicht mehr zählen kann.«[19]

Das Liebesverhältnis der drei scheint gefestigt. Wenige Tage später schreibt Crevel Mopsa einen rätselvollen Brief. Zunächst versichert er sie seiner glühenden Liebe: »Mopsa, Liebe, ich bin nicht untreu. Ich wiederhole es, wie auch in meinem letzten Brief: *Du bist die einzige Frau für mich*, und die Hoffnung auf unser Trio hilft mir, mich zu pflegen.«[20] Dann erzählt er ihr von einem eigenartigen Traum: »Ich träumte letzte Nacht, wir drei seien in Strezza [Stresa am Lago Maggiore]. (Mopsa, Mopsa, wann werden wir dort wieder vereint sein.) Wir waren alle drei in Strezza, und wir drei hatten zusammen nur eine Lunge. Und dennoch atmeten wir gut, wir waren glücklich. Wir hatten keine Körper mehr, aber doch ein kleines Dreieck Lunge, und das reichte für all unsere Wollust. […] Mopsa, ich liebe dich, ich küsse dich. Zärtlichkeiten auch an den Legionär [Rudolph von Ripper].«[21]

Das Ende der engen Dreierbeziehung kommt schneller als erwartet. Sie scheitert recht banal an Eifersüchteleien – ein nur allzu menschliches Gefühl, auch wenn die Boheme glaubt, solch bürgerlichen Sentiments längst enthoben zu sein. Mitte November erhält Mopsa einen Brief von René, worin er sie mit bitteren Vorwürfen überzieht: Sie würde nur Komödie mit ihm spielen. Er habe sich von Ripper verführen lassen. Und wer garantiere ihm, dass Mopsa nicht bald einen anderen Gespielen haben wolle, der ihnen beiden, Mopsa und Rudolph, ebenso gefiele?

Die beiden Beschuldigten sind ratlos über diesen plötzlichen Gefühlsausbruch, diesen abrupten Sinneswandel. Waren Renés Herzensbeteuerungen gelogen, die heißen Liebesnächte nur gespielt? Am 19. November schreibt Ripper an Crevel die verzweifelten Zeilen: »Nein, du hast nicht das Recht und keinen Grund, diese Frau, die niemals einen anderen liebte als dich und mich, so zu beschuldigen und zu beleidigen. [...] René, ich verstehe deinen Brief nicht. Ich fasse mich an den Kopf und frage mich, ob das nicht allzu absurd ist. [...] Ich träumte von einer Liebe mit dem Mann und der Frau, die ich über alles auf der Welt liebe. Ich war wohl übermütig. Du weißt genau, René, wie sehr ich dich liebe. Und wenn du heute sagst, oder selbst, wenn du denkst, das sei nicht wahr, dann lügst du, dann belügst du dich selbst. [...] René, ich liebe dich so sehr, sag mir, aber sag schnell, dass das nicht wahr ist, damit nicht eine ganze Welt zerbricht. [...] René, wir beide, alle beide, haben dir geglaubt, als du ehrlich warst, als du uns sagtest, es würde dir keinen Kummer bereiten, wenn Mops[a] meine Frau würde, und dass du dann mit uns zusammenleben würdest – wir haben das geglaubt, René!«[22]

Renés Eifersucht erweist sich als geschürtes Missverständnis: Hans Feist, ein Freund Klaus Manns, der Übersetzer von Crevels Roman *Der schwierige Tod*, der unglücklich in René verliebt ist, hat das Gerücht lanciert, Mopsa habe ihre Schwangerschaft nur vorgetäuscht, um Crevel hinzuhalten und mit ihm zu spielen, während sie doch in Wahrheit schon längst mit Ripper beisammen gewesen sei. Wenngleich diese »Interpretation« der wahren Begebenheiten ja nicht völlig falsch ist, war sie von Feists Seite her doch dazu gedacht, Crevel aus der Ménage-à-trois herauszulösen, um ihn – vielleicht – endlich für sich zu gewinnen. Das Freundschaftsverhältnis der drei zerbricht zwar nicht an der Intrige, aber ein gewisses Misstrauen ist in die Herzen gesät und geht erfolgreich auf: Trotz bald wieder angestimmter brieflicher

Liebesbeteuerungen, die zwischen Berlin und Leysin in der Schweiz hin- und hergehen, kommt die alte Vertrautheit nicht mehr auf (geschweige denn das ehemalige leidenschaftliche »Kartoffelverhältnis«). Feist gelingt es zwar nicht, Crevel endlich »herumzukriegen«, aber zumindest hat er das Dreigestirn, das in Crevels Traum an einer einzigen Lunge hing, zersprengt.

Am 17. Dezember 1929 heiraten Rudolph von Ripper und Mopsa Sternheim dann in Berlin. Die Hochzeitsreise führt im Frühjahr 1930 nach Lugano im Tessin und weiter in die Toskana, wo sie indes – Ripper ist immerhin Maler, Mopsa Bühnenausstatterin – es nicht einmal bewerkstelligen, die Uffizien zu besuchen (und das in Zeiten, als Touristen in der Stadt noch eine kleine Elite darstellen!): Sie sind schlicht zu sehr davon absorbiert, sich aus dubiosen Quellen Opium und Eukodal zu beschaffen, und schlafen nach nächtlichen Drogenpartys tagsüber ihren Rausch aus. Nach ihrer Rückkehr treiben es die scheinbar so unangepassten Eheleute mit der »Verbürgerlichung« noch so weit, dass sie auch kirchlich heiraten: Mopsa verlangt es nach dem Sakrament der Ehe, und ihre Schwiegermutter, die Gräfin Clara Rosa von Ripper, ist über dieses fromme Ansinnen der jungen Leute nur allzu beglückt: Am 19. August 1930 werden sie in Aigen katholisch getraut.

Die beiden jungen Brautleute können indes René Crevel nicht vergessen: Noch immer schreiben sie dem französischen Dichter Liebesbriefe, erinnern an das zärtliche und leidenschaftliche Beisammensein zu dritt, wollen an Vergangenes anknüpfen, als sei nichts geschehen – und verlieren unter dem Einfluss der Drogen doch immer mehr den Bezug zur Realität. Im April 1931 unternimmt Mopsa eine Fahrt nach Marokko, trifft sich dort mit ihrem Ehemann, der bereits seit ein paar Wochen im Land des Kifs weilt. Gemeinsam konsumieren sie allerlei Rauschmittel, die günstig und recht offen zu haben sind, und imitieren damit eine Reise ins Land des Vergessens, die ihre Freunde Erika und Klaus Mann bereits im Jahr zuvor unternommen haben.

Crevel seinerseits antwortet noch hin und wieder auf die Briefe der beiden, zieht sich aber immer mehr zurück: in sich selbst, seine Bücher, die Einsamkeit der Schweizer Berge oder der Provence. Sein Lungenleiden verschlimmert sich, wiederholt muss er sich gefährlichen, schmerzhaften Eingriffen unterziehen, wird körperlich schwächer und seelisch mutlos. Das intime Erlebnis mit Mopsa und Rudolph verarbeitet er nicht recht. Das gebrochene Verhältnis zu seiner Homosexualität – die unterdessen auch von den meisten aus dem Kreis der Pariser Surrealisten verdammt wird, ebenso von den Kommunisten, zu denen Crevel in den letzten Lebensjahren Verbindung hat – spielt mit hinein. In Briefen an Außenstehende versucht er sich seiner Gefühle für Mopsa und Rudolph klar zu werden – es sind Briefe der Selbstrechtfertigung, des schlechten Gewissens. An den Kunstsammler Étienne de Beaumont etwa schreibt Crevel – noch vor der Hochzeit seiner einstigen Bettgenossen –, dass »die kleine Sternheim und Ripper heiraten wollen. Um mir ein Heim zu geben. Das erinnert mich ein bisschen an die mythologische Person, die ihre Kinder isst, um den Vater zu behalten. Für mich hat das denselben Effekt wie der Aufenthalt eines Jugendlichen in einem Erziehungsheim. Wenn ich an die Zukunft denke, weiß ich nicht, welche Richtung mein Leben einschlagen wird.«[23] Und der in Paris lebenden amerikanischen Literatin Gertrude Stein bekennt er: »Ich war ganz böse über einen Brief meiner Verlobten, die einen anderen Mann heiraten wird. Sie spricht darüber so, als ob sie das alles als Gefallen für mich tut. Es ist eine komplizierte Geschichte, eine Romanze, aber jetzt mag ich Romanzen nicht.«[24] So spricht keiner, der sein Leben im Griff hat und seine Sexualität akzeptiert. Crevels Lebensfaden ist angerissen. Noch hält er. Depressionen, die fehlende Liebe eines Menschen, die Tuberkulose (die schließlich auch die Nieren befallen wird) und literarische und politische Fehden zermürben René Crevel.

Der Faden reißt am 18. Juni 1935: Er schreibt auf einen Zettel: »Ich bin von allem angewidert«, nimmt Veronal und dreht den Gashahn auf. Als man ihn findet, lebt er noch. Man bringt ihn ins Krankenhaus Boucicaut. Anderntags erfährt Thea Sternheim, die im Pariser Exil lebt, von dem Suizidversuch. Sie eilt mit einem Strauß roter Rosen zum Hospital, wird aber nicht zu dem Patienten vorgelassen. Mopsa ist nicht in Paris. Thea schreibt ihr einen Brief, spielt, um die geschwächte, drogenkranke Tochter nicht zu entsetzen, die Angelegenheit herunter. Um sich irgendwie abzulenken, geht sie abends ins Kino. Als sie nachts nach Hause kommt, teilt ihr die Concierge mit, dass René Crevel tot sei.

Zwei Tage später kommt Mopsa nach Paris. Tags darauf, am 21. Juni, beginnt in der Stadt an der Seine der Internationale Schriftstellerkongress. Auch Renés Freunde André Gide und Klaus Mann nehmen daran teil. Sie stehen unter Schock. Wenig später schreibt Klaus Mann in einem Nachruf: »Seit ›La mort difficile‹ war sein Liebesanspruch gewaltig gewachsen. Damals [1926] hatte er nur sehnsuchtsvoll-aussichtslos *begehrt*; zuletzt wollte er wirklich lieben, wirklich *vertrauen* – da wandte sich sein Gefühl nicht mehr einem bestimmten Menschen zu, sondern dem Bilde einer neuen Gesellschaft. Die Sehnsucht hatte sich, bewußt und passioniert, ins Revolutionäre erweitert und gesteigert.«[25]

René Crevel stirbt nicht an Gas und Veronal, sondern an Liebes- und Vertrauensentzug. Die Anfänge hierzu werden in jenem Herbst 1929 gelegt, als das Experiment der Liebe zu dritt mit Rudolph von Ripper und Mopsa Sternheim scheitert. Die Zeitläufte tun ein Übriges: Während Erika und Klaus, Rudolph und Mopsa unabhängig voneinander nach Marokko fahren, um im Drogenrausch der Welt zu entfliehen, ballen sich am politischen Horizont schwarze Wolken. Man kann der Welt, in der man lebt, nicht entfliehen. Das werden die Dichterkinder in den kommenden Monaten und Jahren noch bitter erfahren.

»Wir wechseln die Länder weit öfter als die Kleider«

Wilde Rallyes und neue Freunde. 1930–1931

Als Pamela Wedekind den achtundzwanzig Jahre älteren Carl Sternheim heiratet und die Freundschaft zu den anderen Dichterkindern Erika und Klaus Mann damit zerbricht, sind diese – wie so oft in ihrem Leben – auf der Flucht: nach Marokko, in das Land der künstlichen Paradiese. Thomas Mann hat wenige Monate zuvor, im Dezember 1929, den Nobelpreis für Literatur erhalten und sich von dem üppigen Preisgeld nicht nur ein Sommerhaus in Nidden auf der Kurischen Nehrung geleistet, sondern seinen Ältesten auch die durch die »Rundherum«-Reise entstandenen Schulden beglichen. Nun haben die Geschwister also den Rücken wieder frei. Klaus Mann hat soeben mit seinem neuen Roman *Alexander* einen Achtungserfolg erzielt (das Buch wird wenig später auch in Frankreich und den USA publiziert werden). Und Erika Mann hat ihr Engagement bei Max Reinhardt in Berlin abgebrochen (für alle »vernünftig« denkenden Weggenossen eine folgenreiche Dummheit), mit Gründgens, dem Regisseur und Ex-Ehemann, nochmals fürchterlich gestritten und – sie hat bereits einige Zeit zuvor die Fahrprüfung bestanden – sich in einer Münchner Werkstatt die wichtigsten Kenntnisse über Motor und Getriebe eines Automobils angeeignet, um im Notfall die eine oder andere Reparatur ausführen zu können. Rücklings liegt sie unter einer Karosserie, Öl und Schmiere tropfen ihr ins Gesicht, während der Wagenführer im bayerischen Dialekt frotzelt: »Das schwache Geschlecht – sonst so zart und fein –, jetzt muß in Dreck einalanga.«[1] Über ihre Mechanikerlehrzeit schreibt Erika später – voll dankbarer Achtung vor den Kollegen – in einer Glosse: »Nach außen gibt es Unterschiede in der Stellung, hier innen gibt's das nicht. Ungelogen: in keinem geistigen Beruf habe ich soviel Kameradschaftlichkeit, Nettigkeit, soviel Noblesse, Humor und Pflichtbewußtsein angetroffen wie eben hier. [...] Wird ein Kunde frech, hören sie mit Lammsgeduld dem Unfug zu; erst wenn er fort ist, kommen die Witze. Manchmal glaubst du, den Karl Valentin zu hören, so komisch können sie sein.«[2]

Auch Klaus Mann erlernt kurz vor der Abreise gen Süden das Autofahren. Tatsächlich chauffiert er zeitlebens ungern. Die Boulevardpresse greift die automobilen Ambitionen des Dichtersohnes sogleich auf und verbindet diese sensationsheischend mit der soeben erfolgten Verehelichung von Klaus Manns Ex-Verlobter Pamela Wedekind mit Carl Sternheim. Im *Querschnitt* ist bemüht satirisch zu lesen: »Klaus Mann lernte Autofahren am steilen Ufer des Bodensees. ›Um Gottes Willen!‹, schrie Pamela Wedekind, ›wenn er mir bloß nicht abstürzt!‹ ›Aber ich bitte dich‹, sprach Carl Sternheim ruhig, ›ich würde mich ohne weiteres in Lebensgefahr begeben, um ihn hinunterzustoßen!‹«[3]

Im Gegensatz zu Klaus ist Erika eine enthusiastische, begnadete Automobilistin: Sie fährt schwungvoll, bisweilen auch rasant, und wird ein Jahr nach der Marokko-Reise sich noch als Rallyefahrerin hervortun. Die Geschwister wollen die Tour durch das Schreiben von Artikeln und Berichten für diverse Zeitschriften und Zeitungen finanzieren. Sie beabsichtigen, über Frankreich und Spanien in den Maghreb zu fahren, von dort durch ganz Westafrika bis hinein in den Kongo, und von einem der Äquatorialhäfen mit dem Schiff nach New York – ein in jeglicher Hinsicht sportliches Unterfangen.

Mitte April 1930 starten sie in München. In einem alten Ford geht es zunächst durch das bayerische Oberland, dem sich die Geschwister seit ihrer Kindheit im Tölzer Sommerhaus innig verbunden fühlen. Erika schwärmt: »Heute weiß ich nichts Hübscheres [...] – das Weite, Hügelhafte, Großzügige, Liebliche, Anspruchslose; die Farben dieser Sumpfwiesen, die Wälder, hinter denen man die Berge weiß, das bebaute Feld und die Dörfer, von denen man schon wieder vergessen hatte, wie bezaubernd sie waren. [...] Und wo gab es die Harmonie der Landschaft mit Bauten, Menschen, Trachten in einem so reinen Grade? Wo war sie so unverwüstlich? Es ist sonderbar: aber Bayern scheint einen Schutzgeist zu haben, irgendeinen guten Engel.«[4]

Einen Schutzengel haben auch die Geschwister: Die Fahrt in dem klapprigen Ford geht ohne größere Komplikationen weiter über Frankreich nach Spanien. In der Arena von Tarragona erleben sie einen blutigen Stierkampf. Weiter geht es nach Cádiz, dort setzen sie auf einer Fähre nach Tanger über. – Ein Jahr später wird hier der amerikanische Komponist und Autor Paul Bowles zum ersten Mal Marokko betreten und sich unsterblich in das Land verlieben, in dem er mit Unterbrechungen bis zu seinem Tod 1999 leben wird.

Marokko, damals in einem kleineren Teil unter spanischer und einem größeren unter französischer Herrschaft stehend, wird zu jener Zeit zur Projektionsfläche für Aussteiger, Künstler und Literaten aus der ganzen zivilisationsmüden westlichen Welt. Es locken die geheimnisvollen Altstädte mit ihren labyrinthischen Suks und dem exotischen Warenangebot, das rote, in der Abendsonne glühende Atlasgebirge, die malerischen Oasen, die gewaltige Wüste mit ihren steilen Wanderdünen ...

Auf der Fahrt durchs küstennahe Rif-Gebirge werden die Geschwister Mann Zeugen einer verwirrend schönen, aber auch bizarren Naturkulisse. Die Luft ist trockenheiß, und Erika fährt mit herabgelassenem Verdeck so schnell sie kann, um wenigstens ein wenig kühlenden Fahrtwind abzubekommen. Doch überall lauern Fliegenschwärme und Heuschrecken, alttestamentarischen Plagen gleich. Erika erinnert sich: »Es ist lästig, daß die Heuschrecken noch immer nicht tot sind. Plötzlich surrt ein Schwarm von ihnen hoch, das, was du zunächst für welkes Laub […] gehalten hattest, so bräunlich unbeweglich lag es auf der Straße, steigt auf, erweist sich als große Zahl langbeiniger, stieläugiger Geschöpfe, die es leider nicht vermeiden, mit voller Wucht dir gegen die Nase zu prallen, auch gegen die Augen im Pechfall, wobei sie eine gelbliche Flüssigkeit ausspritzen, die ungewöhnlich weh tut.«[5] Sie kneifen die Augen zusammen, pressen die Lippen aufeinander, um keines dieser fliegenden Ungeziefer zu verschlucken. Doch nachts entschädigt der *Himmel über der Wüste* (so wird Paul Bowles' berühmter Marokko-Roman in der deutschen Fassung heißen) mit seiner Pracht für all die Anstrengungen und den erlittenen Ekel: »Während der Tag noch hell ist, fängt der Mond schon an zu leuchten, so trocken ist die Luft. Und gibt es nicht mehr Sterne als bei uns? Sie stehen so dicht auf ihrem blassen Himmel, daß es wie Schneegestöber aussieht, wenn man die Augen ein bißchen zumacht.«[6]

Es locken aber auch die verwirrenden Angebote käuflicher homosexueller Liebe, verschwiegen und doch an jeder Straßenecke billig und schamlos zu haben. Und es locken die Rauschmittel, allen voran das Haschisch, das hier günstig zu erhandeln ist und zur Alltagskultur zählt. Erika und Klaus reisen ins Landesinnere, nach Fez, und hier werden die Geschwister, die seit einiger Zeit schon Erfahrungen mit Rauschmitteln gesammelt haben, schwach: Ein Drogentrip mit einer gehörigen Überdosis des »Kräutleins H.« wird zu einem existenziellen Vorfall, müssen sie den »Spaß« doch beinahe mit dem Leben bezahlen. Klaus wird dieses Abenteuer später literarisch überhöhen, sowohl in seiner Autobiografie *Der Wendepunkt* als auch in seinem 1932 erschienenen Roman *Treffpunkt im Unendlichen* und ebenso in einer Erzählung mit dem Titel *Afrikanische Romanze* (1942). Dort heißt es von den Protagonisten Doris und Marcel – autobiografischen Verkörperungen Erika und Klaus Manns:

»Was Marcel in den folgenden Augenblicken durchlebte, war

unbeschreiblich schrecklich. Es war der Wahnsinn. Es war die Hölle.

Zuerst flogen seine Arme weg; dann die Beine; dann sein Hals, sein Kopf, sein Körper. Er zerplatzte buchstäblich. Er explodierte, löste sich auf, zerfiel in tausend Stücke. Seine Identität zerbrach: die Bruchstücke seines Organismus flatterten durch den Park. Er durchlebte das unbeschreibliche Gefühl vollständiger physischer Auflösung. Sein Haar schmerzte und brannte – in einem dornigen Dickicht verheddert. Sein fremder, schrecklicher Mund stammelte aus der Krone einer Zypresse Gebete und Blasphemien. Seine Füße – ziellos und nachlässig – liefen durch die Blumenbeete, während sein Herz – ein Klumpen pulsierender, unverbundener Nerven – in den Abgrund der dunkelroten, unergründlichen Nacht fiel.

Marcels innerstes Bewußtsein war sich jedoch während der ganzen Zeit des entsetzlichen Spuks bewußt und beobachtete ihn.

Vielleicht war dies das allerscheußlichste an dem höllischen Abenteuer: daß er sich darüber klar war, was er durchmachte – er schaute mit unendlichem Schrecken und Ekel dem Prozeß seiner eigenen Spaltung zu. Sein Gehirn schwebte isoliert irgendwo inmitten dieses schizophrenen Chaos, aber keinesfalls umdunkelt oder gelähmt.«[7]

Klaus und Erika, die im Haschischrausch ähnliche Höllenräume durchfliegen, werden glücklicherweise vom Hotelpersonal aufgefunden und mit einem Chauffeur ins französische Militärkrankenhaus von Fez gebracht. Erika ist eher nur enthusiasmiert, grinst, kichert, zappelt mit Armen und Beinen. Klaus hingegen hat eine größere Dosis zu sich genommen: Er wimmert vor Angst, schreit um sein Leben. Endlich langen sie am Hospital an und werden von europäischen Ärzten versorgt. – Sie sind noch einmal mit dem Leben davongekommen.

Nach wenigen Wochen brechen die Geschwister ihre Tour ab. Der Kongo ist zu weit, die Fahrt dorthin halsbrecherisch gefährlich. Und vor allem: Das Geld geht ihnen aus. Also setzen sie sich, in doppeltem Sinne ernüchtert, wieder in ihren alten Ford und rumpeln Tausende von Kilometern zurück. Endlich langen sie in München an. Noch immer ist die »Poschi« der rettende Hafen in den Stürmen des Lebens.

Aber sofort machen sich die Geschwister auf, neue Räume zu erobern. Erika begibt sich ans Verfassen von Kinderbüchern. Ricki Hallgarten, der einstige Nachbarsjunge aus Kindheitstagen, den die Geschwister auf ihrer großen Weltreise in New York wiedergetroffen haben, ist inzwischen aus der Neuen Welt zurückgekehrt. Der hochbegabte Zeichner hofft noch immer auf den künstlerischen Durchbruch, doch der bleibt ihm versagt. Rickis Verhältnis zur eigenen Familie ist angespannt. Umso lieber pflegt er den Umgang mit Erika und Klaus. Die »Poschi« ist auch ihm eine Art Heimstatt geworden, und selbst Thomas und Katia sehen den hübschen, zurückhaltenden, etwas melancholischen jungen Mann gern in ihrem Haus. Erika weiß instinktiv um Rickis Gefährdung, sie sorgt sich um ihn, und nicht zuletzt deshalb (und auch, weil er ein wundervoller Zeichner ist) bindet sie ihn in ihre Buchprojekte ein – die diesmal ganz ohne den Schriftsteller-Bruder entstehen: 1931 erscheint ihr Kinderbuch *Jans Wunderhündchen*, im Jahr darauf *Stoffel fliegt übers Meer*, beide von Ricki Hallgarten liebevoll illustriert. Doch sosehr sich Erika auch um den Kindheitsfreund bemüht – aus seiner Melancholie, seinen depressiven Abgründen kann sie ihn nicht herausreißen.

Auch Klaus Mann verfolgt neue literarische Pläne: Gemeinsam mit Erika entsteht in jenen Monaten ganz nebenbei *Das Buch von der Riviera*. Es ist eine Anleitung für Reisende, die außerhalb der bildungsbürgerlichen Routen einfach nur das pralle Leben an der sonnenverwöhnten Küste mit ihren quicklebendigen Hafenorten suchen. Der Band erscheint im Piper Verlag in der Serie *Was nicht im Baedeker steht* (eine Art Vorläufer der heute so erfolgreichen Reise-Reihe *Gebrauchsanweisungen*). Erika und Klaus Mann kochen hier nach dem altbewährten Rezept ihres Buches *Rundherum*: ein wenig Feuilleton, ein wenig Schilderung von Land und Leuten, ein wenig Klatsch, eine Prise persönlich Erlebtes, ein Klacks salopper Witz. Sie schreiben über beide Teile der Riviera, die französische wie die italienische. Allerdings blenden sie die Politik vollkommen aus – obwohl zur damaligen Zeit der »Duce« Benito Mussolini in Italien ein faschistisches Regime führt. Noch glauben Erika und Klaus Mann, Politik sei eher eine lästige Zutat, eine ferne Kulisse in einem Leben, das sie sich – als Bürgersprösslinge und Dichterkinder privilegiert und in geschützten Verhältnissen aufgewachsen – recht fein und nonchalant eingerichtet haben, eine Existenz, die dem Kosmopolitismus und dem Dandytum frönt und dem Prinzip der Kunst um ihrer selbst willen, dem *L'art pour l'art*, huldigt. Doch ziehen dunkle Wolken an jenem heiteren weiß-blauen Himmel auf – nur wollen sie es noch nicht so recht wahrhaben.

Klaus Mann ist kaum aus Marokko zurück, gerade noch dem Drogentod entronnen, schon begibt er sich wieder auf Reisen: Poveromo an der ligurischen Küste, Kampen auf Sylt, Paris und Beg Meil an der Südküste der Bretagne sind die nächsten Urlaubs- und Arbeitsorte des kosmopolitischen jungen Autors, der inzwischen im literarischen Leben eine gewisse Größe darstellt und auch finanziell erste Erfolge aufzuweisen hat. Von früheren Aufenthalten her kennt er den französischen Dichter und Zeichner Jean Cocteau. Mit ihm, der über die Höllenfahrten seiner Sucht das Buch *Opium* geschrieben hat und sich seine jungen, virilen Liebhaber gern aus den Kohlerevieren des französischen Nordens kommen lässt, durchlebt Klaus so manche Drogenparty. Noch ist er stark genug, um dem Strudel der Abhängigkeit zumindest für Wochen zu entfliehen und sich zum Schreiben irgendwohin in die Einsamkeit zu begeben. In der Bretagne entsteht in jenem Sommer 1930 denn auch ein weiteres Theaterstück, das auf einer Vorlage Cocteaus beruht: *Geschwister*, nach dem Roman *Les enfants terribles (Die schrecklichen Kinder)*. Der Roman thematisiert das komplexbeladene Seelenleben eines Geschwisterpaares, Paul und Elisabeth, das in einem angedeuteten inzestuösen Verhältnis steht und eskapistisch, fern der realen Außenwelt, nach schwer durchschaubaren »Spielregeln« ein ganz und gar autistisches, ja klaustrophobisches Dasein führt. Klaus Mann ist von dem Stoff fasziniert, sieht er doch eigene Wünsche nach einer seelischen Verschmelzung mit seiner »Zwillingsschwester« Erika in Cocteaus Stück widergespiegelt. Auch die finale »Lösung« des Knotens – der Doppelselbstmord der Geschwister – übt auf Klaus Mann einen unwiderstehlichen Reiz aus, fühlt er sich doch selbst zeitlebens vom Tod magisch angezogen, von dem er sich nicht zuletzt eine Erfüllung ungelebter, tabuisierter (auch erotischer) Wünsche erhofft. Bereits im Jahr zuvor hat sich Klaus Mann in einer Rezension mit Cocteaus Roman ausführlich befasst und darin auch eine persönliche Affinität (und eine eigenartige autobiografische Entsprechung) anklingen lassen: »Elisabeths Heirat bleibt Zwischenspiel und ohne Bedeutung. Da Paul sich zu einer anderen Frau retten will, verhindert es die Schwester, die ihr Schicksal und das des Bruders deutlicher kennt und es will. [...] Aber aus dem Puppenspiel wird Tragödie, da die heroisch angewachsene Elisabeth [...] den schwächeren Bruder, der ihr verfallen ist von eh und je, zurückreißt auf den ihnen vorbestimmten Weg. [...] sie [halten] Einzug in ihr eigentliches Reich, das der tödlichen Losgebundenheit, in dem endlich ihre ersehnte Hochzeit, die auf dieser Erde, die der Fortpflanzung dient, verboten, weil widersinnig war, Ereignis werden darf.«[8] Auch im realen Leben Klaus Manns häufen sich Briefbekenntnisse und Tagebuchnotate, die von seiner fatalen Nähe zu Erika, von seinem unverhohlenen Wunsch nach Verschmelzung mit ihr zeugen. In einem Brief vom 23. Januar 1932 an die Schwester kehrt er sein Innerstes nach außen: »Auf der einen Hand die ganze Welt, auf der anderen Du – und es hält, siehe, im schwebenden Gleichgewichte.«[9] Und ein Jahr später, im Tagebuch vom 23. Januar 1933: »Wieder die Stimmung nahe an Trauer; dies Leben, das eigentlich nur mit E[rika] zu teilen wäre; uns nicht beschieden.«[10]

Doch in jenem Sommer 1930, als er an der bretonischen Küste Cocteaus Roman zu einem Theaterstück umarbeitet, glaubt er – wie bereits zuvor mit *Anja und Esther* und *Revue zu Vieren* –, die geschwisterliche Nähe ein weiteres Mal literarisch sublimieren und vor der Welt inszenieren zu können. Mit *einem* Unterschied: Bei der Uraufführung soll nach des Autors Wunsch Erika zwar die Rolle der Elisabeth übernehmen, er, Klaus, will sich jedoch diesmal von der Bühne fernhalten, wegen mangelnder schauspielerischer Erfahrung, aber auch, um nicht wieder bösartigen Verrissen eine Vorlage zu liefern. Die Rolle des Paul soll der junge, smarte Wolfgang Liebeneiner übernehmen (Elf Jahre später, 1941, wird Liebeneiner mit *Ich klage an,* einer Rechtfertigung der Euthanasiemorde, zu einem der führenden Filmregisseure der NS-Ideologie werden und nach dem Krieg in der Bundesrepublik wiederum mit Heimatfilmen wie *Die Trapp-Familie* reüssieren). In der Nebenrolle der Magd Marietta – die einzige Figur in dem Drama, die Kontakt zur realen Außenwelt herstellt – soll indes eine junge, etwas pummelige Münchner Aktrice agieren, die in Klaus' und Erikas Leben bald eine herausragende Bedeutung erhalten wird: Therese Giehse.

Therese wird am 6. März 1898 in München als fünftes und jüngstes Kind des jüdischen Kaufmannspaars Gertrude und Salomon Gift geboren. Die Familie wohnt in der Herzog-Rudolf-Straße im Stadtteil Lehel. Das florierende Unternehmen handelt mit »Stoffen, Tüchern, Seiden und Posamentierwaren en gros«. Die Gifts sind angesehene Münchner Bürger, seit vielen Generationen in Bayern ansässig, vollständig assimiliert – so scheint es. Denn die kleine Therese macht in dem nach außen sich so liberal und jovial gebenden München der Prinzregentenzeit ihre ganz eigenen Erfahrungen: Bereits in der Volksschule am St.-Anna-Platz im Lehel wird sie gehänselt und geschnitten, wegen ihres Äußeren, aber auch wegen ihres jüdischen Glaubens. Besonders unter einem christlichen Religionslehrer hat sie zu leiden. Sie selbst erinnert sich recht lakonisch: »Ich war dick und rothaarig und hatt' den Herrn Jesus umgebracht.«[11] Später wechselt sie an die private Kerschensteiner-Schule in der Franz-Joseph-Straße in Schwabing, ein angesehenes höheres Institut für Mädchen. Therese ist intelligent, aber etwas faul. Und vor allem: nicht von dem langweiligen Paukerstoff überzeugt. Entsprechend schlecht sind ihre Noten. Auf die Frage, wie es denn in der Schule so sei, antwortet die Elevin: »Ganz hübsch – aber so zeitraubend.«[12]

Sie ist sechzehn, als sie die Schule verlässt. Wenige Wochen später bricht der Erste Weltkrieg aus. Die Familie – der Vater ist bereits 1911 gestorben, Thereses ältester Bruder Max führt das Geschäft weiter – hat in den folgenden Jahren andere Sorgen, als sich um die Ausbildung des Nesthäkchens zu kümmern. Therese wohnt also weiterhin zu Hause, fühlt sich deplatziert und nutzlos. Um sich abzulenken, besucht sie häufig die Münchner Theater, die in jenen Jahren trotz aller materieller Not ein spannendes Programm bieten: die naturalistischen und expressionistischen Dramen von Gerhart Hauptmann, Frank Wedekind, Carl Sternheim, Georg Kaiser, Ernst Toller und Heinrich Mann, aber auch Stücke ausländischer Autoren, darunter August Strindberg und George Bernard Shaw. Das Theater wird Thereses ganze Leidenschaft. Sie will Schauspielerin werden. Die Familie sucht ihr diese Grillen auszureden: »Schau Theres', das ist nichts für dich. Du bist doch überhaupt nicht schön, was willst du da beim Theater?« Therese antwortet beharrlich: »Ich will ja nicht schön sein. Ich will bloß zum Theater.«[13] In ihrer Verzweiflung sucht Therese Albert Steinrück auf, damals einer der bekanntesten Charakterdarsteller, erfolgreich auf der Bühne wie auch beim Stummfilm. Trotzig hält sie dem großen Mimen entgegen: »Ich weiß, ich bin zu dick, aber das Gretchen [in *Faust*] will ich ja gar nicht spielen.« Steinrück, ein Menschenkenner und -freund, entgegnet: »Ja, Sie sind dick. Aber viel weniger dick als begabt.«[14] Er schreibt der jungen Frau einen Empfehlungsbrief und schickt sie zu Toni Wittels-Stury, einer angesehenen Aktrice und Pädagogin. Bei ihr nimmt Therese von 1918 bis 1920 Unterricht. Das Geld für das Studium verdient sie sich als Bürokraft in einer amtlichen Kohlenkartenstelle. Es sind die Notjahre der frühen Weimarer Republik, mit Revolution und Gegenrevolution, Wirtschaftskrise und Inflation. Doch Therese hat ein Ziel vor Augen, von dem sie sich nicht abbringen lässt. Da der Name »Gift« wenig bühnengeeignet erscheint, ersinnt Thereses Schwester Irma einen Künstlernamen: »Giehse«. Unter diesem Namen wird Therese weltberühmt werden.

Nach dem Ende ihres Schauspielstudiums erhält Therese Giehse die ersten Engagements. Sie spielt in Berlin in Hinterhoftheatern, wohnt in einer fensterlosen Kammer in einem christlichen Hospiz, geht dann in die Provinz: die übliche Tour junger, aufstrebender Künstler. Siegen, Gleiwitz, Breslau und Landshut sind ihre Stationen. Sie sammelt handwerkliche Erfahrungen und erwirbt sich in der Fachwelt bald einen exzellenten Ruf. 1925 kann sie in ihre Vaterstadt heimkehren: Sie erhält ein Engagement am Schauspielhaus, kurz darauf wechselt sie an die von Otto Falckenberg geleiteten Kammerspiele. Hier feiert »die Giehse«, wie man sie bald achtungsvoll nennen wird, ihre ersten großen Erfolge. Sie spielt in Stücken von Georg Büchner, George Bernard Shaw, Henrik Ibsen, Leonhard Frank und anderen. Und wohl hier lernt sie auch die Münchner Dichterkinder Erika und Klaus Mann kennen, deren Liebe zum Theater trotz mancher Eklats ungebrochen ist. Obwohl es nur eine kleine Rolle ist, übernimmt sie bei der Uraufführung von Klaus Manns Drama *Geschwister* den Part der Magd Marietta. Immerhin: Therese Giehse darf die Marietta als eine bodenständige Bayerin darstellen (ein Zugeständnis der Adaption gegenüber der französischen Romanvorlage), was der volksnahen, bisweilen etwas derben Münchnerin die Entscheidung erleichtert haben dürfte.

Die Uraufführung von *Geschwister* findet am 12. November 1930 im kleinen Studio der Münchner Kammerspiele statt. Der Autor Klaus Mann hat sich diesmal von der Bühne ferngehalten und tritt weder als Schauspieler noch als Regisseur in Erscheinung. Die Eklats seiner früheren Theatermisserfolge haben ihn

Vorsicht gelehrt. Stattdessen führt Richard Révy Regie. Die Premiere wird groß beworben, und allein die Namen der Dichterkinder Erika und Klaus Mann sorgen für Aufmerksamkeit und Neugierde. Doch trotz der gediegenen, professionellen Vorbereitung und Aufführung fällt das Stück bei Publikum und Kritik durch. Schon während des ersten Aktes erschallen aus dem Parterre Pfiffe und Buhrufe. Die Kritiken sind vernichtend. Anders als einige Jahre zuvor mischt sich nun auch die völkische Presse ein, denn die Nationalsozialisten haben – von den Dichterkindern bislang eher ignoriert – immer mehr öffentlichen Raum und Einfluss gewonnen. Im NSDAP-Organ *Völkischer Beobachter* erscheint ein diffamierender Artikel, der sich direkt gegen Klaus Mann als vermeintlichen Repräsentanten einer zu bekämpfenden degenerierten bürgerlichen Klasse richtet: »Wäre Klaus Mann nicht der Sohn des Thomas Mann, wäre dieses Stück sicher nie über die Bretter gegangen. Und hätte Klaus Mann je im Bersten der Granaten gestanden und im Sturm nach vorwärts sein Gewehr gefällt, er hätte dieses Stück nicht geschrieben. [...] Mögen die Literaten auf den Brettern eine sterbende Welt verherrlichen, auf der Straße marschiert das neue Deutschland.«[15]

Klaus Mann ist schwer getroffen, mehr als die Akteure. Diese Zäsur bedeutet für ihn den Abschied von der Theaterbühne (er wird noch mehrere Dramen schreiben, die jedoch zu Lebzeiten nicht aufgeführt werden). Zugleich aber markiert dieses Ereignis auch einen ganz persönlichen Einschnitt jenseits des literarischen Lebens: Er wird sich mehr und mehr der Bedrohung durch die aufstrebende nationalsozialistische Partei und deren Ideologie bewusst. Seine bisherigen Bücher und Stücke waren tatsächlich vielfach einem ichbezogenen, artifiziellen Ästhetizismus verpflichtet, der die Politik großbürgerlicher Tradition entsprechend als etwas Niederes, Kulturloses verachtet. Klaus und Erika Mann werden in den nächsten Jahren ihre Betrachtungsweise ändern und ihr politisches Sensorium schärfen. Und Therese Giehse, die jüdische Schauspielerin mit bajuwarischer

Bodenständigkeit und sozialistischen Überzeugungen, wird sie darin bestärken. Noch im Alter meint die Giehse zu Klaus Manns Drama recht abgeklärt: »Zu dieser Zeit hatten die Leute andere Sorgen, als ein romantisch verträumtes Stück über eine Geschwisterliebe bedeutungsvoll finden zu können.«[16]

Ein Gutes zumindest hat der Eklat um *Geschwister*: Klaus und Erika Mann finden nach den persönlichen Verlusten der letzten Jahre – dem Bruch des Bündnisses mit Gustaf Gründgens und Pamela Wedekind – in Therese Giehse eine kluge, hingebungsvolle, ehrliche Freundin, die von kämpferischem und aufrechtem Charakter ist. Und: Erika und Therese werden ein Liebespaar. Die Beziehung währt mehrere Jahre, die Freundschaft indes bis zu Erikas Tod. Details hierüber sind kaum bekannt. Therese Giehse hat zeitlebens über ihr Liebesleben Diskretion bewahrt – auch das ein im Grunde sympathischer Zug. Extrovertiertes Verhalten war der Schauspielerin, die auf der Bühne ganz aus sich herausgehen musste, im Privatleben fremd und peinlich. Gerade weil sie so große Anhänglichkeit für Erika und Klaus empfand und bewies, hat sie nie Aufhebens um das enge Verhältnis zu den berühmten, glamourösen Dichterkindern gemacht. Sie war und blieb bodenständig, eine Ur-Münchnerin, auch als sie als Exilantin in die Welt hinausging. Und Teil ihrer Bodenständigkeit waren neben ihrem volksnahen Münchnertum auch eine natürliche Bescheidenheit und Menschenfreundlichkeit.

Noch eine andere Frau tritt in jenen Jahren in den Kreis der Geschwister Mann: Annemarie Schwarzenbach. Die drei schließen eine enge Freundschaft, die bald fatale Züge annimmt: Die Kettenglieder dieser Verbindung heißen Sympathie, literarische Ambition, aber auch unerwidertes erotisches Begehren und Drogensucht.

Annemarie Schwarzenbach kommt am 23. Mai 1908 in Zürich zur Welt. Die Eltern sind begütert: Vater Alfred Schwarzenbach, ein warmherziger Mann, ist im Seidenhandel erfolgreich. Annemaries Mutter Renée ist eine Tochter des deutschnational gesinnten Schweizer Generals Ulrich Wille und dessen Ehefrau Clara, geborene von Bismarck. Renée Schwarzenbach übernimmt ganz die strengen nationalistischen Anschauungen ihrer Eltern. Später wird sie – obwohl Schweizer Bürgerin – eine Sympathisantin der Nationalsozialisten werden. Das Verhältnis zu ihrer Tochter Annemarie – sie ist das dritte von vier Kindern – wird zeitlebens auch unter politischen Antagonismen leiden.

1911 erwirbt die Familie die Domäne Bocken bei Zürich, ein Komplex mit Gutshaus, Stallungen und Ländereien. Die heranwachsende Annemarie ist eine begeisterte Reiterin. Zudem zeigt sie großes musikalisches Talent. Eine Zeit lang spielt sie mit dem Gedanken, Konzertpianistin zu werden. Doch die Literatur gewinnt im Laufe der Jahre immer mehr an Bedeutung: Sie schärft Annemaries Verstand und revolutionäre politische Ansichten, angesichts derer sie mit der engherzigen, reaktionären Mutter immer öfter in Konflikt gerät. Bis zu ihrem sechzehnten Lebensjahr erhält Annemarie Privatunterricht zu Hause, erst 1923 wird die wie eine Prinzessin behütete junge Frau in ein Institut nach Zürich gegeben.

Der Traum von einer Karriere als Pianistin platzt wegen physiologischer Probleme. Doch Annemaries Eifer wird inzwischen ohnehin vom Schreiben befeuert: Sie verfasst erste Erzählungen und Romane, die gleichwohl bei der Mutter auf heftige Ablehnung stoßen. Die Literatur wird für Annemarie zu einem Lebensnerv: Wird er durchtrennt, wird sie sterben, das ahnt sie instinktiv. Ihr Drang zum Schreiben wird bis zu ihrem frühen Ende kompromisslos sein, ohne Wenn und Aber, immer in der Überzeugung, dass Literatur wahrhaftig sein soll, das Gegenteil der tagtäglich um sich greifenden Verblendung und Lüge. Darin wird Annemarie Schwarzenbach Klaus Mann ähneln – und nicht von ungefähr schließen beide eine Freundschaft, die über bloße Sympathie hinausgeht, vielmehr von denselben bedingungslosen Überzeugungen genährt wird.

Annemarie Schwarzenbachs kurzes Leben ist vom Drang

nach Freiheit bestimmt, aber auch von der Hassliebe zur eigenen Mutter. Neben dem Erkenntnisgewinn durch die Literatur sucht die Schweizerin durch zwei Mittel einen Ausweg aus geistiger Enge und Depression: Reisen und Drogen. Mit Rauschmitteln kommt sie vermutlich durch Mopsa Sternheim und Rudolph von Ripper in Kontakt. Später wird sie mit den Geschwistern Mann, vor allem mit Klaus, abgründige Drogenpartys feiern. Eine andere Möglichkeit zur Flucht – auch vor sich selbst und ihren Problemen – sieht sie in abenteuerlichen Reisen: Annemarie Schwarzenbach wird in der letzten Lebensdekade eine der bekanntesten Reiseschriftstellerinnen ihrer Zeit werden. Ihre Reportagen aus den USA, aus dem Mittleren Orient, aus Persien, Afghanistan und dem Kongo nehmen neben ihren Romanen und Erzählungen einen bedeutenden Platz in ihrem Œuvre ein. Die Flucht in ferne Länder ist zugleich eine Auseinandersetzung mit sich selbst, eine Begegnung mit den dunklen Seiten der Seele, ein Abbüßen eines Schuldkomplexes. Dem befreundeten Pfarrer Ernst Merz bekennt sie im Februar 1926: »Ich möchte ja nichts anderes als wandern – von Welt zu Welt, und nicht aufhören, bis ich endlich Gottes Verzeihung erlange und den Quell der Reinheit finde. Ich habe mich noch nie so nach etwas gesehnt wie nach diesem heiligen Wasser. Aber man findet es ja nicht.«[17]

Annemarie Schwarzenbach lernt Klaus Mann im Sommer 1926 bei einer Lesung in Zürich kennen. Zwei Gefährdete begegnen sich – beide spüren das instinktiv. Die Freundschaft wird bis zum Tode währen. Damals ist das »Schweizerkind«, wie Klaus sie liebevoll nennt, noch ganz in der zweifelhaften, erstickenden Geborgenheit des Elternhauses gefangen. Das Abitur besteht sie mit Bestnoten. Sie beginnt ein Studium der Geschichte und Literatur an der Universität Zürich, nach einem Jahr wechselt sie an die Pariser Sorbonne. Der Tochter aus reichem Hause scheinen alle Wege offenzustehen. Nach dem zweiten Jahr kehrt sie nach Zürich zurück, beendet ihr Studium, promoviert im Frühjahr 1931 mit einer Arbeit über die

Geschichte des Hochengadins. Es ist eine wilde, urtümliche Landschaft, der sie ihr Herz verschreibt, und in die sie sich, wenn sie nicht gerade auf Tour in die abgelegensten Länder der Welt unterwegs ist, immer wieder zurückziehen und sich verschanzen wird, auf der Flucht vor den Menschen und vor sich selbst. Zu jener Zeit entstehen ihre ersten bedeutenden literarischen Arbeiten: die *Pariser Novellen* und die *Lyrische Novelle*, zudem der Roman *Freunde um Bernhard*. Es sind Texte, die von der Suche nach der erfüllten Liebe und vom Leiden daran erzählen, Spiegelbilder der geistigen Unbehaustheit der jungen Autorin.

Als eine Wesens- und Leidensverwandte begegnet Annemarie Schwarzenbach den Geschwistern Mann. Und als eine literarisch Ebenbürtige. Klaus Mann schildert sie rückblickend (da ist sie bereits nicht mehr am Leben) voller zärtlicher Faszination: »Annemarie, die exzentrische Erbin eines patrizischen alten Namens. Sie ist ehrgeizig und zart und ernst, mit einer reinen Jünglingsstirn unter dem weichen, aschblonden Haar.«[18] Bald geht Annemarie im Hause Thomas Manns in der Poschinger Straße ein und aus. Der Hausherr sagt zu der burschikosen, androgyn anmutenden Annemarie: »Merkwürdig, wenn Sie ein *Junge* wären, dann müßten Sie doch als *ungewöhnlich* hübsch gelten.«[19] Die Schweizerin nimmt das als Kompliment. Sie kleidet sich gern wie ein junger Mann, trägt kurzes, seitlich gescheiteltes Haar, weiß um ihre Ausstrahlung auf Menschen beiderlei Geschlechts. Und: Sie verliebt sich in Erika. Es ist eine verzehrende Leidenschaft, einseitig, unerfüllt. Erika schätzt Annemarie als treue Freundin, kann ihr aber nicht die gleichen Gefühle entgegenbringen. Drängende, glühende Briefe treffen in München ein: Annemarie, vom Reichtum ihres Elternhauses angeekelt, vom beginnenden literarischen Ruhm angeödet, von der Liebe verwundet, schreibt an Erika: »Dieser seltsame u. glänzende Ruhm ist eine grosse Verlockung u. schmeichelt meinem Ehrgeiz. In alledem aber laufe ich herum, und weine oft beinahe, so müde, u. möchte nichts anderes als weg, weg von allem, u. zu Dir. Das *musste* gesagt sein. Ich sehne mich furchtbar, bei Dir zu sein. Nach nichts anderem sehne ich mich.«[20] Trotz dieser ekstatischen Überhitzung der Gefühle schätzen die Geschwister Mann Annemaries Gegenwart, ihren Witz, ihren wachen Geist, ihre Hingabe an die Literatur, ihre Sehnsucht nach fernen Ländern und Menschen. Sie ist eine Gleichgesinnte, eine Verbündete – und eine Gefährdete. Niemand anderer hat dafür mehr Gespür als Erika Mann. Obwohl sie Annemaries Gefühle nicht gleichwertig erwidern kann, ist sie doch stets darum bemüht, die Freundin nicht willentlich zu verletzen, ihr Schutz und Rückhalt zu gewähren.

In jenen Jahren hat Erika Mann noch ein anderes »Sorgenkind« zu behüten: Ricki Hallgarten. Das Einbinden in ihre literarische Arbeit – indem er ihre Kinderbücher illustriert – reicht jedoch nicht aus, um ihn von seinen schwarzen Gedanken, seinen Depressionen abzubringen. Die Flucht in die Welt hinaus, das weiß Erika Mann aus eigener Erfahrung, mag bisweilen helfen, Abstand zu sich selbst und den eigenen Problemen zu finden. Sie überredet Ricki zu einem Vorhaben, das sie, die begeisterte Automobilistin, umtreibt: eine zehntägige Rallyefahrt über zehntausend Kilometer quer durch Europa! Der Automobilclub Deutschland hat das Rennen mit einem Preis ausgelobt, und Erika ist für das irrwitzige Abenteuer sofort Feuer und Flamme. Am 24. Mai 1931 starten Ricki und sie in einem Ford. Vierzehn andere Automobilistenpaare sind mit von der Partie. Von Berlin aus geht es südwärts: nach Frankreich, Spanien und Portugal, von dort nach Italien, Österreich, Ungarn, Jugoslawien. Erika fährt und fährt, rund tausend Kilometer täglich. Während die anderen Fahrer abends todmüde in die Betten fallen, kritzelt sie noch Artikel für die Zeitschrift *Tempo*, um die Leser daheim auf dem Laufenden zu halten: »Berlin – Saarbrücken, das ging ziemlich ohne Rast. Ein paar Zigaretten, einmal Führerwechsel, tanken, Händewaschen, das waren so die kleinen Abwechslungsvergnügungen. Die Leute unterwegs, Spaziergänger und Benzinmenschen, behandeln uns, als seien wir die lieben Feldgrauen fürs Vaterland. So was an Winken! Eine Tankstelle hat uns Bier geschenkt, wir haben Himbeersaft bekommen, die Stadt Frankfurt am Main wartet gar mit Apfelwein am Wegessaum auf, und Blumen gibt es in Saarbrücken.«[21] Sie fahren und fahren, sind im Rausch der Geschwindigkeit und der sich verändernden Gegenden und Lichtstimmungen: »Es ist phantastisch, die Tageszeiten wechseln zu sehen, in der wechselnden Landschaft. Die Abenddämmerung kommt, Nebel kommt, wir sind im Flachland. Die Nacht ist da, Flüsse kommen, der Morgen dämmert, Gebirge, Grenzen, es ist schon wieder so heiß [...]. Keiner darf schlafen, auch der nicht, der nicht fährt. Erstens ist es zu verführerisch für den am Steuer, zweitens muß man Karten studieren und schießhundmäßig auf Wegkreuzungen aufpassen. Schlafen ... es müßte doch hübsch sein.«[22] Klaus Mann hält sich damals in Rapallo an der italienischen Riviera auf. Er weiß von der Rallye, die Zeitungen haben darüber berichtet, weiß auch, dass die Rennwagen durch Rapallo kommen sollen. So steht er an besagtem Tag mit vielen anderen am Straßenrand und wartet. Im Tagebuch notiert er: »Die schaurige Durchfahrt von E[rika] und Ricki, auf der 10000-km-Fahrt.«[23] Ob Erika den Bruder hat stehen sehen? Es ist fraglich. Sie ist wie in Trance. »Wir wechseln die Länder weit öfter als die Kleider«[24], schreibt sie triumphierend in einem ihrer Artikel für *Tempo*. Sie ahnt nicht, dass sie damit die Grundstimmung ihres kaum zwei Jahre später beginnenden Exils benennt.

Exil: Für Erika Mann Anfang Juni 1931 noch ein Fremdwort. Sie glaubt sich noch ganz auf der Überhol- und Siegerspur, und als Sieger fahren Ricki und sie zehn Tage nach dem Start ins Ziel ein: Sie sind die Ersten, haben andere, die weit größere, stärkere Autos besitzen, abgehängt. Wieder einmal glaubt Erika, dass es die Freundschaft Gleichgesinnter ist, das Team, das unbesiegbar macht, auf einer Rallye wie auch im täglichen Leben. Und ist es nicht wie einst, als sie zu viert in *Anja und Esther* auf der Bühne standen, im Glauben, die Theaterwelt erobern zu können? Ein

Freundes-Kleeblatt, voll jugendlichen Elans, voller Tatendrang, voller Idealismus und flammender Begeisterung? Bahnt sich nicht eine Wiederholung und Wiederauflage dieser Konstellation, die so schmählich zerbrach, an? Nicht mehr wie einst, mit Pamela und Gustaf, sondern nun mit Annemarie und Ricki? Sie wollen es aufs Neue wissen, das Schicksal bezwingen, ihr eigenes Leben neuen Abenteuern, neuen Erfüllungen entgegenführen: Für den Mai 1932 planen die vier – Erika, Klaus, Annemarie, Ricki – eine Fahrt mit dem Automobil von München über den Balkan und die Türkei nach Persien!

Voller Vorfreude, aber auch voller Unmut über das alte Europa, schreibt Annemarie Schwarzenbach Anfang 1932 an Erika Mann: »Wo haben wir aber auch den ›festen Punkt‹, von dem aus man die Welt aus den Angeln hebt, ich finde, E[rika]., dass man Europa u. die alten Wege für ein Weilchen verlassen sollte, hier verlangt man zu wenig Mut u. zu viel Geduld von uns –«[25]

Nichts, so glauben sie in ihrer Naivität, kann sie aufhalten, weder Tod noch Teufel …

»Als habe man uns ein Stück lebendiges Leben herausgeschnitten«

Menetekel an der Wand. 1932–März 1933

Doch der Tod sitzt den Dichterkindern und ihrer Clique im Nacken. Bereits im September 1930 erschoss sich in Cannes Klaus Manns Freund aus den Zeiten an der Odenwaldschule, Wolfgang Deutsch. Groteske Laune des Schicksals: In der südfranzösischen Stadt sollte neunzehn Jahre später auch Klaus Manns Leben ein Ende finden. In einem Nachruf auf den Freund schreibt er geradezu prophetisch: »Er schien genußfreudig, liebte Bücher, Menschen und Landschaften mit einer starken sinnlichen Glut. Dabei war in seinem Wesen etwas Zerrissenes und oft Forciertes; [...] Vor welchem Schmerz brach plötzlich seine Klugheit, seine Lebenslust, seine Eitelkeit zusammen, nicht anders als ein armes Kartenhaus vorm Wind? – Ich muß nicht antworten. Wir kennen ihn alle, diesen Schmerz. Er ist der Urgrund alles Lebens, ebensosehr wie die Lust. Bei manchen jungen Menschen wächst er so übermäßig stark, daß jedes andere Gefühl vor ihm zunichte wird. [...] Aber mit welch bitterem Neide folgen unsere Blicke ins Unbekannte denen, die den Mut zu der nobelsten, kompromißfeindlichsten aller Gesten fanden: abzutun die Last. Sie sind nun so leicht. Uns aber lassen sie um so beschwerter zurück.«[1]

Bereits zu jener Zeit ist Klaus Mann gefährdet. Sein enthemmter Drogenkonsum ist psychologisch betrachtet auch Ausdruck eines Hangs zur Selbstaufgabe und -zerstörung. Aber noch halten ihn der literarische Eifer und die Liebe, vor allem zu seinem Neben-Ich Erika, am Leben. Um ihretwillen steigt er in jener Zeit wiederholt in den Ring öffentlicher Auseinandersetzungen, und er scheut – ein durchaus couragierter Mensch – nicht den Streit mit mächtigen Gegnern. So auch im Januar 1932, wenige Monate vor der geplanten Reise der Freunde nach Persien. Am 13. Januar 1932 tritt Erika Mann auf einer Versammlung der »Internationalen Liga für Frieden und Freiheit« im Münchner Unions-Saal als Rezitatorin pazifistischer Texte auf. Auch Constanze Hallgarten, Rickis Mutter, hat als Vorsitzende der örtlichen Sektion eine federführende Rolle inne. Als Stargast hält die berühmte französische Pazifistin Marcelle Capy eine flammende Rede. Es sind bewegte Zeiten, denn in Deutschland gewinnen die Nationalsozialisten immer mehr politischen Einfluss. Die Veranstaltung wird von eingeschleusten SA-Leuten mit Pfiffen, Buhrufen und fliegenden Stühlen massiv gestört. In der rechtsgerichteten Presse ergießen sich Tage später über die Rednerinnen Spott, Häme und Einschüchterungen. Der *Völkische Beobachter* droht: »Ein besonders widerliches Kapitel stellte das Auftreten Erika Manns dar, die als Schauspielerin, wie sie sagte, ihre ›Kunst‹ dem Heil des Friedens widmete. In Haltung und Gebärde ein blasierter Lebejüngling, brachte sie ihren blühenden Unsinn über die ›deutsche Zukunft‹ vor [...]. Das Kapitel ›Familie Mann‹ erweitert sich nachgerade zu einem Münchener Skandal, der auch zu gegebener Zeit seine Liquidierung finden muß.«[2] Auch andere nationalsozialistische Blätter, so *Die Front* und *Illustrierter Beobachter*, versuchen mit ihrer rüden Rhetorik die Rednerinnen jenes Abends einzuschüchtern und zu diskreditieren, indem sie die Liga als »Klub von Irrenhausanwärterinnen« und »Zuhälterinnen der jüdischen Sklavenhalter« beschimpfen. Man stößt sich an Erikas Erscheinungsbild – ihrem Kurzhaarschnitt, ihren androgynen Zügen – und verunglimpft dies als »heillose Begriffsverwirrung«[3]. Die Geschwister Mann reagieren unterschiedlich, aber keineswegs eingeschüchtert: Erika nimmt sich einen Anwalt und verklagt die Redakteure der nationalsozialistischen Blätter.

Das Münchner Strafgericht verurteilt die Schriftleiter zu hohen Geldbußen. Klaus Mann hingegen, der in jenem Jahr 1932 noch viel auf die Macht der unabhängigen Presse setzt, veröffentlicht am 4. Februar im *8 Uhr-Abendblatt* eine glühende Verteidigung seiner Schwester: »Das Referat des ›Beobachters‹, das in fetten Lettern seine erste Seite ziert, verdient Beachtung: nicht wegen seines Inhalts, sondern wegen seines Niveaus, wegen seiner ›geistigen‹ Haltung, seiner Unverfrorenheit [...]. Wenn auf Erika Mann die Rede kommt, erreicht die *hysterische Gereiztheit* unseres beunruhigten ›Beobachters‹ ihren Höhepunkt; er wird geradezu – geistreich vor Bitternis [...].«[4] Die NS-Presse reagiert prompt. Das »Satire«-Blatt *Die Brennessel* droht Klaus Mann in einem offenen Brief unverhohlen: »Es gibt eine junge Generation, die ungeistig genug ist, um Dir einmal furchtbar auf die Pfoten zu klopfen. Doch Du brauchst keine Angst zu haben, Kläuschen, es wird mit dieser Feststellung kein Angriff auf Deinen zarten Knabenkörper geplant. Du wirst nur so nebenher vernascht.«[5]

Das sind freilich Plänkeleien im Vergleich zu dem, was den Manns in den nächsten Monaten noch bevorstehen wird. Sie ahnen das, und im Kreis der Familie wird die eigene Zukunft wiederholt besprochen. Klaus Mann notiert im Tagebuch vom 25. April 1932: »*Recht ernsthaft über die Notwendigkeit des Emigrierens. Erschreckender Sieg der Narretei.* Böse Lage.«[6] Und tags darauf: »Wieder langes Mielein-Gespräch [mit Katia Mann] über Wegziehen. Wird's nötig sein?«[7] Es wird nötig sein, das ahnen sie. Es ist nur noch eine Frage der Zeit, bis die Barbarei in Deutschland an die Macht kommt. Aber das Fünkchen Hoffnung stirbt bekanntlich zuletzt. Und noch hoffen die Manns und andere Intellektuelle auf die Vernunft des Menschen und auf die demokratischen Selbstverteidigungsmechanismen der geschwächten Weimarer Republik.

Erika, wie eh und je von einem gesunden, burschikosen Selbstbewusstsein, grämt sich nicht lange über die Bösartigkeiten der nationalsozialistischen Presse. Das Persien-Abenteuer schlägt sie ganz in den Bann, und bald ist sie mit Vorbereitungen zur großen Reise beschäftigt. Klaus vermerkt im Tagebuch: »E[rika]. Zurück; der neue Ford – bildschön.«[8] Er selbst freilich hat in jenen Wochen des Frühjahrs 1932 einige Fehden literarischer Art auszufechten. Im März erscheint sein Roman *Treffpunkt im Unendlichen*. Es ist sein letzter Roman vor dem Gang ins Exil und er stellt thematisch eine bemerkenswerte Entwicklung vom ästhetisierten zum realistischen Erzählen dar. Klaus Mann entwirft darin eine facettenreiche Darstellung des Lebens junger europäischer Künstler seiner Gegenwart. Die Erzählstränge laufen nebeneinanderher wie auch die Schicksale der Protagonisten. Die Form verweist auf das Seelenleben der Figuren: Es sind entwurzelte und isolierte Menschen, die in inneren Monologen ihre Gefühle und Sehnsüchte offenbaren, denen aber meist verwehrt ist, zur geistigen oder emotionalen Symbiose mit anderen zu gelangen. Die Einsamkeit lastet als Fluch über den Protagonisten, die im schnellen Getriebe der Großstadt, im Rausch von Vergnügungen aller Art, in Drogensucht, fadem Ruhm und raschem Sex einen Ersatz für ihre Isolation suchen und letztlich an ihrer Leere zugrunde gehen. Ihnen fehlt die Fähigkeit zur Hingabe, und nur die vage Aussicht, die parallelen Lebensstränge könnten sich irgendwo im Unendlichen treffen, bleibt als winziges Hoffnungsfünkchen.

Klaus Mann hat mit diesem Roman ein Meisterwerk geschaffen und sich formal von figurenreichen, mehrsträngigen, von inneren Monologen durchzogenen Romanen der frühen Moderne, die er kannte und schätzte, inspirieren lassen, darunter den Werken Virginia Woolfs, André Gides, Alfred Döblins und Hans Henny Jahnns. Und obwohl einzelne Figuren erneut autobiografisch angelegt sind (darunter das tragische Liebespaar Sebastian und Sonja, das ähnlich Klaus und Erika Mann in geradezu geschwisterlicher Symbiose lebt; der Gottfried Benn nachgezeichnete dämonische Doktor Massis; oder die Figur des karrieregetriebenen Tänzers Gregor Gregori, eines Alter Ego Gustaf Gründgens'), sind sie doch eher Vertreter einer Lebenshaltung als tatsächliche Konterfeis aus dem Umfeld des Autors.

Bei der Kritik allerdings fällt *Treffpunkt im Unendlichen* glatt durch – eine herbe Enttäuschung für Klaus Mann, der sich des großen literarischen Werts seines Romans durchaus bewusst ist. Einzig sein Verleger, der alte Samuel Fischer, seit Jahrzehnten eine der besten Spürnasen für junge Talente, hält zu seinem Autor und bescheinigt ihm, dieses sei sein »erstes richtiges Buch«[9]. Hermann Hesse hingegen arbeitet sich in einer Rezension an einem Flüchtigkeitsfehler Klaus Manns geradezu beckmesserisch ab, wenn er bemerkt, Sebastians Hotelzimmer trage die Nummer elf, ein paar Seiten später dann aber die zwölf, was symptomatisch für die Schlamperei des Autors sei (ohne auf die formalen und literarischen Qualitäten und gedanklichen Tiefen des Romans einzugehen): »Es ist der Beginn jedes Niedergangs: Das Ernstnehmen der großen Dinge und das Nichternstnehmen der kleinen für selbstverständlich zu halten.«[10] Der ärgste Verriss stammt von Siegfried Kracauer, der zwar teils richtige Beobachtungen macht, aber daraus die falschen Schlüsse zieht: »Klaus Mann mit seinem Schreibtalent schreibt das schmierige Leben einfach ab, ohne ihm irgendeine Bedeutung zu entnehmen, und fühlt sich noch wohl dabei. Geschrieben muß werden. Der Skrupellosigkeit dieses Betätigungsdranges entspricht die der Mache. Sie ist modern frisiert und erstrahlt im Glanz flüchtig aufgelesener Effekte, die in diesem Zusammenhang nur leider nicht glänzen wollen.« Und er bescheinigt dem Autor, er sei »ein verschmiertes Talent«, der Roman sei »eine wendige Schmiererei« und »einfach zum Kotzen«.[11]

Es ist der schlimmste Rundum-Verriss seit der Uraufführung von *Anja und Esther*. Klaus Mann liest ihn fünf Tage vor der geplanten Abreise mit Schwester und Freunden nach Persien und kann sich an Erikas neuem Ford, der stolz vor der »Poschi« parkt und in der Sonne glänzt, kaum erfreuen: »Kracauers bitterböser Aufsatz in der Frankfurter«, notiert er an jenem Tag im

Tagebuch, »schon gescheit – aber dann hat man doch wieder gar nichts davon, weil zu voreingenommen, neidisch und essentiell *böse* [...].«[12]

Erika verscheucht des Bruders schlechte Laune und treibt ihn zur Eile an: Die Vorbereitungen zur großen Tour nach Persien sind in vollem Gange, und ähnlich der Rundherum-Reise viereinhalb Jahre zuvor soll auch dieses Abenteuer medial aufbereitet und vermarktet werden. Erika hat eine professionelle Expeditionsausrüstung zusammengekauft – oder was sie eben darunter versteht. Am Tag vor dem geplanten Aufbruch, es ist der 4. Mai 1932, lassen sich die angehenden Globetrotter noch adrette Frisuren verpassen, zwängen sich in Automobilisten-Overalls und werden von einem Filmteam für die Wochenschau porträtiert. Erika ist ganz in ihrem Element. Klaus hingegen, von Kracauers Verriss getroffen, schreibt – nach einer Überdosis Eukodal noch ganz benommen – missmutig ins Tagebuch: »Morgens etwas Übelkeit, Nachwirkung, Kotzen. – – Ricki, Annemarie, die Abegg. In deren Ford los. Friseur, Fordwerke, Schneider Ostermeier, Emelka. – Geiselgasteig. Die Overalls an, geschminkt. An die 5 Stunden für blödsinnige Wochenschau-Aufnahmen. Immer durch Regen gehindert. [...] Zermürbend.«[13]

Die Abreise wird wegen des Regenwetters um einen Tag auf den 6. Mai verschoben. Der 5. Mai, ein Donnerstag, das Fest Christi Himmelfahrt, verläuft zunächst ruhig. Der Himmel hat aufgeklart, die Sonne scheint. Die Geschwister packen ihre Sachen, Klaus arbeitet noch an einem Vortrag. Annemarie Schwarzenbach ist bereits mit gepacktem Koffer im Hause Mann, und auch Rickis enge Freundin, die Zeichnerin Eva Herrmann, die vor einiger Zeit aus Amerika zurückgekehrt ist und nun in der Schweiz lebt, ist zu Besuch. Ricki Hallgarten ist noch in der Nacht, nach einer feuchtfröhlichen Feier der Freunde in der Münchner Regina-Bar, mit dem Auto nach Holzhausen bei Utting am Ammersee gefahren, wo er seit Längerem ein kleines Haus gemietet hat. Von dort ruft er am Vormittag des 5. Mai zweimal an: Erika solle eine bestimmte Sorte Benzin tanken, zudem erteilt er einen Rat bezüglich der ersten Reiseetappe nach Prag. Niemandem schwant Schlimmes. Nach dem sonntäglichen Mittagessen sitzt die Familie plaudernd beisammen. Da klingelt das Telefon. Katia Mann nimmt den Hörer ab. Es ist die Polizei. Klaus Mann hat die Szene in seinem Lebensbericht *Der Wendepunkt* beschrieben:

»Als wäre es gestern gewesen, und ich kann's nicht vergessen... Das Gesicht meiner Mutter war plötzlich sehr ernst geworden, ein graues Gesicht, als wäre ein Aschenregen darauf gefallen. Ich höre ihre Stimme – es muß gestern gewesen sein – ein heiseres Flüstern, dabei respektvoll und korrekt, wie es sich gehört bei fernmündlichem Verkehr mit der Obrigkeit. [...]

Er [Ricki Hallgarten] hatte sich gegen zwölf Uhr mittags eine Kugel ins Herz geschossen. Ehe er es tat, hatte er die Zugehfrau in den Garten geschickt, um dort etwas zu erledigen, eine schlaue Maßnahme; denn er wollte sie in der Nähe haben, falls er, verwundet, aber nicht tot, ihrer Hilfe bedürfte; [...] Als einzigen Abschiedsgruß hinterließ er einen Zettel, auf den er in seiner barock verschnörkelten Schrift die folgenden Worte gemalt hatte: ›Sehr geehrter Herr Wachtmeister! Habe mich soeben erschossen. Bitte Frau Thomas Mann in München zu benachrichtigen. Ergebenst – R.H.‹ [...]

Ich sehe meinen Vater – gestern war es –, wie er, über die Kauernde [Erika] geneigt, ihr plötzlich verwildertes, zerzaustes Haar liebkoste und ihr die Tränen trocknete mit seinem großen, nach Eau de Cologne duftenden Taschentuch. ›Komm, komm, komm‹, sagte der Vater. ›Du hast immer noch viele Freunde, und sie alle lieben dich!‹ Aber sie hörte nicht auf zu wimmern: ›Was für ein Wahnsinn!‹ Sie sah so jung aus, wie sie da schluchzend hockte, kleines Mädchen, vom Schmerz geschüttelt, mit widerspenstiger Mähne über dem tränennassen, hilflos verzerrten, zuckenden Gesicht. Ich stürzte nach oben, ziellos, selbst dem Wahnsinn nah. Aber meine Stube im zweiten Stockwerk war leer, nur die halbgepackten Koffer, kein Ricki. Hatte er mir gar nichts mehr zu sagen? Ich lauschte. Nichts.«[14]

George Hallgarten, Rickis älterer Bruder, der damals mit seinen Eltern in der Äußeren Prinzregentenstraße wohnt (das Haus im Herzogpark ist vermietet) und sehr zurückgezogen an seiner Dissertation arbeitet, erinnert sich als alter Mann an jenen unheilvollen Tag: »Nach dem Mittagessen legte ich mich kurz auf ein Sofa, als es [an der Wohnungstür] schellte und ich die Stimme von Katja Mann zu erkennen glaubte. Von dem ganz verwirrten »Löffel« [die Haushälterin] ins Wohnzimmer nebenan gebeten, fand ich Frau Mann und meine Mutter vor, und Frau Mann konnte nur gerade herauspressen: ›Ricki hat sich erschossen.‹ Sie stellte meiner Mutter und mir sofort den Mannschen Wagen und Chauffeur zur Verfügung, und wir waren nach wenigen Minuten auf der Fahrt nach Utting am Ammersee [...]. Er hatte sich die Wunde im Schlafraum im ersten Stock auf dem Bett liegend beigebracht, und nachgelassene Zettel, die man uns gab, ließen keinen Zweifel über die Umstände.«[15]

Noch siebenunddreißig Jahre nach dem Selbstmord seines Bruders weist George Hallgarten der Freundesclique und besonders Klaus Mann eine indirekte Schuld zu, zumal er in seltsamer Logik die Fiktion des Todes der Romanfigur Richard Darmstädter in *Treffpunkt im Unendlichen* mit der Realität vermengt und Rickis Depressivität rundweg abstreitet, vielmehr recht lapidar einzig äußere, gesellschaftliche Veränderungen als Ursache für dessen Lebensangst ausmacht:

»Die Tat, und alles, was sich damit verband, muß seit langem geplant gewesen sein. Der Roman *Treffpunkt im Unendlichen* seines nahen Freundes Klaus Mann, der etwa acht Wochen vorher erschien, enthält bereits in kaum verhüllter Form sehr viel davon, selbst hinsichtlich der finanziellen Einzelheiten: vor Begehung des Selbstmords erzwingt der jugendliche Held des Romans, der zum Überfluß noch Richard [Darmstädter] heißt und kein wahres Interesse für Frauen hat, unter Berufung auf ein großväterliches Testament Auszahlungen aus dem Familienvermögen und verteilt letztwillig einen Teil des Erlöses an seine

Freunde. Immer wieder hat sich Klaus mit dem Ende von Ricki beschäftigt, mit zuletzt wohl in seiner Auto-Biographie *Der Wendepunkt*. […] Klaus schildert dann im einzelnen, wie Ricki angeblich mit seiner Familie zerfiel. Hier ist dringend eine Korrektur erforderlich. Bei aller Verschiedenheit der Lebensauffassungen hat Ricki sicher keinen seiner nächsten Familienangehörigen gehaßt. Sein Motiv – und ich kannte ihn doch wohl kaum schlechter als Klaus – war nicht Haß, sondern eher Angst. Angst, das Schicksal seiner Angehörigen zu teilen, wenn das wahr wurde, was er kommen sah [die nationalsozialistische Herrschaft in Deutschland]. […] Als Klaus, dessen morbide Weltanschauung für diesen sensiblen Charakter Gift war, und seine Freunde merkten, was bevorstand, suchten sie, Ricki abzulenken. Eine Expedition nach Persien wurde beschlossen, mit Klaus, Ricki, Erika Mann und der bildschönen Schweizerin Annemarie von [sic] Schwarzenbach als Teilnehmern. Die Ford-Werke lieferten hierzu aus Reklame gratis zwei funkelnagelneue Wagen. Alle Einzelheiten wurden vorbereitet und eine Filmgesellschaft – wohl der Emelka – filmte in Hellabrunn bei München im voraus die Abfahrt der vier für die Wochenschau. Ricki, nach seiner Art, war ungeheuer ausgelassen, jedoch zeigte er gleichzeitig – laut Klaus – die Symptome jener Weltangst, von der ich sprach. Dann fuhr er zum Übernachten hinaus nach dem Ammersee und machte Schluß.«[16]

Die Freunde sind erschüttert. Das Unternehmen der medial vermarkteten Persienreise wird sofort abgesagt. In Klaus Manns Tagebuch klafft eine Lücke von zwei Wochen, in denen er unter dem Eindruck des schmerzlichen Verlusts keine Eintragungen vorgenommen hat – die Sprache versagte ihm, dem sonst die Worte so leicht zu Gebote standen. Neun Tage nach Rickis Tod schreibt er an Eva Herrmann über Rickis Nachlassangelegenheiten (es geht unter anderem um dessen Zeichnungen): Die Geschwister hätten das Haus in Holzhausen aufgesucht und Rickis Habseligkeiten zusammengetragen, die künstlerischen Arbeiten gesichert und geordnet, private Briefe (etwa die Eva

Herrmanns) vernichtet. Ein Akt der Pflicht dem Freund gegenüber, wenngleich es den Geschwistern schwergefallen sei. »Jetzt«, so Klaus, »möchte ich dieses Haus und diese Wiese zum See in ihrer verhexten Friedlichkeit wirklich nie wieder sehen.«[17] Erst zwei Monate später wird er den großen Essay *Ricki Hallgarten – Radikalismus des Herzens* zu Papier bringen und darin eine Sprache für seine Trauer und seinen Schmerz finden. Der Aufsatz endet mit dem bestürzenden Bekenntnis: »Der Tod ist mir eine vertrautere Gegend geworden, seit ein so inniger Vertrauter meines irdischen Lebens sich ihm, dem Tode, der mir einst so fremd tat, freiwillig anvertraut hat. Wo ein Freund wohnt, kennt man sich doch schon etwas aus, ehe man selber hinkommt.«[18]

Erika und Klaus Mann tun, was sie in Krisenzeiten stets getan haben: Sie fliehen. Am 17. Mai 1932 brechen sie gemeinsam mit Annemarie Schwarzenbach und Klaus' zeitweiligem Liebhaber, dem jungen Schauspieler Herbert »Babs« Franz, nach Venedig auf. Zwei Wochen verbringen die Freunde in Nobelhotels in der Serenissima und auf dem vorgelagerten Lido. Fotografien zeigen sie in einer venezianischen Gondel, auf der Hotelterrasse oder in Badeanzügen am Strand, rauchend, schmusend, plaudernd, scheinbar heiter und gelassen. Doch der Schein trügt. Klaus Manns Tagebuch und Briefe aus dem »Grand Hôtel des Bains« bezeugen die tiefe Verstörung der Freunde. »Für uns«, schreibt er dem befreundeten Literaten Erich Ebermayer, »ist es wirklich, als habe man uns ein Stück lebendiges Leben herausgeschnitten. Aber, unheimlicher Weise, *muß* es ja weitergehen.«[19] Überraschend trifft aus Berlin ein Brief Pamelas ein. Sie hat Klaus Manns vor Kurzem erschienene Biografie seiner Kindheit und Jugend *Kind dieser Zeit* gelesen, worin er ihrer einstigen freundschaftlichen Nähe ein zärtliches und respektvolles Gedenken bewahrt hat. Klaus antwortet, als könne man sich über dem Grab des Freundes noch einmal versöhnlich die Hände reichen: »Meine liebe Pamela – es war sehr nett von Dir, mir zu schreiben, und es ist mir sehr wichtig zu wissen, daß Du mein –

und *unser* – Erinnerungsbuch gelesen hast. [...] Gott weiß, was dieses Leben uns allen noch bringen will.«[20]

Der Stoßseufzer ist nur allzu angebracht. Rickis Tod ist für die Clique wie ein Menetekel an der Wand, das auf etwas Schreckliches vorausweist. In Venedig besucht Klaus die Biennale und ist von der Kunst im italienischen Pavillon abgestoßen: »Fatale faschistische Futuristen.«[21]

Auf der Heimreise verabschieden sich die Geschwister in Bozen von Annemarie, die zurück in die Schweiz fährt. Im Hotel fällt Klaus Mann eine deutsche Zeitung in die Hand, die den tags zuvor erfolgten Rücktritt des christdemokratischen Reichskanzlers Heinrich Brüning meldet, nachdem der greise Reichspräsident Paul von Hindenburg ihm das Vertrauen entzogen hat. Kritische Intellektuelle wie Klaus und Erika Mann ahnen: Das Ende der parlamentarischen Demokratie in Deutschland kann nicht mehr fern sein. Aber noch zögern sie, das Land zu verlassen.

Brünings Nachfolger als Reichskanzler wird der ebenfalls der Zentrumspartei angehörende ehemalige Offizier Franz von Papen, der ein »Kabinett der Barone« bildet, das nur aus Parteilosen und Mitgliedern der kleinen Deutschnationalen Volkspartei besteht, und der mehr noch als sein Vorgänger im Amt auf der Basis von Notverordnungen regiert. Am 31. Juli wird die NSDAP bei den Wahlen zum 6. Reichstag mit 37,3 Prozent der Stimmen stärkste Partei, weit vor der SPD (21,6 Prozent), der katholischen Zentrumspartei (15,7 Prozent) und der KPD (14,3 Prozent). Noch sträubt sich Reichspräsident Paul von Hindenburg, den Führer der nationalsozialistischen Partei Adolf Hitler mit der Regierungsbildung zu beauftragen. Verhandlungen hierüber scheitern im August, und Papen bleibt Reichskanzler. Doch gelingt es der Regierung nicht, die drängenden Probleme des Landes – Wirtschaftskrise, Massenarbeitslosigkeit und gewalttätige Ausschreitungen – in den Griff zu bekommen. Zudem ist sie wegen der fatalen Stärke der rechts- und linksextremen Parteien parlamentarisch handlungsunfähig. Nach einer

Abstimmungsniederlage der Regierung Papen löst Hindenburg den Reichstag auf und macht so den Weg für Neuwahlen frei. Bei den Wahlen zum 7. Reichstag am 6. November 1932 verliert die NSDAP zwar 4,2 Prozent der Stimmen, bleibt aber stärkste Partei. KPD und DNVP können leichte Zugewinne verbuchen, SPD und Zentrum erleiden leichte Verluste. Insgesamt bleiben die Mehrheitsverhältnisse der gemäßigten Parteien im Reichstag schwierig. Am 3. Dezember wird die bisherige graue Eminenz im Kabinett Papen, der parteilose Kurt von Schleicher, zum Reichskanzler ernannt und mit der Regierungsbildung beauftragt. Dem Kabinett gehören ausschließlich Parteilose an, auch sie überwiegend aus der adligen preußischen Offizierskaste. Schleicher versucht, eine »Gewerkschaftsachse«, ein breites Bündnis vom linken Flügel der NSDAP bis hin zum Allgemeinen Deutschen Gewerkschaftsbund, zu schmieden, um parteienübergreifend gegen die großen Probleme angehen zu können, scheitert aber an der Weigerung sowohl Adolf Hitlers als auch der SPD. Bereits am 28. Januar 1933 wird auch das Kabinett Schleicher zurücktreten.

Die Zeichen in jenen letzten acht Monaten der Weimarer Republik stehen überall an der Wand: Einen Tag nach der Rückkehr aus Venedig erfährt Erika Mann, dass man auf ihr Engagement bei den Bergwaldtheaterfestspielen in Weißenburg in Franken verzichte. Der Grund: Die Nationalsozialisten haben die Direktion unter Druck gesetzt. Erika Mann, streitbereit wie eh und je, strengt ein Verfahren gegen den Weißenburger Verkehrsverein, vertreten durch den Oberbürgermeister, an und fordert ein Ausfallhonorar. Obwohl im Hintergrund Alfred Rosenbergs »Kampfbund für deutsche Kultur« aufwiegelt, Erika Mann gehe es nur ums Geld, sie sei von ihren jüdischen Anwälten aufgehetzt, erhält die Klägerin vor Gericht recht. Da aber der Verkehrsverein in Insolvenz geht, muss sogar der Fundus des Weißenburger Bergwaldtheaters gepfändet werden. Ein »Geschmäckle« bleibt: Erika Mann hat vor Gericht zwar recht bekommen, aber in den Augen der rechtsnationalen Öffentlichkeit gilt sie als geldgierige, von Juden und »undeutschen« Kräften aufgehetzte Intellektuelle, der man es irgendwann heimzuzahlen habe.

Und Klaus Mann? Besorgt beobachtet er die Streitigkeiten und Kalamitäten seiner geliebten Schwester, sieht den Aufstieg der Nationalsozialisten und will doch noch immer nicht recht glauben, dass deren Bewegung etwas anderes sei als eine unselige, peinliche Farce in der deutschen Geschichte, ein unrühmliches, aber kurzes Intermezzo. Zu dieser Überzeugung trägt auch der Eindruck bei, den er erhält, als er am 14. Juli 1932 in der Teestube des Münchner Hotels Carlton sitzt und am Nebentisch Adolf Hitlers gewahr wird, der von ein paar Getreuen umgeben ist. Im Tagebuch notiert Klaus Mann: »Adolf Hitler, in blödester Gesellschaft. Seine geradezu auffallende Minderwertigkeit. Äusserst unbegabt; die Faszination, die er übt, grösste Blamage der Historie; gewisser sexualpathologischer Einschlag kann nicht alles erklären.«[22] Jahre später wird Klaus Mann in seiner Autobiografie das Erlebnis ausschmücken und behaupten, Hitler habe vor seinen Getreuen die schauspielerischen Qualitäten Therese Giehses gerühmt, die er in den Münchner Kammerspielen erlebt hatte. Als einer seiner Gefolgsleute den Einwand wagte, die Giehse sei aber, so munkele man, »rassisch nicht ganz einwandfrei«[23], habe Hitler heftig widersprochen: »Bösartiger Klatsch! Als ob ich nicht den Unterschied sähe zwischen einem germanischen Naturtalent und semitischer Mache!«[24]

Klaus Mann urteilt damals, 1932, im Stillen für sich: »Du kommst nie zur Macht, dummer Schicklgruber!«[25] – und fährt drei Tage später erneut in Urlaub, gemeinsam mit Erika, diesmal gen Norden, nach Skandinavien. Einen ganzen Monat lang bereisen die Geschwister im Auto Schweden, Norwegen (bis hoch zum Nordkap) und vor allem Finnland. Nicht nur die gewaltige, einsame Natur lockt Klaus, sondern auch die Liebe: Hans Aminoff, ein junger, blendend aussehender finnischer Gutsbesitzer, den er im Januar in Paris kennengelernt hat, ist der von ihm heftig Umworbene. Die Geschwister verleben einen rauschhaften romantischen Mittsommer im »Land der tausend Seen«, als Aminoffs Gäste auf dessen Gut bei Pekkala. Zwei Jahre später wird Klaus Manns Roman *Flucht in den Norden* erscheinen – im Amsterdamer Querido Verlag –, worin er seine Eindrücke von Land und Leuten verarbeitet, aber auch die bittersüßen Gefühle von Liebesverlangen und Verzicht, die er in jenem Sommer der weißen Nächte für Aminoff, der 1933 heiratete und einen bürgerlichen Lebensweg einschlug, empfand.

Kaum sind die Geschwister von ihrer großen Nordlandfahrt zurück, stürzen sie sich bereits wieder in ein neues Vorhaben. Wieder locken die »Bretter, die die Welt bedeuten«, aber diesmal die Kleinkunstbühne des Kabaretts. Und nun ist nicht Klaus der Initiator und Prinzipal, sondern Erika. Aber wie bei den vergangenen Theaterstücken wird auch diesmal der Freundeskreis mit eingebunden, als Zuträger, Schauspieler und Musiker. Der Name des neuen Projekts: *Die Pfeffermühle.*

Erika Mann nutzt in jenem Spätherbst 1932 alte und neue Kontakte, um ein buntes, möglichst interessantes Ensemble zusammenzustellen, das freilich ganz ohne Kontrakte und Honorarversprechen auskommen muss. Einzig die Begeisterung für die Sache und der Hass gegen die Dummheit (auch die politische) binden das Team zusammen. Und *Dummheit* wird im *Pfeffermühlen*-Programm von 1934 auch eine der Glanznummern, gespielt von Therese Giehse, lauten. Neben Erika Mann (als Prinzipalin, Autorin und Aktrice) und Therese Giehse (Schauspiel und Regie) sind am ersten Programm des Kabaretts beteiligt: Klaus Mann (als Autor), der Pianist und Komponist Magnus Henning, die Schauspieler Lotte Goslar, Sybille Schloss, Karl-Theodor Glock, Peter Eysoldt, Albert Fischel (der Freund aus alten Mimikbund-Tagen), Herbert Franz (der mit Klaus Mann zu jener Zeit, auch unter Einbindung Dritter, ein flottes Verhältnis pflegt), Claire Eckstein und Edwin Denby. Ein Spielort ist bald gefunden: die »Bonbonniere« in der Münchner Neuturmstraße 5, in unmittelbarer Nähe des Hofbräuhauses, eine der führenden Kleinkunstbühnen der Isarmetropole zwischen den Weltkriegen. Auch der Premierentermin steht bereits fest: Der Neujahrstag 1933. Nur über den Namen des geistigen Kindes ist man sich noch uneins. Die literarische Legende erzählt, man sei im Hause Mann in der Poschinger Straße zu Tisch gesessen, als Erika die Frage der Benennung des Kabaretts aufbrachte. Thomas Mann, von der Idee begeistert, habe zur Pfeffermühle gegriffen und gesagt: »Wie wär's denn damit?!«[26]

Nach großer medialer Ankündigung feiert *Die Pfeffermühle* am 1. Januar 1933 ihr Debüt. Natürlich sichern allein schon die Namen der Dichterkinder Erika und Klaus Mann und der bereits berühmten Therese Giehse ein volles Haus. Das Programm gibt sich noch sehr literarisch, anspielungsreich, weniger politisch im eigentlichen Sinn. Noch ahnt keiner, dass die Tage der demokratischen Republik gezählt sind und man den politischen Brandstifter bald im eigenen Haus wird stehen haben. Die Premiere wird ein großer Erfolg. Und bereits am 21. Februar 1933 wird man mit einem zweiten Programm starten. Da hat sich die Lage im Land aber schon grundlegend verdüstert: Am 28. Januar hat Reichskanzler Schleicher seinen Rücktritt eingereicht. Zwei Tage später ernennt Hindenburg den von ihm im Grunde verachteten »böhmischen Gefreiten« Adolf Hitler zum neuen Reichskanzler. Fassungslos vermerkt Klaus Mann im Tagebuch: »Die Nachricht, dass Hitler Reichskanzler. Schreck. Es nie für möglich gehalten.«[27]

Nicht sogleich werden die Anordnungen, die Hitler bereits in den ersten Amtswochen trifft und die auf eine Aus- und Gleichschaltung von Parteien, Verbänden, Gerichten, Kirchen und Presse zielen, wirksam. Vor allem in Bayern hält sich noch bis Mitte März eine konservative Landesregierung und wiegt speziell die Münchner, die sich in jenen Wochen im Feierrausch des legendären Faschings befinden, in einer bierseligen, auf die Liberalitas Bavariae vertrauenden Laune. Man feiert, singt, tanzt und gibt sich überdies recht romantischen, realitätsfernen Fantasien von einem bayerischen Sonderweg hin. Doch die NS-Presse reagiert auf Erika Manns *Pfeffermühle* mit rüden Anwürfen (was der Prinzipalin und ihrem Team beweist, dass ihre Stiche wehtun). Klaus Mann kontert mit einem weniger angriffslustigen denn nonchalanten Artikel – noch immer in der irrigen Annahme, Hitlers Erscheinen sei nur ein böser, aber kurzer Spuk: »Unser München befindet sich, wie bekannt, seit einiger Zeit in einer aufsteigenden Kurve. [...] Ich kann hier nicht versuchen zu erklären, mit was für geistespolitischen Änderungen und Verschiebungen dieser neue ›Aufstieg‹ in Zusammenhang zu bringen ist; ich begnüge mich damit, ihn zu konstatieren. – In einem bequemeren Jargon ausgedrückt: *München wird wieder netter.*«[28]

Es sind Wochen einer seltsamen Nicht-Zeit, des Feierns im Fasching, des Harrens auf Veränderung, der halb ungläubigen, halb resignativen Erwartung des Unabänderlichen, der letzten, verglimmenden Hoffnung. Klaus Mann urteilt rückblickend recht konsterniert:

»Leute, die man in Berlin schon eingesperrt und mißhandelt hätte, erfreuten sich in München noch vollkommener Freiheit. Diese letzten Münchener Wochen scheinen in meiner Erinnerung voll einer gewissen verzweifelten Lustigkeit. Man genoß den Fasching oder tat doch so. Man war noch einmal so recht gemütlich beisammen [...]. Unvergeßlich bleibt mir der Pfeffermühlenball in unserem Hause, Poschingerstraße 1, eine der letzten karnevalistischen Veranstaltungen, weshalb es denn auch besonders hoch herging. Einige der feinsten Gäste erschienen freilich mit erheblicher Verspätung; [...] Die Herren kamen soeben von einer ausführlichen Konferenz mit dem Prinzen Rupprecht von Wittelsbach, den eine monarchistisch-separatistische Gruppe damals auf den bayerischen Thron zu bringen hoffte. Es wäre ein famoser Streich gewesen, peinlich für Hitler, ergötzlich fürs Bayernvolk. Aber Königliche Hoheit hatten keine Lust zu solchem Wagnis, wie die verspäteten Verschwörer uns auf dem Maskenball zuraunten. In Pfeffermühlenkreisen hörte man es mit Bedauern. Zwischen einem Tango und einem Walzer erzählte man sich die neuesten Schreckensnachrichten aus Berlin. Wir tanzten im Regina-Palast-Hotel, während in der Hauptstadt das Reichstagsgebäude in Flammen stand. Wir tanzten im Hotel Vier Jahreszeiten, während die Brandstifter Unschuldige des Verbrechens bezichtigten, das sie begangen hatten. Das war am 28. Februar – Faschingsdienstag –, und tags darauf war Aschermittwoch. Als der Anarchist Erich Mühsam, der Pazifist Carl von Ossietzky und der Kommunist Ernst Thälmann von der Gestapo verhaftet wurden, kehrte man in München Luftschlangen und Konfetti von den Straßen. Man war verkatert. Der Fasching war vorüber.«[29]

Aschermittwoch 1933, der 1. März: In Berlin tanzen vor dem ausgebrannten Reichstagsgebäude noch Ascheflocken durch die Luft. Die Nationalsozialisten nehmen den Brand (dessen Ursache trotz der Selbstbezichtigung des festgenommenen niederländischen Sozialisten Marinus van der Lubbe nie vollständig aufgeklärt wird) zum willkommenen Anlass, um mithilfe einer noch am selben Tag erlassenen »Verordnung zum Schutz von Volk und Staat« eine Verhaftungswelle zu starten: Gegner des Regimes – Kommunisten, Anarchisten, Sozialisten jeglicher Couleur, kritische Journalisten und Schriftsteller – werden festgenommen und ins Gefängnis gebracht, bald auch in die ersten Konzentrationslager, dort misshandelt, gefoltert, ermordet. Der große Terror des Staates gegen seine Bürger hat begonnen …

Auch in München erwacht man aus der Katerstimmung des Aschermittwochs: Thomas Mann, der wie kein Zweiter der Repräsentant des freien Geistes ist, hat Deutschland bereits am 11. Februar zu einer Vortragsreise nach Holland verlassen. Nachdem durchgesickert ist, dass die NS-Schergen daran denken, den Nobelpreisträger nach seiner Rückkehr zu arretieren und sogar in ein Konzentrationslager zu verschleppen, beknien Erika und Klaus die Eltern – die sich unterdessen in der Schweiz aufhalten –, wegen des »schlechten Wetters« auf keinen Fall zurückzukehren. Bereits am 19. Februar fuhr Heinrich Mann mit dem Zug nach Paris. Auch für ihn beginnt das Exil, aus dem er nicht mehr zurückkehren wird (er stirbt 1950 in Santa Monica/Kalifornien). Erika und Klaus begeben sich indes erneut auf eine kleine Flucht: Sie fahren am 5. März für ein paar Tage nach Lenzerheide in Graubünden und treffen sich dort mit der Freundin Annemarie Schwarzenbach. Am selben Tag finden in Deutschland die Wahlen zum 8. Reichstag statt, aus denen die Nationalsozialisten mit 43,9 Prozent als unangefochtene Sieger hervorgehen. Am 9. März setzt Reichsinnenminister Wilhelm Frick trotz der Weigerung des Bayerischen Landtags den General und NSDAP-Reichstagsabgeordneten Franz Ritter von Epp als NS-Generalstaatskommissar für Bayern ein. Elf Tage später wird in Dachau bei München das erste Konzentrationslager errichtet.

Die Geschwister Erika und Klaus Mann kehren am 10. März nochmals nach München zurück. Sie fürchten, jeden Augenblick im Elternhaus festgenommen zu werden, zumal, wie sie wissen, der Chauffeur Hans ein gedungener Nazispitzel ist. Dennoch harren sie noch drei Tage aus, packen heimlich die wichtigsten Utensilien und Unterlagen zusammen. Erika birgt das in der Niederschrift befindliche Manuskript von Thomas Manns Roman-Tetralogie *Joseph und seine Brüder* und rettet so eines der großen Werke der Weltliteratur. Am Morgen des 13. März setzt sie sich ins Auto und fährt nach Arosa in der Schweiz, wo sich die Eltern derweil aufhalten. Klaus verbringt den Tag noch alleine in der »Poschi«, speist mit seinem Geliebten Herbert Franz (»geredet und tendresse«[30]), führt ein paar Telefonate mit Freunden (immer in der Angst, abgehört zu werden), fährt gegen Abend zum Hauptbahnhof und besteigt den Nachtzug nach Paris. Am Bahnsteig erwartet ihn Wilhelm Emanuel Süskind (der im Lande bleiben und 1943 Redakteur der Literaturbeilage des NS-Blatts *Krakauer Zeitung* im »Generalgouvernement Polen« werden wird). Mit Süskind unterhält sich Klaus Mann noch ein halbes Stündchen, auch über Pamela, seine Ex-Verlobte, seine einst beste Freundin, der er kaum noch grollt. Auch sie wird in NS-Deutschland bleiben und sich arrangieren ... Der Schaffner pfeift zur Abfahrt. Süskind verlässt den Waggon. Die Türen schließen, der Zug rollt an, er bringt Klaus

Mann ins Exil nach Paris. Zwei Tage später verlässt auch Therese Giehse, Hitlers erklärte Lieblingsschauspielerin (»Wer Jude ist, bestimme ich«[31], soll er geäußert haben), München und fährt mit dem Zug in die Schweiz, wo sie Erika und deren Eltern trifft. In den nächsten Wochen schleusen sie weitere Ensemblemitglieder der *Pfeffermühle* außer Landes. *The show must go on.* Alle – ob Prinzipalin, Schauspieler, Rezitatoren oder Schriftsteller – begreifen ihre Arbeit nun als Kampf für die Humanität und gegen die Entmenschung durch die nationalsozialistische Ideologie. Die Dichterkinder und ihre Freunde sind – endlich – erwachsen geworden.

»Mir imponierten nur ältere Männer«

Intermezzo: Dichtergattinnen – Pamela und Tilly Wedekind. 1930–1937

Als am 17. April 1930 Pamela Wedekind und Carl Sternheim auf dem Standesamt Berlin-Moabit heiraten, versammelt sich nur eine kleine Hochzeitsgesellschaft: Neben der dreiundzwanzigjährigen Braut, die mit dem Jawort vom Dichterkind zur Dichtergattin avanciert, und dem zweiundfünfzigjährigen Bräutigam sind die Trauzeugen, der Maler Conrad Felixmüller und seine Frau Londa, anwesend, beim anschließenden Mittagessen im Nobelhotel Eden zudem die Brautmutter Tilly (erst flotte vierundvierzig) und deren achtzehnjährige Tochter Kadidja. Nicht geladen ist Sternheims Arzt und Vertrauter jener Monate, der Dichter Gottfried Benn. Der freilich ist so korrekt, seinem Kollegen und Patienten und dessen Braut brieflich Glückwünsche zu übermitteln. Sternheim antwortet darauf nicht, und Benn schreibt fünf Monate später der Brautmutter Tilly pikiert, Sternheim wisse nicht, was sich gehöre: »[...] daß man sich 1) für Glückwünsche zur Hochzeit bedankt 2) den Arzt entlohnt, den man wiederholt Tag u. Nacht konsultiert hat 3) usw.«[1] Dass Benn sich ausgerechnet bei Sternheims Schwiegermutter beschwert, kommt nicht von ungefähr: Beide sind sich wenige Monate zuvor, genau sieben Tage nach der Dichterhochzeit, nähergekommen.

Die kleine Feier von Pamela Wedekind und Carl Sternheim findet am Gründonnerstag statt. Abends holt Pamela ihre restlichen Sachen aus der Wohnung der Mutter und zieht zu ihrem

Ehemann. Tags darauf, es ist Karfreitag, erhält Tilly, der ohne Pamela an diesem ohnehin tristen Tag doppelt schwer ums Herz ist, überraschend durch einen Boten einen Nelkenstrauß zugestellt. Daran hängt ein Billett: Es sind Ostergrüße Gottfried Benns! Tilly ist perplex, greift zum Telefonhörer, ruft den Dichterarzt an und bedankt sich. Das Rad des Schicksals gerät in Bewegung. Es wird sehr bald volle Fahrt aufnehmen, wie ein Karussell, das die Fahrgäste gleichermaßen in Entzücken und Bangen versetzt.

Bereits zwei Tage später, am Ostersonntag, hat Tilly Gäste: ihre Schwester Martha, den Schauspieler Ernst Deutsch und – Gottfried Benn, der über seine Poetologie schwadroniert und damit der Dichtergattin imponiert. Tilly, die noch immer berückend fesche Witwe, bedarf der Anlehnung, mehr denn je. Denn Tochter und Schwiegersohn wollen Berlin verlassen. Sternheim, der aus der Zeit des Ersten Weltkriegs, als er mit seiner ersten Frau Thea in Belgien lebte, Brüssel schätzt und liebt, will wieder dorthin ziehen. Das Leben in Belgien, so räsoniert er seiner jungen, willfährigen Frau gegenüber, sei günstiger. Zudem böten sich ihm, dem in Deutschland inzwischen fast vergessenen Theaterautor, bessere Aufführungschancen.

Kein Wunder also, dass Tilly empfänglich ist für Trost und etwas Ablenkung. Benn, obgleich so klein, dass – sitzt er auf einem Stuhl – seine Beine in der Luft baumeln, strahlt dennoch einen enormen virilen Appeal aus, dem vor allem geistig interessierte Frauen verfallen, die das Dunkle, Mystische, Klangvolle, Hermetische seiner Lyrik gern mit dem Autor selbst gleichsetzen. Tilly, die sich an der Seite Frank Wedekinds gern auch als Dichtergattin identifizierte, glaubt nun ihre Stunde gekommen. Sie will diesen Mann erobern, koste es, was es wolle! Mit einem Mal ist sie die Werbende, Fordernde – mehr, als es Benn lieb ist. Sie bestürmt die Mauern des verschlossenen Lyrikers. Bereits vier Tage später fällt die Festung: Abends gehen sie in eine Vorführung des Stücks *Napoleon greift ein* von Walter Hasenclever. Tilly hat sich fein gemacht, trägt ein Soireekleid. Sie ist stolz auf ihre noch immer gute Figur, ihren weißen Teint, zeigt an jenem Abend bewusst Haut. Doch Benn missfällt ihr Outfit. »Giselheer, der Barbar«, wie Else Lasker-Schüler ihn halb spielerisch, halb furchtsam nannte, nimmt kein Blatt vor den Mund und sagt Tilly das ins Gesicht. Sie ist gefasst, lässt sich nichts anmerken, denn wenn sie beleidigt reagierte – das ahnt sie –, würde der Festungskommandant die Zugbrücke nur einholen. Benn lässt sich auf das Spiel ein. Als der Vorhang fällt, sagt er: »Nun habe ich Sie besucht, jetzt sollen Sie auch zu mir kommen.«[2] Sie fahren zur Belle-Alliance-Straße 12 (dem heutigen Mehringdamm in Kreuzberg). Benns Wohnung besteht aus vier Räumen, darunter das Ordinationszimmer mit dem Behandlungsstuhl, den weißen Möbeln, den Vitrinen mit medizinischen Instrumenten. Tilly ist mehr fasziniert denn abgestoßen: »Es war seltsam, im Abendkleid durch den sachlichen medizinischen Raum zu gehen, und ich dachte: Jetzt wird er dich schlachten.«[3] Sie nimmt im Wohnzimmer Platz. Benn verschwindet für einen Augenblick in der Küche. Er hat bereits vorbereitet, was er unter Kulinarik versteht: Schnittchen und eine Flasche Sekt. Aber beiden ist klar, dass sie nur einander vernaschen wollen. Benn fällt ein Sandwich auf den Teppich. Er kniet vor Tilly nieder, um es aufzuheben. Kurz darauf geben sie sich einander hin. Tilly in der Rückschau über den befürchteten Akt, »geschlachtet« zu werden: »Na, ganz so schlimm wurde es nicht.«[4]

Bald erweist sich, dass sie verschiedene Erwartungen an das Vorkommnis haben: Benn betrachtet es als vergnügliches Abenteuer, Tilly hingegen sieht sich schon als die Frau an seiner Seite, im tiefsten Herzen hegt sie vielleicht den Wahn, einmal Frau Tilly Wedekind-Benn zu werden. Die Rollen scheinen von Anfang an vertauscht: Sie bestürmt ihn weiterhin, will ihn erobern, schickt ihm haufenweise Billets und teure Blumensträuße, kauft sich sogar – von Geld, das die nahezu Bankrotte sich irgendwie beschafft – ein kleines Opel Cabriolet, um schneller zu Benns Wohnung gelangen und an den Wochenenden mit ihm Ausflüge ins Berliner Umland unternehmen zu können. Benn lässt es sich zunächst gefallen. Bisher hat er die Frauen umgarnt, nun genießt er es, umworben zu werden. Bald jedoch wehrt er brieflich ab, versucht Abstand zu gewinnen, will partout seine Freiheit verteidigen. In seinen Briefen an Tilly wahrt er noch einige Zeit das distanzierte »Sie«: »Liebe gnädige Frau, heute mittag sehe ich, daß ich Sie heute abend doch nicht sehen kann. Ich sitze in Arbeiten u. kann mich nicht daraus losreißen. Wenn Sie darüber böse sind, tut es mir unendlich leid, aber ich kann es nicht ändern. Ich habe Sie von Anfang an darum gebeten, Ihr Leben nicht nach mir zu richten u. nicht damit zu rechnen, daß wir uns häufig sehen können. Ich kann aus meinem Leben nicht heraus u. will es auch gar nicht. [...] Ich schreibe das wirklich aus Freundschaft an Sie u. sage Ihnen, daß ich Sie reizend u. charmant u. süß u. begehrenswert finde, aber um mich steht eine Mauer aus Kühle u. Abgeschlossenheit, über die niemand hinüberkann.«[5] Die Mauer, die er um sich her aufgerichtet hat: Image? Koketterie? Selbsterhaltungstrieb eines Melancholikers? Dreiundzwanzig Jahre später wird Benn in dem Band *Destillationen* das Gedicht *An –* veröffentlichen, dessen genaue Entstehungszeit unbekannt ist und das genau dieses Motiv aufgreift: »An der Schwelle hast du wohl gestanden,/doch die Schwelle überschreiten – nein,/denn in meinem Haus kann man nicht landen,/in dem Haus muß man geboren sein.//Sieht den Wanderer kommen, sieht ihn halten,/wenn ihn dürstet, wird ein Trank geschänkt,/aber einer nur, dann sind die alten/Schlösser wieder vor- und eingehängt.«[6]

Es gibt aber noch einen anderen, weit banaleren Grund, Tilly etwas auf Abstand zu halten: Sie ist nicht die einzige Frau in Benns Liebesleben. Zeitgleich unterhält er eine Beziehung zu der 1886 geborenen Schauspielerin Elinor Büller, von Benn »süßes Morchen« genannt. Benn hat sie im Frühjahr 1929 auf der Beerdigung seiner Geliebten Lili Breda (sie beging Selbstmord) kennengelernt. Beide Frauen, Elinor und Tilly, wissen nichts voneinander. Elinor wird 1944 sterben. Tilly wird erst mit achtzig Jahren von deren Existenz erfahren und Benns *Doppelleben* (so auch der Titel seiner Autobiografie) mit heiterer Gelassenheit hinnehmen. Dem Dichterarzt indes gelingt es sieben Jahre lang mit der Präzision eines Schwankregisseurs, auf dessen Bühne andauernd die Türen zur Rechten und zur Linken aufgehen und die wechselnden Geliebten auftreten und wieder verschwinden, dafür zu sorgen, dass sich die Protagonistinnen nie begegnen – bisweilen nur um Augenblicke.

Tilly ist wie im Rausch. Noch als alte Frau schwärmt sie: »Mir imponierten nur ältere Männer, so einen jungen Studenten hätte ich gar nicht beachtet. Und er fühlte sich zu älteren Frauen hingezogen. Der Zeitpunkt unserer Begegnung war entschieden richtig.«[7] Sie kauft sich nicht nur einen Opel, sie wechselt auch die Wohnung (von Steglitz ins Hansaviertel), um dem Geliebten näher zu sein. Ihr Anwalt und Ex-Liebhaber Karl Loewenstein warnt sie vor einem finanziellen und emotionalen Desaster – doch Tilly hört nicht, will nicht hören. Sie überschüttet Benn mit Blumenbuketts. Der schreibt warnende, hinhaltende Briefe, mahnt zur Vernunft: »Liebste Tilly, ich danke Ihnen tausendmal für die Rosen, wenngleich ich schon oft gesagt, geäußert, gebeten habe, mir keine Blumen zu schicken, sondern zu *sparen* in diesen schlechten Zeiten.«[8] Er versucht sie auf Distanz zu halten, vertröstet sie, schützt seine Arbeit, seine Erschöpfung, sein Bedürfnis nach Alleinsein vor: »[…] bitte, liebste Tilly, erwarten Sie mich die allernächsten Tage nicht. Bitten Sie mich nicht zu kommen oder daß wir uns sehn. Ich bin zu abgespannt, ich muß ein paar Tage ganz ruhig vor mich hinleben. […] Leben Sie wohl, bringen Sie Ihre Wohnung in Ordnung, fahren Sie schön spazieren u gedenken Sie meiner.«[9]

Tilly ist nicht zu Hausarbeiten aufgelegt. Benn treibt sein Katz-und-Maus-Spiel, zieht sich zurück (verbringt Tage und Nächte mit Elinor), lässt dann Tilly wieder an sich heran. Später schwärmt sie von wundervollen drei Sommern, die sie gemeinsam in Berlin verbrachten, Sommern, in denen sie mit dem Opel die wald- und seenreiche Mark Brandenburg erkundeten.

Zwischendurch fährt Tilly nach Bayern, an den Starnberger See, damals noch ein wohlfeiles Refugium für Künstler und Aussteiger. Kadidja, die an der Akademie Dresden und an der Berliner Akademie der Künste Malerei und Grafik studiert hat, wohnt zwischenzeitlich dort, als Gast der Freundin Lilly Ackermann. Sie schreibt dort im Sommer 1932 einen Jugendroman mit dem Titel *Kalumina*, der wenig später im Scherl Verlag erscheint und ein Erfolg wird. Im nahen Seeheim hat sich Pamela vor einiger Zeit eine Wohnung gemietet. Auch sie kommt manchmal noch in die bayerische Heimat, gemeinsam mit ihrem Mann Carl Sternheim. Es ist die Illusion einer familiären Idylle, ungeachtet privater Spannungen und politischer Fanatisierung.

In der Ehe von Pamela und Carl Sternheim kriselt es. Tilly verdrängt das, will ihr eigenes, so fragiles Liebesglück nicht mit den Sorgen anderer belasten. Einmal ist sie sogar bei Manns in der Poschinger Straße in München zu Gast – keiner ahnt, dass die Familie bald nicht mehr dort wohnen wird und sich auf der Flucht vor den Nationalsozialisten ins Exil begeben muss. Tilly lässt sich hofieren. Noch immer genießt sie ihren Ruf als bekannte Schauspielerin und Frank Wedekinds Witwe, als »Lulu«, die Rolle ihres Lebens. Sie ist sogar so frei und stellt sich in der »Poschi« selbst in die Küche und zaubert ein Menü, sehr zur Überraschung von Katia und Klaus.

Tilly fährt auch nach Brüssel, logiert sich eine Zeit lang bei Tochter und Schwiegersohn ein. Mit Carl Sternheim, dem sie anfangs skeptisch, ja ablehnend gegenüberstand, versteht sie sich nun prächtig. Gemeinsam flanieren sie über die Boulevards und durch die Parks, schauen sich die Auslagen in den feinen Geschäften an, gehen ins Museum. Es ist die Illusion eines großbürgerlichen Lebens, mitten in der Wirtschaftskrise. »Ich schlief«, berichtet sie, »im Wohnzimmer der Zweieinhalb-Zimmerwohnung am Boulevard Waterloo mit hübschem Blick in den Egmont-Garten. Morgens brachte mir das Hausmädchen auf einem Tablett das Frühstück mit herrlichen knusprigen

Brioches. – In den Geschäften, wo wir zusammen einkauften, war Sternheim überall bekannt und beliebt, und er stellte mich stolz als seine ›Bellemère‹ vor. Nur die Franzosen sind so galant, daß sie ihre Schwiegermutter die ›schöne Mutter‹ nennen. Naja, ich war allerdings auch acht Jahre jünger als mein Schwiegersohn, und ich glaube, er konnte mit Recht stolz auf mich sein.«[10]

Tilly Wedekind will gerne Grande Dame spielen, aber kaum eine Bühne hat noch Interesse an ihr. Jüngere Aktricen stehlen ihr die Schau, und Wedekinds Werke werden – auch unter politischem Druck – in Deutschland nur noch selten aufgeführt. Nicht anders ergeht es Carl Sternheim. Auch deswegen schielt er nach London, würde gern zu seiner Schwester ziehen, weil er vermutet, die Engländer fänden mehr Geschmack an seinen bitterbösen Komödien. Dabei will er nicht wahrhaben, dass er körperlich und geistig ein Wrack ist, von Doktor Benn vor Kurzem nur noch mühsam in Fahrt gesetzt. Tilly, die sich mit dem Schwiegersohn blendend amüsiert, wundert sich, wenn Carl bisweilen mitten auf einem Brüsseler Boulevard innehält, sagt: »Ich muß nach Hause«[11], auf dem Absatz kehrtmacht und, von einem Anfall geschüttelt, schwankend wegläuft. »Es war«, so erinnert sich Tilly, »recht erschreckend.«[12] Was sie nicht weiß, und was Sternheim und Pamela tunlichst vertuschen: Kaum ein Tag vergeht ohne einen Anfall, einen Zusammenbruch, und auch die geistigen Ausfälle und Absencen kehren wieder, heftiger denn je. Die vermeintliche Rekonvaleszenz war nur von kurzer Dauer, ein Atemholen. Die Syphilis bricht sich wieder zerstörerisch Bahn.

Da Carl Sternheims Träume von einem Theater-Comeback Seifenblasen sind, sieht sich Pamela gezwungen, nach Berlin zurückzukehren und sich bei Regisseuren und Direktoren für die Stücke ihres Mannes anzudienern. Auch sie selbst will wieder zur Bühne zurück. Der Erfolg bleibt aus. Ein paar Gemälde, noch aus dem Haus in Uttwil verblieben, gehen ins Auktionshaus und retten das Ehepaar – vorerst – vor dem Ruin.

Tilly kehrt ebenfalls nach Berlin zurück. Finanziell steht auch sie vor einem Desaster. Neben die Sorge um Pamela tritt die Angst um Kadidja. Die bricht ihr Studium ab, wirkt haltlos, trinkt, lebt in den Tag hinein, schlägt sich die Nächte um die Ohren, hat erotische, aber wenig erfüllende Abenteuer mit Hans Albers und Gottfried Reinhardt (Max Reinhardts Sohn). Bei allen liegen die Nerven blank. Sternheim in Brüssel fühlt sich alleingelassen und hintergangen, er tobt. Tilly gibt sich unverdrossen dem Liebeswahn mit Gottfried Benn hin und begreift nicht, dass es eine Nebenbuhlerin gibt. Pamela, zwischen Mutter und Mann zerrieben, vom Unglück verfolgt, von beruflicher Aussichtslosigkeit heimgesucht, droht sogar mit Selbstmord. Kadidja überwirft sich mit ihrer Mutter, will sich von ihr trennen: »Diese Frau, die sinnlos über alles jammert und in MIR einen Halt sucht, richtet mich zu Grunde. Ich habe es satt, mir vorhalten zu lassen, dass ich kein Geld verdiene und faul und disziplinlos bin, ich habe es satt, mir in mein Leben dreinreden zu lassen […].«[13]

Da bricht von außen ein Ereignis über sie herein, das schwerer wiegt als aller private Zwist und die Familie wieder enger zusammenrücken lässt: Am 30. Januar 1933 wird Adolf Hitler zum Reichskanzler ernannt, die Nationalsozialisten übernehmen in Deutschland die Macht. Wenige Wochen später gehen die Mitglieder der Familie Mann ins Exil. Auch Heinrich Mann, der Autor frech-unbequemer Romane wie *Professor Unrat* und *Der Untertan*, worin die Neigung vieler Deutscher zur Subordination seziert und vorgeführt wird, muss das Land verlassen und sich ins französische Exil begeben. Er, der Präsident der Sektion für Dichtkunst in der Preußischen Akademie der Künste, trat kurz zuvor von seinem Amt zurück. Vierzig Künstler, darunter Größen wie Ricarda Huch, Thomas Mann, Franz Werfel, Ernst Barlach und Leonhard Frank, verlassen unter Druck die Akademie oder werden ausgeschlossen. Man ersetzt sie durch politisch willfährige, künstlerisch und literarisch meist drittklassige Repräsentanten.

Gottfried Benn, der knapp zwei Jahre zuvor bei der offiziellen Feier zu Heinrich Manns sechzigstem Geburtstag noch neben dem Jubilar und dessen Bruder Thomas saß und sogar die Ehre hatte, die Festrede zu halten, seit einem Dreivierteljahr erst Mitglied der Akademie, nutzt mit sagenhafter Dreistigkeit und rigorosem Opportunismus die Gunst der Stunde, um seine Position auszubauen: Gemeinsam mit Max von Schillings verfasst er eine Loyalitätsbekundung für Adolf Hitler.

Tilly Wedekind, noch immer von Benns Virilität überwältigt, betrachtet dessen politischen Radikalismus mit Befremden: »Wie war es nur möglich, daß er sich jetzt so irrte, daß er auf diesen hohlen Pomp hereinfiel? Wir sahen von seiner Wohnung in der Belle-Alliance-Straße aus den Zug der SA zum Tempelhofer Feld, zu irgendeiner Kundgebung. Die braunen Scharen fluteten, umjubelt, in Marschkolonnen vorbei, eine unübersehbare fanatisierte Volksmenge! [...] Aber Benn sagte: ›Jetzt gefallen mir sogar schon die braunen Uniformen –‹.«[14] Die Verblendung in der Liebe und die Blindheit durch eigene (auch finanzielle) Sorgen indes lassen Tilly schweigen und zusehen.

Nicht nur Tilly ist durch Benns Verhalten erschüttert. Klaus Mann, bislang ein glühender Bewunderer des Lyrikers Benn, zeigt sich empört. Aus dem Exil in Südfrankreich schreibt er ihm am 9. Mai 1933 einen persönlichen Brief, der nicht zur Veröffentlichung gedacht ist (vielleicht aus kollegialer Fairness?), und der erst nach dem Zweiten Weltkrieg von Benn selbst in dessen Autobiografie *Doppelleben* publiziert wird. Darin heißt es: »Was konnte Sie dahin bringen, Ihren Namen, der uns der Inbegriff des höchsten Niveaus und einer geradezu fanatischen Reinheit gewesen ist, denen zur Verfügung zu stellen, deren Niveaulosigkeit absolut beispiellos in der europäischen Geschichte ist und vor deren moralischer Unreinheit sich die Welt mit Abscheu abwendet?«[15] Gottfried Benn zerrt die Angelegenheit ans Licht der Öffentlichkeit. Im Rundfunk (der Volksempfänger wird von den Nationalsozialisten als zweckmäßiges Mittel der Propaganda gefördert) liest er am 24. Mai eine polemische

Entgegnung mit dem verallgemeinernden Titel *Antwort an die literarischen Emigranten,* die an Peinlichkeit und geistiger Flachheit kaum zu unterbieten ist:

»Sie stellen es so dar, als ob das, was sich heute in Deutschland abspielt, die Kultur bedrohe, die Zivilisation bedrohe, als ob eine Horde Wilder die Ideale schlechthin der Menschheit bedrohe, aber, und so lautet meine Gegenfrage, wie stellen Sie sich denn nun eigentlich vor, daß die Geschichte sich bewegt? Meinen Sie, sie sei in französischen Badeorten besonders tätig? [...] Verstehen Sie doch endlich dort an Ihrem lateinischen Meer, daß es sich bei den Vorgängen in Deutschland gar nicht um politische Kniffe handelt, die man in der bekannten dialektischen Manier verdrehen und zerreden könnte, sondern es handelt sich um das Hervortreten eines neuen biologischen Typs, die Geschichte mutiert und ein Volk will sich züchten. [...] Wollen Sie, Amateure der Zivilisation und Troubadoure des westlichen Fortschritts, endlich doch verstehen, es handelt sich hier gar nicht um Regierungsformen, sondern um eine neue Vision von der Geburt des Menschen, vielleicht um eine alte, vielleicht um die letzte großartige Konzeption der weißen Rasse. [...] ich erkläre mich ganz persönlich für den neuen Staat, weil es mein Volk ist, das sich hier seinen Weg bahnt. [...] Wollen Sie mir also glauben, wollen Sie sich also nicht täuschen, was auch immer Europa Ihnen zuflüstert, hinter dieser Bewegung steht friedliebend und arbeitswillig, aber, wenn es sein muß, auch untergangsbereit, das ganze Volk.«[16]

Tilly sieht dem Treiben zu, ist fassungslos, aber auch rettungslos verliebt. Ihre Töchter und sie rücken unter dem Druck der Verhältnisse und der finanziellen Not zusammen. Carl Sternheim hat die Brüsseler Wohnung aufgelöst und ist nach London zu seiner Schwester gezogen. Und tatsächlich landet er als Bühnenautor dort nochmals einen fulminanten Erfolg: Sein Stück *Die Marquise von Arcis,* ins Englische übersetzt, wird über Jahre hinweg ein Kassenschlager. In der Hauptrolle: Vivien Leigh, die wenige Jahre später ihren größten Triumph als Scarlett O'Hara in dem monumentalen Kinofilm *Vom Winde verweht* feiern wird.

Pamelas Ehe ist gescheitert. Bei einem Treffen im belgischen Ostende im Juni 1934 vereinbaren Carl Sternheim und sie einvernehmlich die Scheidung, die noch im selben Jahr gerichtlich vollzogen wird. Tilly mietet eine noch günstigere Wohnung – unterm Dach, in der Lessingstraße 50 –, in die sie gemeinsam mit den Töchtern zieht. Sie rücken auch geistig wieder näher zusammen. Nicht immer ist dies leicht, aber was bleibt ihnen anderes übrig? Kadidja versucht sich nach dem Erfolg von *Kalumina* weiterhin als Schriftstellerin und Journalistin, doch kann sie nicht mehr an den Erstling anknüpfen. Die geistigen Gegebenheiten im nationalsozialistischen Deutschland sind ihr zu eng, zu verlogen. Sie besitzt einen freien, unangepassten, ungebändigten Intellekt. 1937 wird Kadidja in die Vereinigten Staaten emigrieren und dort als Schauspielerin arbeiten, während Mutter und Schwester zurückbleiben.

Auch Pamela sucht wieder den Weg zurück zur Bühne. Sie erinnert sich ihres einstigen Weggenossen Gustaf Gründgens, unter dessen Regie sie in den misslungenen Stücken ihres Ex-Verlobten Klaus Mann spielte. Beide, Pamela wie Gustaf, fürchteten damals um ihren Bühnenruf und beendeten die Zusammenarbeit mit dem glücklosen Theaterautor. Doch während Pamelas schauspielerischer Werdegang nach anfänglichen Erfolgen stockte, gelang Gustaf Gründgens ein kometenhafter Aufstieg: 1928 wechselte er von Hamburg nach Berlin, war zunächst Schauspieler, bald auch Regisseur am Deutschen Theater unter Max Reinhardt. 1932 ging er als Schauspieler an das Preußische Staatstheater im Schauspielhaus auf dem Gendarmenmarkt. Dessen Generalintendant ist – nach dem Weggang des großen Theatererneuerers Leopold Jessner im Jahre 1930 – Heinz Tietjen, dem bereits vor der Machtergreifung eine Nähe zu den Nationalsozialisten nachgesagt wird. Bereits im Februar 1933 wird der einst dem Humanismus des Expressionismus verpflichtete NS-Autor Hanns Johst Chefdramaturg des Schauspielhauses. In den kommenden Monaten erfolgt im Preußischen Staatstheater eine personelle und inhaltliche »Säuberung«: Nicht systemkonforme Mitarbeiter werden entlassen, das Repertoire wird nazifiziert, Stücke jüdischer und sozialistischer Autoren werden abgesetzt. Gustaf Gründgens brilliert bereits mit seiner Paraderolle, dem Mephisto in Goethes *Faust*. Drei Jahre später (1936) wird sein Ex-Schwager Klaus Mann ihn in seinem Roman *Mephisto*, den viele als einen Schlüsselroman werten, als den Typus eines machtbesessenen Karrieristen porträtieren. Hermann Göring, damals Preußischer Ministerpräsident, protegiert Gründgens, dessen verführerisches Können ihn tief beeindruckt, und beruft ihn im Februar 1934 zum Intendanten des Theaters am Gendarmenmarkt. 1937 wird Gründgens zum Generalintendanten der Preußischen Staatstheater ernannt.

In ihrer prekären Not jener Jahre wendet sich Pamela (auch unter dem Druck der Mutter) an Gustaf Gründgens, den nun mächtigen Intendanten, und bittet ihn um Hilfe. Später wird Tilly urteilen: »Heute weiß ich, wie naiv wir waren, von Gustaf zu erwarten, daß er Pamela engagieren würde.«[17] Doch der Karrierist und Opportunist Gründgens, nach Klaus Manns Einschätzung der Teufel in Menschengestalt, ist so herz- und gesinnungslos nicht. Nach dem Krieg attestieren Weggenossen ihm im Entnazifizierungsverfahren, dass er nach Maßgabe seiner Möglichkeiten etliche jüdische und kommunistische Schauspieler und Autoren beschäftigte oder in anderer Weise deckte und protegierte und sie so vor dem Zugriff durch die Nationalsozialisten rettete. Gustaf Gründgens hat zwei Gesichter – auch das macht ihn in jenen Jahren so »mephistophelisch«.

Zunächst weist der frisch gekürte Intendant des Schauspielhauses das Ansinnen der Wedekind-Damen zurück. Zur damaligen Zeit kursieren Gerüchte, Frank Wedekind habe jüdische Ahnen gehabt. Gründgens befürchtet Verwicklungen (Tilly Wedekind wehrt sich 1935 mithilfe eines Anwalts erfolgreich gegen diese Unterstellungen). Schließlich wenden sich Tilly und Pamela an die Geliebte von Gründgens' Protektor Hermann Göring, die Schauspielerin Emmy Sonnemann (Göring und sie werden im April 1935 heiraten). Tilly kennt sie von früher. Emmy, ein etwas naives Wesen, erklärt sich sofort bereit, bei Göring für Pamela einzutreten. Der erteilt eine Weisung an Gründgens, und so steht Pamela wenig später als Schauspielerin auf der Bühne des Hauses am Gendarmenmarkt, fest engagiert, mit einer monatlichen Gage von fünfhundert Mark. Vereinzelt gibt es unter nationalsozialistischen Parteimitgliedern murrenden Protest, den Gründgens mit der lapidaren Bemerkung zurückweist: »Pamela Wedekind ist auf Wunsch von Frau Emmy Göring hier engagiert.«[18] Die Damen Wedekind können aufatmen und sich – klein, aber fein – in das Leben in ihrer Berliner Dachgeschosswohnung einrichten. Die Zeiten sind unsicher, und die Träume sind bescheidener geworden.

Auch Gottfried Benns geistige Höhenflüge der Monate nach der Machtergreifung enden jäh. Der neue Staat, dessen Errichtung er so frenetisch bejubelte und mit recht wirren Aufsätzen und Radioansprachen feierte, zeigt sich undankbar: Man erinnert sich seiner expressionistischen Anfänge, der Gedichte *Morgue* und anderer Publikationen, die man keineswegs als Feier der weißen Rasse anerkennen will. Benn gilt mit einem Mal als Zyniker, Nihilist, Untermineur der nationalistischen Ordnung. Missgünstige und Feinde hetzen und intrigieren im Hintergrund, unterstellen ihm sogar Homosexualität und erotische Ausschweifungen aller Art. Plötzlich sieht sich Benn an die Wand gedrängt, sowohl von den Exilanten verachtet als auch von den Funktionären und Kollegen im Inland bedroht und verunglimpft. Er flüchtet sich in die Reichswehr, in der er als Stabsarzt bereits im Ersten Weltkrieg diente (damals in Brüssel, eine Stadt, die er – ähnlich Carl Sternheim – über alles liebt). Das Heer, so seine Überzeugung, bietet einen Schutzraum, einen Korpsgeist, der von den Nationalsozialisten noch nicht aufgebrochen ist (viele ältere Offiziere stammen noch aus Kaisers Zeiten, stehen ganz im preußischen Geist und verachten mehr oder weniger offen die braunen Machthaber, die in ihren Augen lediglich kleinbürgerliche Emporkömmlinge sind). Am 1. April 1935 verlässt Gottfried Benn Berlin und geht nach Hannover, bezieht ein Zimmer zur Untermiete, dient als Oberstabsarzt in der Wehrersatz-Inspektion. Im selben Jahr erscheint sein Band *Ausgewählte Gedichte*. Es ist die letzte Publikation in der NS-Zeit. Äußerlich und innerlich eingekapselt überdauert Benn die folgenden zehn Jahre bis zum Ende des Kriegs. 1937 kehrt er aus Hannover nach Berlin zurück, bezieht eine Wohnung in der Bozener Straße 20 in Schöneberg, ist weiterhin als Versorgungsarzt tätig. Im März 1938 wird er aus der Reichsschrifttumskammer ausgeschlossen und mit einem Publikationsverbot belegt. Er schreibt in den nächsten Jahren im Geheimen, es entstehen mitunter Gedichte von berückender Tiefe und Schönheit, etwa das berühmte *Welle der Nacht*. Nach dem Krieg, 1948, wird er mit dem Band *Statische Gedichte* hervortreten, zum Idol einer jungen Leser- und Dichtergeneration aufsteigen, seiner zwiespältigen Vergangenheit zum Trotz, und mit Preisen und Ehrungen überhäuft werden.

In jenen Jahren nach 1935 freilich malt sich Benn diesen glanzvollen Abschluss seines Lebenswerks nicht in den kühnsten Träumen aus. In Hannover schiebt er seinen Dienst als Oberstabsarzt, in einer Art inneren Exils, zugleich aber intellektuell freier denn je. Das Bett-Verhältnis zu Tilly Wedekind und Elinor Büller wird aufrechterhalten, trotz oder gerade wegen der räumlichen Distanz. Doch auch jetzt sind – vor allem unter Tillys ungeduldigem Ansturm – Hinhaltetaktik und ausgeklügelte Regie gefragt. Das zeigt sich exemplarisch am Osterwochenende 1935: Tilly Wedekind will den Geliebten in Hannover besuchen, das, wie er ihr anpries, nur vier Schnellzugstunden von Berlin entfernt ist. Doch Benn hat bereits ein Rendezvous mit Elinor Büller vereinbart, also muss er Tilly und deren Geschenkeflut abwehren: »Liebste Tilly«, schreibt er ihr am 17. April (immerhin duzen sich die beiden inzwischen), »ich schreibe nur um Dich zu bitten, mir zu Ostern *nicht* wieder ein

Paket zu schicken. Weder Kuchen noch Kaffee noch Blumen! […] Ziemlich sicher habe ich Dienst. Andernfalls hörst Du von mir.«[19] Tags darauf schreibt er ihr, er sei an Ostern »angebunden, weniger durch Dienst als durch persönliche Beziehungen«[20], sein Vorgesetzter, der Hannover bald verlasse, habe ihn für Ostersonntag zu einer Autotour nach Hildesheim eingeladen, »was ich natürlich annehmen muß«[21]. Tilly schwant etwas, sie schreibt ihm einen geharnischten (leider nicht erhaltenen) Brief. Benn nämlich antwortet gekränkt, er sei »schrecklich ärgerlich, wenn Du immer zweifelst, ob das stimmt, was ich schreibe. Z B die Autofahrt am 1. Feiertag«[22]. Immerhin lädt er sie nun doch ein: Sie solle am Ostermontag mit dem Zug kommen, der in Berlin Bahnhof Zoologischer Garten vormittags um halb zehn abfährt. Allerdings würden sie sich kaum in seinem Zimmer aufhalten können, denn es werde »alles beobachtet, beschnüffelt«[23]. Das Osterwochenende verläuft also für Benn, den militärischen Oberstabsarzt, wie strategisch geplant: Elinor Büller verbringt die Tage ab Karfreitag bei ihm (von einem Ausflug mit dem Vorgesetzten kann nicht die Rede sein), verlässt Hannover am Ostermontag, fährt mit dem Frühzug nach Berlin zurück und steigt am Bahnhof Zoo um 9 Uhr 21 aus. Am Bahnsteig wartet bereits Tilly Wedekind, sie besteigt den Zug, der neun Minuten später zurück nach Hannover fährt. Vielleicht sind sich die beiden Frauen sogar begegnet, ohne zu ahnen, welches Liebesschicksal sie teilen …

Wenige Tage später, zu Benns Geburtstag am 2. Mai, schicken ihm beide Frauen Taschentücher. Benn bedankt sich bei beiden, mit ähnlichem Wortlaut. Überhaupt hat er in seiner Korrespondenz allerhand zu tun, um die Geliebten bei freundschaftlicher und sinnlicher Laune zu halten und das Feuer ihrer Erwartungen nicht ausgehen zu lassen. Bisweilen ergießt sich in Benns Briefe ebenso viel poetische Kraft wie in seine Gedichte, so scheint es. Sie sei doch eine »einzigartige Mutter u Frau […] aus Honig u Marzipan, ehrlich gesprochen, aus Aprikosen u. Erdbeerfleisch«[24], besingt er Tilly geradezu hymnisch.

Als Benn Ende 1935 in Hannover eine eigene Wohnung bezieht (und also nicht mehr befürchten muss, wegen seiner erotischen Abenteuer von der schnüffelnden Zimmerwirtin zur Rede gestellt zu werden), freut sich Tilly mit ihm. Doch das Verhältnis kühlt bald ab. Tilly ist kränklich: ein Gallenleiden, das ihr zu schaffen macht und sie oft am Reisen hindert. Benn schützt Erkältungen vor, weshalb er nicht nach Berlin kommen könne. Sie sehen einander ein letztes Mal im Spätsommer 1936. Am 23. August, Benn ist geschäftlich in Berlin, besucht er Tilly im Krankenhaus. Ein paar Stunden später kritzelt er, bevor er den Zug nach Hannover besteigt, am Bahnhof Zoo auf einen Zettel: »Liebste Tilly, noch mal herzliche Wünsche für baldige Gesundung. Tut mir so sehr leid, daß ich Dir so gar nicht helfen kann.«[25]

Das neue Jahr 1937 beginnt Benn mit zwei Befreiungsschlägen: Am 1. Januar schreibt er an Tilly einen Absagebrief: »Aber es ging nicht u. es geht weiter nicht u darum möchte ich, daß Du den Gedanken fallenläßt, demnächst herzukommen. Diese Art Beziehung, wo man sich alle Viertel- oder Halbjahr einige Tage sieht, sind für Dein u. sind für mein Leben zu schwierig u. unnatürlich. [...] Ich habe mir hier eine kleine Vertraute herangezogen, die in ihren freien Stunden für mich schreibt, arbeitet, sich um meine Sachen etwas kümmert. [...] Es kann ja keine Frau Dich ersetzen, Dich verdrängen, sich mit Dir vergleichen. Aber das Leben ist es, das einen zu Schritten und Entschlüssen bringt, denen man auch Rechnung tragen muß u. die ihr Recht beanspruchen.«[26] Die »kleine Vertraute« ist keine Sekretärin, sondern Benns neue Geliebte, Hertha von Wedemeyer. Er wird sie ein Jahr später, im Januar 1938, heiraten.

Tilly ist verzweifelt, denkt an Selbstmord. Mit dem letzten Geld, das sie auftreiben kann, fährt sie für ein paar Tage nach Südtirol, um ihren Schmerz zu überwinden und ihre Trauer zu pflegen.

Zehn Tage nach Tilly erhält auch Elinor Büller den Abschied. Auch ihr eröffnet Benn sein Zusammenleben mit der neuen

»kleinen Vertrauten«. Und weiter, in seltsamer Logik: »Du MUSST, Mor, diesen Weg mitgehn, das bist Du mir und unserer tiefen Freundschaft schuldig.«[27] Elinor Büller stirbt am 15. Juli 1944. In ihrem Nachlass wird man gedruckte Visitenkarten mit der Aufschrift »Elinor Benn« finden. Dies sagt viel aus über den tiefen Sturz, den ihre (zu Recht genährten?) Erwartungen erlitten.

Auch Tillys und Pamelas Illusionen von einem Leben als »Dichtergattin« sind zerronnen. Immerhin: Benn nimmt poetisch von Tilly und Elinor Abschied, und zwar bereits im Sommer 1936, also ein halbes Jahr *vor* dem Bruch. In seinem Gedicht *Auf deine Lider senk' ich Schlummer* (in der Erstfassung steht noch »eure Lider«) heißt es in der ersten Strophe: »Auf deine Lider senk' ich Schlummer, / auf deine Lippen send' ich Kuß, / indessen ich die Nacht, den Kummer, / den Traum alleine tragen muß.«[28] Von dem großen Gottfried Benn ein Gedicht »zugeeignet« zu bekommen, ist eine Ehre. Ein Trost hingegen nicht unbedingt.

»Wir müssen stark bleiben, uns verbessern und sicherer werden«

Erika, Klaus und Annemarie im Exil. 1933–1945

Als die Dichterkinder Erika und Klaus Mann im März 1933 Deutschland fluchtartig verlassen und ins Exil gehen, scheint die Veränderung – vom Verlust des Elternhauses und der Heimatstadt München einmal abgesehen – beider Wesensart zunächst zu entsprechen: Seit Jahren touren sie zu Lesungen, Vorträgen und Auftritten, pflegen Freundschaften in anderen Ländern, geben sich kosmopolitisch und schätzen die Fremde als Geistesheimat. Doch die anfängliche Euphorie weicht nach und nach der Ernüchterung: Es geht ein Riss durch die Welt, durch Familien und Freundeskreise, durch literarische Zirkel, durch Lebenserfahrungen und politische Überzeugungen. Und dieser Riss trennt bald nicht nur »Innen« und »Außen«, im Lande Verbliebene und Exilanten. Auch Unterschiede in Weltanschauungen und politischen Lagern des Exils sind unvermindert greifbar und werden in literarischen Fehden ausgetragen – als säße der gemeinsame Feind, der Nationalsozialismus, nicht ihnen allen im Nacken.

Dem entgegenzuwirken startet Klaus Mann im September 1933 eine Zeitschrift, der er den programmatischen Titel *Die Sammlung* gibt. Er selbst reist in jenen Jahren unruhig hin und her, zwischen Zürich (im nahen Küsnacht beziehen seine Eltern eine Villa, in der der »Zauberer« Thomas Mann standesgerecht residiert und an seiner gewaltigen *Joseph*-Romantetralogie arbeitet), Paris (wo Klaus seit vielen Jahren Freunde hat, unter ihnen Jean Cocteau, André Gide und René Crevel) und Amsterdam. In der Grachtenstadt formiert sich das verlegerische Zentrum der deutschen Exilliteratur: Die Verlage Querido und Allert de Lange pflegen bis zur Liquidation im Zweiten Weltkrieg Programme mit deutschsprachiger Exilliteratur. Klaus Mann schließt mit den Verlegern beider Häuser enge Freundschaften: Walter Landauer (Allert de Lange), Hermann Kesten und Fritz Landshoff (Querido). Zeitweise wohnen und arbeiten die Freundes-Kollegen in ein und derselben Pension in der Jan-Willem-Brouwer-Straat 21. »In gemeinsamen Abendsitzungen machten wir das Verlagsprogramm für beide Verlage«, erinnert sich Fritz Landshoff, »während tagsüber mit Mühe der Anschein der Konkurrenz gewahrt blieb.«[1]

Die beiden Publikationshäuser versammeln ein Who's who der besten Namen der deutschsprachigen Literatur: Lion Feuchtwanger, Leonhard Frank, Vicki Baum, Heinrich Mann, Joseph Roth, Anna Seghers, Bruno Frank, Jakob Wassermann, Alfred Döblin, Irmgard Keun, Bertolt Brecht, Ödön von Horváth, Franz Blei, Bernard von Brentano, Alfred Neumann, Arnold und Stefan Zweig, René Schickele, Gina Kaus, Egon Erwin Kisch und etliche andere.

Auch Klaus Manns Bücher der Exilzeit erscheinen bei Querido, ebenso wie die von ihm herausgegebene und redigierte Zeitschrift *Die Sammlung*. Zwei Jahre lang, von September 1933 bis August 1935, bietet sie Autoren aller Länder und jeglicher politischen und religiösen Weltanschauung außerhalb der nationalsozialistischen Ideologie ein Forum. Klaus Mann, seit jeher ein kommunikativer und ausgleichender Charakter, versteht es, die unterschiedlichsten Persönlichkeiten an sich und sein Projekt zu binden. Über einhundertfünfzig Autorinnen und Autoren publizieren in der Zeitschrift: Erzählungen, Romanauszüge, Gedichte, literarische Essays, Buchbesprechungen, Polemiken, kulturkritische und politische Betrachtungen. Sogar Zeichnungen und Karikaturen zeitgenössischer Künstler werden abgedruckt. *Die Sammlung* will somit ein Spiegelbild der Lebendigkeit der literarischen Welt sein – nicht nur des deutschen Exils, sondern Europas und Amerikas. So vielfältig und unterschiedlich die Stimmen auch sind, *eines* verbindet sie doch: die Gegnerschaft zum Nationalsozialismus und das Bekenntnis zur Freiheit des Wortes.

So zumindest die Überzeugung des Herausgebers Klaus Mann. Denn schon bald sind Misstöne im Kanon der Autoren der *Sammlung* zu vernehmen: Robert Musil, Alfred Döblin, René Schickele, Stefan Zweig und sogar Klaus Manns Vater steigen unter Hinweis auf den linkspolitischen Charakter der Zeitschrift aus dem Projekt aus. Thomas Mann, dessen Bücher zu jener Zeit in Deutschland noch vertrieben werden, befürchtet einen Einbruch des Absatzes und distanziert sich – gemeinsam mit Schickele und Döblin – von der Zeitschrift des Sohnes. Offensichtlich übte auch der neue Leiter des S. Fischer Verlags, Samuel Fischers Schwiegersohn Gottfried Bermann Fischer, Druck auf seine Autoren aus, da er seitens der nationalsozialistischen Kulturpolitik Konsequenzen für sein Haus befürchtet. Klaus Manns Enttäuschung ist groß: Er sieht sich und seine Sache verraten. Das Verhältnis zum Vater trübt sich weiter ein, wenngleich im Familienkreis der »schöne Schein« gewahrt bleibt. Immerhin, dem Verleger Bermann Fischer schreibt Klaus einen geharnischten Brief: »Gleichzeitig wird mir bekannt, daß Sie einen Teil Ihrer Zeit dazu benutzen, Beschimpfungen gegen mich auszustoßen. Sie sind geschmackvollerweise so weit gegangen, dies sogar meinem Vater gegenüber zu tun. Ich darf Ihnen den Rat geben, sich mit meiner Person so wenig wie möglich zu beschäftigen. [...] Ich gebe Ihnen am allerwenigsten das Recht, die Position, für die ich mich entschieden habe – so wie sich jeder redliche Intellektuelle für sie entscheiden mußte – zu kritisieren, noch weniger, sie durch Machenschaften zu gefährden.«[2]

Die Sammlung kann letztlich nicht eine einheitliche geistige Front gegen den Nationalsozialismus zusammenschweißen, wie Klaus Mann es sich erhofft hat. Der Absatz ist kümmerlich, und so muss das Erscheinen der Zeitschrift, die ohnehin von der wohlhabenden Schweizer Freundin Annemarie Schwarzenbach finanziell unterstützt wurde, nach zwei Jahrgängen eingestellt werden. Noch ein weiteres Mal wird ein breiter angelegtes Gremium mit Klaus Mann an der Spitze eine Zeitschrift herausgeben, wieder von Gönnern mitfinanziert, und wieder nur von kurzer Dauer und kleinem Radius von etwa zweitausend Abonnenten: Die englischsprachige *Decision. A Review of Free Culture* wird von Januar 1941 bis Februar 1942 in New York erscheinen und wieder Autoren aus der ganzen freien westlichen Welt vereinen. Nach nur einem Jahr wird das ambitionierte Projekt unter der Last von Schulden beendet.

Das Aufkommen des Nationalsozialismus hat Klaus Mann zu einem politischen Autor werden lassen. Bereits mit seinem 1932 erschienenen Roman *Treffpunkt im Unendlichen*, worin er auch die gesellschaftlichen Veränderungen der letzten Jahre der Weimarer Republik darstellt, hat er das bewiesen. Nun, im Exil, wird das Bekenntnis zum geistigen Kampf gegen jegliche Form von Faschismus zu einer grundlegenden Motivation seines Schreibens, ja seines Selbstverständnisses als Autor. 1934 erscheint sein Roman *Flucht in den Norden*: Es ist die Geschichte der Kommunistin Johanna, die nach Finnland flieht, sich dort in einen jungen Mann verliebt (Klaus Mann verarbeitet darin seine unglückliche Beziehung zu dem finnischen Gutsbesitzer Hans Aminoff sowie seine tiefen Eindrücke der nordischen Landschaft), allerdings in einen Gewissenskonflikt gerät, als sie sich zwischen ihrem privaten Glück und der Pflicht (den kommunistischen Genossen in Paris gegenüber) zu entscheiden hat. Schließlich kehrt sie nach Frankreich zurück, um sich in den Dienst des antifaschistischen Kampfes zu stellen. Klaus Manns Ansichten über den Kommunismus sind in jenen Jahren sehr idealistisch. Im Jahr des Erscheinens seines Finnland-Romans wird der Autor nach Moskau zum »Ersten Allunionskongress der Sowjetschriftsteller« eingeladen. Die sowjetische Kulturpolitik will bewusst ein internationales Delegiertenpublikum versammeln, um den weltumfassenden Anspruch der sozialistischen Ideen zu unterstreichen. Neben zahlreichen systemtreuen Sowjetschriftstellern nehmen aus den Kreisen des deutschsprachigen Exils unter anderen Gustav Regler, Wieland Herzfelde, Annemarie Schwarzenbach, Willi Bredel und Balder Olden teil. In einem Brief an seine Mutter berichtet Klaus Mann: »Ich fürchte, es ist schon ungefähr so, wie meine Johanna [die Heldin aus *Flucht in den Norden*] es empfindet –: das dort drüben ist das Einzige – es ist nur erstens die Frage, ob wir seinen Sieg noch erleben werden, und die zweite, ob wir mittun könnten, wenn wir ihn denn erlebten. Eine harte Welt, Moskau kennt keine Tränen [...].«[3]

Während sich Klaus Mann mit seinem Roman *Symphonie Pathétique* (1935; über den russischen Komponisten Peter Tschaikowsky) und der Novelle *Vergittertes Fenster* (1937; über Leben und Tod des Bayernkönigs Ludwig II.) noch einmal einen »Ausflug ins Melancholisch-Ästhetizistische, ins liebe, alte, traulich-morbide Märchenland«[4] gestattet, schlägt er mit seinen nächsten Romanen der Exilzeit dezidiert politische Töne an: *Mephisto. Roman einer Karriere* (1936) und *Der Vulkan. Roman unter Emigranten* (1939).

Mephisto beschreibt die Karriere eines opportunistischen, verschlagenen Schauspielers und Intendanten, der ähnlich Faust seine Seele – hier: seine persönliche Integrität – an den Teufel, die nationalsozialistischen Machthaber, verkauft. Bereits vier Jahre zuvor, in *Treffpunkt im Unendlichen*, hat Klaus Mann in der Nebenfigur des Gregor Gregori solch einen Karrieristen porträtiert. Nun macht er die Person des Hendrik Höfgen zum Zentrum eines Romans, zum Anti-Helden, dem gleichwohl jegliche Tragik fehlt. Denn anders als die schuldlos schuldig werdenden Helden der klassischen Tragödie besitzt Höfgen durchaus die Möglichkeit und das freie Gewissen, sich gegen das Böse zu entscheiden. Er versagt nicht aus mangelnder Einsicht oder unter übergroßem Druck, sondern aus Feigheit, Bequemlichkeit und Gesinnungslosigkeit: »Habe ich es nötig, das Mordgesindel um

Verzeihung anzubetteln?«, sinniert Höfgen. »[…] Hat mein Name nicht schon internationalen Klang? Ich könnte mich überall durchbringen […]. Welche Erleichterung, ja welche Erlösung würde es bedeuten: stolz und freiwillig mich zurückzuziehen von einem Lande, wo die Luft verpestet ist; mit lauter Stimme die Solidarität zu erklären mit jenen, die kämpfen wollen gegen das blutbefleckte Regime! […] Was für einen neuen Sinn, welch neue Würde bekäme mein Leben!«[5]

Man las und liest Klaus Manns *Mephisto* als Schlüsselroman, als direkte Abbildung von Personen und Ereignissen des Kulturlebens in der NS-Zeit. Und tatsächlich trägt Hendrik Höfgen Züge Gustaf Gründgens', ähnelt sein karrieristisches Kalkül dem des realen Vorbildes. Auch etliche andere Figuren des Romans können auf diese Weise in der realen Welt »geortet« werden. Dennoch hat Klaus Mann selbst in einer Erklärung noch im Jahr des Erscheinens dem Schlüsselcharakter seines Romans widersprochen: »Bin ich so tief gesunken, Romane um Privatpersonen zu schreiben? […] Nein, mein Mephisto ist nicht dieser oder jener. In ihm fließen vielerlei ›Züge‹ zusammen. Hier handelt es sich um kein ›Portrait‹, sondern um einen symbolischen Typus […].«[6] Die Wahrheit liegt wohl in der Mitte. Denn tatsächlich wird Klaus Mann von seinem Verleger Fritz Landshoff zu dieser Erklärung gedrängt. Bevor der Roman nämlich in Buchform bei Querido erscheint, wird er im Vorabdruck in vierundneunzig Folgen der in Paris ansässigen deutschsprachigen *Pariser Tageszeitung* publiziert. Die kündigt das Buch sensationsheischend als Schlüsselroman des Dritten Reichs an und bezeichnet Höfgen ganz offen als Alter Ego des mächtigen Generalintendanten Gründgens. Landshoff indes will jeden Skandal umgehen, er fürchtet Schwierigkeiten mit der niederländischen Regierung, die wiederum jegliche Provokation dem mächtigen Nachbarn gegenüber vermeiden möchte. Gleichviel: Obwohl Klaus Mann seine relativierende Erklärung umgehend veröffentlicht, bleibt das Etikett des »Schlüsselromans« an *Mephisto* haften – bis heute, und in gewisser Weise nicht zu Unrecht.

Gustaf Gründgens ist indes keineswegs so von Skrupeln geschüttelt wie die Romanfigur Hendrik Höfgen: 1950 rechtfertigt er sich in einem Brief an den Redakteur der *Allgemeinen Wochenzeitung der Juden in Deutschland* Karl Marx: »Ich hätte exilieren können, als was und wohin? [...] Ich beherrschte keine Fremdsprache und hatte keine Freunde im Ausland. Und da sollte ich unter Zurücklassung der Menschen, deren Ernährer ich war, fortgehen? [...] Und sollte ich dieses Elend der Emigranten noch um einen unnützen Esser vermehren? Ich war weder Jude noch Kommunist. Wer hätte sich um mich gekümmert? Etwa Klaus und Erika Mann?«[7] Tatsächlich ist Gustaf Gründgens' Position zu jener Zeit so einfach und unangefochten nicht. Zum einen hat er sich gegen Konkurrenten und Widersacher durchzusetzen, zum anderen ist er in steter Gefahr, als Homosexueller denunziert zu werden. Zwar schützt Hermann Göring seinen Protegé, doch gibt es genug Intriganten, die den mächtigen Generalintendanten beseitigen wollen. So notiert Reichspropagandaminister Joseph Goebbels in seinem Tagebuch: »[Hitler] ist der Meinung, daß Gründgens ganz weg muß. [...] diese 175er sind ja alle hysterisch wie die Weiber.«[8] Gründgens selbst weiß sehr wohl um seine Gefährdung, zumal etliche ihm Übelgesinnte seine homosexuellen Affären zur Zeit der Weimarer Republik gut in Erinnerung haben. Um nach außen der Konvention zu genügen, heiratet Gründgens am 19. Juni 1936 die siebenundzwanzigjährige Schauspielerin Marianne Hoppe (die ebenfalls dem eigenen Geschlecht zugeneigt ist). Es ist eine Josephsehe. Die Feierlichkeit fällt entsprechend nüchtern aus: Nach dem Termin im Standesamt in Berlin fährt das Brautpaar in Gründgens' schwarzer Limousine nach Zeesen, südöstlich von Berlin, wo er aus jüdischem Besitz recht wohlfeil ein Schloss mit Zugang zum See erworben hat. Während die Braut schwimmen geht, hält der Bräutigam Mittagsschlaf. Am Nachmittag empfängt Marianne Hoppe ein paar Gäste, während Gründgens zu einer Theatervorstellung nach Berlin fährt. Als er spätabends zurückkehrt, hat sich die kleine

Hochzeitsgesellschaft bereits verabschiedet. Eine Hochzeitsreise unternimmt das Paar nicht. Zudem behält Marianne Hoppe ihr soeben bezogenes Haus im Berliner Westend. Dem schnoddrigen Berliner Volksmund ist der Charakter dieser Ehe von Anfang an sonnenklar, und so kursiert bald ein Spottlied: »Hoppe, hoppe, Gründgens, / die kriejen keene Kindgens. / Und wenn die Hoppe Kindgens kriegt, / dann sin se nich von Gründgens.« Egal: Der Konvention ist Genüge getan, auch in den Augen des mächtigen Protektors Göring.

Seltsame Laune des Zufalls: Genau am Tag der Hochzeit von Gustaf Gründgens und Marianne Hoppe kündigt die *Pariser Tageszeitung* das Erscheinen des »Schlüsselromans« *Mephisto* an. Und obwohl die wenig später erfolgte Buchausgabe im Deutschen Reich verboten ist (wie auch alle anderen Bücher Klaus Manns), gelangt ein Exemplar über die Schauspielerin Ruth Hellberg (Fritz Landshoffs Ex-Freundin) in Gründgens' Hände. Die Reaktion des Generalintendanten auf das Buch seines Ex-Schwagers ist nicht zuverlässig überliefert. Laut Ruth Hellberg habe Gründgens sich bei der Lektüre »totgelacht«: »›Das alberne Kläuschen‹, hat er gesagt.«[9] Marianne Hoppe hingegen behauptet, Gründgens habe »betroffen reagiert«[10]. Dass Gründgens tatsächlich bis ins Tiefste seiner Seele verletzt ist (was durchaus in Klaus Manns Absicht lag), wird sich nach dem Krieg noch deutlich zeigen, als der erneut zu Ehren und Ansehen gekommene Schauspieler (und nach ihm sein Erbe) den Roman *Mephisto* mit allen erdenklichen juristischen Mitteln bekämpft.

Was indes der Ursprung des Widerwillens ist, den Klaus seinem Ex-Schwager gegenüber empfindet (die gescheiterte Ehe Erikas kann es kaum sein), bleibt unklar. Gründgens' opportunistische Haltung allein mag als Grund nicht hinreichen, denn der Hass auf Gründgens setzt bereits vor 1933 ein. In seiner Autobiografie zeichnet Klaus Mann eine höchst komplexe Gefühlslage: »Wie, man hatte mit ihm [Gründgens] gelebt, gearbeitet, diskutiert, gespielt, gezecht, Pläne gemacht, gute

Freundschaft gehalten, und nun saß er am Tische des monströsen Reichsmarschalls? Und nun zechte, spielte, diskutierte er mit den Mördern? Nicht genug damit, daß er atmen konnte in der verpesteten Luft, daß er es aushielt in jener Sphäre, die uns unbetretbar geworden war, er feierte Triumphe dort. Und man hatte mit ihm gelacht und sich an hübschen Dingen gefreut und auf häßliche Dinge geschimpft. Es war entschieden unheimlich, sich dies vorzustellen.«[11]

Obwohl man Klaus Manns *Mephisto* einen gewissen Kolportagecharakter nicht absprechen kann, erhält der Roman aus Kreisen der Emigration viel Lob und Anerkennung. Weit leiser hingegen fällt das Echo auf seinen nächsten (und zugleich letzten) Roman *Der Vulkan* aus, der im Sommer 1939, nur wenige Wochen vor Ausbruch des Zweiten Weltkriegs, bei Querido in Amsterdam erscheint und wegen der sich überstürzenden politischen Ereignisse kaum wahrgenommen wird. Nur rund dreihundert Exemplare kann der Verlag absetzen. Gleichwohl ist dieser *Roman unter Emigranten*, wie der Untertitel lautet, das Meisterstück des Autors und neben Lion Feuchtwangers *Exil* (1940) und Anna Seghers' *Transit* (1944) wohl der wichtigste Roman über das Leben im Exil. Von Kollegenseite allerdings erntet Klaus Mann ehrliches Lob und Bewunderung, etwa von Lion Feuchtwanger, Stefan Zweig und seinem Onkel Heinrich Mann. Selbst der sonst mit offener Anerkennung so geizende Vater (der sich oft hinter eleganten Floskeln verbirgt) zeigt sich diesmal geradezu enthusiastisch und gesteht (zwischen den Zeilen), er habe im Sohn den Schriftsteller bislang nicht ernst genug genommen: »Ich bin überzeugt, daß jeder, der sich, selbst skeptischen Sinnes, damit einläßt, es [das Buch] gefesselt, unterhalten, gerührt und ergriffen zu Ende lesen wird. So tat ich; [...] Also denn: ganz und gar durchgelesen und zwar mit Rührung und Heiterkeit, Genuß und Genugtuung und mehr als einmal mit Ergriffenheit. Sie haben Dich ja lange nicht für voll genommen, ein Söhnchen in Dir gesehen und einen Windbeutel, ich konnt es nicht ändern. Aber es ist nun wohl nicht mehr zu bestreiten, daß Du mehr kannst, als die Meisten [...]. Mit einem Wort, ich gratuliere herzlich und mit väterlichem Stolz.«[12]

Auch Erika Mann verschreibt sich dem Kampf gegen die nationalsozialistische Barbarei – wenngleich mit anderen Mitteln: Bereits im Oktober 1933 geht sie mit der *Pfeffermühle* auf Tournee. Die Flucht aus Deutschland hat auch im Ensemble einen Riss hinterlassen: Nicht alle sind der Prinzipalin gefolgt. Doch der engste Kreis steht ergeben zu ihr und ihren Idealen: Therese Giehse (mit der sie ein Liebesverhältnis verbindet), Sybille Schloss und Magnus Henning gehören zur Truppe der ersten Stunde. Im Exil schließen sich weitere Schauspieler und Sänger an. *Die Pfeffermühle* wird schärfer, bissiger, auch unter dem Eindruck der in Deutschland wütenden Barbarei. Dennoch muss Erika Mann lavieren, denn die NS-Regierung übt Druck auf die Staaten aus, in denen das Kabarett gastiert. Mehrmals droht der *Pfeffermühle* ein Auftrittsverbot. An Erika Mann und ihr Ensemble ergehen Boykott-, ja Morddrohungen. Das Gerücht geht um, Nazi-Agenten planten Erika Manns Entführung nach Deutschland. Unter Polizeischutz muss sie nach den Aufführungen ins Hotel fahren. Doch der Erfolg gibt ihr und ihrem Anliegen recht: Mehr als tausend Vorstellungen gibt *Die Pfeffermühle* in den ersten Jahren des Exils. Man spielt in der Schweiz, in Österreich, den Niederlanden, Belgien, Luxemburg und der Tschechoslowakei. Joseph Roth, der im Exil lebt und sich in seinem Kummer langsam zu Tode trinkt, hat Erika Manns Kabarett in Amsterdam gesehen und schreibt ihr in seiner winzigen, ziselierten Schrift und in vollendeter alt-österreichischer Ritterlichkeit: »Ich habe die Empfindung, daß ich Ihnen sagen muß: Sie machen zehn Mal mehr gegen die Barbarei, als wir alle Schriftsteller zusammen. Ich bin ein wenig beschämt, aber dafür auch sehr stark ermuntert. Ich danke Ihnen und küsse Ihre Hand.«[13]

Der Hass der Nationalsozialisten auf die Familie Mann wächst: Im November 1934 wird Klaus Mann ausgebürgert, im Juni des folgenden Jahres Erika. Thomas Mann wird, nachdem er sich nach anfänglichem Lavieren (mit Rücksicht auf den deutschen Buchmarkt und seinen Verleger Bermann Fischer) 1936 mit deutlichen Worten gegen das NS-Regime gewandt hat, im Dezember 1936 die deutsche Staatsbürgerschaft aberkannt. Auch Heinrich und Golo Mann sind bald verfemt. Durch Vermittlung des tschechoslowakischen Staatspräsidenten Eduard Beneš erhalten die Manns jedoch tschechische Pässe ausgestellt – die freilich nach der gewaltsamen Auflösung der tschechoslowakischen Republik durch NS-Deutschland im März 1939 ihren Wert verlieren.

Den Kampf gegen den Faschismus führen die Geschwister Mann in jenen Jahren nicht allein mit künstlerischen Mitteln: Im Juni 1938 begeben sich Erika und Klaus nach Spanien, um aufseiten der republikanischen Volksfront, die gegen die faschistischen, von deutschen Verbänden militärisch unterstützten Truppen des Generals Francisco Franco kämpft, für diverse Zeitungen des freien Westens zu berichten. Zurück in Paris, appellieren die Geschwister Mitte August 1938 in einem gemeinsam verfassten *Fazit einer Spanienreise*: »Begreifen wir doch endlich, daß dies die eine große Voraussetzung ist, um gegen den Faschismus aufzutreten: die Einigkeit aller derer, die den Faschismus nicht wollen. Das ungeheure Leid, das vom spanischen Volk seit zwei Jahren ertragen wird, könnte Europa – könnte der Welt erspart bleiben. Hätten doch unsere Stimmen mehr Kraft, um in die Welt zu rufen: Der Faschismus muß wissen, daß wir nicht nachgiebig und schwach sind, sondern zum äußersten Widerstand fest entschlossen; daß wir nicht entzweit und zanksüchtig sind, sondern einig.«[14]

Diese Mahnung an die freien europäischen Gesellschaften verhallt freilich ungehört. Hitler baut seine Macht im Innern wie im Äußern aus – weitgehend widerstandslos: Im März 1938 erfolgt der »Anschluss« Österreichs an das Deutsche Reich. Mit dem Münchner Abkommen vom 30. September 1938, dem die Regierungen Großbritanniens und Frankreichs zustimmen, um im Rahmen einer »Appeasement«-Politik den europäischen

Frieden zu wahren, erhält Deutschland die überwiegend von Sudetendeutschen bewohnten Randgebiete Böhmens. Im März 1939 schließlich proklamiert sich auf Druck Hitlers die Slowakei zu einem unabhängigen Staat, daraufhin marschieren deutsche Truppen in die sogenannte »Resttschechei« ein, okkupieren das Land und errichten das »Protektorat Böhmen und Mähren«. Der gegängelte Frieden in Europa endet schließlich am 1. September 1939 mit dem deutschen Überfall auf Polen. Es ist der Beginn des Zweiten Weltkriegs.

Bereits in den Jahren zuvor haben die einzelnen Mitglieder der Familie Mann ihre privaten und beruflichen Ambitionen auf die Vereinigten Staaten ausgedehnt: Thomas und Katia Mann emigrieren im Herbst 1938 in die USA und lassen sich – wiederum recht repräsentativ – zunächst in einem großen Haus in Princeton im Bundesstaat New Jersey nieder, später in Pacific Palisades in Kalifornien. Heinrich Mann mit seiner zweiten Frau Nelly und Golo Mann bleiben zunächst im französischen Exil, fliehen im August 1940, nach der Besetzung Frankreichs durch deutsche Truppen, unter abenteuerlichen Umständen zu Fuß über die Pyrenäen und emigrieren über Spanien und Portugal im Oktober 1940 in die Vereinigten Staaten. Erika und Klaus Mann hingegen haben bereits im Herbst und Winter 1936/37 vier Monate in Amerika zugebracht und Kontakte geknüpft. Erikas Versuch, ihr Kabarett, amerikanisiert als *Peppermill*, gemeinsam mit dem bewährten Ensemble um Therese Giehse, Sybille Schloss und Magnus Henning in die Neue Welt zu transferieren, scheitert nach nur wenigen Vorstellungen: Das amerikanische Publikum kennt diese Art von Bühnen-Kleinkunst nicht, zudem sind ihm aus Sicht des weitverbreiteten »Isolationismus« die europäischen Belange und Probleme fremd oder schlicht gleichgültig. Erika und Klaus Mann werden diese Haltung noch oft beklagen – bis zu Amerikas Eintritt in den Weltkrieg im Dezember 1941.

Ein weiteres Mal verbringt Klaus mehrere Monate in den USA: Im Winter 1937/38 versucht er sich als »Lecturer«, als

Vortragsreisender, über literarische und kulturpolitische Themen, kreuz und quer durch den riesigen Kontinent tingelnd. Obgleich von einer Agentur betreut, bleibt der große Erfolg aus – auch hierbei ist die Gleichgültigkeit der breiten amerikanischen Bevölkerung den europäischen Verhältnissen gegenüber ausschlaggebend. Allenfalls verklatschte Vorträge über die »Mann Family« erfreuen sich einer gewissen voyeuristischen Beliebtheit, wie Klaus halb amüsiert, halb angewidert beklagt: »In vielen Städten und Städtchen zwischen New York und Los Angeles, zwischen Beverly Hills und Brooklyn wollte man etwas hören über diese gemütliche, dabei streitbare ›German Family‹, die sich da, drollig-verwegener-, etwas närrischerweise, auf den ungleichen Kampf mit einer bösen, großen Diktatur eingelassen hatte. Ich sang meine ›Family‹-Arie vor den ›Rotariern‹ in Baltimore, den ›Schlaraffen‹ in Chicago, den ›Elchen in Kalamazoo‹ (so etwas gibt es!); die Damen von San Francisco zeigten sich ebenso gefesselt und gerührt wie die Studenten der ›University of Ohio‹, die feinen jungen Mädchen des ›Smith-College‹ und die politisch interessierten Neger des New-Yorker Harlem-Distrikts.«[15] Im September 1938 verlässt Klaus Mann Europa endgültig und nimmt seinen Wohnsitz in den Vereinigten Staaten. Und auch Erika Mann ist in jenen Monaten wiederholt als »Lecturer« in den Vereinigten Staaten unterwegs und hält politische Vorträge über die Situation in Deutschland und Europa. Im Herbst 1938 erscheint zudem – in englischer Sprache – ihre Studie *School for Barbarians* (später auf Deutsch unter dem Titel *Zehn Millionen Kinder*) über die ideologische Erziehung der deutschen Jugend, ein Buch, das großes Aufsehen erregt.

Das Problem der Staatenlosigkeit nach der Ausbürgerung löst Erika mithilfe des Bruders ganz pragmatisch: Klaus fragt bei dem englischen Schriftsteller Christopher Isherwood an, ob er nicht eine Scheinehe mit Erika eingehen wolle, um ihr auf diese Weise die britische Staatsangehörigkeit zu verschaffen. Der homosexuelle Isherwood lehnt mit Rücksicht auf seinen in Deutschland lebenden Freund ab, fragt seinerseits jedoch einen

Bekannten, den ebenfalls homosexuellen Dichter Wystan Hugh Auden, der sein Brot als Lehrer verdient. Der telegrafiert nach Amsterdam: »delighted«. Erika packt ihren Koffer und fährt nach England. Von London aus nimmt sie den Zug nach Malvern in Worcestershire, Audens Wohnort, steigt aber versehentlich statt in Great Malvern in Malvern Link aus. Sie tritt auf einen wartenden jungen Mann zu und sagt treuherzig: »It is so kind of you to marry me.«[16] Nachdem sie endlich doch noch den richtigen Bräutigam gefunden hat, wird das Aufgebot bestellt. Auden geht allein aufs Standesamt, um einige Formulare auszufüllen. Hier passiert ein weiteres Malheur: Als der Standesbeamte Auden nach dem Nachnamen der Braut fragt, stockt dieser. Mann? Oder Gründgens? Auch das Alter der Braut ist ihm nicht bekannt. Der Beamte bleibt gelassen, die Angaben können ja nachgeliefert werden. Am 15. Juni 1935 findet die Trauung statt. Gleich danach geht Wystan Auden zum Unterricht. Erika Mann eilt zurück nach London, um mit einem Theateragenten über eine *Pfeffermühlen*-Tournee in Amerika zu verhandeln.

Nicht nur als Korrespondenten im Spanischen Bürgerkrieg arbeiten die Geschwister in jenen Jahren eng zusammen, sie verfassen auch wieder gemeinsam ein Buch: *Escape to Life* erscheint im April 1939 in einem amerikanischen Verlag, eine Art Who's who des deutschsprachigen Exils, das bis heute ein kulturhistorisch wichtiges und lesenswertes Kompendium darstellt. Ihm folgt im Januar 1940 – schon unter dem fürchterlichen Eindruck des Kriegs – der ebenfalls gemeinsam verfasste Band *The Other Germany*, worin die amerikanische Öffentlichkeit mit dem guten, »anderen« Deutschland des Exils vertraut gemacht und zur Solidarität und politischen Parteinahme aufgefordert werden soll.

Zu Klaus und Erika Manns Mitstreitern im Exil gehört – die Herkunft ließe dies nicht unbedingt erwarten – Annemarie Schwarzenbach. Das »Schweizerkind« aus großbürgerlichen Verhältnissen engagiert sich in diesen Jahren tapfer und uneigennützig für die Belange der Emigration und gegen die Barbarei des Faschismus – allen persönlichen Widrigkeiten zum Trotz.

Zunächst freilich, nach Ricki Hallgartens Selbstmord im Mai 1932, ist Annemarie Schwarzenbach wie gelähmt. Gemeinsam mit Erika und Klaus verbringt sie im Mai und Juni 1932 ein paar Wochen in Venedig und auf dem Lido, um etwas Ablenkung und Zerstreuung zu erfahren. Als sich die Freunde in Bozen trennen, kehrt Annemarie zunächst in die Schweiz zurück. Doch die Heimat ist ihr enger denn je, räumlich und geistig. Nicht einmal das Engadin, wo die Schwarzenbachs ein Chalet besitzen, ist ihr in jenen Monaten ein Trost. Also begibt sie sich wieder auf Reisen. Bis zu ihrem Lebensende wird sie unruhig den Globus erkunden. Ihre oft waghalsigen Touren beschreibt sie in Reisebüchern, Artikeln und Reportagen für Zeitschriften und Zeitungen. Doch ihrem Wesen nach sind diese Reisen häufig Fluchten vor sich selbst: vor Melancholie und Depression, vor Liebeskummer und emotionaler Kälte. Und oft genug ist vor allem *ein* Gefährte fatal an ihrer Seite: die Drogensucht.

Kurz nach ihrer Rückkehr aus Venedig bricht Annemarie Schwarzenbach bereits wieder auf: Wie ihr Freund Klaus Mann empfindet auch sie eine Liebe zu Skandinavien. Sie bereist die Weiten Schwedens und Finnlands, ergötzt sich am fahlen Licht der weißen Nächte, schreibt darüber Artikel und eine Novelle. Unterdessen übernehmen in Deutschland die Nationalsozialisten die Macht. Annemarie steht auf der Seite der Demokraten, ist durch das Exilschicksal ihrer Freunde Klaus und Erika (in die sie noch immer rettungslos und einseitig verliebt ist) persönlich betroffen. Mit Klaus plant sie im Frühjahr 1933 eine antifaschistische Revue (die Freunde sehen sich wiederholt in Zürich, wo Erikas *Pfeffermühle* gastiert).

Doch nicht lange erträgt es Annemarie in ihrer Heimat. Im Oktober 1933 schließt sie sich einer archäologischen Expedition an: Mit dem Orientexpress fahren sie nach Istanbul, von dort geht es in Automobilen (Annemarie sitzt, wie auch bei anderen Reisen, meist selbst am Steuer) durch Kleinasien nach

Syrien, in den Libanon, nach Palästina, und weiter durch die syrische Wüste ins Zweistromland und nach Persien. Über diesen Trip verfasst sie den Reisebericht *Winter in Vorderasien*, der ein farbiges und anschauliches Bild von einem Orient an der Scheidegrenze zwischen Archaik und Moderne, Tradition und Zivilisation zeichnet. Die Reise in den Orient lässt sie gespalten zurück: Einerseits ist sie fasziniert und mystisch angezogen, andererseits muss sie sich eingestehen, dass sie als Europäerin niemals den Schleier des Geheimnisses der Fremde wird lüften können, ja dass der Orient sich ihr sogar feindlich verschließt. »Die Europäer«, so ihr Fazit, »fürchten sich in diesem Land. Keiner von ihnen wird heimisch; daran ändern Jahre nichts.«[17] Und doch: Der Orient verändert die Schweizerin, erschüttert sie, lässt sie – obgleich er sie als Fremde abweist – verändert zurück. In Beirut schlendert sie über einen Rummelplatz und ist hellauf begeistert, ja geradezu erotisiert: »Da gab es Tänzer und Gaukler, dressierte Affen, Messerkämpfer, Wahrsager. Im Kreis standen die Zuschauer: vom Land Gekommene, Beduinen und Männer aus dem Gebirge – in tausend phantastischen Kopfbedeckungen, in hohen Stiefeln, in langen goldgestreiften Gewändern.«[18] Sie, die selbst von vielen um ihre knabenhafte Schönheit beneidet wird, bewundert das androgyne Äußere der jungen Beduinen: »Am dritten Tag des Festes sah ich Beduinen tanzen. Die Jünglinge trugen ihre Haare halblang oder in viele kleine Zöpfe geflochten. Die blaugeschminkten Augen erhöhten noch den Eindruck des Mädchenhaften in ihren schönen Zügen. Da sie sich so wild gebärdeten […], wirkte diese weibliche Schönheit, die Blässe der Haut, umrahmt von bläulichschwarzem Haar, noch sonderbarer und ganz aus einer fremden Welt.«[19] Über allem aber steht ein Zauber, der sich ihrem europäischen Denken, ihrer Erwartungshaltung, ihrem Vernunftglauben entzieht, ja all dies ad absurdum führt: »Da waren die Schwertkämpfer, die ihre Posen so gut auswendig wussten und doch nicht das Bild von Angriff, Spannung und ritterlichem Spiel erweckten – es blieb beim Waffenklirren, bei der leeren

Gebärde. Die Zauberer trieben allerhand übliche und durchsichtige Kunstgriffe, doch murmelten sie dabei Wüstenzauber und Geisterbeschwörung;«[20] Annemarie Schwarzenbach ist auch deshalb in den Orient gereist, um die eigenen Geister zu beschwören – und zu betäuben. Es ist das Land der künstlichen Paradiese, und in den Basaren von Bagdad, Isfahan und Kum gibt es Opiate so günstig zu kaufen wie nirgendwo sonst, denn im benachbarten Afghanistan reift der Mohn auf großen Feldern …

Nach sechs Monaten beendet die Schweizerin ihre erste Orientreise: Mit dem Zug geht es im April 1934 über Russland zurück nach Mitteleuropa – das ihr mehr missbehagt denn je. Kurz vor ihrer Abreise aus Teheran hat sie ihrem Freund Klaus Mann in Anspielung auf die nationalsozialistische Rassenlehre sarkastisch geschrieben: »Ich kann, wenn ich an Europa denke, *nichts* finden, was mich dort hielte oder mir auch nur recht erträglich schiene […]. Ich würde in Rage hauptsächlich Schädel messen u. die Absurdität der deutschen Rassen-Idioten an iranischen Beispielen kund tun, das allein kommt mir verführerisch vor.«[21]

Es hält sie nicht lange in Europa. Im August nimmt sie – gemeinsam mit Klaus Mann – am sowjetischen Schriftstellerkongress in Moskau teil. Bereits im Monat darauf ist sie wieder in Teheran. Sie sucht erneut das Vergessen – im Zauber des Orients, in Drogen und in der Hinwendung zu einem anderen Menschen. Nie kommt sie darüber hinweg, dass Erika Mann ihre Liebe (wenngleich gutmütig) verschmäht. Nun erhält Annemarie, die stets nur gleichgeschlechtlich begehrt hat, ein Heiratsangebot von einem Mann, dem an der französischen Botschaft in Teheran tätigen Claude Achille Clarac. Der ist ebenfalls homosexuell, sucht aber neben einem »Alibi« in seiner Sphäre des diplomatischen Dienstes auch eine innige Kameradschaft und glaubt, die Schweizer Millionärstochter sei hierfür geeignet. Annemarie wird zu jener Zeit von einem weiteren Mann umworben: Claude Bourdet. Ausgerechnet ihm gesteht sie ihr

Vorhaben einer Josephsehe und trifft den unglücklich Liebenden damit ins Herz. An Bourdet schreibt sie Ende August 1934 – zu Beginn der zweiten persischen Tour: »Manchmal frage ich mich, welcher Teufel mich dazu zwingen mag, mich diesen seltsamen Selbst-Prüfungen zu unterziehen. Ich bin doch so ungern *allein.*«[22]

Annemarie Schwarzenbach und Claude Clarac verloben sich im November 1934, im Mai des folgenden Jahres heiraten sie. Es ist eine Vernunftehe, von Kameradschaft und Achtung geprägt – nicht mehr. Annemarie, von zu Hause Luxus gewohnt (wiewohl sie auf ihren Reisen auch mit dem Wenigsten auskommt und hart gegen sich selbst sein kann), genießt die Annehmlichkeiten einer Diplomatengattin: Clarac schenkt seiner Frau einen Buick-Packard-Sportwagen. Sie bewohnen eine Villa außerhalb Teherans, mit Park, Badeteich, Bediensteten. Annemarie frönt eine Zeit lang diesem Dolcefarniente, schreibt Erzählungen, trinkt, nimmt Drogen, aus Überdruss und Sinnentleerung. Zunehmend zweifelt sie am Wert ihres Daseins: »Aber ich habe Angst vor der Rückkehr. Ich glaube an nichts und an niemanden, und ich zweifle an meinem Leben. Deswegen fühle ich mich versucht, hier zu bleiben, fern der Welt.«[23]

Am Wert der Freundschaft zu den Geschwistern Mann indes zweifelt und verzweifelt Annemarie Schwarzenbach nie. Im Gegenteil: Mutig springt sie in die Bresche, steht den bedrängten Exilanten bei, wo und wie es nur möglich ist. Klaus Manns Zeitschrift *Die Sammlung* wird von ihr finanziell unterstützt; für Erika, der die konservative Schweizer Presse vorwirft, sie sei Kommunistin, setzt sich Annemarie in einem flammenden Artikel in der *Zürcher Post* ein. Als sie im Herbst 1935 aus Teheran zurückkehrt, begibt sie sich in eine Entziehungskur. Im Jahr darauf verbringt sie mit den Geschwistern ein paar Wochen in Sils-Baselgia im Engadin und an der Côte d'Azur (damals ein Zentrum des geistigen Exils). Klaus und Thomas Mann setzen sich bei Verlegern für die Veröffentlichung der Erzählungen ein, die Annemarie Schwarzenbach in Persien geschrieben hat – vergebens. Der Markt ist nicht interessiert an Geschichten aus einer vermeintlich so fernen Welt: In Spanien wütet der Bürgerkrieg, in den auch faschistische Militärverbände aus Deutschland und Italien eingreifen, und in Deutschland werden Konzentrationslager errichtet und Regimegegner gefoltert und ermordet.

Annemarie Schwarzenbach steht nicht nur aus Solidarität aufseiten der Exilanten, sie selbst hat durch die Heirat mit Clarac die Schweizer Staatsbürgerschaft verloren. Sie ist nun Französin und sieht dies zunächst recht unbedarft. Doch mit dem Ausbruch des Kriegs und der Besetzung Frankreichs wird sich dies ändern. Zunächst aber reist sie den Geschwistern Mann hinterher: nach Paris und an die Côte d'Azur, nach Moskau und sogar in die Vereinigten Staaten. Im New Yorker Hotel Bedford, einem Sammelbecken des deutschen Exils, feiert Annemarie mit den Geschwistern Mann Drogenpartys. Ebenfalls in New York wird sie später von einer jungen Schriftstellerin heftig umworben, die mit ihrem Romanerstling *Das Herz ist ein einsamer Jäger* berühmt geworden ist: Carson McCullers. Doch diesmal ist es Annemarie, die die Avancen zurückweist. McCullers ist von Annemaries Schönheit elektrisiert: »Ihr Gesicht war ein Donatello, mit den glatten blonden Haaren, die wie bei einem Jungen geschnitten waren. Ihr dunkelblauer Blick erforschte ihr Gegenüber in aller Ruhe. Ihr Mund war kindlich und weich.«[24]

Annemarie verliebt sich ihrerseits in Margot von Opel, die Frau des Rennfahrers und Industriellen Fritz von Opel. Es wird eine leidenschaftliche Beziehung, die auch von Eklats durchzogen ist. Und sie schließt Freundschaft mit einer anderen Abenteurerin und Journalistin: Ella Maillart. Gemeinsam fahren die beiden Frauen im Juni 1939 nach Afghanistan. Es entstehen Reportagen, Fotografien, Erzählungen. Nur ein Teil dessen erscheint zu Lebzeiten, manches wird erst sechzig Jahre später veröffentlicht. Die beiden Abenteurerinnen erleiden Höllenstrapazen: Sandstürme und Sturzregen, Sonnenhitze und nächtliche Eiseskälte, Hunger und Durst, Fieber und Parasiten. Annemarie Schwarzenbach verfällt in Afghanistan rückhaltlos den Drogen. Die beiden Frauen geraten immer öfter in Streit, trennen sich schließlich. Ella Maillart fährt nach Indien, während Annemarie in Afghanistan bleibt, bei einer französischen archäologischen Delegation in einem abgelegenen Dorf Obdach findet und hier einen kalten Entzug durchleidet. Ende Dezember kann auch sie das Land verlassen und nach Indien fahren. In Indore trifft sie mit Ella Maillart zusammen, die beiden versöhnen sich, doch eine vorsichtige Reserviertheit bestimmt von da an ihren Umgang (der auch das förmliche »Sie« einschließt). Im Januar 1940 schließlich besteigt Annemarie Schwarzenbach in Bombay ein Linienschiff und kehrt nach Europa zurück.

Der Alte Kontinent befindet sich im Krieg: Deutschland hat Polen überfallen, wenige Monate später werden Belgien, die Niederlande, Luxemburg und Frankreich gewaltsam besetzt. Annemarie Schwarzenbach ist – da sie durch ihre Heirat mit Clarac französische Staatsbürgerin ist – mit einem Mal selbst gefährdet, hat sie sich in ihren Schriften doch stets gegen die Hitler-Barbarei gewandt. Gemeinsam mit Margot von Opel reist Annemarie in die USA. Dort kommt es zu einem wüsten Eklat: Annemarie, von Drogen und psychotischen Anfällen zerrüttet, versucht, die Geliebte zu erwürgen. Wenig später will sie sich das Leben nehmen. Sie wird in eine psychiatrische Klinik eingeliefert und auf Entzug gesetzt, zudem verwehrt man ihr jeglichen Kontakt zur Außenwelt. Unter der Bedingung, sofort aus den Vereinigten Staaten auszureisen, wird sie im Februar 1941 aus der Psychiatrie entlassen. Annemarie Schwarzenbach fährt mit dem Schiff nach Lissabon – der Atlantik wird bereits von deutschen U-Booten unsicher gemacht – und kehrt in die Schweiz zurück. Ihr geliebter, gutmütiger Vater ist wenige Monate zuvor gestorben. Die Mutter, die sich des schwarzen Schafs in der Familie schämt, bereitet der Tochter Szenen und zwingt sie, die Eidgenossenschaft zu verlassen.

Annemarie Schwarzenbach, innerlich wie äußerlich von allen Wegmarken abgeschnitten, beschließt, sich auf Gedeih und Verderb ins »Herz der Finsternis« zu begeben: Sie verlässt Europa und fährt mit dem Schiff nach Zentralafrika. Im Kongo, der von der französischen Exilregierung verwaltet wird, will sie sich den freien französischen Truppen anschließen. Auf einem Dampfer fährt sie den Kongo-Strom hinan, hinein ins Reich ohne Wiederkehr: Abenteuerlust treibt sie, aber auch der Drang nach Selbstauslöschung. Im Dschungel arbeitet sie an einem Roman und einem Gedichtzyklus mit dem Titel *Kongo-Ufer*. Darin lautet es: »Die Stunden verrinnen, ich wollte klagen, / sie haben mich seit vielen Tagen umhergetrieben, / und ich habe nur ein Leben. [...] / [...] und Erinnerungen durchziehen / manchmal wie allmächtige Ströme die / Landschaft. Hundertmal hat meine arme / Seele den Tod geliebt, der ihr versagt ist.«[25] Als sie endlich die grüne Hölle hinter sich lässt, wirkt sie erleichtert: »[...] ich hatte so lange im engen Kreis dieser schleichenden Bedrohungen gelebt und nach aus den Ästen glühenden Augen gespäht, daß ich den ersten Hauch der Befreiung untrüglich erkannte. Ging mein Atem leichter? [...] hörte ich in der Stille das schläfrige Ziehen der Wolken und Vögel? – Ich jubelte, ich wollte weinen und blieb reglos vor Glück. [...] Eine Straße schlängelte sich den Bergen zu, der ich folgen würde. Segen schwebte über der in feierlicher Morgenstille badenden und zum Licht emportauchenden Erde, dem Herzen Afrikas.«[26]

Von Drogen, Tropenkrankheiten und der Einsamkeit geschwächt, harrt sie bis Februar 1942 im kongolesischen Léopoldville und Thysville aus. Dann besteigt sie ein Schiff und unternimmt die gefährliche Fahrt zurück nach Europa. In Lissabon geht sie von Bord, reist nach Madrid. Der Bürgerkrieg in Spanien, den vier Jahre zuvor ihre Freunde Klaus und Erika Mann als Korrespondenten begleiteten, wurde von den Faschisten unter General Franco gewonnen. Annemarie besorgt sich ein Visum für Spanisch-Marokko: In Tétouan steht ihr Ehemann Claude Clarac nun im diplomatischen Dienst. Doch auch dort hält es sie nicht. Sie kehrt – entgegen dem Verdikt der Mutter – in die Schweiz zurück, begibt sich nach Sils-Baselgia, in das Chalet der Schwarzenbachs, lebt abgeschieden in der Gebirgswelt des Hochengadins. Hier hofft sie endlich Frieden und Ruhe zu finden, vor dem Krieg, der Europa verwüstet, vor den Dämonen, die sie verfolgen. Am 2. September 1942 schreibt sie an Klaus Mann, dem sie über all die Jahre besonders verbunden war und der über das Scheitern seiner Zeitschrift *Decision* betrübt ist, die folgenden Zeilen (es sollten ihre letzten sein): »Klaus, Du lieber, alter, unveränderter, ja, es ist merkwürdig und äusserst erfreulich, wieder in Sils zu sein, an demselben Tisch, in derselben guten Stube, umgeben von den noch immer wunderbaren Bergen, der herrlichen Sommerlandschaft und der freundlichen Atmosphäre des Dorfes. Und es war auch merkwürdig und eine aussergewöhnliche Freude, nach der langen und teilweise bitteren Isolation des tiefen schwarzen Afrikas Deinen Brief […] zu bekommen. […] Sei nicht traurig über *Decision*, – die Zeit wird kommen, wenn unser Stück wieder einen anderen Plan haben wird, und wir müssen stark bleiben, uns verbessern und sicherer werden. Das ist alles was wir tun müssen – alles andere liegt ausserhalb unserer Pläne. Ich möchte Erika und Dich sehr gerne sehen […]. Schreibe bald, und Du kannst unserer uralten Freundschaft und meiner Zärtlichkeit sicher sein. Deine Miro«[27]

Vier Tage später stürzt Annemarie Schwarzenbach vom Fahrrad. Im Krankenhaus wird eine schwere Gehirnschädigung diagnostiziert, nicht nur infolge des Unfalls, sondern auch aufgrund jahrelangen Drogenmissbrauchs. Nach ein paar Wochen holt Renée Schwarzenbach die Tochter in ihr Haus, wo sie von zwei Pflegerinnen umsorgt wird. Annemarie ist bettlägerig, kann nicht mehr gehen, nicht mehr sprechen, erkennt Verwandte und Freunde nicht mehr. Renée Schwarzenbach, sonst als eher engherzige Frau verschrien, erfüllt einen geahnten Wunsch ihrer Tochter, den diese nicht mehr äußern kann: Sie lässt Annemarie wieder nach Sils bringen und dort pflegen. Annemarie Schwarzenbach stirbt am 15. November 1942 mit nur vierunddreißig

Jahren. Sie wird im Familiengrab in Horgen am Zürichsee beigesetzt.

Erst mit mehrtägiger, teils mehrwöchiger Verspätung erfahren Annemaries Freunde, die vielfach im Ausland, zum Teil in Amerika leben, von deren Tod. Klaus Mann ist tief betroffen. In seiner Autobiografie *Der Wendepunkt* stilisiert er den Tod der Freundin vor dem Hintergrund der Kriegsgräuel ins Mystisch-Symbolische: »Makaber-ausgefallenes Martyrium, verhängt von schaurig unergründlicher Instanz! Als ob es auf den Schlachtfeldern, in den Vernichtungslagern und Folterkellern nicht genug der grausam langwierigen Agonie gegeben hätte!«[28] Noch im November informiert Klaus Mann Carson McCullers über den Tod der Freundin. Die antwortet: »Heute nachmittag kam Dein Brief. Ich habe ihn stundenlang angesehen, ohne es glauben zu können. Heute hat es geschneit. Ich war den ganzen Tag im Wald spazierengegangen und hatte mich Annemarie ganz besonders nah gefühlt, so daß der Schnee wie der in ihrem Land war und die schwarzen Tannen ihr Wald. Als ich schließlich nach Hause kam, war da der Brief. Es gibt nichts dazu zu sagen. Du weißt, was Annemarie mir bedeutet hat.«[29]

Seitens der Familie Schwarzenbach setzt eine radikale Damnatio memoriae, eine Auslöschung des Andenkens, ein: Mutter und Großmutter, die Annemaries Leben und Schaffen – ihr offenes Bekenntnis zur lesbischen Liebe, ihre Infragestellung des großbürgerlichen Lebens, ihre Sympathie für die deutschen Exilanten, ihre Verachtung des Nationalsozialismus, ihr engagiertes Bekenntnis zum freien schriftstellerischen Wort – stets abgelehnt, ja verteufelt haben, vernichten einen Großteil der nachgelassenen Korrespondenz, darunter unschätzbare Briefe von Erika und Klaus Mann, Ella Maillart, Carson McCullers, Roger Martin du Gard und Claude Bourdet. Unveröffentlichte Skripte Annemarie Schwarzenbachs gelangen erst 1980 über die Nachlassverwalterin Anita Forrer ins Literaturarchiv der Schweizerischen Nationalbibliothek Bern. Ende der 1980er-Jahre setzt eine Wiederentdeckung des Nachlasses und eine

Publikationswelle von Annemarie Schwarzenbachs Novellen, Romanen und Fotoreportagen ein, die erahnen lassen, welch großes literarisches und journalistisches Talent mit dem frühen Tod dieser Autorin verstummte.

Bis kurz vor ihrem Ableben hat Annemarie Schwarzenbach am Wohl und Wehe der Geschwister Mann mit Empathie teilgenommen. Selbst aus den Tiefen des Kongos schrieb sie in einem Brief an Erika, »mit der alten, wachsenden Zärtlichkeit«: »Und, Eri, ich wüsste gern, wie es Dir geht, und wie Du die nächste Zukunft siehst, die ich mir nie so ganz ohne Euch vorstellen kann …«[30] Diese Zeilen datieren vom 22. November 1941. Gut zwei Wochen später, am 7. Dezember, überfällt die japanische Trägerflotte die in Pearl Harbor auf Oahu/Hawaii vor Anker liegende US-amerikanische Pazifikflotte und trifft sie schwer. Tags darauf erklären die Vereinigten Staaten Japan den Krieg, am 11. Dezember wiederum erklären Japans Verbündete Deutschland und Italien den USA den Krieg. Schon seit einiger Zeit zweifelt Klaus Mann, der seit dem Jahre 1940 fast nur noch auf Englisch schreibt (und mit dieser Abkehr von der Muttersprache auf das gestörte Verhältnis zu seinem »Vaterland« reagiert), an der Wirkkraft seines literarischen und publizistischen Engagements. Wie bereits während des Spanischen Bürgerkriegs finden er und seine Schwester Erika nun eine eigene Antwort auf diese Frage: die direkte Teilnahme »vor Ort« als Kriegskorrespondenten. War der »Ausflug« an die spanische Front im Sommer 1938 jedoch noch kurz und relativ unverbindlich, widmen sich die Geschwister nun auf mehrere Jahre ganz dem Dienst im Krieg – in Uniform und unter Fahneneid.

Erika verpflichtet sich als britische Staatsangehörige der US-Army. Im Status einer Armeeangehörigen mit Offiziersrang bereist sie von 1943 bis 1945 die Fronten und berichtet darüber für mehrere amerikanische Blätter. Sie wird in London eingesetzt, im Maghreb, in Kairo, in Palästina, im Irak, in Persien und Italien. 1944 berichtet sie aus der Normandie von der Landung und dem Vormarsch der Alliierten, und sie ist eine der Ersten, die die befreiten Städte Paris, Brüssel und Aachen betreten. Dennoch befriedigt auch diese Arbeit sie nicht. Zu sehr ist sie militärisch eingebunden, vielfach sitzt sie die Zeit untätig in Militärcamps ab, weil sie vergeblich auf ein Interview mit den befehlshabenden Generälen wartet. Zudem schlägt ihr als Frau in Uniform oftmals Ablehnung entgegen. Ein Kommandeur, den sie interviewt, sagt ihr ins Gesicht, Frauen gehörten ins Haus und nicht an die Front, sie lenkten dort nur die Soldaten ab. Ihre kritischen Berichte über die Lage der Araber in Palästina werden zensiert. »Schlecht muß man sein, sonst gefällt's ihnen nicht«[31], schreibt sie enttäuscht an den Bruder.

In den Kriegsjahren 1944 und 1945 dünnt der Briefwechsel der Geschwister aus. In dieser schwierigen Phase der Trennung versucht Erika unverdrossen, den Bruder in ihr Leben einzubeziehen, ihn an dem, was sie bewegt, teilhaben zu lassen. So ist er – neben der Mutter – auch der Einzige, der von ihrer heftigen Liebe zum Dirigenten Bruno Walter erfährt. Walter war bereits in Münchner Tagen ein Nachbar Thomas Manns, nun verkehrt man wieder miteinander im kalifornischen Exil in Pacific Palisades. Erika versucht vergeblich, ihre Neigung zu dem »greisen Unhold«[32], wie sie Bruno Walter neckisch nennt, einzudämmen. In Briefen an Klaus schreibt sie selbstkritisch von ihrer »Geisteskrankheit«[33], von einem »Stück aus des Teufels Tollkiste«[34]. Thomas Mann bezeichnet die Ehe der Nachbarn als die »Waltersche Hölle«[35], und es kommt zwischen Else Walter, Bruno Walter und Erika Mann zu heftigen Szenen. Voll mütterlicher Empathie, aber ohnmächtig schreibt Katia Mann an Klaus: »Ich glaube, im Grunde ist sie [Erika] tief unbefriedigt von ihrer Existenz, die ja reich und angeregt, aber menschlich eben doch nicht das Richtige ist.«[36]

Doch das leidvolle Verlangen nach Bruno Walter wird bald von einer anderen Flamme überblendet: Erika Mann lernt 1944 auf einer Reise als Kriegskorrespondentin ihre Kollegin Betty Knox kennen und lieben. An den Bruder schreibt Erika, sie hätten Feldbetten, Jeeps und Autos geteilt. Sie scheut auch nicht davor zurück, im Urlaub die Freundin nach Pacific Palisades mitzubringen. Thomas Mann blickt von den Höhen seines Olymps etwas verstört auf die – wie er sich ausdrückt – »Eule«[37] herab. Und Katia Mann seufzt leidgeplagt und wundert sich, dass Erika »auf ihre älteren Tage auf dergleichen verfallen«[38] musste.

Klaus Mann bemüht sich bereits seit 1942 um den Eintritt in die US-Army, die Rekrutierung wird aber mehrmals verschoben. Zum einen besitzt er nicht die amerikanische Staatsbürgerschaft, zum anderen wird er seit einiger Zeit vom FBI observiert, da man ihn der Nähe zu kommunistischen Organisationen verdächtigt. Ein Dossier von über einhundert Blatt hat sich erhalten und ist bis heute nur auszugsweise und mit geschwärzten Passagen zugänglich. Die an den Nerven zehrende Wartezeit nutzt Klaus Mann für die Arbeit an seiner zweiten Autobiografie, die er in englischer Sprache unter dem Titel *The Turning Point* verfasst. Sie erscheint im Herbst 1942 in New York (eine noch vom Autor realisierte, gekürzte und stark veränderte Fassung in deutscher Sprache wird erst posthum, 1952, unter dem Titel *Der Wendepunkt* publiziert). Sie ist neben dem Exilroman *Der Vulkan* Klaus Manns reifstes Buch, ein rückhaltloses, ehrliches Selbstbekenntnis und eine große kulturgeschichtliche Darstellung des Geisteslebens in der Weimarer Republik und während des Exils.

Fast das gesamte Jahr 1943 verbringt Klaus Mann als Kriegsanwärter in diversen Ausbildungscamps in den USA, vom Warten zermürbt, unter Depressionen leidend. Ende September 1943 erhält er die ersehnte amerikanische Staatsbürgerschaft (nachdem das FBI die ideologischen Bedenken offensichtlich als nicht hinreichend erkannt hat), am 24. Dezember wird Klaus Manns Einheit nach Marokko eingeschifft. Knapp zwei Jahre lang, bis Ende September 1945, dient Klaus Mann als Soldat in der US-Army. Er wird in Nordafrika und Italien eingesetzt und begleitet das nach Norden ziehende Frontgeschehen. Als Propaganda-Writer im »Psychological Warfare Branch« verfasst er

Flugblätter, die in großer Zahl über feindlichem Terrain abgeworfen werden und zur Desertion und Kapitulation aufrufen. Zudem verhört er deutsche Kriegsgefangene (sein bekanntester »Gesprächspartner« ist der ehemalige Reichsfeldmarschall Hermann Göring). Auch schreibt er Artikel für die Armeezeitung *The Stars and Stripes*. Ein besonderes »Wiedersehen« hat er am 10. Mai 1945, nur zwei Tage nach der bedingungslosen deutschen Kapitulation, mit dem teilweise zerstörten Elternhaus. In einem Brief an den Vater erzählt er hiervon: »Ja unser armes, verstümmeltes, geschändetes Haus! [...] Die SS besetzte das Haus in den ersten Jahren nach unserer Abreise. [...] Es gibt eine Anzahl neuer Wände und Türen; alle Räume haben sich wesentlich verkleinert. Die Hälfte unseres Eßzimmers ist in eine Küche verwandelt worden. [...] Das Haus steht völlig leer – es wurde nach einem schweren Bombenangriff geräumt. [...] Wenn uns daran läge, könnten wir das Haus wieder aufbauen. In dem Zustand, in dem es sich jetzt befindet, hielt ich es für unmöglich, in die oberen Stockwerke zu gelangen. Doch kurz bevor ich wegging, entdeckte ich, daß der Balkon vor meinem Zimmer von einem Mädchen in Besitz genommen worden war – einer ausgebombten Stenotypistin, wie ich herausfand, die keine andere Bleibe hatte und deshalb in dem zerbombten Gebäude Unterschlupf gesucht hat. Es war alles sehr merkwürdig und romantisch.«[39] Weniger »romantisch« stellt Klaus Mann diese Wiederbegegnung in einem Artikel für *The Stars and Stripes* dar[40]: Darin schildert er ausführlich ein Gespräch mit der auf dem Balkon logierenden Stenotypistin, die ihm berichtet, in dem Haus habe die Organisation »Lebensborn« ein Entbindungsheim eingerichtet, in dem blonde »Arierinnen«, von ebenso einwandfrei arischen SS-Männern geschwängert, ihren Nachwuchs zur Welt brachten, eine »SS-Babyfabrik«[41], wie Klaus Mann dem Vater nach Kalifornien unverbrämt berichtet. Die Botschaft der braunen Machthaber war klar: Die »Poschi«, Wohnhaus des bedeutendsten zeitgenössischen deutschen Schriftstellers Thomas Mann, eines Leuchtturms der freien geistigen Welt, sollte auf diese Weise geschändet und in den Dienst der NS-Rassenideologie gestellt werden.

Klaus Manns Gedankenblitz in seinem Brief an den Vater, man könne das Haus wieder aufbauen (um darin zu leben), bleibt unerwidert. An eine dauerhafte Rückkehr nach Deutschland ist nicht zu denken. Noch in amerikanischer Uniform (er wird Ende September 1945 ehrenhaft aus der Army entlassen), sucht er in München und im bayerischen Oberland nach einstigen Freunden und Weggefährten. Meist vergeblich: Etliche sind tot (an der Front, bei Bombardements oder in Konzentrationslagern umgekommen), andere geflohen. In Garmisch begegnet er dem großen Opernkomponisten Richard Strauss, den er aus Kindheitstagen kennt, der jedoch – inzwischen ein greiser Mann – den deutsch sprechenden US-Soldaten nicht erkennt. Die Begegnung verläuft für Klaus Mann desillusionierend: Strauss zeigt keine Einsicht in Unrecht und Leid, die vom NS-Regime, dem er sich als gefeierter Star andiente, ausgingen, und beklagt sich über die Einquartierung von Flüchtlingen in seiner schönen Villa.

Von Pamela Wedekind hingegen fehlt im Mai 1945 noch jede Spur. Klaus Mann weiß nicht, dass sie erneut geheiratet und das Kriegsende am nahen Starnberger See überdauert hat. Sie wird jedoch bald wieder in sein und Erikas Leben eintreten. Ebenso wie Gustaf Gründgens, der »Liebling von Berlin«[42].

»Unmöglich zu weinen – unmöglich zu schreien«

Mopsa Sternheims Exil und Nach-Exil. 1933–1954

Unmittelbar nach dem Krieg – er steht kurz vor seiner ehrenhaften Entlassung aus der US-Army – begegnet Klaus Mann in Europa alten Freunden und Weggenossen wieder. Sie tragen die unterschiedlichsten Lebensschicksale: Manche arrangierten sich mit den braunen Machthabern, andere wählten ein »inneres Exil« in Schweigen und provinzieller Abgeschiedenheit. Wieder andere gingen ins äußere Exil, nach Frankreich, Italien, in die Niederlande oder nach Großbritannien. Manchen folgte der Krieg auf dem Fuße, sie mussten weiterfliehen oder wurden von Gestapo und SS gefangen genommen und ins Gefängnis oder Konzentrationslager verschleppt. Nicht alle haben überlebt: Die Nationalsozialisten ermordeten Regimegegner, einige kamen dem durch Freitod zuvor. Von manchen fehlt jede Spur, als Klaus Mann sich in den verbliebenen Freundeskreisen in München, Rom, Amsterdam oder Paris nach ihnen erkundigt. Eine enge Freundin, mit der er vor dem Krieg in Paris noch Umgang pflegte, bevor die Zeitläufte sie auseinanderrissen, findet er jedoch rasch wieder: Mopsa Sternheim. Das grausame Schicksal des »Dichterkindes« berührt ihn tief. In seinem Lebensbericht *Der Wendepunkt* zitiert er einen (wohl literarisierten) Brief vom 1. Juli 1945 an die Zeichnerin Eva Herrmann:

»Das Phänomen einer solchen Widerstandskraft wirkt am erstaunlichsten, wenn wir ihm bei einem sehr nahen Freund begegnen, bei einem Menschen also, den wir nicht nur mit seinen imposanten und attraktiven Zügen, sondern auch mit seinen Schwächen kennen.

Gestern traf ich hier [in Paris] meine sehr liebe, sehr alte Freundin Mopsa Sternheim. Woher kam sie? Aus Ravensbrück, dem Frauenlager. Achtzehn Monate lang ist sie dort gewesen, nach fürchterlichen Tagen im Folterkeller der Pariser Gestapo. Sie hatte es mit der französischen ›résistance‹ gehalten, weshalb ihr von den Deutschen sämtliche Zähne ausgeschlagen wurden. Aber lachen kann sie immer noch – oder schon wieder: Vorläufig ohne Zähne. So stark ist sie! Und hat doch ihre Schwächen, die ich kenne. Ihre Kräfte aber hatte ich wohl nicht ganz richtig eingeschätzt. Achtzehn Monate im Höllischen! Wem würde da das Lachen nicht vergehen? Mir ist's schon fast vergangen, obwohl ich nie in Ravensbrück gewesen …«[1]

Klaus Mann deutet hier etliches nur an, denn die Höllenkreise, die Mopsa Sternheim durchschritten und durchlitten hat, entziehen sich im Grunde der Auslotung durch die Sprache. Erst in jüngster Zeit sind Auszüge ihres Tagebuchs über das Lagerleben in Ravensbrück veröffentlicht worden.[2] Diese und andere Zeugnisse und Dokumente lassen ein biografisches Mosaik entstehen, das zwar lückenhaft ist, dessen wesentliche Teile aber einen verstörenden Einblick in eine Existenz gewähren, die sich trotz aller Erniedrigungen und Verheerungen physischer und psychischer Art Würde und Integrität bewahren konnte.

Wie Klaus und Erika Mann verlassen auch Mopsa Sternheim und ihr Mann Rudolph von Ripper das nationalsozialistische Deutschland und ziehen nach Paris. Hier haben sie bereits von diversen Aufenthalten früherer Jahre Freunde und Bekannte, vor allem in der Riege der französischen Surrealisten (um René Crevel), aber auch in den Kreisen der zahlreichen aus Deutschland geflohenen Exilanten. Und auch Mopsas Mutter Thea, die seit Langem eine Affinität zum französischen Kulturraum hegt, verlegt (bereits 1932) ihren Wohnsitz an die Seine. Die ersten Jahre im französischen Exil sind zwar von finanziellen Engpässen geprägt, ansonsten jedoch fühlen sich Mopsa und ihre Mutter recht wohl. Sie geben sich der Illusion hin, dass NS-Deutschland weit weg sei und es im Übrigen so weitergehe wie bisher. Mopsas und Rudolphs Drogensucht indes verschlimmert sich beängstigend (Mopsa handelt mitunter auch selbst als Dealerin und versorgt Freunde, darunter Klaus Mann). Eine kurze, aber leidenschaftliche Ménage-à-trois mit René Crevel endet in Desillusion und emotionaler Verheerung.

Als sich Crevel im Juni 1935 das Leben nimmt, hinterlässt er im Freundeskreis eine schmerzliche Lücke. Klaus Mann erinnert sich an den Augenblick, als er auf einem Schriftstellerkongress die Nachricht vom Tod des Freundes erhielt: »Zwischen den Darbietungen redete ich mit Mopsa Sternheim; sie war seine Freundin gewesen, sie war meine Freundin. Es tat mir gut, sie zu sehen. Wir weinten zusammen, weinend versäumten wir die Rede des Genossen [Marcel] Cachin – gegen Krieg und Faschismus.«[3]

Crevels Selbstmord lastet wie ein böses Omen auf dem Leben der Freunde. Die Ehe von Mopsa und Rudolph besteht schon bald nur noch auf dem Papier. Rudolph von Ripper engagiert sich im Kampf gegen die Nationalsozialisten, als Künstler wie als Mittelsmann. Als er im Herbst 1933 nach Deutschland zurückkehrt und hier das von dem Kommunisten Willi Münzenberg erstellte *Braunbuch über Reichstagsbrand und Hitler-Terror*, das mit einem Einband von Goethes Epos *Hermann und Dorothea* getarnt ist, zu verteilen sucht, wird er verraten, von der Gestapo verhaftet, ins berüchtigte SS-Gefängnis »Columbia-Haus« verschleppt und im Januar 1934 ins Konzentrationslager Oranienburg überstellt. Man foltert ihn. Mopsa versucht von Paris aus, seine Freilassung zu erwirken. Im Mai 1934 wird Ripper durch Intervention der österreichischen Botschaft aus der Haft entlassen und aus Deutschland ausgewiesen. Er ist ungebrochen: In seinen in den folgenden Jahren entstehenden Zeichnungen und Radierungen prangert er die menschenverachtende Blutgier des Nationalsozialismus an. Ripper erarbeitet die Radierungsfolge *Écrasez l'infâme! (Zermalmt die Nieder-*

tracht!). Auf einem der Bilder ist Adolf Hitler am Spieltisch einer gewaltigen Orgel zu sehen, hinter deren Pfeifen sich ein Marterrad erhebt, an dessen Speichen geschändete, gefolterte nackte Gestalten hängen. Nach und nach (vor allem zu Beginn der Vierzigerjahre in New York) erkennt man Rippers außergewöhnliches Talent, vergleicht ihn sogar mit Francisco de Goya und dessen Radierungen *Desastres de la Guerra*. Rippers Arbeiten erzielen gute Preise. Klaus Mann feiert den Künstler in seinem Aufsatz *Écrasez l'infâme* (1937) enthusiastisch: »Er [Ripper] hat eine künstlerische Handschrift, die unverwechselbar persönlich geprägt ist. Seine Visionen [...] prägen sich ein, sie erregen und sie erschüttern. [...] Aber diese Visionen bekommen ihre Intensität, ihre Wucht, ihre Überzeugungskraft eben dadurch, daß in ihnen Schauer und Entsetzen vor der Größe und Furchtbarkeit der Realität noch nachzittert. Ripper zeichnet die *Apokalyptischen Reiter*, und da spürt man: Er kennt sie, er hat sie gesehen, sie haben sein Leben bedroht – wie sie unser aller Leben bedrohen –, ach, diese Apokalyptischen Reiter, es sind keine Traumfiguren, keine mystisch-religiösen Symbole, sie sind höchst real, sie sind ausgestattet mit hochmodernen Flugzeugen, Giftgasen, Tanks [...]. Rudolf von Ripper ist ein echter Künstler und ein guter Kämpfer.«[4]

Mopsa versinkt immer mehr in ihrer Drogensucht. Ähnlich Klaus Mann unterzieht sie sich mehreren Entziehungskuren und versucht ein ums andere Mal, sich das Leben zu nehmen. Es sind lautlose Hilfeschreie, die von der Umgebung ohnmächtig oder verständnislos aufgenommen werden. Thea Sternheim, die bereits durch die Tragödie der Ehe mit Carl Sternheim, durch ihren finanziellen Ruin sowie durch das Exil gezeichnet ist, blockt ab, will ihr kleines Restglück nicht durch die Haltlosigkeit der Tochter gefährdet sehen. Zudem bereitet ihr der Sohn Klaus Sorgen, der ebenfalls drogensüchtig ist. Zeitweise bricht die Mutter mit Tochter und Schwiegersohn, hält ihnen Verlogenheit vor. Mopsa antwortet am 27. Juli 1936: »Gewiss hast Du in vielen Dingen recht [...]. Ich weiß es besser als irgendwer. Ich lüge viel, ich lüge gut, aber mich selbst anzulügen gelingt mir nicht.«[5] Einen Ausweg aus der persönlichen Notsituation versprechen sich Mopsa und Rudolph von einem Neubeginn in England: Bereits in den Zwanzigerjahren haben sie in Berlin Edward Sackville-West kennengelernt, den Cousin der berühmten Schriftstellerin Vita Sackville-West. Der exzentrische Musikkritiker und Schriftsteller lebt in einem Flügel des Familiensitzes Schloss Knole in Kent (das Virginia Woolf in ihrem Roman *Orlando* weltberühmt gemacht hat). Edward lädt Mopsa und ihren Mann nach Knole ein und verspricht, Kontakte zum Londoner Kulturleben knüpfen zu wollen. Tatsächlich schreibt Mopsa ein paar Jahre lang für den *Manchester Guardian* antifaschistische Artikel. Und Rudolph von Ripper kann in London eine Ausstellung organisieren, die von der Kritik wohlwollend beurteilt wird. 1939 schließlich wird das amerikanische *Time Magazine* die Radierung, die Hitler an der Totenorgel zeigt, auf seinem Titelblatt veröffentlichen. Dies markiert für Ripper den künstlerischen Durchbruch in den Vereinigten Staaten. Mehrere Galerien zeigen seine Werke, die mit einem Mal hohe Preise erzielen. Sein Name wird auch in Europa bekannt, selbst in Deutschland: Die NS-Machthaber reagieren und entziehen Ripper, der nach dem »Anschluss« Österreichs 1938 automatisch Reichsdeutscher wurde, die Staatsbürgerschaft, ebenso seiner Frau Mopsa. Was den beiden emotional gleichgültig sein könnte, erweist sich im Alltagsleben als großes Hindernis: Als Staatenlose verfügen sie über keinen Pass, erhalten von den französischen Behörden lediglich ein »papier d'éloignement«, eine Ausweisbescheinigung, die alle zwei Wochen verlängert werden muss und einen Grenzübertritt erheblich erschwert.

Ripper kämpft nicht nur mit künstlerischen Mitteln gegen Faschismus und Nationalsozialismus. Als Freiwilliger zieht er – ähnlich Klaus und Erika Mann – aufseiten der Republikaner in den Spanischen Bürgerkrieg. Während die Freunde jedoch als Kriegsberichterstatter unterwegs sind, um die Weltöffentlichkeit über die Ereignisse vor Ort zu informieren und vor den Gefahren des Faschismus zu warnen, dient Ripper, der bereits aus seiner Zeit in der Fremdenlegion Fronterfahrung hat, als Co-Pilot eines Kampfflugzeugs. Pilot ist kein Geringerer als der kommunistische französische Dichter André Malraux. Der Flieger wird im Einsatz abgeschossen. Malraux kommt mit kleinen Blessuren davon, Ripper hingegen erleidet schwere Verletzungen. Monatelang muss er in einem spanischen Hospital hinter der Front zubringen. Er kehrt daraufhin nach Paris zurück, wird dort aber von französischen Feldjägern festgenommen (er war einst aus der französischen Fremdenlegion desertiert und gilt seither als fahnenflüchtig). Man überstellt ihn in das Armeegefängnis Cherche Midi, später in das Militärhospital Val-de-Grâce, da ein Furunkel am Bein eine Blutvergiftung verursacht. Eine Amputation kann gerade noch abgewandt werden. Mopsa ist zu jener Zeit wieder einmal bankrott, Drogensucht und eine Entziehungskur haben ihre restlichen Ressourcen aufgezehrt. Zudem steht sie damals in einer Liebesbeziehung zu dem Verleger Walter Landauer, der in Amsterdam die deutsche Literaturabteilung des Verlags Allert de Lange leitet. Also muss Thea Sternheim, die selbst in bescheidenen Verhältnissen lebt, für den ihr seit je unsympathischen Schwiegersohn aufkommen: Sie macht Geld locker und kann ihn »freikaufen« – schweren Herzens, wie sie Mopsa mitteilt. Die Beziehung zwischen Mutter und Tochter ist damals an einem Tiefpunkt angelangt.

Dennoch zieht Mopsa vor Ausbruch des Zweiten Weltkriegs in die Wohnung ihrer Mutter. Notgedrungen nähern sich die beiden Frauen einander wieder an. Mopsa empfindet Thea gegenüber – allen zeitweiligen Missverständnissen und Ärgernissen zum Trotz – zeitlebens eine große Anhänglichkeit, die an psychische Abhängigkeit grenzt. Thea bleibt für sie immer das unerreichbare Vorbild an Stärke, geistiger Wendigkeit, künstlerischer Kraft. Während Thea in jenen Exiljahren einen Roman verfasst (*Sackgassen*; er wird 1952 durch die Vermittlung Gottfried Benns im Wiesbadener Limes Verlag erscheinen), wird sich Mopsa bis zu ihrem Lebensende mit einem Roman abmühen, der Fragment bleibt. Freilich gelingt das Zusammenleben der beiden Frauen nur dadurch, dass sich Mopsa in ihrem Gefühlsleben immer mehr abkapselt und vor der Mutter ihre Aktivitäten verbirgt – auch, um sie zu schützen.

Als die deutschen Truppen Anfang Juni 1940 auf Paris vorrücken, wird Thea Sternheim, die noch immer die deutsche Staatsbürgerschaft besitzt, von den französischen Behörden aufgefordert, sich mit höchstens dreißig Kilogramm Gepäck im Stadion Vélodrome d'Hiver am Boulevard de Grenelle einzufinden. Mopsa, staatenlos, entgeht zu diesem Zeitpunkt der Erfassung wohl deshalb, da sie in den amtlichen Verzeichnissen deutscher Bürger im Ausland nicht mehr auftaucht. Sie hilft der Mutter beim Packen und begleitet sie zum angegebenen Ort. Am 10. Juni werden mehrere Hundert Frauen vom Vélodrome zum Bahnhof gebracht und mit der Eisenbahn nach Gurs in Südfrankreich transportiert. Im Internierungslager von Gurs trifft Thea Sternheim ihre Freundin aus Dresdner Tagen Anna Pfemfert, die Frau des expressionistischen Lyrikers und Verlegers Franz Pfemfert, wieder. Drei Tage später macht sich Mopsa Sternheim gemeinsam mit den Freunden Frans und Pauline Masereel und Marguerite Bloch eigenständig auf, um nach Gurs zu gelangen und die Lage vor Ort zu erkunden. Einen Tag darauf wird Paris von den Deutschen kampflos besetzt.

Südfrankreich wird von Flüchtlingen aus dem Norden überschwemmt, die Paris noch im letzten Augenblick vor den anrückenden Besatzern verlassen haben und sich nun in den mittelmeerischen Häfen verzweifelt um Transitpapiere und Visa nach Portugal, in den Nahen Osten oder nach Amerika bemühen. Anna Seghers hat dies in ihrem Roman *Transit* eindrücklich beschrieben. Unter den Flüchtigen im »Mauseloch« Marseille sind viele Exilanten aus Deutschland und Österreich, Juden und Regimekritiker jeglicher Couleur. Das französische Vichy-Regime, das offiziell die Autorität über die Regionen südlich der Loire übernimmt, sich jedoch zu einer rückhaltlosen Kollaboration mit den Nationalsozialisten erklärt, richtet alsbald Lager für die Exilanten ein, die nach Deutschland deportiert werden sollen. Die deutschen Behörden übermitteln den französischen Beamten Auslieferungslisten, die diese peinlich genau abarbeiten. Es gelingt Thea Sternheim, aus dem Lager von Gurs zu fliehen und sich bei Freunden in Nizza zu verstecken. Davon weiß Mopsa, die sich teilweise zu Fuß nach Südfrankreich durchgeschlagen hat, nichts. Deprimiert und voller Angst um die Mutter kehrt sie unverrichteter Dinge ins besetzte Paris zurück. Erst am 21. Oktober 1940 kann Thea Sternheim in ihre Pariser Wohnung zurückkehren. Die Lage hat sich beruhigt, nach den ersten Säuberungswellen ist eine gewisse Normalität eingekehrt. Thea, deutsche Staatsbürgerin, nie ausgebürgert, ohne »jüdisches Blut«, wird von den deutschen Besatzungsbehörden bis Kriegsende tatsächlich nicht weiter belangt. Sie fristet zwar ein ärmliches Dasein, muss oft hungern und frieren, kann aber den Krieg unbeschadet überdauern.

Anders Mopsa: Zunächst wird sie von den deutschen Verwaltungsbeamten erkennungsdienstlich schlicht übersehen. Doch Mopsa ist nicht von der Art, sich wegzuducken und lediglich abzuwarten, bis Krieg und Besatzung vorüber sind. Sie will aktiv am Kampf gegen die Nationalsozialisten teilnehmen. Anfang 1942 nimmt sie Kontakt zur Résistance auf. Bald arbeitet sie im Rang eines Sous-Lieutenants im Widerstand und wirkt als Verbindungsoffizier im Agentennetz »Inventor«, das wiederum dem Netz »Buckmaster« des britischen Geheimdienstes »Special Operation Executive« (SOE) unterstellt ist. Fast zwei Jahre lang ist Mopsa für den Geheimdienst tätig. Ihre Mutter ahnt nichts von dem gefährlichen Unternehmen. Doch die Gestapo kommt Mopsa auf die Spur und verhaftet sie am 2. Dezember 1943 in der Wohnung einer Freundin. Sie wird ins Gestapo-Gefängnis in der Avenue Henri Martin gebracht und dort verhört. Man schlägt ihr die Zähne aus. Doch Mopsa bleibt standhaft und verrät ihre Kombattanten nicht. Man überstellt sie ins Gefängnis von Fresnes, südlich von Paris, im Januar 1944 ins

Lager von Compiègne in Nordfrankreich. Sie wird weiter gefoltert, aber sie verrät ihre Mitstreiter nicht. Nach dem Krieg erinnert sie sich an die Erlebnisse jener Wochen und an die eigenartige innere Distanz zu ihrem Schicksal, die ihr das Überleben überhaupt ermöglichte – während das Trauma sie erst mit jahrelanger Verzögerung einholt: »Es ist ein Snobismus *(ein umgekehrter)* meinerseits, den Eindruck den Verhaftung, Folter, Gefängnis und Lager auf mich machten zu minimisieren. Es vergeht keine Woche ohne dass ich träume dass man mich von Neuem foltert. Die Badewanne. Das Entsetzen vor den Blutgesprenkelten Wänden. Doch Fatalismus + Hochmut wollten dies Erlebnis unbedingt als nebensächlich gelten lassen. Nur nachts, wenn meine Kontrolle aussetzt, rächt sich die Realität. Meine Nächte sind nicht komisch. Und NACHTS HABE ICH ANGST – dieselbe primitive, tierische Angst wie DAMALS [...].«[6]

Compiègne ist ein Abschiebelager. Am 31. Januar 1944 wird Mopsa Sternheim gemeinsam mit 958 französischen Frauen nach Deutschland deportiert, ins Frauen-Konzentrationslager Ravensbrück im nördlichen Brandenburg. Ravensbrück ist die Hölle: In den Jahren von 1939 bis zur Auflösung des Lagers im April 1945 waren dort und in den Außenlagern rund 153 000 Häftlinge (meist Frauen und Kinder, auch ein kleinerer Anteil Männer) interniert, rund 28 000, so eine Schätzung, kamen ums Leben. Die Häftlinge mussten in Werkstätten hauptsächlich Textil- und Lederartikel für militärische Ausrüstungen herstellen. In eigenen Werkhallen nahe dem Konzentrationslager fertigte der Siemens-Konzern in Sklavenarbeit zudem Präzisionsteile (etwa fein gewickelte Spulen).

Da Mopsa Sternheim der deutschen Sprache mächtig ist (im Gegensatz zu den meisten Gefangenen aus Frankreich und anderen Ländern), setzt man sie als Blockälteste (»Blockowa«) im Krankenrevier ein. Hier ist sie für die Essensvergabe, für Ordnung und Sauberkeit verantwortlich. Zwischen zweihundert und vierhundert Kranke drängeln sich in Mopsas Block, zu dritt müssen sie sich eine Pritsche teilen, ohne Matratzen und Decken, bei offenen Fenstern, sommers wie winters. Mopsa Sternheim wächst in den folgenden fünfzehn Monaten bis zur Auflösung des Lagers über sich hinaus: Sie deckt und versteckt Häftlinge, fälscht Sterbe- und Deportationslisten, versucht nach Maßgabe des ihr Möglichen für halbwegs saubere Verhältnisse zu sorgen – und rettet auf diese Weise etlichen Menschen das Leben. Nach dem Krieg haben Zeugen dies protokollarisch bestätigt.

Die Lagerleitung kommt Mopsa schließlich auf die Schliche und strafversetzt sie – degradiert zur Stubenältesten – in den sogenannten Industrieblock, wo Uniformen genäht und ausgebessert werden. Mopsas offen gezeigte Verachtung der SS gegenüber trug wohl mit dazu bei.

In der Rückschau beschreibt Mopsa die dortige Existenz in einer Mischung aus ungläubigem Entsetzen, kalter, erbarmungsloser Selbstanalyse und abgestumpftem Fatalismus:

»Sonderbar, wie oft ich jetzt an Ravensbrück denke, manchmal fast mit Sehnsucht. Nicht an die ersten Monate. Vielleicht war es das Gefühl der absoluten Macht über 500 Menschen, das mir die Periode in Bl[ock]. 8 verführerisch erscheinen lässt? Einer entsetzlichen totalen Macht – die ich *nie* missbrauchte. Wie unsagbar leicht es mir war, auf Vorteile zu verzichten, um derentwillen die anderen mordeten und raubten. Nicht einmal die Versuchung – nicht das leiseste Verdienst. Essen – auch DORT gleichgültig. Im übrigen hatte ich ja Alles. Kleider, Sauberkeit. Um so unbestechlicher ich war, um so hochmütiger. Um so hochmütiger – um so sanfter und liebevoller mit den Gepeinigten. […]

Und das Grauen – denn gibt es auf der Welt eine Vorstellung des Grauens, die den BL[ock]. 8 überträfe? Wenn die Halbtoten ›Skelette‹ in ihrem eigenen Durchfall eingeschmiert auf dem Boden des Vorraums ausgeschüttet wurden, von den Tragba[h]ren, den ausgehangenen Türen, aus beka[c]kten Leintüchern. Diese Skelette, denen man ihre Nummer mit Tintenstift auf den Arm malen musste, damit sie nicht verreckten bevor man wusste wer sie waren? Ich tat es immer selber und war gütig und sanft zu ihnen.

Liebte ich sie?

NEIN.

Und doch habe ich das Menschenmögliche für sie getan.

Warum? Sie waren mir total gleichgültig.

War es nicht eine geheime Lust am Grauen?

Warum tat ich diese Arbeit, die ekelerregend war? Um zwei hatte ich einen reinen weissen Kittel an. Um zwei Uhr fünfzehn war er voller Scheisse. Diente meine Gegenwart wirklich nur dazu die Pflegerinnen zu verhindern, bestialisch mit den Sterbenden umzugehen? Oder zog mich das grauenhafteste Grauen hin?

Und warum haftet der Waschraum, mit seinen Du[t]zend nackten Leichen, als etwas unsagbar Groteskes in meinem Gedächtnis?

Ich entsinne mich, dass ich die verkrampften Finger einer verhungerten Französin aufbog – sie waren schon kalt – und in ihrer Hand einen Haufen dreckiger Zettel fand, die alle mit den ausgefallensten Kochrezepten beschrieben waren… Ich fand diese Kochrezepte fast bei allen toten – verhungerten – Französinnen… Und das amüsierte mich ungeheuer.«[7]

Seit Februar 1945 werden auf einem Richtplatz des Lagers sowie in provisorischen Gaskammern Massentötungen vorgenommen. Als sich im April 1945 die Rote Armee Ravensbrück nähert, entscheidet sich die SS zur Evakuierung: Am 27.April werden die verbliebenen Lagerinsassinnen und -insassen auf einen Todesmarsch Richtung Nordwesten getrieben. Zurück bleiben ungefähr 3000 schwerkranke Frauen und Männer, darunter auch Häftlingspersonal. Die Rote Armee befreit die Häftlinge in Ravensbrück am 30.April, der Todesmarsch wird am 3.Mai von den Sowjets eingeholt.

Mopsa Sternheim gehört zu den Glücklichen, die noch vor der Auflösung des Konzentrationslagers vom Roten Kreuz evakuiert und nach Schweden gebracht werden. Nach langwierigen Verhandlungen war es Graf Folke Bernadotte und anderen schwedischen Unterhändlern gelungen, mit dem Reichsführer SS Heinrich Himmler ein Abkommen zu schließen, wonach skandinavische Lagerinsassen vom Roten Kreuz in einem Konvoi von sechsunddreißig Bussen nach Dänemark und Schweden evakuiert werden konnten. Zu vermuten ist, dass Mopsa als Staatenlose mit auf die Rot-Kreuz-Liste gesetzt wurde. Am 23. April verlässt der Konvoi (es ist die zweite Rettungsaktion seit März) Ravensbrück. Mopsa wird in einem Quarantänelager in Ryd im schwedischen Småland untergebracht, medizinisch versorgt und aufgepäppelt. Am 26. Juni wird sie entlassen und nach Paris ausgeflogen. Hier trifft sie mit ihrer Mutter Thea zusammen, die den Krieg unbeschadet, aber in steter Sorge um ihre Tochter überstanden hat. Nur wenige Male war es Mopsa während ihrer Haft gelungen, über Verbindungsleute kleine Zettelchen aus Gefängnis und Lager hinauszuschmuggeln, um der Mutter zumindest ein Lebenszeichen zu übermitteln.

Bei ihrer Rückkehr erfährt Mopsa vom Tod ihres Halbbruders Carlhans (Carl Sternheims Sohn aus erster Ehe), der 1944 wegen regimefeindlicher Äußerungen zum Tode verurteilt und im Zuchthaus Brandenburg geköpft worden ist. Bereits am 3. November 1942 ist Mopsas Vater Carl Sternheim in Brüssel an den Folgen einer Lungenentzündung gestorben. In seinen letzten Lebensmonaten hatte der völlig in Vergessenheit geratene Dichter seiner neuen Lebensgefährtin Henrietta (Henny) Carbonara all sein Hab und Gut vermacht.

Thea und Mopsa Sternheim stehen vor dem Nichts: In ihrer materiellen Not hat Thea eines ihrer letzten Bilder aus ihrer einst berühmten Kunstsammlung, ein Gemälde von Henri Matisse, veräußert, um sich Essen und Heizmaterial beschaffen zu können. In den nun folgenden Jahren gelingt es Mopsa zumindest, mit der Lebensgefährtin ihres verstorbenen Vaters eine Einigung über die Herausgabe eines Pflichtteils zu erwirken. Andere Bemühungen um eine staatliche Wiedergutmachung für erlittene Verfolgung verlaufen zunächst im Sande. Erst nach Mopsas Tod wird Thea Sternheim eine Rente als Verfolgte des Nationalsozialismus zugesprochen, die ihr ein bescheidenes Auskommen ermöglicht.

Kurz nach ihrer Entlassung aus dem Lager erfährt Mopsa auch vom Tod ihres einstigen Geliebten Walter Landauer: Der Verleger deutscher Exilliteratur in Amsterdam tauchte nach der Besetzung der Niederlande zunächst unter, wurde aber 1943 verhaftet und ins Konzentrationslager Bergen-Belsen deportiert, wo er im Dezember 1944 verhungerte. Mopsa trauert voller Verzweiflung um ihn, aber auch um die verpasste Chance eines Lebens mit dem 1935 verstorbenen René Crevel: »Vor zehn Jahren starb René. Aber René lebt in mir, jeden Tag, jede Stunde. Landauer! ICH TRIEFE VOR SCHMERZ – unmöglich zu weinen – unmöglich zu schreien. Schmerz wie Watte in den Gliedern, Watte vollgesogen von Qual. Lautloses Ersticken aller Zärtlichkeiten. Wissen um all seine Leiden. Schweigen. Schweigen. Schweigen.«[8]

Ein weiterer Schicksalsschlag für Mutter und Tochter ist die Nachricht vom Tod Klaus Sternheims: Er exilierte 1940 nach New York, im Jahr darauf ging er nach Mexiko, wo er 1946 mit nur achtunddreißig Jahren mittellos stirbt. Mopsa zieht in die noch verbliebene Wohnung ihres Bruders am Boulevard Haussmann in Paris. Sie versucht, räumlich, finanziell und geistig unabhängig von der nach wie vor starken, zu starken Mutter ein eigenes Leben zu führen – es wird ihr nicht mehr gelingen. In jenen Jahren verliebt sie sich unglücklich in den Geschäftsmann Henri Taourel, der ihre Liebe nur als Abenteuer wertet. In ihren späten Tagebuchaufzeichnungen stellt Mopsa die Qualen dieser unglücklichen Beziehung sogar über die von Ravensbrück.

Es gibt in jenen Jahren auch Wiederbegegnungen mit Überlebenden des Krieges: Bereits Ende Juni 1945, wenige Tage nach ihrer Rückkehr nach Paris, trifft sie Klaus Mann, der über Mopsas Zustand (sie ist noch immer ausgemergelt und hat keine

Zähne, erst später kann sie sich künstliche machen lassen) entsetzt ist, gleichzeitig aber mit ihr das Wiedersehen und den Umstand, noch einmal davongekommen zu sein, in alter Weise »feiert«: mit Morphium. Auch in den folgenden Jahren, bis zu Klaus Manns frühem Tod, werden die beiden alten Freunde und Dichterkinder nicht nur in Sympathie und Liebe zu Literatur und Theater miteinander verbunden sein, sondern auch in ihrer gemeinsam befeuerten Drogensucht.

Ende Mai 1945 erhalten Thea und Mopsa Sternheim die Nachricht, dass Rudolph von Ripper (auf dem Papier ist er noch immer Mopsas Ehemann) lebt: Nachdem seine Schwiegermutter ihn aus der französischen Haft freigekauft hatte (in der er wegen Desertion aus der Fremdenlegion einsaß), emigrierte er 1938, noch vor Kriegsbeginn, in die Vereinigten Staaten, meldete sich (ähnlich Klaus Mann) 1941 zur US-Army, machte dort Karriere und diente als hochdekorierter Offizier des »Office of Strategic Services« (O.S.S.) an der Front in Italien. Nun, nach Kriegsende, klopft Ripper bei Schwiegermutter und Ehefrau in Paris an und fordert von Mopsa die Zustimmung zur Scheidung, da er eine andere Frau liebe und diese heiraten wolle. Mopsa willigt ohne zu zögern ein. Die Scheidung wird im März 1948 ausgesprochen. Ripper, aus der US-Army ehrenhaft entlassen, führt in den nächsten Jahren ein erfolgreiches Leben als Künstler und Hochschuldozent in Wien, Connecticut und auf Mallorca, wo er sich gemeinsam mit seiner zweiten Frau in Pollença ein Anwesen kauft. Er stirbt am 9. Juli 1960 an einem Herzinfarkt, erst fünfundfünfzig Jahre alt, und wird in Pollença begraben.

Auch Agnes Löwenstein, Theas Tochter aus erster Ehe, findet sich wieder ein: Sie ist eine bekannte Sängerin geworden, lebt unter dem Künstlernamen Ines Leuwen in Basel und unterrichtet nach dem Krieg lange Jahre als hoch angesehene Gesangspädagogin an der Staatlichen Hochschule für Musik in Freiburg im Breisgau. 1960 heiratet sie den Übersetzer Enrique Beck. Ihr Mann stirbt 1974, Agnes (Ines) zwei Jahre später.

Bereits im Mai 1946 – erst knapp ein Jahr zurück in ihrem alten und doch so zerstörten Leben und noch immer in Trauer um die durch Selbstmord oder Mord umgekommenen Freunde und Verwandten – bekennt Mopsa in ihren Aufzeichnungen: »Und dann, eines schönen Tages, als ich am wenigsten daran dachte, begann ich jemanden zu lieben. Ich habe Benn geliebt. Ich war 20. Seither NIEMANDEN. Ich hatte Zärtlichkeiten, Leidenschaften, Schwärmereien – alles, was man will. Aber dies – Es war das Gewitter.«[9]

Tatsächlich bricht Gottfried Benn, »Giselheer der Barbar«, nach dem Krieg wie eine Urgewalt wieder über das Leben von Mopsa und Thea Sternheim herein. Benn hat die NS-Zeit als Oberstabsarzt im Dienst der Wehrmacht überdauert, zunächst in Berlin, dann in Landsberg an der Warthe. Kurz vor Kriegsende ist er nach Berlin zurückgekehrt, lebt und ordiniert wie vordem in seiner unversehrten Wohnung in der Bozener Straße in Schöneberg. Seine Frau Hertha (um derentwillen er einst die Beziehung zu Tilly Wedekind und Elinor Büller beendete) war bei Kriegsende im Dorf Neuhaus an der Elbe evakuiert, wo sie sich am 4. Juli 1945 mit Morphium, das Gottfried Benn ihr besorgt hatte, das Leben nahm.

Nun, im Februar 1949, lesen Mutter und Tochter Sternheim in Benns neu erschienenem Band *Statische Gedichte*. Es sind großteils Verse, die er während der NS-Zeit für die Schublade schrieb, und die zu den schönsten seines lyrischen Werks zählen. Sie sind davon wie berauscht, lesen sich abends gegenseitig daraus vor. »Noch einmal einen Menschen seines Ausmaasses finden«[10], sagt Mopsa verzückt. Thea ahnt Schlimmes und vertraut ihrem Tagebuch an: »Mopsa ist klug, musisch begabt, heroisch – aber mein Gott wie wenig Glück.«[11]

Ihre Befürchtungen bewahrheiten sich – wieder einmal. Thea ist nicht ganz unschuldig daran: Am 19. Juni 1949 schreibt sie über die Redaktion der Zeitschrift *Merkur* (worin ein Aufsatz Benns erschienen ist) einen Brief an den Lyriker. Der antwortet umgehend mit mehreren langen Briefen, Lebensbeichten und

-rechtfertigungen seiner Jahre in NS-Deutschland, die er als inneres Exil stilisiert. Ob Thea ihm dies abnimmt, bleibt unklar. Doch Benn weiß sie zu bestricken: Er sendet ihr seine jüngsten Bücher, auch Gedicht-Handschriften, setzt sich für ihren Roman *Sackgassen* beim Limes Verlag ein, wo er nach dem Krieg ebenfalls publiziert. Zudem erkundigt er sich nach Mopsa, der er wenig später auch persönlich schreibt. Mutter und Tochter sind vom Wortzauber Giselheers hingerissen und haben seiner Gewalt nichts entgegenzusetzen. Thea jubiliert in einem Brief an Benn: »Mein lieber Freund, Sie können sich die Wirkung nicht vorstellen, den Aufruhr, die Emotion, das *Genüge*, die diese Ernte von sechzehn Jahren, in einem Schub eingebracht, von mir im wahrsten Sinne des Wortes verschlungen, als Erstes beim Aufwachen, als Letztes vor dem Einschlafen, in mir ausgelöst hat! […] Jedenfalls hat mich diese geradezu wollüstige Aneignungsorgie, die mich eine Art Pfingstwunder erleben liess (die feurigen Zungen, das Aufrauschen, das Brausen, das Erahnen des Schwerfassbaren, das Wortwerden des Unaussprechbaren) in einen nicht mehr für möglich gehaltenen Glückszustand versetzt. Amen, Amen und Dank lieber, vertrauter, verehrter Freund!«[12]

Nicht minder ergriffen reagiert Mopsa. Sie schreibt an den Mann, den als Ersten und Einzigen sie wirklich geliebt zu haben glaubt und vor dessen innerem Leiden und Dulden in der NS-Zeit (wie er es zumindest den Damen Sternheim darzustellen beliebte) selbst ihr grauenvolles Elend im Konzentrationslager zu verblassen scheint: »Ihr Brief klingt sehr traurig, sehr müde, lieber Freund. Sie sprechen von dem ›unvergessbaren Schweren‹ all dieser Jahre und diese Wertung kommt mir sehr milde vor. Und dennoch, trotz alledem – ich kann das Ja sagen nicht lassen, das Ganze scheint mir, trotz Bitterkeit und Qualen, der Mühe wert. […] Schreiben Sie bald wieder, erzählen Sie von Sich! Stoisy [Thea] und ich haben uns SO oft um Sie gesorgt, in all diesen Wahnsinnsjahren, dass zumindest für uns Ihr ›d'outre mer‹[13] in keiner Weise zutrifft. Ja – schreiben Sie bald.«[14]

Mopsa und Thea begegnen Benn im Jahre 1952 in Berlin wieder. In seinem Terminkalender notiert er für den 22. September, dass er und seine Ehefrau Ilse (die beiden heirateten im Dezember 1946) die beiden Frauen am Flughafen abholen. Mopsa und Thea nächtigen im Hotel Ravensberg in der Münsterschen Straße in Wilmersdorf. Thea Sternheim beschreibt das Wiedersehen am Flughafen: »Regen und Sturm über unsere Ankunft in Berlin. Aber dann erkennen wir hinter der Barrière aus dem gedrungenen, unerhört breitschultrigen Mann unseren alten Freund Benn! Neben ihm ein grosses, überaus anmutiges weibliches Wesen, seine Frau, Ilse. Umarmung. Rührung. Mops zittert derart, dass die Zollbeamten, wahrscheinlich aus der Vermutung, dass etwas bei solcher Erregung nicht stimmen wird, die Öffnung ihrer Tasche verlangen.«[15] Deutlicher wird Mopsa in ihrem Diarium: »Völlig verwirrt von dem Wiedersehen mit Benn. 30 Jahre Intoxikation, eine Intoxikation, gegen die alle Rauschgifte ein Kinderspiel sind. Nicht die persönliche Beziehung ist es, die mich befangen macht, sondern der einmalige, immense Einfluss den er – seit je auf mich hatte.«[16]

Tags darauf bittet Mopsa ihre Mutter, Benn und sie ein paar Stunden allein zu lassen, sie wolle mit ihm alles, was zwischen ihnen stehe, bereinigen. Mopsa unternimmt mit dem von ihr unglücklich Geliebten einen Spaziergang. Was dabei besprochen wurde, wie es beiden ums Herz war, blieb ihr Geheimnis. Abends treffen sich das Ehepaar Benn, die Damen Sternheim, die Journalistin Margarete Roemer und die Schriftsteller Ferdinand Bruckner und Hermann Kesten, sowie Kestens Frau Toni im Restaurant »Schildkröte«. Dort verbringen sie den Abend bis Mitternacht. Tags darauf sind Thea und Mopsa noch einmal mit dem Ehepaar Benn verabredet: zu Kaffee und Kuchen in Benns Wohnung in der Bozener Straße. Auch die Bildhauerin Renée Sintenis kommt hinzu. Danach gehen sie in ein nahe gelegenes Bierlokal und plaudern bei bester Laune – so scheint es. Doch es ist nur Fassade: Abends, im Hotel, kommt es zwischen Thea und Mopsa zu einer wüsten Auseinandersetzung. Die Tochter wirft der Mutter deren Konzilianz, Beliebtheit und den literarischen Erfolg ihres Romans *Sackgassen* vor (das Buch wird anderntags im ausverkauften Saal des Bühnenklubs vorgestellt werden). Am nächsten Morgen, nach schlafloser Nacht, ist Mopsa in Tränen aufgelöst, Tränen der Wut und der Scham. Sie bekennt, sie habe doch mit der Mutter eine Art Hochzeitsreise unternehmen wollen. Wieder einmal wird Mopsas seelische Abhängigkeit von Thea deutlich, wieder einmal hat sie sich durch ein äußeres Vorkommnis – hier die Wiederbegegnung mit Gottfried Benn – völlig aus der Bahn werfen lassen, sie, die Folter und Konzentrationslager scheinbar ungebrochen überstanden hat.

Thea Sternheim verlässt Berlin am 29. September. Mopsa bleibt noch ein paar Tage und trifft erneut mit den Benns zusammen. Sie essen Pfifferlinge und Gulasch, trinken Bier, wie Benn in einem Brieflein an Thea mitteilt. Auch in den nächsten Tagen unternehmen sie manches: Sie gehen essen und ins Kino, unterhalten sich über Expressionismus. Benn wird der Besuch langsam lästig, er fühlt sich in seinem Frieden als »alter stupider Einsiedler«[17] aufgescheucht, wird wohl auch etwas grob. Mopsa, vor wenigen Tagen vor Aufregung und Glück noch zitternd, vertraut ihrem Tagebuch ernüchtert an: »Begegnungen zu dritt, sinnlos leer und wehmütig für mich. Seine [Gottfried Benns] Pose, meine maasslose Befangenheit gestalteten diese geselligen Abende zur Tortur. Jetzt ist die Situation wenigstens eindeutig.«[18]

Nicht nur zur Klärung persönlicher Belange ist Mopsa Sternheim in den Jahren nach dem Zweiten Weltkrieg mehrmals in Deutschland: Im Mai 1948 sagt sie in Hamburg im zweiten Ravensbrück-Prozess aus und belastet Benno Orendi und Martha Haake schwer. Orendi hatte als gerade einmal sechsundzwanzigjähriger Lagerarzt tödliche bakterielle Versuche an zahlreichen Häftlingen unternommen. Vor Gericht bezieht er sich auf seinen Treueeid Hitler gegenüber und auf einen Befehlsnotstand. Er wird am 4. Juni zum Tode verurteilt und am 17. September 1948 mit dem Strang hingerichtet. Die 1915 geborene, ehemalige KZ-Aufseherin und »Krankenschwester« Martha Haake wird wegen Misshandlung zahlreicher Häftlinge (eine Tötungsabsicht durch die Verabreichung von Veronal kann ihr nicht nachgewiesen werden) zu zehn Jahren Haft verurteilt, nach zweieinhalb Jahren jedoch aus gesundheitlichen Gründen vorzeitig entlassen.

In jenen Jahren versucht Mopsa wieder als Bühnenbildnerin tätig zu sein. 1951 stattet sie am Theater in Nürnberg eine Inszenierung der Komödie *Der Snob* ihres Vaters Carl Sternheim unter der Regie von Gert Weymann aus. Doch trotz des Erfolgs der Premiere erhält Mopsa keine Folgeaufträge. Die Zeit ist über sie hinweggegangen, andere, jüngere Leute haben die Positionen bereits besetzt. Auch ihre unverminderte Drogensucht und die psychischen Deformationen infolge ihrer Haft tragen dazu bei, dass sie keine Karriere mehr aufbauen kann. Mit ihrem Romanskript *Vivan* müht sie sich jahrelang ab, ohne es beenden zu können. »Ich quäle mir jede Silbe ab«, vertraut sie ihrem Tagebuch an. »Dabei sind diese Anderen oft dümmer als ich – aber sie nehmen es nicht so teutonisch ERNST. Oh diese boschige [abwertend für: deutsche] Gründlichkeit. Sie bewirkt, daß ich über die Gymna[sia]stenprobleme nicht hinauskomme. Das ABC.«[19] Nach Mopsas Tod gelangt das Skript ihrem Willen entsprechend in die Hände des Kunsthistorikers Gert Schiff (1926–1990), der es an eine Literaturagentur in der Schweiz schickt. Angeblich ist das Skript entweder auf dem Postweg oder bei der Agentur verloren gegangen – der Vorfall konnte nie aufgeklärt werden.

Obwohl Mopsa unter Folter und Haft offensichtlich eine schier übermenschliche Stärke und Willenskraft bewiesen hat, holen die Dämonen der Angst und des Ekels sie etliche Jahre danach doch ein. Als sie im Oktober 1952 einige Wochen in Berlin ist, auch, um ihren Antrag auf Entschädigung als Opfer des NS-Regimes voranzubringen, besucht sie wie in alten Zeiten die Szenelokale. Sie berichtet:

»Gestern nacht Tournée durch die Schwulen Lokale am Kottbusser Tor, später auf einem ›Fest‹ in der Kurfürstenstrasse. Georges Gross'sche Gestalten, vorwiegend greise, fette Kleinbürger. Das Pathologische, ja Kriminelle dieser Typen – schmale Turmschädel fliehende Stirnen, Henkelohren über eingefallenen Brustkörben und weibisch fetten Gesässen – wirkte selbst auf mich, die ich tausende solcher Veranstaltungen sah, wie ein Angsttraum. Pathologisch kriminell – das ist vielleicht das Auffallendste an den Berliner Gesichtern sobald man den engen, kosmopolitisch gefirnissten Clan der Intelligenzia verlässt. Den selben Eindruck hatte ich auch auf dem Entschädigungsamt. Ja, schon im Konzentrationslager war unter den Deutschen dieser Typ häufig. Ein Typ, stigmatisiert von Leid und Laster, mit der LUST daran und von schrankenlosem Exhibitionismus. Gestern abend war der Anblick hässlich bis zur Groteske: feiste Bierbürger die jungfräulich schmachten, ausgemergelte Asketen skatalogisch schnüffelnd; […] Eine gespenstische Orgie! Ich war dem Weinkrampf nahe – Und sah plötzlich diese vertierten, besessenen, qualsüchtigen und zugleich sadistischen Fressen unter den SS Mützen wieder: Das Nazigesicht.«[20]

Schließlich verliert Mopsa Sternheim ihren tapferen Kampf um ein Dasein in Würde. Im Winter 1953/54 erkrankt sie an Krebs. Und doch: Wenige Monate vor ihrem Tod notiert sie in ihr Tagebuch Einsichten, die dem eigenen grausamen Schicksal entgegen von einer Aussöhnung mit dem Dasein künden: »Und trotz diesem Albtraum-Leben, das das meine ist seit so langer Zeit,/ist eine tiefe Bejahung oder sogar eine glühende Verehrung des ›Lebens an sich‹ in mir./Nicht des meinen, sicherlich, das nicht mehr ist als Vergeudung, obwohl sogar in diesen schrecklichen Momenten etwas bleibt wie ein ›JA‹, das stärker ist als ich, UNABHÄNGIG vom Ich – Doch in dieser Nacht wünschte ich sehr demütig EINE RUHEPAUSE.«[21]

Mopsa will ihre geliebte Mutter schonen und verbirgt die Krankheit vor ihr. Thea Sternheim wähnt sie auf gewöhnlichen Erholungskuren und ahnt bis kurz vor Mopsas Tod nicht, wie es um ihre Tochter wirklich steht. Am 6. September 1954 schreibt Thea fassungslos an Gottfried Benn:

»Lieber Freund ich schreibe Ihnen heute, weil Sie wahrscheinlich als Arzt meine letzten Berichte über Mopsas Gesundheitszustand überhaupt nicht verstehen konnten. Ich habe Ihnen jedoch nur was mir gesagt worden ist, weitergegeben. Gestern nun, nach 6 Monaten seit Mopsa sich elend fühlte und sich in Behandlung begeben hat macht Mops[a] mir das Geständnis, dass sie krebskrank sei und mich die ganze Zeit, aus der Hoffnung, dass sich der Zustand durch die Strahlung erledigen würde, mitsamt ihren sämtlichen Freunden, ›um mir den vielleicht unnützen Schrecken zu ersparen‹ hinters Licht geführt hat. Also nichts von Streptokokken und dergleichen. In jedem Fall scheint die viermonatliche Rosskur in Villejuif in keiner Weise genutzt zu haben. Zur Nachkur in ein Sanatorium bei Malmaison verbracht ging es von Tag zu Tag bergab. Sie beklagte sich über schreckliche Schmerzen und magerte, obwohl sie Hunger hatte und essen wollte aber nicht mehr verdaute auch weiter ab. [Fußnote: ›Sie ist nur noch ein Gerippe und sehr schwach.‹] Die Schmerzen wurden so dass man sie in eine der bekanntesten Pariser chirurgischen Kliniken transportierte. Ich nehme an, dass der Professor Loiseau sie selbst operieren wird, aber ich habe nicht das Gefühl dass viel Hoffnung besteht, da die Ärzte sagen eine Diagnose sei erst nach Einblick zu stellen, in jedem Fall würde die Operation ›eine Erleichterung schaffen.‹ Im übrigen ist Sternheims Mutter an Gebärmutterkrebs gestorben.

Obwohl Mopsa ihren Zustand realisiert ist sie überaus mutig. Rührend, bewundernswürdig mutig. […]«[22]

Mopsa wird am 7. September operiert. Wenig später wird ihr auf ihre Bitten hin von einem Dominikanermönch das Sterbesakrament gespendet. Es besteht keine Hoffnung mehr. Mit Zustimmung der Ärzte lässt Thea die Tochter in deren Wohnung am Boulevard Haussmann bringen. Die letzten Tage halten Thea, Agnes und ein paar Freunde Wache an ihrem Bett.

Mopsa stirbt in den Morgenstunden des 12. September 1954 im Beisein ihrer Mutter und der Halbschwester Agnes – unter Qualen, denn die Morphiumpräparate, die man ihr verabreicht, wirken bei der seit vielen Jahren Süchtigen nicht mehr. Thea findet in Mopsas Nachlass einen Brief, den die Tochter im Juli für sie verfasst hat: Es ist Mopsas Vermächtnis an Thea, Gottfried Benn und die Nachkommenden. Thea teilt den Brief in einem Schreiben an Benn mit:

»Meine geliebteste Stoisy [Thea], wann wird dieser Brief in Deine Hände gelangen? Ich weiss es nicht. Ich schreibe Dir jetzt, solange ich es noch kann u. bevor die Qualen mich vollends verwirrt haben.

Stoisylein, ich hätte meinen letzten Blutstropfen dafür gegeben um Dir diesen Kummer zu ersparen. Ja ich habe diese Kur, an die ich nicht glaubte, nur deshalb auf mich genommen. Solange auch nur eine einzige Chance bestand Dich nicht zu quälen habe ich durchgehalten. Ohne Dich, mein Geliebtes, hätte ich selbst Schluss gemacht, und das schon vor Monaten – aber ich habe Dich zu innig geliebt und Du tatest mir zu leid, um Dir willentlich weh zu tun wenn es irgend zu vermeiden war. Wenn Du diesen Brief erhältst ist das Ende ohne mein Zutun gekommen – doch glaube mir mein Geliebtes, es ist die Erlösung. Und ich sehne mich SO endlich, endlich zur Ruhe zu kommen, zum Frieden. Diese letzten Monate waren selbst für ein altes Ross wie mich nicht mehr erlebbar.

Mein Geliebtes, ich bin nicht bitter, ich LIEBE das Leben, ja sogar die Menschen. Und ich bin sogar jetzt, nach diesen Wochen einer höllenhaften Tortur, im Grunde meines Herzens sehr friedlich und still. Aber das noch länger – nein, ich würde es nicht aushalten. Deshalb ist es nur gut, nur ein Geschenk, nur eine Erlösung wenn das Ende kommt, das Ende, das ich nicht provoziert habe, doch das ich mit allen meinen letzten Kräften ersehne!

Deshalb mein geliebtestes Wesen, sei nicht traurig: ich sterbe mit Enthusiasmus und ohne jede Bitterkeit – es sei denn die

Qual um Dich! Es ist mir schrecklich Dich allein zu lassen, in den Verhältnissen, ohne Geld, ohne jemanden auf den Du Dich irgendwie stützen könntest, es ist mir grauenhaft, Dir auch noch diesen Kummer zu bereiten. Ich habe mir wahrhaftig überlegt, ob ich nicht zu Dir kommen sollte und mit Dir gemeinsam, in Deinen Armen, abzuschieben – aber ich hatte nicht mehr den Mut dazu, auch nicht mehr genug Initiative.

Aber ich weiss, dass ich mich auf Dich verlassen kann u. deshalb bitte ich Dich: was mich betrifft, sei nicht traurig, Alles fügt sich zum organischen Ende, ich sterbe gern und still und friedlich, TROTZ ALLEM POSITIVER denn je – vergiss das nicht. Nur von Dir mich loszulösen kommt mir vor wie eine Desertion – doch weiss Gott, es ist nicht meine Schuld, ich habe wahrhaftig getan, was ich konnte, weil ich Dich, Stoisylein so geliebt habe wie man nicht heftiger lieben kann. Nein, sei NIEMALS traurig, es ist alles gut. Nimm mich wieder in Dich auf und halte mich warm in Deinem Seelchen. Meine Stitzinka, verzeih diesen etwas verwirrten Brief – es sind nur diese höllischen, unausgesetzten Schmerzen und die grenzenlose Müdigkeit, die den pathetischen Ton bestimmen. Doch im Grund – im Wesentlichen – können auch sie letzten Endes nichts mehr zerstören. Es klingt reichlich idiotisch wenn ich Dir sage: im Grund bin ich friedlich und sanft. Und trotz allem verliebt in jenes Unaussprechliche, an das ich nicht rühren will –

Mein Engel, geliebter: ich bin bei Dir, sitze auf Deinem roten Bettchen … immer, ewig DEIN Mip.

Sage Gottfried [Benn] dem Grossen einmal, wie sehr ich, dreissig Jahre lang – etc. – – ja sag es ihm *doch* einmal. Immerhin hat er EINE grosse, von allen äusseren Belangen unabhängige Passion hervorgerufen. Weiss er das wohl – vielleicht ist's ihm egal?«[23]

Am 15. September 1954 wird in der Pariser Kirche Saint-Philippe-du-Roule das Requiem für Mopsa Sternheim, das »Dichterkind«, gelesen. Anschließend wird sie auf dem Friedhof von Bagneux, einem südlichen Vorort von Paris, beigesetzt. Gottfried Benn hat einen Blumenstrauß geschickt, ebenso die Vereinigung der Deportierten. Eine spätere Fotografie zeigt die unter der Last der Jahre und des Kummers gebeugte Thea Sternheim, eine Frau mit Kopftuch und langem Mantel, am Grab der Tochter. Thea erhält schließlich nach etlichen Eingaben von der Bundesrepublik Deutschland eine kleine Wiedergutmachungsrente, die sie – die einst zu den reichsten Erbinnen Deutschlands gehörte – vor der bitteren Armut bewahrt. Im Jahre 1963 zieht Thea Sternheim aus Altersgründen zu ihrer Tochter Agnes (Ines) nach Basel. Sie stirbt am 5. Juli 1971 im Alter von siebenundachtzig Jahren. Erst 2002 erscheinen ihre von 1903 bis 1971 geführten Tagebücher in fünf Bänden – neben den Tagebüchern Harry Graf Kesslers eines der kulturhistorisch bedeutsamsten Diarien des 20. Jahrhunderts.

»Jetzt heißt es bremsen und nochmals bremsen«

Epilog: Wiederbegegnungen und Abschiede. Nach 1945

Als Klaus Mann im Mai 1945 München besucht, fehlt von etlichen ehemaligen Freunden jede Spur. Auch über das Schicksal Pamelas und ihrer Mutter Tilly ist ihm nichts bekannt. Mit der Mutter seiner Ex-Verlobten trifft er jedoch acht Monate später zusammen – nicht im zerstörten Deutschland, sondern in der Schweiz: Weihnachten 1945 verbringt er mit Erika und deren Geliebten Betty Knox im Hotel Urban in Zürich. Auch Therese Giehse, die er seit Jahren nicht mehr gesehen hat – sie stand seit 1937 am Zürcher Schauspielhaus in zahlreichen Produktionen auf der Bühne –, ist mit von der Partie. Vier Wochen zuvor hat die gefeierte Schauspielerin wieder einmal in der Titelrolle von Bertolt Brechts *Mutter Courage und ihre Kinder* brilliert (sie spielte auch in der Uraufführung im April 1941). Einige Tage später besucht Klaus Mann die in Zürich lebende Tilly Wedekind, die, so erfährt er, einen Teil des Kriegs hier überdauert hat. Zu seinem Erstaunen findet er bei der noch immer schönen, fast sechzigjährigen Frau ein zweieinhalbjähriges Mädchen vor, mit dem er spielt: Es ist Carola, Pamelas Tochter. Tilly erzählt Klaus ihre und Pamelas Lebensgeschichte der letzten dreizehn Jahre. Es ist eine Geschichte, die gleichwohl nicht in Klaus Manns von Gut und Böse, Schwarz und Weiß geprägtes Weltbild zu passen scheint und die ihm vor Augen führt, wie fließend mitunter die Übergänge zwischen Anpassung und Verweigerung, Mitläufertum und innerem Exil waren:

Sommer 1937: Tilly Wedekind hat es noch kaum verwunden, von Gottfried Benn einen Laufpass erhalten zu haben (dass noch eine weitere Frau – Elinor Büller – trauert, ahnt sie nicht). Da erhält ihre zweite Tochter Kadidja einen Anruf aus Amerika: Am anderen Ende der überseeischen Leitung spricht Gottfried Reinhardt, einer der beiden Söhne des Regisseurs Max Reinhardt. Der ist mit seiner Familie (seiner zweiten Ehefrau – der Schauspielerin Helene Thimig – und den Söhnen Wolfgang und Gottfried) vor den Nationalsozialisten in die Neue Welt emigriert. Gottfried hat bereits in Deutschland der begabten jüngeren Wedekind-Tochter (sie hat vier Jahre zuvor den erfolgreichen Jugendroman *Kalumina* veröffentlicht und war vor 1933 in diversen Theatern und Kabaretts als Schauspielerin tätig) den Hof gemacht – bislang vergebens. Doch er kann sie nicht vergessen. Jetzt lockt er sie mit den großartigen Möglichkeiten, die sich für Schauspielerinnen in Amerika böten, vor allem in Hollywood, wo sein Vater demnächst eine Theater- und Filmakademie eröffnen wolle. Er selbst, Gottfried, sei Skriptwriter für die mächtige Filmgesellschaft MGM.

Kadidja sagt zu. Am 8. Januar 1938 besteigt sie in Hamburg den Liniendampfer nach New York. Doch ihr Aufenthalt im »Land der unbegrenzten Möglichkeiten« steht von Anbeginn unter einem schlechten Stern. Sie hat bei der Einreise nicht einmal die für ein Visum nötigen dreihundert Dollar und muss sie sich von Gottfried borgen.

Aus einer Verbindung mit dem Sohn des großen Theatermachers wird nichts. Kadidja vermisst Berlin, wo sie sich wohlgefühlt hat, wo sie Freunde und Kollegen hatte. Doch das Berlin der Zwanzigerjahre existiert nicht mehr. Kadidja hält sich mit Jobs über Wasser, schreibt Artikel, arbeitet als Warenhausverkäuferin, Kindermädchen und tritt einmal sogar – ein einziges Mal – in einer Inszenierung von Bertolt Brechts *Furcht und Elend des Dritten Reiches* auf. Die Premiere floppt – Amerika interessiert sich nicht für die Probleme der Menschen in NS-Deutschland. Kadidja schickt Tilly hin und wieder Geld, um der

Mutter, die verarmt ist, unter die Arme zu greifen. Die wird nie genau erfahren, wie schlecht es um die Tochter steht, will es vielleicht auch nicht so genau wissen.

Aber die Neugier auf die Neue Welt lockt Tilly doch: Im Mai 1939 hat sie genug angespart, um ebenfalls ein Schiff nach New York zu besteigen. Ein paar Monate lang will sie zu Gast bei der Tochter sein. Sie wohnen in Manhattan, in einem Apartment südlich des Central Parks. Die kleine Wohnung gehört Freunden Kadidjas, und Tilly kommt gar nicht auf den Gedanken, dass die Tochter hier nur Zaungast ist. Die hat unterdessen einen anderen Verehrer: den arbeitslosen Juristen Ulrich Biel, auch er ist aus Deutschland emigriert. Tilly ist begeistert: »Ich dachte: Der wird sie auf Händen tragen.«[1] Kadidja und er heiraten. Die Ehe ist unglücklich und scheitert nach wenigen Jahren.

Tilly kehrt nach ein paar Monaten nach Deutschland zurück. Kriegsgerüchte verdichten sich. Anfang September fallen deutsche Truppen in Polen ein. Der Zweite Weltkrieg beginnt. Tilly sitzt wieder in ihrer Wohnung in der Lessingstraße in Berlin und weiß kaum, wovon sie leben soll. An eine Übersiedlung nach Amerika ist nicht mehr zu denken. Die Falle ist zugeschnappt. Tilly und Kadidja werden einander zehn Jahre lang nicht wiedersehen.

Und Pamela? Ihre Ehe mit Carl Sternheim ist geschieden. Sie genießt nach der Intervention von Emmy Sonnemann-Göring die Gunst Gustaf Gründgens', der der einstigen Kollegin Engagements verschafft. Sie spielt und singt erfolgreich in Stücken von Aischylos, Goldoni, Shakespeare. Bei einem Gastauftritt in Greifswald lernt Pamela einen jungen Schauspieler kennen: Charles Regnier. Der Spross elsässischer Einwanderer ist fast acht Jahre jünger als die Dichtertochter Pamela. Charles ist von smarter Schönheit. Pamela verliebt sich in den Kollegen. Vielleicht hat sie auch ein wenig Mitleid mit ihm – wie sie einst Mitleid mit Carl Sternheim empfand. Charles war neun Monate lang wegen homosexueller Handlungen im Konzentrationslager Lichtenburg bei Torgau inhaftiert. Er ist traumatisiert. Nach seiner Entlassung emigrierte er nach Italien, betrieb in Portofino einen Souvenirladen, kehrte aber bald nach Berlin zurück. Er kommt von seiner Leidenschaft, der Schauspielerei, nicht los. Und auch nicht von Kai Molvig, einem Tänzer, Pianisten und Übersetzer, seinem Lebensgefährten.

Pamela ist sich dieser Umstände durchaus bewusst. Schon einmal war sie mit einem homosexuellen Künstler – Klaus Mann – verlobt. Nun geht sie eine Beziehung zu Charles ein. Charles liebt diese herbe Frau, die so unvergleichlich die Bänkellieder ihres Vaters singen kann. Manches erscheint wie ein Déjà-vu zu den Vorgängen des Jahres 1924, als Klaus Mann der jungen Pamela, deren Äußeres er mit dem eines Renaissance-Jünglings verglich, Liebesbriefe schrieb. Es ist ähnlich – und doch anders. Charles und Pamela schlafen miteinander. Bald ziehen die drei – Charles, Pamela und Kai – zusammen. Es ist ein Dreierverhältnis, aber kein Dreiecksverhältnis: anders als bei Mopsa Sternheim, Rudolph von Ripper und René Crevel wenige Jahre zuvor. Pamela gibt darauf acht, dass Kai ihr den Mann nicht abspenstig macht. Sie werden die Ménage-à-trois etliche Jahre lang durchaus harmonisch führen.

Tilly lernt den Schauspielerkollegen ihrer Tochter bald kennen und ist von ihm angetan. Sie ahnt nicht, dass die beiden ein Liebespaar sind. Am 22. Juni 1940 heiraten Pamela und Charles auf dem Standesamt Berlin-Moabit, das der Familie Wedekind nur allzu vertraut ist: Auch Frank und Tilly und Pamela und Carl haben sich hier das Jawort gegeben. Tilly indes weiß von der Heirat ihrer ältesten Tochter nichts. Pamela und Charles halten ihre Verbindung geheim, vielleicht, weil sie ihre Existenz erst konsolidieren wollen, bevor sie Tilly, die Finanzsorgen plagen, einweihen. Eine berufliche Chance ergibt sich Anfang 1941: Charles Regnier spricht beim Direktor der Münchner Kammerspiele Otto Falckenberg vor – und wird engagiert. Die drei – Pamela, Charles und Kai – wechseln nach München und beziehen eine gemeinsame Wohnung. Tilly bleibt – vorerst – in Berlin.

Der Krieg weitet sich aus: Im Juni 1941 überfallen Hitlers Armeen die Sowjetunion. Im Dezember 1941 treten die Vereinigten Staaten von Amerika in den Krieg gegen Japan und Deutschland ein. Und der Krieg schlägt auf Deutschland zurück: Seit Sommer 1940 fliegen britische Luftwaffenverbände Vernichtungsangriffe gegen deutsche Städte. Am 28. März 1942 wird Lübeck als erste deutsche Stadt flächendeckend zerstört. Ab Sommer 1942 gehen britische und amerikanische Bomben auf München nieder. Pamela will für sich und ihre Familie ein sicheres Domizil finden, auf dem Land, fern dem Luftalarm: Sie wird auf ein Haus am Starnberger See aufmerksam, das von zwei alten Damen, den Schwestern Gaffron aus norddeutschem Adel, bewohnt wird: Es liegt in einem verwunschenen Garten mit Zugang zum See, hinter hohen Malven, in dem Weiler St. Heinrich, ein paar Kilometer östlich von Seeshaupt. Tilly, zu Besuch bei Pamela, wird gemeinsam mit Charles dorthin geschickt, um das Haus zu besichtigen. Sie ahnt noch immer nicht, dass Charles ihr Schwiegersohn ist. Wenig später wird sie es erfahren.

Das Haus gefällt ihnen: Die alten Damen sind heiter und lieb, sie vermieten im ersten Stock und unterm Dach ein paar Zimmer samt Atelier und Küche. Ein eigenes Bad gibt es nicht, aber das gilt damals ohnehin noch als Luxus. Dafür sieht man von den Fenstern aus über blühende Wiesen, den glitzernden See und bis zur im Sonnenlicht gleißenden Alpenkette. Rasch ist man sich einig und unterzeichnet den Kontrakt. Wenig später stirbt eine der alten Damen, und die Mieter können im Erdgeschoss weitere Räume belegen.

Tilly wird aus Berlin »evakuiert« und zieht an den Starnberger See, in das Malvenhaus, wie alle es liebevoll nennen. Später wird das Haus in der Lessingstraße in Berlin ausgebombt, Tillys Hab und Gut geht dabei verloren. Pamela spielt nun, wie auch ihr Mann, an den Münchner Kammerspielen. Im Herbst 1942 geht sie im Rahmen der Truppenbetreuung sogar auf Tournee durch Belgien und Nordfrankreich. In Brüssel besucht sie ihren

Ex-Mann Carl Sternheim, der mit Henrietta (Henny) Carbonara liiert ist. Er freut sich über das unverhoffte Wiedersehen und scheint ruhiger und gelassener geworden zu sein. Wenige Wochen später, am 3. November 1942, stirbt er an einer Lungenentzündung.

Die »Patchwork«-Familie bekommt Zuwachs: Am 2. April 1943 bringt Pamela die Tochter Carola zur Welt. Pamela gibt das Engagement in München auf und zieht ganz ins Malvenhaus. Die Luftangriffe auf München nehmen zu. Am 13. Juli 1944 brennt das Bühnenhaus der Kammerspiele nieder, der Jugendstil-Zuschauerraum bleibt dank dem Asbestvorhang verschont. Mit dem Theaterspiel ist es vorbei. Charles Regnier und Kai Molvig verlassen ihre Wohnung in der Münchner Franz-Joseph-Straße 19 und ziehen endgültig ins Malvenhaus. Auch Rolf Hansen, ein befreundeter Filmregisseur, kommt dort unter.

Tilly Wedekind durchleidet in jenen Jahren immer wieder lange Schübe einer Depression. Dies und das beengte Zusammenleben belasten die Atmosphäre. Zwischen Tilly und Pamela kommt es zu Spannungen. Auch das vermeintlich so abgelegene, idyllische Malvenhaus wird vom Grauen des Nationalsozialismus eingeholt: Lilo, eine jüdische Schulfreundin Pamelas, radelt, als sie Gerüchte einer bevorstehenden Massendeportation in die Arbeitslager im Osten vernimmt, kurzerhand nach St. Heinrich. Man versteckt sie in einer Abseite des Dachbodens. Vor der alten Vermieterin, die ohnehin taub ist, wird der ungebetene Gast verheimlicht. Doch wie lange soll man Lilo vor der Welt verbergen? Nach zwei Wochen überredet Pamela die Freundin, die Flucht in die Schweiz zu wagen. Lilo tut, wie ihr geheißen, und besteigt den Zug nach Vorarlberg. Doch sie gerät in eine Kontrolle, schluckt in Panik Gift. Man bringt sie ins Krankenhaus. Im Delirium verrät sie die Namen von Fluchthelfern, darunter den einer »Pamela«. Die Behörden vernehmen zwar eine Freundin Lilos, die aber lockt die Polizei auf eine falsche Fährte: Pamela sei eine Cousine in England. Pamela Wedekind-Regnier und ihre Familie kommen ungeschoren davon.

Lilo überlebt ihren Selbstmordversuch, aber ihre Spur verliert sich. Über ihr weiteres Schicksal ist nichts bekannt.

Sorgen bereitet auch Carola: Das Kind will nicht recht essen. Pamela, die bereits wieder schwanger ist, hat die Idee, Tilly und Carola in die Schweiz zu schicken. Im Sanatorium des 1939 verstorbenen Ernährungsreformers Dr. Max Bircher-Benner soll Carola behandelt werden. Pamela verkauft einen alten Barocksekretär aus Familienbesitz: Das Geld dürfte für einige Zeit reichen. Tilly sperrt sich zunächst, sieht dann aber doch ein, dass es ohne sie nicht geht. Über Emmy Göring erlangen sie ein Ausreisevisum. Tilly soll allein vorausfahren, Pamela will wenig später mit Carola nachkommen und das Kind bei der Großmutter abliefern. Im August 1944 begibt sich Tilly Wedekind nach München, logiert im Hotel Eden nahe dem Hauptbahnhof. Sie muss Bettzeug und Handtuch selbst mitbringen. Die Stadt ist bereits großflächig zerstört. Das Hotel Deutscher Kaiser, wo sie siebenundzwanzig Jahre zuvor sich mit Tabletten das Leben nehmen wollte, ist den Bombenangriffen zum Opfer gefallen. Tilly reist nach Zürich. Die Schweiz ist eine beinahe unwirkliche Insel des Friedens. Sie spricht in dem Sanatorium vor. Doch auf die Behandlung von Kindern ist man dort nicht eingestellt. Sie bittet und bettelt. Schließlich gibt man nach, allerdings muss das Kind außerhalb der Klinik untergebracht werden. Tilly findet zwei Zimmer zu günstiger Miete bei einem älteren Ehepaar. Pamela kommt acht Tage später mit Carola und fährt kurz darauf wieder an den Starnberger See zurück. Die beiden Frauen werden sich drei Jahre lang nicht wiedersehen. Die Behandlung indes schlägt gut an: Carola gesundet, und auch Tillys Depressionen verschwinden in einer Welt fernab des Fliegeralarms. Kurz nach Weihnachten 1945 – der Krieg ist seit fast acht Monaten zu Ende – erhält sie überraschend Besuch aus dem fernen Amerika: Klaus Mann, der im nahen Hotel Urban logiert und sich dort mit Erika und Therese Giehse getroffen hat, schaut vorbei, spielt mit der kleinen Carola und erkundigt sich nach Pamela und deren Verhältnissen.

Die Regniers überdauern den Krieg unbeschadet: Am 6. Januar 1945 – die Amerikaner haben im Westen bereits Aachen und Straßburg eingenommen – bringt Pamela einen Sohn zur Welt: Anatol. Das Kriegsende erleben Pamela und Charles Regnier und Kai Molvig im Refugium des Malvenhauses: Die Amerikaner nehmen, von Westen über den Lech kommend, ohne größeren Widerstand Schongau, Weilheim und Seeshaupt ein. Die Bewohner von St. Heinrich verbergen sich in Kellern oder gehen den Amerikanern mit weißen Bettlaken entgegen. Ein amerikanischer Soldat klopft an die Tür des Malvenhauses und findet eine junge Familie samt Freunden und eine alte taube Dame vor. Man lässt die Bewohner in Frieden. Der Krieg ist vorbei. Man hat überlebt, das ist das Wichtigste.

Und dann, anderntags, holt das Grauen der NS-Herrschaft sie doch noch ein: Auf der Wiese vor dem Malvenhaus campieren ausgemergelte Gestalten in gestreiftem Drillichzeug. Es sind ehemalige KZ-Häftlinge, die auf einem Todesmarsch von der SS Richtung Alpen getrieben wurden. Die Amerikaner haben sie befreit. Nun legen sie in St. Heinrich eine Pause ein, bevor sie sich auf den Weg zurückmachen – wohin auch immer.

Einstweilen bleiben Tilly und ihre Enkelin in der Schweiz, denn die Versorgungslage in Nachkriegsdeutschland ist katastrophal. Tilly erhält nach mehreren Jahren kriegsbedingter Isolation endlich wieder Nachrichten von Kadidja aus Amerika: Ulrich Biel und sie haben geheiratet. Kadidja erlitt eine Bauchhöhlenschwangerschaft. Sie hatte während des Kriegs in Amerika Kontakt zur Emigration, auch zu Erika und Klaus Mann und deren jüngeren Schwester Monika, Begegnungen, die meist konfliktreich verliefen. Nach dem Krieg entdeckt Kadidja die Psychoanalyse für sich und lässt sich allerlei einreden, was in ihrer Kindheit und Jugend schiefgelaufen sei und woraus sie nun ihrer Mutter Tilly bittere Vorwürfe strickt.

Die indes zieht im Jahre 1946 ins Malvenhaus nach Deutschland zurück. Es ist voller geworden, Pamela hat vor Kurzem ihr drittes Kind Adrienne zur Welt gebracht. Aber man rückt in einer Zeit, in der Millionen Flüchtlinge und Vertriebene aus dem Osten einquartiert werden müssen, ohnehin zusammen. Zudem werden Köchin und Kinderschwester – denn die leisteten sich die Regniers – entlassen (sie wurden mit Essenspaketen, die Kadidja aus Amerika schickte, bezahlt), und Tilly, die einst in ihrer großen Zeit als Gattin des berühmten Frank Wedekind keine Hand im Haushalt rühren musste, übernimmt nun höchstpersönlich so manche Aufgabe.

Sie kompensiert dies freilich mit dem Umstand, als einstmals gefeierte Lulu noch immer umworben zu werden: Nach neunjährigem Schweigen erhält sie einen Brief von Gottfried Benn, der ihr wortreich sein Unglück und inneres Exil während der NS-Zeit schildert und sie über den Selbstmord seiner Frau Hertha in Kenntnis setzt, um derentwillen er einst das Verhältnis zu Tilly abbrach. Tilly fühlt sich geehrt und antwortet nostalgisch gerührt. Dichter und Dichtergattin finden wieder zusammen – geistig zumindest. Es entspinnt sich ein kleiner Briefwechsel, der bis zu Benns Tod im Jahre 1956 währt.

Und ein weiterer Charmeur erinnert sich der Grande Dame des deutschen Theaters: Gustaf Gründgens inszeniert am Deutschen Theater in Berlin (es ist die Bühne, an der Max Reinhardt einst wirkte) Frank Wedekinds *Der Marquis von Keith*. Die Premiere findet am 10. Juni 1947 statt, und Tilly fährt, in ihrer Eitelkeit geschmeichelt, nach Berlin, um dem Ereignis als Ehrengast beizuwohnen. Am Bahnhof soll sie von ihrem Schwiegersohn Ulrich Biel abgeholt werden (sie hat ihn bereits in Amerika kennengelernt; nach dem Eintritt der USA in den Krieg diente er – wie auch Klaus Mann und Rudolph von Ripper – in der Army), doch wird sie von ihm versetzt. Diese Unbill wird freilich mehr als aufgewogen, als sie anderntags von Gottfried Benn und seiner neuen Frau Ilse in deren Wohnung in der Bozener Straße zum Essen eingeladen ist. Etwas belustigt berichtet sie: »Benn war abgemagert und mir daher fremd. Zu meiner Zeit war er eher dick. Wir aßen in dem Zimmer, das offenbar auch das Wartezimmer für die Patienten der beiden war. Sie hatten ja beide ihre Praxis in der Wohnung, auch Ilse die ihre als Zahnärztin. Den Kaffee tranken wir im Schlafzimmer, in dem ein Bett und eine Couch standen. ›Der alte Herr schläft natürlich im Bett‹, sagte Benn.«[2]

Am Abend des nächsten Tages findet im Deutschen Theater die Premiere von Wedekinds *Der Marquis von Keith* statt. Der einstige Generalintendant Gründgens ist nun zwar nicht mehr Bühnendirektor (Wolfgang Langhoff hat die Intendanz, der einst gefürchtete Kritikerpapst Herbert Ihering ist Dramaturg), aber er führt bereits wieder Regie und spielt auch die Titelrolle. Als der Vorhang fällt, brandet der Applaus los. Man reicht dem Ehrengast Tilly Wedekind Blumen in die Loge. Tränen der Rührung rinnen ihr übers Gesicht. Aber der frenetische Beifall gilt nicht nur Wedekinds Stück, sondern auch dem neuen, alten Liebling von Berlin: Gustaf Gründgens.

Den sieht – in einer anderen Aufführung und gut ein Jahr früher – ein anderer Zuschauer, der freilich von Gustaf Gründgens' Spiel trotz aller Brillanz geradezu abgestoßen ist: Klaus Mann. Am 3. Mai 1946 – Gründgens ist eben erst aus einer recht kurzen Haft seitens der sowjetischen Besatzungsmacht entlassen und überdies »entnazifiziert« worden – steht er zum ersten Mal seit dem Untergang des NS-Regimes wieder auf der Bühne. Es ist die Premiere von Carl Sternheims Erfolgskomödie *Der Snob* am Deutschen Theater Berlin mit Gründgens in der Hauptrolle als Emporkömmling Christian Maske. Klaus Mann sitzt in der ersten Reihe, sieht seinen Ex-Schwager aus nur wenigen Metern Entfernung (ob dieser ihn durch das gleißende Scheinwerferlicht wahrgenommen hat, ist fraglich), vermeidet aber nach der Premiere jede direkte Begegnung. Klaus Mann ist aufgewühlt und verbittert: Die Auferstehung des »Lieblings von Berlin«, seines »Mephisto«, des Paraderepräsentanten eines gewissenlosen Opportunisten (so zumindest nach Klaus Manns Ansicht) erschüttert ihn tief. In einem Aufsatz mit dem programmatischen Titel *Der Liebling von Berlin* (er bleibt zu Lebzeiten Klaus Manns freilich unveröffentlicht und wird erst 1980 publiziert) befasst er sich mit der tagesaktuellen wie symbolischen Bedeutung dieser Darbietung:

»Der Premierenabend war Deutschlands größtes Theaterereignis seit Kriegsende. Bereits Tage vorher war das Theater ausverkauft, die Schwarzmarktpreise stiegen in astronomische Höhen, und die Berliner zahlten Tausende von Mark, um das triumphale Comeback ihres Lieblings zu erleben. [...] Es war eine außergewöhnliche Ovation, die sich nach der Vorstellung wiederholte. Die Bühne war ein Blumenmeer; das Publikum – außer sich vor Begeisterung – hätte wohl noch stundenlang geklatscht und gerufen, wenn nicht die Polizei am Ende das Haus geschlossen hätte. [...] Feierte man den schönen Gustaf als politischen Märtyrer? Sollte der ungewöhnliche Applaus eine Demonstration sein gegen jene, die ihn eingesperrt hatten? [...] War er bewegt oder peinlich berührt? Wenn ja, so zeigte er es nicht; er stand einfach da und lächelte. Jedenfalls hatte er diese unerwartete Gefühlsregung bald überwunden. Rasch fand er wieder zu seinem gewohnten, glamourösen Selbst zurück – attraktiv wie immer, mit weißer Krawatte, rosigem Teint und blondem Toupet: Berlins unverwüstlicher Liebling vor, während und nach der Nazizeit.«[3]

Persönlich begegnen sich Klaus Mann und Gustaf Gründgens nicht mehr. Erika Mann hat nach dem Tod ihres Bruders in einem Brief an Pamela Wedekind den Ursprung dieses Abscheus zu ergründen versucht: »Von einem ›persönlichen Ressentiment‹ gegen Gründgens kann, wie ich Dich versicherte, schon deshalb nicht die Rede sein, weil dieser Klaus ja nichts ›getan‹ hatte. Daß freilich K[laus]. ihn als einen Verräter par excellence empfand, einen Verräter an unserer gemeinsamen Jugend und an allem, woran er glaubte und hing und was er seinerseits bis zum Ende fortzubilden suchte, ist eine andere Sache. Auch sie aber hätte gewiß nicht genügt, diesen Roman *[Mephisto]* zu verursachen. Das Buch, das manche und nicht die Dümmsten für sein bestes halten, erklärt sich selbst.«[4]

Tatsächlich ist für Klaus das Wiedersehen mit Gründgens,

dem Vorbild des Typus Höfgen aus seinem Roman *Mephisto*, mehr als nur das schmerzliche Rühren an eine alte Wunde. Das Duell der Widersacher geht weiter, bis über Klaus Manns Tod hinaus (und bis heute besteht in gewisser Weise ein juristisches Patt). Klaus Mann nämlich – der in den Jahren nach dem Zweiten Weltkrieg nur noch wenige Erzählungen und Aufsätze schreibt und sich mit einem Romantorso *The Last Day* abmüht – versucht, für *Mephisto*, das 1936 lediglich bei Querido in Amsterdam erschienen ist, einen deutschen Verlag zu finden. Im Frühjahr 1948 unterzeichnet er mit Georg Jacobi vom Langenscheidt Verlag einen Kontrakt. Ein Jahr später, am 5. Mai 1949, antwortet Jacobi auf ein Erinnerungsschreiben Klaus Manns, er könne den Roman doch nicht publizieren, »denn Herr Gründgens spielt hier eine bereits sehr bedeutende Rolle«[5]. Klaus Mann antwortet mit dem erbitterten Zorn dessen, der nichts zu verlieren hat: »Das heiße ich mir Logik! Und Zivilcourage! Und Vertragstreue! – Ich weiß nicht, was mich mehr frappiert: die Niedrigkeit Ihrer Gesinnung oder die Naivität, mit der Sie diese zugeben. [...] Immer mit der Macht! Mit dem Strom geschwommen! Man weiß ja, wohin es führt: zu eben jenen Konzentrationslagern, von denen man nachher nichts gewußt haben will.«[6]

Nach Klaus Manns Tod setzt sich das Tauziehen um *Mephisto* fort – bis vor das höchste Gericht: Gründgens geht 1952 anwaltlich gegen das geplante Erscheinen im Westberliner Blanvalet Verlag vor und scheut auch nicht davor zurück, in Klaus Manns Freundeskreis Mitstreiter gewinnen zu wollen, die ihn, Gründgens, in seinen Ansichten eidesstattlich stützen sollen. So versucht er auch Therese Giehse, der der Roman gewidmet ist, auf seine Seite zu ziehen, was diese empört zurückweist. Die entscheidende Frage in den nun folgenden gerichtlichen Auseinandersetzungen ist, ob die Figur des Hendrik Höfgen ein Abbild von Gustaf Gründgens ist und, falls ja, ob das Persönlichkeitsrecht von Gründgens oder die Freiheit der Kunst (sofern *Mephisto* vom Gericht als Kunstwerk anerkannt wird) mehr wiegt.

Der Prozess um *Mephisto* wird so zu einem Präzedenzfall grundrechtlicher Auslegung.

Der Verlag Blanvalet macht einen Rückzieher; doch bereits 1956 erscheint eine Ausgabe des *Mephisto* im Ostberliner Aufbau Verlag. Den Lesern in der Bundesrepublik Deutschland hingegen bleibt der Roman weiterhin vorenthalten. Auch der westdeutsche Verlag Bärmeier & Nikel verzichtet 1957 unter dem Druck von Gründgens' Anwälten auf eine Veröffentlichung. Gustaf Gründgens ist und bleibt einer der hoch angesehenen Stars der deutschen Theater- und Filmszene. 1960 kommt die Kinofassung von *Faust I* in der Inszenierung von Gustaf Gründgens und unter der Regie seines Lebensgefährten und Adoptivsohnes Peter Gorski, mit Gründgens als Mephisto und Will Quadflieg als Faust, in die Lichtspielhäuser und wird zu einem Klassiker des Genres. Gustaf Gründgens stirbt unerwartet am 7. Oktober 1963 während einer Erholungsreise in einem Hotel in Manila auf den Philippinen. Er hat eine Überdosis Schlaftabletten genommen; ob es ein Unfall oder Selbstmord war, wird nie geklärt. Sein Erbe Peter Gorski geht in den folgenden Jahren gegen die Versuche von Klaus Manns Nachlassverwalterin Erika Mann, *Mephisto* in Westdeutschland erscheinen zu lassen, mit allen juristischen Mitteln und durch alle Instanzen vor: 1963 klagt Gorski gegen die Nymphenburger Verlagshandlung in München, die den Roman *Mephisto* bereits angekündigt hat. Das Hamburger Landgericht weist die Klage am 26. März 1964 ab, der Roman erscheint im September 1965 in einer Auflage von zehntausend Exemplaren, doch geht Gründgens' Adoptivsohn in Berufung. Mit Erfolg: Am 10. März 1966 verbietet das Hanseatische Oberlandesgericht Hamburg nach Abwägung der Persönlichkeitsrechte des verstorbenen Gustaf Gründgens und des Rechts auf künstlerische Freiheit des verstorbenen Klaus Mann das Erscheinen und den Vertrieb des Romans *Mephisto* in der Bundesrepublik Deutschland. In der Urteilsbegründung heißt es, *Mephisto* sei eine »Schmähschrift in Romanform«[7], es bestehe ein Interesse daran, dass Gustaf

Gründgens' »Lebens- und Charakterbild nicht verzerrt und völlig entstellt der Nachwelt überliefert«[8] werde; und weiter: »Die Allgemeinheit ist nicht daran interessiert, ein falsches Bild über die Theaterverhältnisse nach 1933 aus der Sicht eines Emigranten zu erhalten.«[9] Der Verlag legt daraufhin eine Verfassungsbeschwerde ein, die am 24. Februar 1971 vom Bundesverfassungsgericht jedoch zurückgewiesen wird. Klaus Manns *Mephisto* ist und bleibt verboten: zuerst von den Nationalsozialisten verbrannt, dann von bundesrepublikanischen Gerichten unterbunden. Im Übrigen bis heute: Zwar veröffentlicht der Rowohlt Verlag im Jahre 1980 eine wohlfeile Taschenbuchausgabe, doch offiziell bleibt das Urteil des Bundesverfassungsgerichts bestehen. Allerdings verzichten die heutigen Nachlassverwalter von Gustaf Gründgens (Peter Gorski starb 2007) auf eine Durchsetzung des Urteils. Dass die Taschenbuchausgabe im Rowohlt Verlag innerhalb eines Jahrzehnts eine Auflage von beinahe einer Million Exemplaren erreichte, zeugt beiläufig davon, dass die »Allgemeinheit« – anders, als vom Gericht festgestellt – durchaus ein Interesse an den Theaterverhältnissen nach 1933 »aus der Sicht eines Emigranten« hat.

Der Emigrant Klaus Mann erlebt die Nachkriegsjahre als ein verstörendes Exil nach dem Exil. Die Positionen in der Verlagslandschaft, in Funk und Fernsehen, in der Zeitungs- und Zeitschriftenbranche sind nach 1945 rasch wieder besetzt – oft genug von Autoren des »inneren Exils«, oder von Opportunisten, Mitläufern und Mittätern des NS-Regimes. Beruflicher Misserfolg, gesundheitliche Zerrüttung und persönliche Enttäuschungen (Klaus Manns Drogensucht, eine zunehmende Entfremdung von der durch eigene Probleme überforderten Schwester Erika, gescheiterte Liebesbeziehungen) untergraben seinen Lebenswillen. »Aber was soll das alles?«, fragt er Erika. »Mich freut gar nichts mehr.«[10] Hinzu kommt die Angst vor einem Dritten Weltkrieg angesichts der Teilung Deutschlands und Europas und des neu entfachten Wettrüstens zwischen den Supermächten USA und Sowjetunion. In seinem letzten großen

Essay *Die Heimsuchung des europäischen Geistes*, nach seinem Tod von Erika aus dem Englischen übersetzt und publiziert, umreißt Klaus Mann dieses Dilemma und fordert als letzte Konsequenz einen Massensuizid der europäischen Intellektuellen, die wenige Jahre zuvor unter Einsatz ihres Lebens noch für die Freiheit kämpften, mit der Feder und in der Tat; einen Massensuizid, um so ihre Verzweiflung und ihren Protest hinauszuschreien: »Wir sind an einem Punkte angelangt, wo nur die dramatischste, die äußerste Geste noch irgend Aussicht hat, bemerkt zu werden und den blinden, hypnotisierten Massen ins Gewissen zu reden. [...] Eine Selbstmordwelle, der die hervorragendsten, gefeiertsten Geister zum Opfer fielen, würde die Völker aufschrecken aus ihrer Lethargie, so daß sie den tödlichen Ernst der Heimsuchung begriffen, die der Mensch über sich gebracht hat durch seine Dummheit und Selbstsucht.«[11]

Wenige Tage nach der Absage des Verlegers Georg Jacobi zieht sich Klaus Mann nach Cannes in Südfrankreich zurück. Dort begibt er sich in eine Entzugsklinik. Von hier schreibt er am 15. Mai 1949 bemüht launig angesichts der bevorstehenden Gründung der Bundesrepublik Deutschland (und der damit staatsrechtlich vollendeten Teilung Deutschlands und Europas) an das »lieb Zweigestirn« Katia und Erika: »Da die Frankfurter Visite ja so ziemlich mit der Etablierung des Westdeutschen Staates koinzidiert, läge es doch nahe, daß man dem Vater die Präsidentschaft anböte. [...] Das Dichterschicksal würde sich bedeutend ründen, es wäre eine fette Pointe für die Biographen da. [...] Und was für eine schöne Familienpolitik wir machen könnten! Major Hindenburg und Papen sind nichts dagegen. Ich würde dafür sorgen, daß nur Schwule gute Stellungen kriegen; der Verkauf des heilsamen Morphium wird freigegeben; E[rika] amtiert als graue Eminenz in Godesberg, während der Vater in Bonn mit dem russischen Gesandten Rheinwein schlürft...«[12]

Am selben Tag schreibt Erika aus London an ihren Bruder – es ist der letzte Brief, den er von ihr erhält. Darin warnt sie ihn vor Drogen, schmiedet aber auch Pläne für gemeinsame Unternehmungen im Sommer: »Ach, vermutlich schlecktest Du ohn' jedweden Unterlaß, und wenn Sie Schlafmittel nehmen, wie wollen Sie denn dann schlafen? […] Laß uns doch recht bald zusammenfahren, uns zusammensetzen und ein wenig gesunden fun haben, damit Du Dich erholst. Ob Du in die Schweiz zu kommen beabsichtigst? Ich gedenke (vaguely), scharf Ende Juni nach Österreich zu gehen, sorge mich nur sehr, wie ich zu einem Automobil kommen könnte […]. Wie gefällt Dir die Sache? Und dann, vielleicht, zu Tito [nach Jugoslawien].«[13]

Klaus Mann erhält Erikas Brief am 19. Mai in Cannes. Tags darauf, am 20. Mai, schreibt er dem »Zweigestirn« nochmals ausführlich. Zwar überwiegen die Klagen – finanzielle Verlegenheiten, die Sorge um den kranken Fritz Landshoff in Amsterdam, die Enttäuschung über die Ablehnung des *Mephisto* durch Jacobi –, doch geht er überzeugend und in freudigem Ton auf Erikas Vorschlag ein, man könnte sich im Juni in Österreich treffen: »WANN WOLLT IHR IN ÖSTERREICH SEIN? WO? Vielleicht, daß ich Euch dort treffe – so um den 29. Juni rum. Nach der Schweiz zieht mich eigentlich nichts; höchstens käme eine kurze Visite, auf dem Weg nach Salzburg, in Frage … Mein Freund MUCHA [Jiří Mucha, tschechischer Schriftsteller] […] hat mich wieder sehr herzlich nach Prag eingeladen. Vielleicht fahren wir dorthin gemeinsam, Erika – im Automobil, mit [Betty] Knox? Zu Tito möchte ich wohl eher *nicht*.«[14]

Klaus Mann stirbt in den Abendstunden des 21. Mai 1949 an einer Überdosis Schlaftabletten. Die Eltern und Erika werden von der Nachricht in Schweden überrascht. Während Erika den Verlust des Bruders nie verwindet, zeigt Thomas Manns Tagebucheintrag jenes Abends, dass er den Tod des Sohnes als persönlichen Affront auffasst: »Mein Mitleid innerlich mit dem Mutterherzen und mit E[rika]. Er hätte es ihnen nicht antun dürfen. […] Viel über ihn und den von langer Hand unwiderstehlich wirkenden Todeszwang. Das Kränkende, Unschöne, Grausame, Rücksichts- und Verantwortungslose.«[15] Erika überredet den Vater, das Tourneeprogramm zwar zu kürzen, die

Reise aber nicht abzubrechen. An Klaus Manns Beerdigung am 24. Mai in Cannes nimmt nur eine Handvoll Personen teil. Erst im letzten Augenblick – der Sarg soll eben hinabgelassen werden – erscheint der Bruder Michael und spielt auf der Bratsche eine Trauermusik. »Musik als Protest gegen den Tod«, erinnert sich der anwesende Schriftsteller Henri Broch, »– ein würdigeres Abschiednehmen gab es nicht. Dann, so geläutert und gesegnet, durfte der Sarg der Erde übergeben werden.«[16]

Erika Mann sucht ihre Trauer zunächst in Briefen zu verarbeiten. Pamela gegenüber, die ein Kondolenzschreiben geschickt hat, klagt sie: »Wüßte ich meinerseits nichts weiter über den Zustand unseres unseligen Planeten, als daß Klaus nicht mehr leben konnte, auf ihm, mir bangte erheblich. [...] Wie ich leben soll, weiß ich noch nicht, weiß nur, daß ich muß; und bin doch gar nicht zu denken, ohne ihn.«[17] Immerhin führt Klaus Manns Tod Erika und Pamela wieder zueinander. Klaus seinerseits hat – entgegen seiner Äußerung Tilly gegenüber, er wolle Pamela gern wiedersehen – ein Zusammentreffen zu vermeiden gewusst. Erika erklärt dies in einem Brief an die ehemalige Geliebte mit Pamelas Nähe zu Gründgens während der NS-Zeit: »Du fragst Dich und mich, ob Klaus es vielleicht versäumt habe, Dich aufzusuchen, weil Du in seinen letzten Büchern ›angegriffen‹ seist. [...] Klaus hat Dich niemals angegriffen. [...] Stand überhaupt hinter seinem Fernbleiben ein Motiv, will sagen, hat er Dich bewußt gemieden, so kann kaum etwas anderes ihn bestimmt haben, als Deine intime und anhaltende Freundschaft mit Gründgens.«[18] Das Verhältnis zwischen Erika und Pamela in den Nachkriegsjahren bis zu Erikas Tod schwankt zwischen nostalgischer Erinnerung an eine große und intensive Freundschaft und einem schier unversöhnlichen, bisweilen auch ungerechten und kleinlich-vorwurfsvollen Vorbehalt seitens Erikas, ein Groll, der sich weniger gegen Pamela als Person richtet, als gegen den Typus des Opportunisten im Dritten Reich (oder was Erika in ihrer seelischen Verletzung darunter zu verstehen meint). Insofern ist der bisweilen rege, aber stets von Empfindlichkeiten und lauerndem Argwohn geprägte Briefwechsel der beiden geradezu symptomatisch für das Misstrauen, das zurückgekehrte Exilanten und im Lande Verbliebene gegeneinander hegten.

Auslöser für den Versuch einer Annäherung ist Pamelas Kondolenzbrief an Erika nach Klaus Manns Selbstmord. Erika antwortet am 16. Juni gerührt: »Trotz den Jahren der Trennung und der traurigen Entfremdung, weißt Du gewiß und kannst es ganz ermessen, was dieser Tod mir bedeutet. Daß er auch Dich getroffen hat, lese ich dankbar aus jeder Deiner Zeilen.«[19] Pamela drängt auf ein Wiedersehen. Erika, die noch zwischen Amerika und der Schweiz hin- und herpendelt (auch, um die geplante Rückkehr der Eltern in die Eidgenossenschaft vorzubereiten), verschiebt ein Treffen – angeblich aus Zeitnot – immer wieder. Der eigentliche Grund ist ein anderer: Erika, die in diesen Jahren keiner Auseinandersetzung mit Mitläufern und Anhängern des Nationalsozialismus aus dem Wege geht und bisweilen als unversöhnliche, rechthaberische Furie karikiert wird, scheut sich doch, die einst so innig geliebte Pamela an das fade Gefühl der Desillusion zu verlieren. Sie deutet das in ihren Briefen an Pamela an – und spricht es doch nie ganz aus, weil sie fürchtet, etwas, das bereits Risse zeigt, ganz zu zerschlagen: »[…] das Buch mit Deinem sehr schönen und vertrauten Bild hat mich von Herzen erfreut. Nur, daß es mir – nach allem und all den Jahren – schier unmöglich vorkommt, eine Korrespondenz in Gang zu halten.«[20] Erika ahnt, dass sie geradezu schicksalhaft an Pamela gebunden ist und dem nicht entkommen kann. »Ich weiß«, gesteht sie ihr im Juni 1951, »›Dankbarkeit‹ ist nicht das rechte Wort. Dennoch bin ich Dir dankbar, – dafür, daß K.s [Klaus'] Tod nicht aufhört, Dir nahe und nächst zu gehen. – – Unser gemeinsames Schicksal … Vielleicht, daß sich dennoch ein Wiedersehen ermöglichen ließe. Nein, auch ich fürchte mich nicht.«[21] Nach einigen gegenseitigen Vorhaltungen (wobei Erika sicherlich die Unversöhnlichere ist) kommt es Ende 1951 – die beiden haben sich noch immer nicht wiedergesehen – beinahe zum endgültigen Bruch. »Es wäre mir lieber gewesen, Du hättest nicht aufgedeckt, was an Unvereinbarem zwischen uns liegt«, schreibt Erika der Freundin Anfang Dezember 1951. »[…] wir können's nicht ändern und werden einander nicht lehren, mit fremden Augen zu sehen.«[22] Vier Wochen später – Pamela liegt mit einer schweren Lungenentzündung im Krankenhaus, was Erika nicht weiß, und konnte deswegen auf deren Brief nicht antworten – herrscht Erika die Freundin an: »Dein Schweigen ist nur dahin zu deuten, daß Du nicht mehr mit mir zu reden wünschst […].«[23] Drei Wochen später erfährt Erika von Pamelas Erkrankung, entschuldigt sich, besteht aber renitent darauf, die Unterschiede im Lebensweg und der geistigen Haltung zu bekräftigen: »Du möchtest, sagst Du, das uns Trennende ›so schnell und so gründlich wie möglich‹ aus dem Wege räumen. Nun, ich fürchte, so leicht wird das nicht sein, stimme aber darin zu, daß, wo je eine menschliche Beziehung gültig war, solche Gültigkeit selbst dann nicht erlischt, wenn Manches und Arges sich trennend zwischen die beiden Partner schiebt. Daß wir uns irgend ›einigen‹ könnten, – sei es in Bezug auf den elenden Gustaf, sei es in größeren Zusammenhängen –, ist wenig wahrscheinlich. Was uns, auch heute noch, ›einigt‹, sind gewisse Gemeinsamkeiten und Erinnerungen, die wir uns nicht beschmutzen und verderben lassen sollten.«[24] In solcher Weise geht es weiter. Im Sommer 1953 sehen sich die Freundinnen wieder (zum ersten Mal seit zwanzig Jahren): im Malvenhaus in St. Heinrich am Starnberger See, eine Landschaft, die Erika seit jeher innig liebt. Das Treffen ist beiderseits von viel gutem Willen und Aufmerksamkeit geprägt, und Erika bedankt sich wenig später, sie habe den Besuch »in schönster und harmonischster Erinnerung«[25]. Erika hat Pamelas Ehemann Charles kennengelernt, ebenso die drei Kinder Carola, Anatol und Adrienne, und Tilly wiedergesehen. Sie nimmt auch weiterhin regen Anteil am Aufwachsen und Werdegang von Pamelas Kindern (Carola wird später eine bekannte Schauspielerin, Anatol Gitarrist, Chansonnier und engagierter Chronist der Familie Wedekind/Regnier, und Adrienne Geigerin). Doch trotz allen guten Willens: Eine gewisse Verletzlichkeit und Empfindlichkeit bleibt und belastet das Verhältnis der Freundinnen weiterhin. Einmal zieht Erika hinsichtlich des Versuchs einer Wiederannäherung eine Art Resümee: »Unnötig, hinzuzufügen, daß ich keinen Groll gegen Dich hege. Es *geht* nur einfach nicht mehr, – und vielleicht wäre es besser gewesen und schonsamer für uns beide, wenn ich, in Anerkennung des allzu Vielen, was uns trennt, gehandelt hätte wie Klaus und Dir ferngeblieben wäre.«[26] Gleichviel: Der briefliche Kontakt bleibt bestehen, bis zu Erikas Tod. Und Pamela ist in diesen zwanzig Jahren sicherlich die Gütigere, immer wieder Vergebende, die mehr Herzensverstand und Nachsicht zeigt als die resolute, oft unversöhnliche Freundin, die mit ihrer Haltung sich und anderen bisweilen mehr schadet als nützt.

Erika Mann leistet in ihren letzten beiden Lebensjahrzehnten schier Unglaubliches: Sie ist die Nachlassverwalterin ihres geliebten Bruders Klaus und gibt etliche seiner Bücher neu heraus, nicht nur die zu Lebzeiten erschienenen Romane, sondern auch seine noch von ihm ins Deutsche übertragene und gegenüber der englischen Version stark überarbeitete Autobiografie *Der Wendepunkt*. Sie kümmert sich um den Umzug der Eltern im Juni 1952 von Pacific Palisades in die Schweiz. Sie wird zur umsichtigen Managerin, Reisebegleiterin, Lektorin und Beraterin des Vaters und nach dessen Tod im August 1955 auch zur Nachlassverwalterin und Editorin. Dem Freund Paul Citroën beteuert sie: »Ich bin nur noch ein bleicher Nachlaßschatten.«[27] Sie kümmert sich um die alte Mutter Katia (die erst 1980 im Alter von sechsundneunzig Jahren sterben wird). Sie engagiert sich im Kampf gegen das Abschlachten von Robben, gegen den Vietnamkrieg und gegen die Inhaftierung des Ostberliner Aufbau-Verlegers Walter Janka und für die studentische »außerparlamentarische Opposition« von 1968. Und dies, obwohl Erika in den letzten Jahren selbst schwer krank ist und sich mehreren Operationen und langen Kuraufenthalten unterziehen muss:

Sie leidet an progressiver Atrophie (einem Schwund von Knochen, Muskeln und Drüsen), hat Tumore und stürzt mehrmals. Schließlich kann sie nur noch mühsam an Krücken gehen. Aber sie gibt sich – zumindest nach außen – ungebrochen. 1966 kauft sie sich nochmals ein Auto, einen weißen Mustang-Sportwagen, der der Gehbehinderten ein wenig Freiheit und Unabhängigkeit verschafft. Freilich ein Wagen mit Automatikschaltung, was der ehemaligen Rallyefahrerin gar nicht behagt, »weil«, wie sie dem befreundeten Schauspieler Curt Bois bekennt, »sie das sportliche Fahren, das ich seit so vielen Jahrzehnten betrieb und liebte, auf läppische Weise unmöglich macht. Schalten und dann mit Vollgas in die Kurve, das war meine Devise. Jetzt heißt es bremsen und nochmals bremsen, – pfui Spinne im Quadrat.«[28] Ihre Schmerzen versucht sie vermehrt durch Morphium zu lindern – eine Drogensucht, die sie mit Klaus, Mopsa und Annemarie teilte. Im Frühjahr 1969 wird ein Gehirntumor festgestellt. Den befreundeten Schriftsteller Albrecht Goes, damals ebenfalls schwer krank, weist sie – wie einst den Bruder Klaus – aufmunternd zurecht: »Herr Ritter, gestorben wird jetzt nicht.«[29]

Bis zuletzt ist sie für Freunde da. Zu Therese Giehses siebzigstem Geburtstag im März 1968 liest Erika Mann im Bayerischen Rundfunk eine Glückwunschrede und feiert darin sehr persönlich die treue Wegbegleiterin (und ein wenig auch die eigene, im Strom der Zeit längst verflossene Vergangenheit): »Weißt du noch, Theres, wie schnell wir uns zusammenrauften und fürs Leben befreundeten? Als Schauspielerin, natürlich, kannte und bewunderte ich dich schon – wer in München tat das nicht? Kaum eine Kammerspiel-Premiere, in der du nicht Triumphe feiertest – zahllos die großen Rollen […]. Wir waren jung, alle miteinander, und wie angeregt, wie relativ friedlich noch waren die Zeiten. Oder scheint mir das nur so, im Rückblick, der Heimweh schafft und die Vergangenheit vergoldet? Eins weiß ich genau: wie viel wir gelacht und gedalbert haben. Du warst und bist, Theres, auch als Dalberin hors de concours [außer Konkurrenz]. Aus einem Nichts, einer Situation, wie jeder Tag sie bringt, machst du ein Ding von unwiderstehlicher Komik; nur eins bringst du im Leben nicht hin: bösartig kannst du nicht sein; zornig, ja; wütend, angeekelt und äußerst trotzig; – bösartig nie, obwohl du, nach eigener Angabe, eine Elefantenseele hast, die Kränkungen nicht vergißt. Wann war es, daß ich dir den Namen, die Bezeichnung verlieh, die es zu einer gewissen Gültigkeit brachte in unserem Kreise? ›Bockbeinige Spinnurschel‹ nannten wir dich, – du hörtest das gar nicht so ungern, – rächtest dich nur, indem du behauptetest, Klaus und ich seien ›hochmütige Störche‹.«[30]

Therese Giehse, der Erika in ihrer Ansprache noch ein langes Leben wünscht (»sehr lange noch, gell ja, Theres«[31]), stirbt am 3. März 1975, drei Tage vor ihrem siebenundsiebzigsten Geburtstag, in München. Die Gedenkfeier findet in den Münchner Kammerspielen statt, wo »die Giehse« einst brillierte. Als der Regisseur Paul Verhoeven seinen Nachruf spricht, versagt sein Herz, er bricht tot zusammen. Therese Giehse wird später, wie es ihr Wunsch war, auf dem Friedhof Fluntern in Zürich beigesetzt.

Erika Mann stirbt am 27. August 1969 im Zürcher Kantonsspital nach einer Gehirnoperation. Sie wird neben dem Vater auf dem Friedhof in Kilchberg beerdigt. Pamela hat die Freundin wenige Wochen zuvor, Anfang Juli, in Zürich noch besucht. Diese letzte Begegnung am Bett der bereits Todkranken ist von Nachsicht und gegenseitiger Sympathie geprägt. Pamela erinnert sich: »Noch einmal versuchte ich auszusprechen, was sie sowieso schon wusste, und wieder war sie ganz konzentriert auf meine Worte. Plötzlich sagte sie – deutlich und mühelos – mit der ihr eigenen Stimme und Sprache: ›Ein wundervoller Abend.‹«[32]

Das Malvenhaus existiert zu jener Zeit bereits nicht mehr: Im September 1953 erleidet die alte, taube Vermieterin Margarete von Gaffron einen Schlaganfall. Sie stirbt wenige Tage später. Das Malvenhaus wird verkauft, die Regniers müssen ausziehen, sie finden eine Wohnung in der Leopoldstraße in München. Tilly Wedekind zieht nach Ambach am Starnberger See.

Kadidja, die kurz nach dem Krieg ebenfalls ein paar Wochen im Malvenhaus wohnt, kehrt bald wieder nach Amerika zurück (während ihr Ehemann Ulrich Biel bereits wieder in Deutschland lebt; die Ehe wird 1952 geschieden). Einige Jahre schlägt sie sich noch in New York durch, kehrt dann – von Unstetheit getrieben – wieder nach Deutschland zurück. Kadidja, die 1933 mit ihrem Roman *Kalumina* einen Erfolg landete, schreibt wieder: Drehbücher zu Filmen, die Komödie *Eine kleine Staatsaffäre* (1954 im Stadttheater Saarbrücken uraufgeführt), den Roman *König Ludwig und sein Hexenmeister* (er dient als Vorlage für den Kinofilm *Ludwig II. – Glanz und Elend eines Königs* mit O. W. Fischer und Ruth Leuwerik; das zugehörige Drehbuch Kadidja Wedekinds wird jedoch als nicht filmgerecht abgelehnt). 1962 kehrt Kadidja endgültig nach München zurück und nimmt Wohnung in der Schwabinger Germaniastraße.

Tilly Wedekind verbringt ihre letzten Jahre in Ambach am Starnberger See. Mit über achtzig Jahren schreibt sie – unterstützt von Kadidja und Pamela – ihre Memoiren mit dem programmatischen Titel *Lulu – die Rolle meines Lebens*. Doch die alle paar Jahre wiederkehrenden Depressionen machen ihr auch jetzt zu schaffen. So begibt sie sich 1969 in eine Schweizer Privatklinik in Corcelles sur Chavornay am Genfer See, in der die einstige Freundin aus Vorkriegstagen Sybil Vane Hausdame ist. Tilly, dreiundachtzig Jahre alt, noch immer eine respektable Frau von geistiger Frische, lernt dort einen dreiundvierzig Jahre jüngeren Mann kennen und lieben: Daniel, in hellblauen Leinenhosen und Tennisschuhen, spielt ihr auf dem Klavier Mozart vor. Sie spielen bald auch andere Spiele: Glaubt man Tillys Aufzeichnungen aus jenen Wochen, so ist es eine innige, zärtliche und auch körperlich erfüllte Liebe. Erfüllung findet sie auch kurze Zeit später, als ihre Memoiren in einem angesehenen Verlag erscheinen und bei Publikum und Kritik auf großes Echo stoßen. An einem Februarabend des Jahres 1970 liest sie –

gesundheitlich bereits schwer angeschlagen – in Hamburg. Es wird ein triumphaler Auftritt: Die Inkarnation Lulus, Frank Wedekinds Witwe, die Grande Dame des deutschen Theaters gibt sich die Ehre. Der Abend endet in frenetischem Applaus. Wenige Wochen später, Ende März 1970, bricht Tilly Wedekind auf dem Weg in die Münchner Kammerspiele – Frank Wedekinds *Der Marquis von Keith* wird gegeben – zusammen. Sie stirbt am 20. April 1970 und wird auf dem Münchner Waldfriedhof neben ihrem Mann beigesetzt.

Das Verhältnis zwischen Kadidja und den Regniers verschlechterte sich seit den Fünfzigerjahren zusehends, schließlich kommt es zwischen den Schwestern zum unumkehrbaren Bruch. Ein Bruch, der nach Tillys Tod noch an Schärfe gewinnt, vor allem in der Frage des literarischen Nachlasses Frank Wedekinds. Kadidja zeigt sich eigensinnig und unkooperativ. Eine mit Fördermitteln finanzierte und von namhaften Germanisten projektierte Gesamtausgabe des großen Dichters scheitert an Kadidjas unkalkulierbarem Starrsinn (erst nach Kadidjas Tod kann von 1994 bis 2013 eine achtbändige Studienausgabe erscheinen).

Nach Tillys Tod ziehen Pamela und Charles in deren Zweizimmerwohnung in Ambach. Der Blick geht hinaus zum See – eine Reminiszenz an das Malvenhaus. Später nehmen sie in Ambach eine andere Wohnung, im Dachgeschoss eines alten Bauernhauses in der Seestraße. Und sie erwerben ein Ferienhaus südlich von Rom. Pamela und Charles, nun bereits Großeltern, führen ein offenes Haus, Kinder und Enkel besuchen sie gerne. Charles hat sich seit den Fünfzigerjahren einen Namen als Schauspieler in zahlreichen Theater-, Kino- und TV-Produktionen gemacht. Auch inszeniert er selbst Theaterstücke, schreibt Drehbücher und übersetzt französische und britische Autoren. Auch Pamela übersetzt (etwa Werke von Marcel Pagnol und Stendhal), sie schauspielert, singt Brecht-Lieder und französische Chansons und spricht in Hörspielen. Die Bänkellieder ihres Vaters Frank Wedekind, zur Gitarre gesungen, aufzunehmen, versäumt sie allerdings. Das literarhistorische Gedächtnis ist dafür noch nicht reif. Als man sich daran erinnert, dass sie einst als Reinkarnation ihres Vaters galt (auch Klaus Mann hat sie in den Zwanzigerjahren voller Faszination so erlebt), ist es zu spät: Pamela Wedekind ist für Studioaufnahmen bereits zu krank. Zu Beginn der Siebzigerjahre wird bei ihr Parkinson diagnostiziert. Sie trägt die Krankheit mit Fassung: »Ich muss glücklich und dankbar sein, wenn ich mich noch eine Weile frei bewegen kann und niemandem zur Last falle.«[33] Der fortwährende Zwist mit Kadidja – es geht um die Rechte an den Werken des Vaters, um die (gescheiterte) Gesamtausgabe, um Tillys Memoiren, aber auch um haltlose persönliche Vorwürfe Kadidjas – schwächt sie zusätzlich und zehrt an ihren Nerven. Erfreut zeigt sich Pamela hingegen über das wiedererwachte Interesse an Klaus Manns Werken, das Ende der Siebzigerjahre einsetzt (nicht zuletzt mit der – streng genommen widerrechtlichen – Neuausgabe von *Mephisto* im Rowohlt Taschenbuch Verlag). An die französische Theaterprinzipalin Ariane Mnouchkine, die 1979 den *Mephisto* mit ihrem »Théâtre du Soleil« auf die Bühne bringt, schreibt Pamela: »Zuerst möchte ich klarstellen, dass ich zu Klaus Mann positiv wie seit jeher stehe. Die jugendliche Gemeinsamkeit unseres Dreigestirns war eine einmalige und unvergessliche Konstellation.«[34] So legt sich gegen Ende von Pamelas Leben doch noch ein Glanz von Versöhnung und Frieden über die Geschichte der »Dichterkinder«. Sie liest auch Klaus Manns Autobiografien *Kind dieser Zeit* und *Der Wendepunkt* und ist von ihrer – Pamelas – Darstellung berührt und geschmeichelt.

Pamela verbringt die letzten Lebensjahre, durch ihre Krankheit teilweise gelähmt, in Ambach, umsorgt von ihrem Mann, ihrem Sohn Anatol und einer pensionierten Krankenschwester. Sie stirbt am 9. April 1986 neunundsiebzigjährig in Ambach und wird auf dem Friedhof von Holzhausen beigesetzt. Ihr Mann Charles Regnier stirbt 2001 mit siebenundachtzig Jahren in Bad Wiessee nach einem Schlaganfall. Er wird in Badenweiler-Lipburg, dem Ort seiner Kindheit, beigesetzt. Kai Molvig, Charles' zeitweiliger Lebensgefährte, der sechs Sprachen beherrschte, als Übersetzer von James Baldwin, Yukio Mishima, Philip Roth, Hubert Selby, John Updike und Tennessee Williams hervortrat und sogar Träger des Hieronymusrings war, stirbt 1996 nach jahrelangem Aufenthalt in einem Pflegeheim in Moosburg an der Isar an den Folgen eines Schlaganfalls.

Das letzte der »Dichterkinder«, Kadidja Wedekind, verbringt die späten Lebensjahre zurückgezogen in München-Schwabing. Sie vermeidet Kontakte zur Außenwelt, verzeiht ihrer Schwester Pamela selbst über deren Tod hinaus nicht, dass diese 1933 in Deutschland blieb, während sie, Kadidja, emigrierte. Zu Pamelas Beisetzung erscheint sie nicht. Mit Bekannten und Freunden überwirft sie sich. Sie arbeitet bis zuletzt an einer Biografie ihres Vaters Frank Wedekind, die freilich über zahlreiche Skizzen nicht hinauskommt. Als im Oktober 1994 ihr Briefkasten überquillt, die Fenster ihrer Wohnung seit Tagen offen stehen und ein fauliger Geruch durchs Treppenhaus zieht, verständigen Nachbarn Polizei und Feuerwehr. Als man über den Balkon in die Wohnung eindringt, findet man Kadidjas bereits in Verwesung übergegangenen Leichnam. Kadidja Wedekind wird am 28. Oktober 1994 auf dem Münchner Waldfriedhof im Grab ihrer Eltern beigesetzt. Der Kreis hat sich geschlossen.

Anhang

Danksagung

Verlag und Autor danken der Münchner Stadtbibliothek/Monacensia Literaturarchiv und Herrn Prof. Frido Mann für die Erlaubnis, für diese Publikation aus unveröffentlichten Briefen Erika und Klaus Manns zitieren zu dürfen.

Der Abdruck von Gottfried Benns Gedichten *An –, Auf deine Lider senk' ich Schlummer* und *von Bremens Schwesterstadt* erfolgt mit freundlicher Genehmigung des Verlags Klett-Cotta, Stuttgart.

Bildnachweis

Frank Wedekind: Münchner Stadtbibliothek/Monacensia, F. Ruf, Zürich/Signatur: FW F III-25

Tilly Wedekind: Wikicommons

Thea Sternheim mit Tochter Dorothea: Wikicommons

Klaus und Erika Mann: Münchner Stadtbibliothek/Monacensia, Signatur: KM F 295

Erika Mann und Pamela Wedekind: Münchner Stadtbibliothek/Monacensia, Erich Sogalla/Signatur: EM F 142

Pamela Wedekind: Universitätsbibliothek der LMU München, Sammlung Thomas-Mann-Forum/Nachlass Anita Naef, 4.14.3,2

Erika Mann, Klaus Mann, Pamela Wedekind: Münchner Stadtbibliothek/Monacensia, Signatur: KM F 153

Erika Mann: Münchner Stadtbibliothek/Monacensia, Signatur: EM F 52

Therese Giehse: Wikicommons

René Crevel: Deutsches Literaturarchiv Marbach, mit Genehmigung der Heinrich Enrique Beck-Stiftung, Basel

Klaus Mann, Annemarie Schwarzenbach, Erika Mann, Ricki Hallgarten: Münchner Stadtbibliothek/Monacensia, Signatur: EM F 244

Erika Mann, Annemarie Schwarzenbach, Klaus Mann: Münchner Stadtbibliothek/Monacensia, Signatur: KM F 182

Mopsa Sternheim: HelveticArchives

Mopsa Sternheim, Rudolph von Ripper: Deutsches Literaturarchiv Marbach, mit Genehmigung der Heinrich Enrique Beck-Stiftung, Basel

Gottfried Benn: Bundesarchiv, Signatur: Bild 183-1984-1116-500

Klaus Mann: Münchner Stadtbibliothek/Monacensia, Signatur: KM F 166

Annemarie Schwarzenbach: Wikicommons

Gustaf Gründgens: Theatermuseum der Landeshauptstadt Düsseldorf/Foto: Liselotte Strelow

Auswahlbibliografie

Klaus Mann

Auf verlorenem Posten. Aufsätze, Reden, Kritiken. 1942–1949. Hg. von Uwe Naumann und Michael Töteberg. Reinbek 1994.

Briefe und Antworten. 1922–1949. Hg. und mit einem Vorwort von Martin Gregor-Dellin. Reinbek 1991.

Das Wunder von Madrid. Aufsätze, Reden, Kritiken. 1936–1938. Hg. von Uwe Naumann und Michael Töteberg. Reinbek 1993.

Decision. A Review of Free Culture. Hg. von Klaus Mann. New York 1941–1942.

Der fromme Tanz. Das Abenteuerbuch einer Jugend. Reinbek 1986.

Der siebente Engel. Die Theaterstücke. Hg. von Uwe Naumann und Michael Töteberg. Reinbek 1989.

Der Wendepunkt. Ein Lebensbericht. Reinbek 1984.

Die neuen Eltern. Aufsätze, Reden, Kritiken. 1924–1933. Hg. von Uwe Naumann und Michael Töteberg. Reinbek 1992.

Die Sammlung. Literarische Monatsschrift unter dem Patronat von André Gide, Aldous Huxley, Heinrich Mann. Herausgegeben von Klaus Mann. Jahrgänge 1934/1935 (September 1933 bis August 1935). Amsterdam. Nachdruck in zwei Bänden. München 1986.

Kind dieser Zeit. Reinbek 1967.

Maskenscherz. Die frühen Erzählungen. Hg. von Uwe Naumann. Reinbek 1990.

Mephisto. Roman einer Karriere. Reinbek 1981.

Speed. Die Erzählungen aus dem Exil. Hg. von Uwe Naumann. Reinbek 1990.

Tagebücher. Hg. von Joachim Heimannsberg, Peter Laemmle und Wilfried F. Schoeller: Bd. 1: 1931–1933, München 1989. Bd. 2: 1934–1935, München 1989. Bd. 3: 1936–1937, München 1990. Bd. 4: 1938–1939, München 1990. Bd. 5: 1940–1943, München 1991. Bd. 6: 1944–1949, München 1991.

Zahnärzte und Künstler. Aufsätze, Reden, Kritiken. 1933–1936. Hg. von Uwe Naumann und Michael Töteberg. Reinbek 1993.
Zweimal Deutschland. Aufsätze, Reden, Kritiken. 1938–1942. Hg. von Uwe Naumann und Michael Töteberg. Reinbek 1994.

Erika und Klaus Mann

Das Buch von der Riviera. Berlin 1989.
Escape to Life. Deutsche Kultur im Exil. München 1991.
Rundherum. Abenteuer einer Weltreise. Reinbek 1982.
The Other Germany. New York 1940.

Erika Mann

Blitze überm Ozean. Aufsätze, Reden, Reportagen. Hg. von Irmela von der Lühe und Uwe Naumann. Reinbek 2000.
Briefe und Antworten. 2 Bände. Hg. von Anna Zanco Prestel. München 1988. Bd. 1: 1922–1950. Bd. 2: 1951–1969.
Das letzte Jahr. Bericht über meinen Vater. Frankfurt/M. 1993.
Klaus Mann zum Gedächtnis. Hg. von Erika Mann, mit einem Vorwort von Thomas Mann. Amsterdam 1950.
Mein Vater, der Zauberer. Hg. von Irmela von der Lühe und Uwe Naumann. Reinbek 1996.
Zehn Millionen Kinder. Die Erziehung der Jugend im Dritten Reich. Mit einer Einführung von Thomas Mann. München 1989.

Thomas Mann

Briefe 1889–1936. Hg. von Erika Mann. Frankfurt/M. 1961.
Briefe 1937–1947. Hg. von Erika Mann. Frankfurt/M. 1963.
Briefe 1948–1955 und Nachlese. Hg. von Erika Mann. Frankfurt/M. 1965.
Die Erzählungen. Frankfurt/M. 1986.
Hans Wysling (Hg.): Dichter über ihre Dichtungen. Thomas Mann. Teil II: 1918–1943. München 1979.
Tagebücher 1918–1921. Hg. von Peter de Mendelssohn. Frankfurt/M. 1979.

Tagebücher 1937–1939. Hg. von Peter de Mendelssohn. Frankfurt/M. 1980.
Tagebücher 1949–1950. Hg. von Inge Jens. Frankfurt/M. 1991.
Thomas Mann, Heinrich Mann: Briefwechsel. Hg. von Hans Wysling. Frankfurt/M. 1968.

Golo Mann

Erinnerungen und Gedanken. Eine Jugend in Deutschland. Frankfurt/M. 1991.
Erinnerungen an meinen Bruder Klaus. In: Klaus Mann, Briefe und Antworten 1922–1949. Hg. von Martin Gregor-Dellin. Reinbek 1991, S. 629–661.
Tilmann Lahme, Holger Pils und Kerstin Klein (Hg.): Die Briefe der Manns. Ein Familienporträt. Frankfurt/M. 2016.

Sonstige Autoren

Gottfried Benn: Gedichte in der Fassung der Erstdrucke. Mit einer Einführung hg. von Bruno Hillebrand, Frankfurt/M. 1982.
Gottfried Benn, Thea Sternheim: Briefwechsel und Aufzeichnungen. Mit Briefen und Tagebuchauszügen Mopsa Sternheims. Hg. von Thomas Ehrsam. Göttingen 2004.
Gottfried Benn: Briefe an Tilly Wedekind. 1930–1955. Briefe Bd. 4. Hg. und mit einem Nachwort von Marguerite Valerie Schlüter. Stuttgart 1986.
Gottfried Benn: Briefe an Elinor Büller. 1930–1937. Briefe Bd. 5. Hg. von Marguerite Valerie Schlüter. Stuttgart 1992.
Alexander von Bernus: Wachsen am Wunder. Heidelberger Kindheit und Jugend. Heidelberg 1984.
Jean Cocteau: Les enfants terribles. Paris 1929. Dt. unter dem Titel ›Kinder der Nacht‹, übertragen von Friedhelm Kemp. Stuttgart 1985.
René Crevel: La mort difficile. Paris 1926. Dt. unter dem Titel ›Der schwierige Tod‹, übertragen von Hans Feist. Frankfurt/M. 1988.
René Crevel: Lettres à Mopsa. Textes établis et presentés par Michel Carassou. Paris 1997.
Therese Giehse: »Ich hab nichts zum Sagen«. Gespräche mit Monika Sperr. Berlin 1977.
George W.F. Hallgarten: Als die Schatten fielen. Erinnerungen vom

Jahrhundertbeginn zur Jahrtausendwende. Berlin, Frankfurt/M., Wien 1969.
Eva Herrmann: Von Drüben. Botschaften, Informationen und praktische Ratschläge. St. Goar 1976.
Hermann Kesten: Meine Freunde, die Poeten. Frankfurt/M., Berlin, Wien 1980.
Fritz H. Landshoff: Amsterdam, Keizersgracht 333, Querido Verlag. Erinnerungen eines Verlegers. Mit Briefen und Dokumenten. Berlin und Weimar 1991.
Ruth Landshoff-Yorck: Klatsch, Ruhm und kleine Feuer. Biographische Impressionen. Hg. und mit einem Vorwort versehen von Claudie Schoppmann. Frankfurt/M. 1997.
Ella Maillart: Der bittere Weg. Mit Annemarie Schwarzenbach unterwegs nach Afghanistan. Zürich 2003.
Katia Mann: Meine ungeschriebenen Memoiren. Frankfurt/M. 1974.
Monika Mann: Vergangenes und Gegenwärtiges. Erinnerungen. München 1956.
Ludwig Marcuse: Mein zwanzigstes Jahrhundert. Auf dem Weg zu einer Autobiographie. Zürich 1975.
Erich Mühsam: Namen und Menschen. Unpolitische Erinnerungen. Leipzig 1949.
Annemarie Schwarzenbach: Winter in Vorderasien. Basel 2002.
Annemarie Schwarzenbach: »Wir werden es schon zuwege bringen, das Leben«. Annemarie Schwarzenbach an Erika und Klaus Mann. Briefe 1930–1942. Hg. von Uta Fleischmann. Mit Beiträgen von Irmela von der Lühe und Fredric Kroll. Pfaffenweiler 1993.
Carl Sternheim: Briefe II. Briefwechsel mit Thea Sternheim, Dorothea und Klaus Sternheim, 1906–1942. Darmstadt 1988.
Mopsa Sternheim: Tagebuchaufzeichnungen über Ravensbrück. Hg. und teils aus dem Französischen übersetzt von Thomas Ehrsam. In: Sinn und Form, Heft 1/2017, S. 48–59.
Thea Sternheim: Erinnerungen. Hg. von Helmtrud Mauser in Verbindung mit Traute Hensch. Freiburg/B. 1995.
Thea Sternheim: Tagebücher 1903–1971. Hg. und ausgewählt von Thomas Ehrsam und Regula Wyss im Auftrag der Heinrich-Enrique-Beck-Stiftung. 5 Bde., Göttingen 2002. Gesamttext auf CD-ROM. 2., durchgesehene Auflage. Göttingen 2011.
Frank Wedekind: Gesammelte Briefe. 2 Bde. Hg. von Fritz Strich. München 1924.
Frank und Tilly Wedekind: Briefwechsel 1905–1918. Hg. von Hartmut Vinçon. Göttingen 2018.
Tilly Wedekind: Lulu. Die Rolle meines Lebens. München, Bern, Wien 1969.

Karl Wolfskehl: Gesammelte Werke. Hg. von Margot Ruben und Claus Victor Bock. 2 Bde. Hamburg 1960.

Sekundärliteratur (Auswahl)

Ausführliche Bibliografien der Literatur von bzw. zu Klaus Mann verzeichnen Fredric Kroll (1976), Michel Grunewald (1984), Nicole Schaenzler (1999) und Uwe Naumann (1999), eine Bibliografie zu Erika Mann ist in der von Irmela von der Lühe verfassten Biografie (1993) enthalten.

Heinz Ludwig Arnold (Hg.): Klaus Mann. »Text + Kritik«, H. 93/94. München 1987.
Thomas Blubacher: Gustaf Gründgens. Biographie. Leipzig 2013.
François Buot: René Crevel. Biographie. Paris 1991.
Michel Carassou: René Crevel. Paris 1989.
Thomas Ehrsam: »Aber mich selbst anzulügen gelingt mir nicht«. Mopsa Sternheim, Versuch eines Porträts. In: Sinn und Form, Heft 1/2017, S. 40–47.
Erika und Klaus Mann. Bilder und Dokumente. Katalogbuch zur Ausstellung des Erika und Klaus Mann-Archivs der Handschriftenabteilung der Münchner Stadtbibliotheken am Gasteig, Konzeption: Ursula Hummel, Text: Eva Chrambach, München 1990.
Manfred Flügge: Das Jahrhundert der Manns. Berlin 2015.
Areti Georgiadou: »Das Leben zerfetzt sich mir in tausend Stücke«. Annemarie Schwarzenbach. Eine Biographie. Frankfurt/M. 1996.
Michel Grunewald: Klaus Mann: 1906–1949. Eine Bibliografie. Verzeichnis des Werks und des Nachlasses von Klaus Mann mit Inhaltsbeschreibung der unveröffentlichten Schriften, Namenregister und Titelverzeichnis, München 1984.
Dietmar Horst: Der Tänzer auf den Wellen – Das merkwürdige Leben des Rudolf Charles von Ripper. Hall und Wien 2010.
Helga Keiser-Hayne: Erika Mann und ihr politisches Kabarett »Die Pfeffermühle«, 1933–1937. Texte, Bilder, Hintergründe. Reinbek 1995.
Fredric Kroll (Hg.): Klaus-Mann-Schriftenreihe, Bd. 1: Bibliographie. Mit Vorwort von Klaus Blahak und Fredric Kroll. Wiesbaden 1976.
Fredric Kroll (Hg.): Klaus-Mann-Schriftenreihe, Bd. 2: 1906–1927. Unordnung und früher Ruhm. Wiesbaden 1977.
Fredric Kroll (Hg.): Klaus-Mann-Schriftenreihe, Bd. 3: 1927–1933. Vor der Sintflut. Wiesbaden 1979.
Fredric Kroll (Hg.): Klaus-Mann-Schriftenreihe, Bd. 4: 1933–1937.

Repräsentant des Exils. Teilband 4/I: 1933–1934. Sammlung der Kräfte. Wiesbaden 1992. Teilband 4/II: 1935–1937. Im Zeichen der Volksfront. Hamburg 2006.
Fredric Kroll (Hg.): Klaus-Mann-Schriftenreihe, Bd. 5: 1937–1942. Trauma Amerika. Wiesbaden 1986.
Fredric Kroll (Hg.): Klaus-Mann-Schriftenreihe, Bd. 6: 1942–1949. Der Tod in Cannes. Hannover 1996.
Fredric Kroll: »Das Letzte halte ich stets zurück«. Sexualität und Sprachlosigkeit bei Klaus Mann. In: Erkenntniswunsch und Diskretion. Hg. von Gerhard Härle u. a. Berlin 1992.
Marianne Krüll: Im Netz der Zauberer. Eine andere Geschichte der Familie Mann. Frankfurt/M. 1993.
Tilmann Lahme: Golo Mann. Biographie. Frankfurt/M. 2009.
Tilmann Lahme: Die Manns. Geschichte einer Familie. Frankfurt/M. 2015.
Alexandra Lavizzari: Fast eine Liebe. Annemarie Schwarzenbach und Carson McCullers. Berlin 2008.
Irmela von der Lühe: Erika Mann. Eine Biographie, Frankfurt/M. 1993.
Wolfgang Martynkewicz: Tanz auf dem Pulverfass. Gottfried Benn, die Frauen und die Macht. Berlin 2017.
Dominique Laure Miermont: Annemarie Schwarzenbach. Eine beflügelte Ungeduld. Biographie. Zürich 2008.
Nicole Müller und Dominique Grente: Der untröstliche Engel. Das ruhelose Leben der Annemarie Schwarzenbach. München 1996.
Uwe Naumann (Hg.): »Ruhe gibt es nicht, bis zum Schluss«. Klaus Mann (1906–1949). Reinbek 1999.
Anatol Regnier: Du auf deinem höchsten Dach. Tilly Wedekind und ihre Töchter. Eine Familienbiografie. München 2005.
Anatol Regnier: Frank Wedekind. Eine Männertragödie. München 2008.
Ines Rieder: Mopsa Sternheim. Ein Leben am Abgrund. Wien 2016.
Curt Riess: Gustaf Gründgens. Hamburg 1965.
Nicole Schaenzler: Klaus Mann. Eine Biographie. Frankfurt/M. 1999.
Christine Schmidt: »Hopes and prospects – but no illusions!«. Erika Mann (1905–1969) und Pamela Wedekind (1906–1986), Therese Giehse (1898–1975), Annemarie Schwarzenbach (1908–1942). In: Joey Horsley und Luise F. Pusch (Hg.): Frauengeschichten. Berühmte Frauen und ihre Freundinnen. Göttingen 2010, S. 263–308.
Alexis Schwarzenbach: Auf der Schwelle des Fremden. Das Leben der Annemarie Schwarzenbach. München 2011.
Eberhard Spangenberg: Karriere eines Romans. Mephisto, Klaus Mann und Gustaf Gründgens. Ein dokumentarischer Bericht aus Deutschland und dem Exil 1925–1981. München 1982.

Alexander Stephan: Im Visier des FBI. Deutsche Exilschriftsteller in den Akten amerikanischer Geheimdienste, Stuttgart und Weimar 1995.
Armin Strohmeyr: Traum und Trauma. Der androgyne Geschwisterkomplex im Werk Klaus Manns. Augsburg 1997.
Armin Strohmeyr: Klaus Mann. München 2000.
Armin Strohmeyr: Klaus und Erika Mann. »Wir traten wie Zwillinge auf«. Eine Biografie. Leipzig 2004.
Dagmar Walach: Aber ich habe nicht mein Gesicht. Gustaf Gründgens. Eine deutsche Karriere. Berlin 1999.
Hans-Albert Walter: Fritz H. Landshoff und der Querido Verlag 1933–1950. Mit einer Bibliographie Querido. Marbacher Magazin, Heft 78. Marbach a.N. 1997.
Gunna Wendt: Erika und Therese. Erika Mann und Therese Giehse – eine Liebe zwischen Kunst und Krieg. München 2018.
Hans-Rudolf Wiedemann: Thomas Manns Schwiegermutter erzählt. Lübeck 1985.
Liese Wolf: Louise Dumont. Ein Leben für das Theater. Hamburg und Düsseldorf 1971.

Anmerkungen

Siglen

EMBuA	Erika Mann: Briefe und Antworten
KdZ	Klaus Mann: Kind dieser Zeit
KMBuA	Klaus Mann: Briefe und Antworten
Wp	Klaus Mann: Der Wendepunkt

»Um die Leute zu schrecken«

Prolog: Klaus Mann und Pamela Wedekind verloben sich. 1924

1 Tonbandaufzeichnung von Ursula Pia von Bernus für Klaus Blahak, 15.09.1977. Hier zitiert nach Fredric Kroll: Klaus-Mann-Schriftenreihe, Bd. 2, S. 73.
2 Wp S. 122.
3 Wp, S. 136.
4 KdZ, S. 166.
5 Wp, S. 137.
6 Brief Klaus Manns an Pamela Wedekind, 24.06.1924, KMBuA, S. 18.
7 Zit. nach: Anatol Regnier: Du auf deinem höchsten Dach, S. 186.
8 Wp, S. 137.
9 Wp, S. 139.
10 Wp, S. 139.
11 Deutsche Allgemeine Zeitung, 12.07.1924.
12 Tilly Wedekind: Lulu – die Rolle meines Lebens, S. 227.
13 Brief Erika Manns an Pamela Wedekind, 23.07.1924, EMBuA, Bd. 1, S. 11.
14 Brief Erika Manns an Pamela Wedekind, 23.07.1924, EMBuA, Bd. 1, S. 11 f.
15 Brief Erika Manns an Pamela Wedekind, 23.07.1924, EMBuA, Bd. 1, S. 12.

[16] Zit. nach Uwe Naumann (Hg.): »Ruhe gibt es nicht, bis zum Schluss«, S. 61.
[17] KdZ, S. 193.
[18] KdZ, S. 193.
[19] KdZ, S. 193.
[20] KdZ, S. 193.
[21] KdZ, S. 192.

»Wir erschienen mit blutigen Bißwunden an Händen und Hals«
Dichterkinder und ihre Spiele. 1905–1918

[1] Katia Mann: Meine ungeschriebenen Memoiren, S. 21 f.
[2] Brief Thomas Manns an Heinrich Mann, 27.02.1904. In: Thomas Mann / Heinrich Mann: Briefwechsel 1900–1949. Hg. von Hans Wysling. Frankfurt/M. 1995, S. 97 f.
[3] Katia Mann: Meine ungeschriebenen Memoiren, S. 25.
[4] Katia Mann: Meine ungeschriebenen Memoiren, S. 26.
[5] Karl Wolfskehl: Das unsterbliche München. In: Gesammelte Werke. Hg. von Margot Ruben und Claus Victor Bock. Bd 2: Übertragungen, Prosa. Hamburg 1960, S. 341 ff.
[6] Thomas Mann: Die Erzählungen. Frankfurt/M. 1986, S. 215.
[7] Brief Thomas Manns an Heinrich Mann, 20.11.1905. In: Thomas Mann / Heinrich Mann: Briefwechsel 1900–1949. Hg. von Hans Wysling. Frankfurt/M. 1968.
[8] Katia Mann: Meine ungeschriebenen Memoiren, S. 29.
[9] Katia Mann: Meine ungeschriebenen Memoiren, S. 29.
[10] Katia Mann: Meine ungeschriebenen Memoiren, S. 29.
[11] Wp, S. 16.
[12] Wp, S. 76.
[13] Wp, S. 29.
[14] KdZ, S. 15.
[15] Wp, S. 43.
[16] Wp, S. 34.
[17] George W. F. Hallgarten: Als die Schatten fielen, S. 48 f.
[18] Wp, S. 46.
[19] Wp, S. 22 f.
[20] Ludwig Marcuse: Mein zwanzigstes Jahrhundert. Auf dem Weg zu einer Autobiographie. Zürich 1975, S. 115.
[21] George W. F. Hallgarten; Als die Schatten fielen, S. 46.
[22] Wp, S. 95 f.
[23] KdZ, S. 107.
[24] KdZ, S. 102.
[25] KdZ, S. 171.
[26] KdZ, S. 14.

[27] KdZ, S. 26.
[28] KdZ, S. 25 f.
[29] Wp, S. 25 f.
[30] Golo Mann: Erinnerungen und Gedanken. Eine Jugend in Deutschland. Frankfurt/M. 1991, S. 41.
[31] Brief Thomas Manns an Hedwig Fischer, 24.06.1915. In: Thomas Mann: Briefe 1889–1936. Hg. von Erika Mann. Frankfurt/M. 1961.
[32] Brief Thomas Manns an Peter Pringsheim, 18.12.1915. In: Thomas Mann: Briefe 1948–1955 und Nachlese, Bd. 3. Hg. von Erika Mann. Frankfurt/M. 1965, S. 464.
[33] Klaus Mann: Das Bild der Mutter. In: Die neuen Eltern, S. 323 f.
[34] Wp, S. 57.
[35] Wp, S. 56 f.
[36] Wp, S. 71.

»Jugend war eine Verschwörung, eine Provokation, ein Triumph«
Revolutionen. 1919–1924

[1] KdZ, S. 67.
[2] George W. F. Hallgarten: Als die Schatten fielen, S. 90 f.
[3] Wp, S. 67.
[4] KdZ, S. 75.
[5] Erika Mann: Kinder-Theater. In: Erika Mann: Blitze überm Ozean, S. 56.
[6] Erika Mann: Kinder-Theater. In: Erika Mann: Blitze überm Ozean, S. 55.
[7] Erika Mann: Kinder-Theater. In: Erika Mann: Blitze überm Ozean, S. 55.
[8] KdZ, S. 76 f.
[9] Erika Mann: Kinder-Theater. In: Erika Mann: Blitze überm Ozean, S. 56.
[10] Thomas Mann: Tagebücher 1918–1921, Eintrag vom 20.09.1918.
[11] Thomas Mann: Tagebücher 1918–1921, Eintrag vom 25.07.1920.
[12] Thomas Mann: Tagebücher 1918–1921, Eintrag vom 17.10.1920.
[13] Thomas Mann: Tagebücher 1918–1921, Eintrag vom 26.04.1920.
[14] Thomas Mann: Tagebücher 1918–1921, Eintrag vom 05.05.1920.
[15] Wp, S. 100 f.
[16] Zit. nach: Irmela von der Lühe: Erika Mann. Eine Biographie, S. 24.
[17] Undatierter Brief Klaus Manns an Erika Mann, aus der Zeit an der Odenwaldschule, Münchner Stadtbibliothek/Monacensia, KM B 465.
[18] Undatierter Brief Klaus Manns an Erika Mann, aus der Zeit an der Odenwaldschule, Münchner Stadtbibliothek/Monacensia, KM B 465.

19 Undatierter Brief Klaus Manns an Erika Mann, aus der Zeit an der Odenwaldschule, Münchner Stadtbibliothek/Monacensia, KM B 465.

20 Undatierter Brief Klaus Manns an Erika Mann, aus der Zeit an der Odenwaldschule, Münchner Stadtbibliothek/Monacensia, KM B 465.

21 Brief Klaus Manns an Erika Mann vom 05.11.1922, aus der Odenwaldschule, KMBuA, S.12f.

22 Wp, S.128.

23 Hier und im Folgenden: Wp, S.130.

24 KdZ, S.156f.

»Wenn er nicht starb – dann wollte ich sterben.«

Intermezzo: Frank, Tilly, Pamela und Kadidja Wedekind. 1905–1918

1 Tilly Wedekind: Lulu, S.42.

2 Tilly Wedekind: Lulu, S.63.

3 Tilly Wedekind: Lulu, S.64.

4 Zit. nach: Tilly Wedekind: Lulu, S.65.

5 Tilly Wedekind: Lulu, S.65.

6 Tilly Wedekind: Lulu, S.70.

7 Tilly Wedekind: Lulu, S.68.

8 Vgl. Anatol Regnier: Du auf deinem höchsten Dach, S.61.

9 Tilly Wedekind: Lulu, S.97.

10 Tilly Wedekind: Lulu, S.98.

11 Frank Wedekind: Gesammelte Briefe, 2 Bde. Hg. von Fritz Strich. München 1924, Bd.2, S.168.

12 Tagebuchfragment Tilly Wedekinds vom 23. März 1907. Zit. nach: Anatol Regnier: Du auf deinem höchsten Dach, S.74.

13 Zit. nach: Anatol Regnier: Du auf deinem höchsten Dach, S.93.

14 Tilly Wedekind: Lulu, S.124.

15 Brief Frank Wedekinds an Tilly Wedekind, 29.03.1910. Zit. nach Anatol Regnier: Du auf deinem höchsten Dach, S.99.

16 Tilly Wedekind: Lulu, S.137.

17 Tilly Wedekind: Lulu, S.141.

18 Tilly Wedekind: Lulu, S.145.

19 Tilly Wedekind: Lulu, S.144.

20 Brief Frank Wedekinds an Tilly Wedekind, 08.07.1914. Zit. nach Anatol Regnier: Du auf deinem höchsten Dach, S.126.

21 Erich Mühsam: Namen und Menschen, Kap. »Frank Wedekinds letzte Jahre«. Hier zit. nach: Anatol Regnier: Du auf deinem höchsten Dach, S.160.

22 Zit. nach: Anatol Regnier: Du auf deinem höchsten Dach, S.134f.

23 Tilly Wedekind: Lulu, S.169.

24 Zit. nach: Tilly Wedekind: Lulu, S. 172.
25 Tilly Wedekind: Lulu, S. 185.
26 Tilly Wedekind: Lulu, S. 185.
27 Tilly Wedekind: Lulu, S. 188.
28 Hier und im Folgenden zit. nach: Tilly Wedekind: Lulu, S. 197.
29 Zit. nach: Tilly Wedekind: Lulu, S. 203.

»Des Menschen Leib ist schön an allen Orten«
Vor dem Leben. Herbst 1924–Herbst 1925

1 Wp, S. 135.
2 Wp, S. 136.
3 KdZ, S. 159–161.
4 KdZ, S. 169.
5 KdZ, S. 170.
6 Thomas Mann: Tagebuch vom 01.09.1919. Zitiert nach: Anatol Regnier: Du auf deinem höchsten Dach, S. 180.
7 Wp, S. 152.
8 Wp, S. 154.
9 Wp, S. 153 f.
10 Wilhelm Emanuel Süskind, hier zit. nach: Fredric Kroll: Klaus-Mann-Schriftenreihe, Bd. 2, S. 89.
11 Brief Klaus Manns an Pamela Wedekind, Brief vom Dezember 1924 (zum 12.12.1924), KMBuA, S. 18.
12 Ebd.
13 Brief Klaus Manns an Pamela Wedekind, Anfang 1925, KMBuA, S. 24.
14 Ebd.
15 Brief Erika Manns an Pamela Wedekind, Oktober 1924, Münchner Stadtbibliothek/Monacensia, EM B 1500.
16 Brief Erika Manns an Pamela Wedekind, November 1924, Münchner Stadtbibliothek/Monacensia, EM B 1500.
17 Ebd.
18 Brief Erika Manns an Pamela Wedekind, November 1924, Münchner Stadtbibliothek/Monacensia, EM B 1500.
19 Ebd.
20 Brief Erika Manns an Pamela Wedekind, um die Jahreswende 1924/1925, Münchner Stadtbibliothek/Monacensia, EM B 1500.
21 Brief Erika Manns an Pamela Wedekind, Frühjahr 1925, Münchner Stadtbibliothek/Monacensia, EM B 1500.
22 Brief Erika Manns an Pamela Wedekind, September 1925, Münchner Stadtbibliothek/Monacensia, EM B 1500.
23 Klaus Mann: René Crevel (1926). In: Klaus Mann: Die neuen Eltern, S. 96.

[24] Zit. nach: Wp, S. 339.
[25] Klaus Mann: Der fromme Tanz, S. 152.
[26] Klaus Mann: Der fromme Tanz, S. 186.
[27] Brief Thomas Manns an Ernst Bertram, 04.02.1925. Zit. nach: Fredric Kroll: Klaus-Mann-Schriftenreihe, Bd. 2, S. 92.
[28] Thomas Mann: Unordnung und frühes Leid: In: Thomas Mann: Die Erzählungen. Frankfurt/M. 1986, S. 770.
[29] Thomas Mann: Unordnung und frühes Leid: In: Thomas Mann: Die Erzählungen. Frankfurt/M. 1986, S. 776.
[30] Brief Klaus Manns an Erika Mann, 17.05.1925, Münchner Stadtbibliothek/Monacensia, KM B 465.
[31] Brief Klaus Manns an Pamela Wedekind, 19.06.1925, Münchner Stadtbibliothek/Monacensia, KM B 450.
[32] Ebd.
[33] Ebd.
[34] Hier und im Folgenden: Brief Klaus Manns an Pamela Wedekind, 1925, KMBuA, S. 25.
[35] Brief Klaus Manns an Erika Mann, 26.04.1925. Zit. nach: Fredric Kroll: Klaus-Mann-Schriftenreihe, Bd. 2, S. 95.
[36] Brief Klaus Manns an Pamela Wedekind, 03.10.1925, KMBuA, S. 26.
[37] Brief Klaus Manns an Pamela Wedekind, 03.10.1925, KMBuA, S. 26.

»Lieber tot auf dem Uttwiler Friedhof als lebend in Waldhof!«
Intermezzo: Carl, Thea und Mopsa Sternheim. 1903–1925
[1] Thea Sternheim: Erinnerungen, S. 80.
[2] Thea Sternheim: Erinnerungen, S. 84.
[3] Thea Sternheim: Erinnerungen, S. 85.
[4] Thea Sternheim: Erinnerungen, S. 89.
[5] Thea Sternheim: Erinnerungen, S. 90.
[6] Thea Sternheim: Erinnerungen, S. 103.
[7] Thea Sternheim: Erinnerungen, S. 105.
[8] Thea Sternheim: Erinnerungen, S. 107.
[9] Thea Sternheim: Erinnerungen, S. 107.
[10] Thea Sternheim: Erinnerungen, S. 108.
[11] Thea Sternheim: Erinnerungen, S. 113.
[12] Thea Sternheim: Erinnerungen, S. 115.
[13] Thea Sternheim: Erinnerungen, S. 142.
[14] Thea Sternheim: Erinnerungen, S. 180.
[15] Thea Sternheim: Erinnerungen, S. 160.
[16] Thea Sternheim: Erinnerungen, S. 171.
[17] Thea Sternheim: Erinnerungen, S. 202.
[18] Thea Sternheim: Erinnerungen, S. 244.
[19] Gottfried Benn: Epilog und lyrisches Ich. In: Gottfried Benn:

Autobiographische und vermischte Schriften. Gesammelte Werke in vier Bänden. Hg. von Dieter Wellershoff. Vierter Band, S. 7 f.

20 Gottfried Benn: Die Sackgassen. In: Gottfried Benn: Autobiographische und vermischte Schriften. Gesammelte Werke in vier Bänden. Hg. von Dieter Wellershoff. Vierter Band, S. 301.
21 Thea Sternheim: Erinnerungen, S. 259.
22 Thea Sternheim: Erinnerungen, S. 279.
23 Thea Sternheim: Erinnerungen, S. 291.
24 Thea Sternheim: Erinnerungen, S. 296.
25 Thea Sternheim: Erinnerungen, S. 297 f.
26 Thea Sternheim: Erinnerungen, S. 301.
27 Thea Sternheim: Erinnerungen, S. 364.
28 Thea Sternheim: Erinnerungen, S. 365.
29 Thea Sternheim: Erinnerungen, S. 394.
30 Thea Sternheim: Erinnerungen, S. 394.
31 Thea Sternheim: Erinnerungen, S. 402.
32 Thea Sternheim: Erinnerungen, S. 405 f.
33 Thea Sternheim: Erinnerungen, S. 410.
34 Thea Sternheim: Erinnerungen, S. 410.
35 Wp, S. 171.

»Von einem süßlichen Moderduft durchzogen«
›Anja und Esther‹ – Dichterkinder spielen Theater.
Herbst 1925–Frühjahr 1926

1 Zit. nach: Anatol Regnier: Du auf deinem höchsten Dach, S. 193.
2 Brief Carl Sternheims an Pamela Wedekind, 08.01.1925. Hier zit. nach: Anatol Regnier: Du auf deinem höchsten Dach, S. 194.
3 Brief Pamela Wedekinds an Carl Sternheim, 10.02.1925. Zit. nach: Anatol Regnier: Du auf deinem höchsten Dach, S. 194.
4 So benennt Erika Mann Pamela Wedekind des Öfteren, z. B. im Brief vom Juli 1926. EMBuA, Bd. 1, S. 13.
5 Brief Erika Manns an Pamela Wedekind, März 1925. Hier zit. nach: Anatol Regnier: Du auf deinem höchsten Dach, S. 194 f.
6 Brief Erika Manns an Pamela Wedekind, August 1925. Hier zit. nach: Irmela von der Lühe: Erika Mann, S. 30.
7 Brief Thomas Manns an Ernst Bertram. Zit. nach: Michael Töteberg: Nachwort zu: Klaus Mann: Der siebente Engel. Die Theaterstücke. Hg. von Uwe Naumann und Michael Töteberg, S. 420.
8 Ebd. S. 420.
9 Zit. nach: Fredric Kroll: Klaus-Mann-Schriftenreihe, Bd. 2, S. 129.
10 Undatierter Brief Klaus Manns an Erika Mann. Zit. nach: Fredric Kroll: Klaus-Mann-Schriftenreihe, Bd. 2, S. 127.

11 Wp, S. 163.
12 Wp, S. 163.
13 Wp, S. 163 f.
14 Zit. nach: Thomas Blubacher: Gustaf Gründgens. Leipzig 2013, S. 27.
15 Ebd. S. 33.
16 Brief Gustaf Gründgens' an Gustav Lindemann, 24.08.1952. Zit. nach: Thomas Blubacher: Gustaf Gründgens, S. 41.
17 Hier zit. nach: Thomas Blubacher: Gustaf Gründgens, S. 42.
18 Brief Gustaf Gründgens' an Emilie Gründgens, 20.04.1921. Zit. nach: Thomas Blubacher: Gustaf Gründgens, S. 50.
19 Brief Gustaf Gründgens' an Peter Gorski, 02.11.1946. Zit. nach: Thomas Blubacher: Gustaf Gründgens, S. 55.
20 Brief Hanns Böhmers an Gustaf Gründgens, 08.12.1952. Zit. nach: Thomas Blubacher: Gustaf Gründgens, S. 58.
21 Brief Gustaf Gründgens' an seine Eltern, März 1924. Zit. nach: Thomas Blubacher: Gustaf Gründgens, S. 73.
22 Typoskript eines Interviews des Gründgens-Biografen Curt Riess mit Jürgen Schleiß. Hier zit. nach: Thomas Blubacher: Gustaf Gründgens, S. 82.
23 Undatierter Brief Gustaf Gründgens' an seine Eltern. Zit. nach: Thomas Blubacher: Gustaf Gründgens, S. 83.
24 Brief Klaus Manns an Erika Mann, 11.10.1925. Zit. nach: Fredric Kroll: Klaus-Mann-Schriftenreihe, Bd. 2, S. 132.
25 Rudolf Schneider: Dichterkinder. In: Frankfurter Zeitung, 28.10.1925. Zit. nach: Michael Töteberg: Nachwort zu: Klaus Mann: Der siebente Engel. Die Theaterstücke. Hg. von Uwe Naumann und Michael Töteberg, S. 422.
26 Gustaf Gründgens. In: Der Freihafen, 1925/26. Zit. nach: »Ruhe gibt es nicht, bis zum Schluß«. Klaus Mann (1906–1949). Bilder und Dokumente. Hg. von Uwe Naumann, S. 55.
27 Wp, S. 165.
28 Zit. nach: »Ruhe gibt es nicht, bis zum Schluß«. Klaus Mann (1906–1949). Bilder und Dokumente. Hg. von Uwe Naumann, S. 59.
29 Zit. nach: Michael Töteberg: Nachwort zu: Klaus Mann: Der siebente Engel. Die Theaterstücke. Hg. von Uwe Naumann und Michael Töteberg, S. 422 f.
30 Zit. nach: Fredric Kroll: Klaus-Mann-Schriftenreihe, Bd. 2, S. 133.
31 Zit. nach: Armin Strohmeyr: Klaus Mann. München 2000, S. 34.
32 Eberhard Spangenberg: Karriere eines Romans. München 1982, S. 21. Hier zit. nach: Thomas Blubacher: Gustaf Gründgens, S. 86.
33 Wp, S. 166.

34 Zit. nach: Fredric Kroll: Klaus-Mann-Schriftenreihe, Bd. 2, S. 136.
35 Brief Klaus Manns an Thomas Mann, 06.11.1925, KMBuA, S. 27.
36 Ebd.
37 Brief Klaus Manns an Pamela Wedekind, Frühjahr 1926, KMBuA, S. 35.

»Kannst Du mir mal sagen, warum ich Idiot heirate?«

›Revue zu Vieren‹ und der große Bruch. Frühjahr 1926–Herbst 1927

1 Brief Erika Manns an Pamela Wedekind, April 1926. Zit. nach: Anatol Regnier: Du auf deinem höchsten Dach, S. 199.
2 Brief Gustaf Gründgens' an seine Eltern, April 1926. Zit. nach: Thomas Blubacher: Gustaf Gründgens, S. 88.
3 Curt Riess: Gustaf Gründgens. Hamburg 1965, S. 67. Zit. nach: Thomas Blubacher: Gustaf Gründgens, S. 88.
4 Vgl. Thomas Blubacher: Gustaf Gründgens, S. 88.
5 Brief Erika Manns an Pamela Wedekind, Mai 1926. Zit. nach: Anatol Regnier: Du auf deinem höchsten Dach, S. 200.
6 Thea Sternheim: Erinnerungen, S. 435.
7 Thea Sternheim: Erinnerungen, S. 435 f.
8 Brief Erika Manns an Pamela Wedekind, Sommer 1926. Zit. nach: Anatol Regnier: Du auf deinem höchsten Dach, S. 200.
9 Brief Erika Manns an Pamela Wedekind, Juli 1926, EMBuA, Bd. 1, S. 13.
10 Brief Klaus Manns an Pamela Wedekind, 26.07.1926, KMBuA, S. 36.
11 Typoskript eines Interviews von Curt Riess mit Mirjam Ziegel-Horwitz. Zit. nach: Thomas Blubacher: Gustaf Gründgens, S. 91.
12 Brief Klaus Manns an Pamela Wedekind, 26.07.1926, KMBuA, S. 37.
13 Ebd.
14 Brief Erika Manns an Pamela Wedekind, Juli 1926, EMBuA, Bd. 1, S. 13.
15 Brief Erika Manns an Pamela Wedekind, Juli 1926. EMBuA, Bd. 1, S. 13.
16 Ebd.
17 Vgl. hierzu: Thomas Blubacher: Gustaf Gründgens, S. 92 und Anm. 9.
18 Thea Sternheim: Erinnerungen, S. 428.
19 Thea Sternheim: Erinnerungen, S. 433.
20 Ebd.
21 Ebd.
22 Brief Klaus Manns an Erika Mann, 11.08.1926, KMBuA, S. 38.
23 Brief Thea Sternheims an Gottfried Benn, August 1926. Zit. nach: Thea Sternheim: Erinnerungen, S. 437 f.
24 Ebd., S. 439.

25 Brief Thea Sternheims an Gottfried Benn, 16.08.1926. Zit. nach: Thea Sternheim: Erinnerungen, S.439.
26 Ebd.
27 Ebd.
28 Brief Mopsa Sternheims an Thea Sternheim, Sommer 1926. Zit. nach: Thea Sternheim: Erinnerungen, S.441.
29 Frankfurter Volksstimme. Zit. nach: Anatol Regnier: Du auf deinem höchsten Dach, S.201.
30 Brief Erika Manns an Pamela Wedekind, wohl Sommer 1926. Zit. nach: Anatol Regnier: Du auf deinem höchsten Dach, S.201.
31 Klaus Mann: Als ich heiraten wollte. In: Klaus Mann: Die neuen Eltern, S.128.
32 Typoskript eines Interviews von Curt Riess mit Ruth Hellberg. Zit. nach: Thomas Blubacher: Gustaf Gründgens, S.95.
33 Zit. nach: Hans-Rudolf Wiedemann: Thomas Manns Schwiegermutter erzählt. Lübeck 1985, S.50.
34 Brief Klaus Manns an Pamela Wedekind, 22.10.1926, KMBuA, S.40.
35 Undatierter Brief Klaus Manns an Erika Mann. Hier zit. nach: Fredric Kroll: Klaus-Mann-Schriftenreihe, Bd.2, S.156.
36 Brief Klaus Manns an Erika Mann, vermutlich Januar 1927. Hier zit. nach: Fredric Kroll: Klaus-Mann-Schriftenreihe, Bd.2, S.166.
37 Erich Ebermayer: Eines Freundes Tod. Hier zit. nach: Michael Töteberg: Nachwort zu: Klaus Mann: Der siebente Engel. Die Theaterstücke. Hg. von Uwe Naumann und Michael Töteberg, S.424.
38 Erich Mühsam: Der Fall Klaus Mann. In: Welt am Montag, 08.08.1927. Hier zit. nach: Michael Töteberg: Nachwort zu: Klaus Mann: Der siebente Engel. Die Theaterstücke. Hg. von Uwe Naumann und Michael Töteberg, S.425.
39 Herbert Ihering: Von Reinhardt bis Brecht. Berlin 1959, S.266. Hier zit. nach: Fredric Kroll: Klaus-Mann-Schriftenreihe, Bd.2, S.166f.
40 Brief Klaus Manns an Erika Mann, 11.08.1926, KMBuA, S.37f.
41 Brief Erika Manns an Pamela Wedekind, August 1925. Zit. nach: Anatol Regnier: Du auf deinem höchsten Dach, S.205.
42 Brief von Gustaf Gründgens an Emilie Gründgens, 20.09.1927. Hier zit. nach: Thomas Blubacher: Gustaf Gründgens, S.97. »ik bin Neese«: Ich habe das Nachsehen/ich schaue dumm aus der Wäsche.
43 Vgl. Thomas Blubacher: Gustaf Gründgens, S.97.
44 Brief Erika Manns an Pamela Wedekind, September 1927. Zit. nach: Anatol Regnier: Du auf deinem höchsten Dach, S.206.
45 Erika und Klaus Mann: Rundherum. Abenteuer einer Weltreise, S.8.
46 Wp, S.181.
47 Berliner 8 Uhr-Abendblatt, 27.12.1927.
48 Ebd.

»So viel Schminke bringt der ganze Kurfürstendamm nicht auf«
Erika und Klaus Manns Weltreise »rundherum«.
Herbst 1927–Sommer 1928

1 Brief Klaus Manns an Pamela Wedekind, Spätsommer 1927, KMBuA, S. 46.
2 Ebd.
3 Ebd.
4 Brief Klaus Manns an Pamela Wedekind, Hollywood Plaza Hotel, 1927, KMBuA, S. 53.
5 Ebd.
6 Ebd.
7 Erika und Klaus Mann: Rundherum, S. 13.
8 Brief Klaus Manns an Erika Mann, 16.5.1931, Münchner Stadtbibliothek/Monacensia, KM B 465.
9 Klaus Mann: Ricki Hallgarten – Radikalismus des Herzens. In: Klaus Mann: Die neuen Eltern, S. 409 f.
10 Hier zit. nach: Armin Strohmeyr: Klaus und Erika Mann. Eine Biografie. Leipzig 2004, S. 16.
11 Erika und Klaus Mann: Rundherum, S. 14.
12 Wp, S. 195.
13 Wp, S. 182.
14 Brief Klaus Manns an Pamela Wedekind, 05.02.1928, KMBuA, S. 54.
15 Ebd.
16 Erika und Klaus Mann: Rundherum, S. 46 f.
17 Erika und Klaus Mann: Rundherum, S. 84.
18 Brief Klaus Manns an Katia und Thomas Mann, Hollywood, 05.12.1927, KMBuA, S. 52 f.
19 Erika und Klaus Mann: Rundherum, S. 39.
20 Erika und Klaus Mann: Rundherum, S. 42.
21 Wp, S. 192.
22 Erika und Klaus Mann: Rundherum, S. 99 f.
23 Ebd.
24 Ebd.
25 Erika und Klaus Mann: Rundherum, S. 154.
26 Brief Klaus Manns an Pamela Wedekind, 30.07.1928, KMBuA, S. 55 f.

»Dieses Heiraten ist ja wie eine Epidemie unter uns«
Pamela Wedekind wird Frau Sternheim. Sommer 1927–Frühjahr 1930

1 Brief Mopsa Sternheims an Thea Sternheim, Anfang 1927. Zit. nach: Thea Sternheim: Erinnerungen, S. 448.
2 Zit. nach: Ines Rieder: Mopsa Sternheim. Ein Leben am Abgrund, S. 85 f.
3 Thea Sternheim: Erinnerungen, S. 453 f.

4 Brief Klaus Manns an Pamela Wedekind, 18.10.1928, KMBuA, S.57 f.
5 Thea Sternheim: Erinnerungen, S.484.
6 Ebd., S.485.
7 Thea Sternheim: Erinnerungen, S.497.
8 Zit. nach: Thea Sternheim: Erinnerungen, S.499 f.
9 Thea Sternheim: Erinnerungen, S.510.
10 Thea Sternheim: Erinnerungen, S.510.
11 Thea Sternheim: Erinnerungen, S.519.
12 Ebd.
13 Brief Erika Manns an Pamela Wedekind, 1928. Zit. nach: Anatol Regnier: Du auf deinem höchsten Dach, S.212 f.
14 Ebd.
15 Brief Klaus Manns an Pamela Wedekind, 18.10.1928, KMBuA, S.56 ff.
16 Ebd.
17 Ebd.
18 Brief Klaus Manns an Pamela Wedekind, 29.10.1928, KMBuA, S.58 ff.
19 Ebd.
20 Ebd.
21 Brief Klaus Manns an Pamela Wedekind, 16.11.1928, KMBuA, S.60 f.
22 Wp, S.238 f.
23 Ebd.
24 Ebd.
25 Tilly Wedekind: Lulu, S.239 f.
26 Aufzeichnungen Pamela Wedekinds, ca. 1975. Zit. nach: Anatol Regnier: Du auf deinem höchsten Dach, S.220.
27 Zit. nach: Thea Sternheim: Erinnerungen, S.638.
28 Hier und im Folgenden: Ebd.
29 Ebd.
30 Tilly Wedekind: Lulu, S.240.
31 Tilly Wedekind: Lulu, S.241.
32 Thea Sternheim: Erinnerungen, S.639.
33 Ebd.
34 Thea Sternheim: Erinnerungen, S.640.
35 Thea Sternheim: Erinnerungen, S.648.
36 Thea Sternheim: Erinnerungen, S.650.
37 Klaus Mann: Nicht gehaltene Rede beim Hochzeitsessen einer Freundin. In: Klaus Mann: Die neuen Eltern, S.349 ff.

»Wir drei hatten zusammen nur eine Lunge«

Eine Liebe zu dritt – Mopsa Sternheim, René Crevel und Rudolph von Ripper. 1928–1935

1 Brief René Crevels an Mopsa Sternheim, 21.01.1929. In: René Crevel: Lettres à Mopsa. Paris 1997, S. 74 f. Hier und im Folgenden übersetzt von Armin Strohmeyr.

2 Thea Sternheim: Erinnerungen, S. 625.

3 Ebd.

4 Ebd.

5 Zit. nach: Thea Sternheim: Erinnerungen, S. 626.

6 Thea Sternheim: Erinnerungen, S. 628.

7 Ebd.

8 Thea Sternheim: Erinnerungen, S. 627.

9 Thea Sternheim: Erinnerungen, S. 628.

10 Thea Sternheim: Erinnerungen, S. 636.

11 Ebd.

12 Ebd.

13 Ebd.

14 Thea Sternheim: Erinnerungen, S. 652.

15 Thea Sternheim: Erinnerungen, S. 654.

16 Thea Sternheim: Erinnerungen, S. 652 f.

17 Brief René Crevels an Georges Poupet. Zit. nach: Ines Rieder: Mopsa Sternheim, S. 125 f.

18 Brief Rudolph von Rippers an René Crevel, 16.10.1929. In: René Crevel: Lettres à Mopsa, S. 111 f.

19 Brief Rudolph von Rippers an René Crevel, 24.10.1929. In: René Crevel: Lettres à Mopsa, S. 114.

20 Brief René Crevels an Mopsa Sternheim, Ende Oktober 1929. In: René Crevel: Lettres à Mopsa, S. 116.

21 Ebd., S. 117.

22 Brief Rudolph von Rippers an René Crevel, 19.11.1929. In: René Crevel: Lettres à Mopsa, S. 123 ff.

23 Brief René Crevels an Étienne de Beaumont. Zit. nach: Ines Rieder: Mopsa Sternheim, S. 136.

24 Brief René Crevels an Gertrude Stein. Zit. nach: Ines Rieder: Mopsa Sternheim, S. 136.

25 Klaus Mann: In memoriam René Crevel. In: Klaus Mann: Zahnärzte und Künstler, S. 311 f.

»Wir wechseln die Länder weit öfter als die Kleider«

Wilde Rallyes und neue Freunde. 1930–1931

1 Zit. nach: Erika Mann: Wie ich Auto-Monteur lernte. In: Erika Mann: Blitze überm Ozean, S. 73.

2 Ebd. S. 73 f.

3 Der Querschnitt, XI, H. 10, S. 699. Hier zit. nach: Fredric Kroll: Klaus-Mann-Schriftenreihe, Bd. 3, S. 95.

4 Erika Mann: Liebeserklärung an Bayern: In: Erika Mann: Blitze überm Ozean, S. 77 f.

5 Erika Mann: Chaud, hot, heiß, caliente. In: Erika Mann: Blitze überm Ozean, S. 74 f.

6 Ebd., S. 75.

7 Klaus Mann: Afrikanische Romanze. In: Klaus Mann: Speed. Die Erzählungen aus dem Exil, S. 213.

8 Klaus Mann: Zwei europäische Romane (Virginia Woolf und Jean Cocteau). In: Klaus Mann: Die neuen Eltern, S. 210.

9 Brief Klaus Manns an Erika Mann, 23.01.1932. Hier zit. nach: Fredric Kroll: Klaus-Mann-Schriftenreihe, Bd. 3, S. 146.

10 Klaus Mann: Tagebücher, Bd. 1, 23.1.1933, S. 111 f.

11 Therese Giehse: »Ich hab nichts zum Sagen«. Gespräche mit Monika Sperr. Berlin 1977, S. 23.

12 Ebd.

13 Ebd., S. 27.

14 Ebd., S. 28.

15 Völkischer Beobachter, 15.11.1930. Zit. nach: »Ruhe gibt es nicht, bis zum Schluß«. Klaus Mann, S. 108.

16 Zit. nach: Michael Töteberg: Nachwort zu: Klaus Mann: Der siebente Engel. Die Theaterstücke, S. 429.

17 Zit. nach: Dominique Laure Miermont: Annemarie Schwarzenbach. Eine beflügelte Ungeduld, S. 45.

18 Wp, S. 239.

19 Wp, S. 239.

20 Brief Annemarie Schwarzenbachs an Erika Mann, 16.11.1930. Zit. nach: »Wir werden es schon zuwege bringen, das Leben«. Annemarie Schwarzenbach an Erika und Klaus Mann. Briefe 1930–1942. Hg. von Uta Fleischmann, S. 31.

21 Erika Mann: Fahrt ohne Schlaf. In: Erika Mann: Blitze überm Ozean, S. 88.

22 Ebd., S. 88 f.

23 Klaus Mann: Tagebücher, Bd. 3, S. 45.

24 Erika Mann: Rom? – nur eine Waschgelegenheit. In: Erika Mann: Blitze überm Ozean, S. 90.

25 Brief Annemarie Schwarzenbachs an Erika Mann, 03.01.1932. In: »Wir werden es schon zuwege bringen, das Leben.« Annemarie Schwarzenbach an Erika und Klaus Mann. Briefe 1930–1942, S. 73.

»Als habe man uns ein Stück lebendiges Leben herausgeschnitten«

Menetekel an der Wand. 1932–März 1933

1 Klaus Mann: Selbstmörder. In: Klaus Mann: Die neuen Eltern, S. 333 ff.

2 Völkischer Beobachter, 16.01.1932. Hier zit. nach: Irmela von der Lühe: Erika Mann, S. 66 f.

3 Zit. nach: Irmela von der Lühe: Erika Mann, S. 67.

4 Klaus Mann: Klaus Mann verteidigt seine Schwester. In: Klaus Mann: Die neuen Eltern, S. 381 f.

5 Die Brennessel. Zit. nach: Irmela von der Lühe: Erika Mann, S. 69.

6 Klaus Mann: Tagebücher, Bd. 1, 25.04.1932, S. 50.

7 Klaus Mann: Tagebücher, Bd. 1, 26.04.1932, S. 50.

8 Klaus Mann: Tagebücher, Bd. 1, 01.05.1932, S. 51.

9 Zit. nach: Fredric Kroll: Klaus-Mann-Schriftenreihe, Bd. 3, S. 179.

10 Siehe Hermann Hesse: Beim Lesen eines Romans. In: Hermann Hesse: Gesammelte Werke. Elfter Band. Schriften zur Literatur I. Frankfurt/M. 1970, S. 272–277.

11 Siegried Kracauer in der Frankfurter Zeitung, 01.05.1932. Hier zit. nach: »Ruhe gibt es nicht, bis zum Schluß«. Klaus Mann, S. 121.

12 Klaus Mann: Tagebücher, Bd. 1, 01.05.1932, S. 51.

13 Klaus Mann: Tagebücher, Bd. 1, 04.05.1932, S. 52.

14 Wp, S. 273 ff.

15 George W. F. Hallgarten: Als die Schatten fielen, S. 175 f.

16 Ebd., S. 176 f.

17 Brief Klaus Manns an Eva Herrmann, 14.05.1932, KMBuA, S. 74.

18 Klaus Mann: Ricki Hallgarten – Radikalismus des Herzens. In: Klaus Mann: Die neuen Eltern, S. 411.

19 Brief Klaus Manns an Erich Ebermayer, 21.05.1932, KMBuA, S. 75.

20 Brief Klaus Manns an Pamela Wedekind, 23.05.1932, KMBuA, S. 76.

21 Klaus Mann: Tagebücher, Bd. 1, 27.05.1932, S. 54.

22 Klaus Mann: Tagebücher, Bd. 1, 14.07.1932, S. 64.

23 Wp, S. 255.

24 Ebd.

25 Ebd.

26 Zit. nach: Helga Keiser-Hayne: Erika Mann und ihr politisches Kabarett »Die Pfeffermühle«. 1933–1937. Texte, Bilder, Hintergründe, S. 20.

27 Klaus Mann: Tagebücher, Bd. 1, 30.01.1933, S. 113.

28 Klaus Mann: München wird wieder netter. In: Klaus Mann: Die neuen Eltern, S. 454.

29 Wp, S. 282 ff.

30 Klaus Mann: Tagebücher, Bd. 1, 13.03.1933, S. 123.

31 Zit. nach: Therese Giehse: »Ich hab nichts zum Sagen«. Gespräche mit Monika Sperr, S. 40.

»Mir imponierten nur ältere Männer«

Intermezzo: Dichtergattinnen – Pamela und Tilly Wedekind. 1930–1937

1 Brief Gottfried Benns an Tilly Wedekind, 07.09.1930. In: Gottfried Benn: Briefe an Tilly Wedekind, S. 11.

2 Zit. nach: Tilly Wedekind: Lulu, S. 242.

3 Ebd.

4 Ebd.

5 Brief Gottfried Benns an Tilly Wedekind, 02.05.1930. In: Gottfried Benn: Briefe an Tilly Wedekind, S. 6.

6 Gottfried Benn: An –. In: Gottfried Benn: Gedichte. Gesammelte Werke in vier Bänden. Hg. von Dieter Wellershoff. Dritter Band. Wiesbaden 1978, S. 279. © G. B.: Sämtliche Gedichte. Klett-Cotta, Stuttgart 1998.

7 Tilly Wedekind: Lulu, S. 243.

8 Brief Gottfried Benns an Tilly Wedekind, 08.07.1930. In: Gottfried Benn: Briefe an Tilly Wedekind, S. 7.

9 Ebd., S. 7 f.

10 Tilly Wedekind: Lulu, S. 245.

11 Zit. nach: Tilly Wedekind: Lulu, S. 245.

12 Tilly Wedekind: Lulu, S. 245.

13 Kadidja Wedekind. Zit. nach: Anatol Regnier: Du auf deinem höchsten Dach, S. 271.

14 Tilly Wedekind: Lulu, S. 253.

15 Brief Klaus Manns an Gottfried Benn, 09.05.1933. In: Klaus Mann: Zahnärzte und Künstler, S. 24 f.

16 Gottfried Benn: Antwort an die literarischen Emigranten. In: Gottfried Benn: Autobiographische und vermischte Schriften. Gesammelte Werke in vier Bänden. Hg. von Dieter Wellershoff. Vierter Band. Wiesbaden 1977. S. 239–248.

17 Tilly Wedekind: Lulu, S. 256.

18 Zit. nach: Tilly Wedekind: Lulu, S. 257.

19 Brief Gottfried Benns an Tilly Wedekind, 17.04.1935. In: Gottfried Benn: Briefe an Tilly Wedekind, S. 53.

20 Brief Gottfried Benns an Tilly Wedekind, 18.04.1935. In: Gottfried Benn: Briefe an Tilly Wedekind, S. 53.

21 Ebd.

22 Brief Gottfried Benns an Tilly Wedekind, 20.04.1935. In: Gottfried Benn: Briefe an Tilly Wedekind, S. 55.

23 Ebd.

24 Brief Gottfried Benns an Tilly Wedekind, 03.10.1935. In: Gottfried Benn: Briefe an Tilly Wedekind, S. 106.

25 Brief Gottfried Benns an Tilly Wedekind, 23.08.1936. In: Gottfried Benn: Briefe an Tilly Wedekind, S. 211.

[26] Brief Gottfried Benns an Tilly Wedekind, 01.01.1937. In: Gottfried Benn: Briefe an Tilly Wedekind, S. 256 f.
[27] Brief Gottfried Benns an Elinor Büller, 10.01.1937. In: Gottfried Benn: Briefe an Elinor Büller, S. 154.
[28] Gottfried Benn: Auf deine Lider senk' ich Schlummer. In: Gottfried Benn: Gedichte. Gesammelte Werke in vier Bänden. Hg. von Dieter Wellershoff. Dritter Band. Wiesbaden 1978, S. 138. © G. B.: Sämtliche Gedichte. Klett-Cotta, Stuttgart 1998.

»Wir müssen stark bleiben, uns verbessern und sicherer werden«
Erika, Klaus und Annemarie im Exil. 1933–1945

[1] Zit. nach: Hans-Albert Walter: Fritz H. Landshoff und der Querido Verlag 1933–1950. Mit einer Bibliographie Querido. Marbacher Magazin, Heft 78. Marbach a. N. 1997, S. 26.
[2] Brief Klaus Manns an Gottfried Bermann Fischer, 30.09.1933. KMBuA, S. 141 f.
[3] Brief Klaus Manns an Katia Mann, 30.08.1934, KMBuA, S. 196.
[4] Wp, S. 373.
[5] Klaus Mann: Mephisto, S. 206.
[6] Klaus Mann: Kein Schlüsselroman. Eine notwendige Erklärung. In: Klaus Mann: Zahnärzte und Künstler, S. 405 f.
[7] Brief Gustaf Gründgens' an Karl Marx, 13.12.1950. Zit. nach: Thomas Blubacher: Gustaf Gründgens, S. 157.
[8] Joseph Goebbels: Tagebuch vom 31.07.1937. Zit. nach: Thomas Blubacher: Gustaf Gründgens, S. 177.
[9] Zit. nach: Thomas Blubacher: Gustaf Gründgens, S. 201 f.
[10] Ebd.
[11] Wp, S. 337.
[12] Brief Thomas Manns an Klaus Mann, 22./23.07.1939, KMBuA, S. 388–391.
[13] Brief Joseph Roths an Erika Mann, Frühjahr 1935. EMBuA, Bd. 1, S. 66.
[14] Erika und Klaus Mann: Fazit einer Spanienreise. In: Klaus Mann: Das Wunder von Madrid, S. 424.
[15] Wp, S. 373 f.
[16] Zit. nach: Irmela von der Lühe: Erika Mann. Eine Biographie, S. 109.
[17] Annemarie Schwarzenbach: Winter in Vorderasien, S. 22.
[18] Ebd., S. 70 f.
[19] Ebd., S. 73.
[20] Ebd., S. 73 f.
[21] Brief Annemarie Schwarzenbachs an Klaus Mann, 03.04.1934. In: »Wir werden es schon zuwege bringen, das Leben«, S. 111.
[22] Brief Annemarie Schwarzenbachs an Claude Bourdet, 31.08.1934.

Zit. nach: Dominique Laure Miermont: Annemarie Schwarzenbach, S. 152.

23 Brief Annemarie Schwarzenbachs an Claude Bourdet, 24.09.1934. Zit. nach: Dominique Laure Miermont: Annemarie Schwarzenbach, S. 159.

24 Zit. nach: Dominique Laure Miermont: Annemarie Schwarzenbach, S. 318.

25 Zit. nach: Dominique Laure Miermont: Annemarie Schwarzenbach, S. 356.

26 Annemarie Schwarzenbach: Beim Verlassen Afrikas. Zit. nach: Dominique Laure Miermont: Annemarie Schwarzenbach, S. 363.

27 Brief Annemarie Schwarzenbachs an Klaus Mann, 02.09.1942. In: »Wir werden es schon zuwege bringen, das Leben«, S. 188 f.

28 Wp, S. 496.

29 Brief Carson McCullers' an Klaus Mann, 01.12.1942. Zit. nach: Dominique Laure Miermont: Annemarie Schwarzenbach, S. 403.

30 Brief Annemarie Schwarzenbachs an Erika Mann, 22.11.1941. In: »Wir werden es schon zuwege bringen, das Leben«, S. 97.

31 Brief Erika Manns an Klaus Mann, 13.11.1943. Zit. nach: Irmela von der Lühe: Erika Mann, S. 204.

32 Brief Erika Manns an Klaus Mann, 12.04.1944. Zit. nach: Irmela von der Lühe: Erika Mann, S. 220.

33 Brief Erika Manns an Klaus Mann, 20.03.1941. Zit. nach: Irmela von der Lühe: Erika Mann, S. 220.

34 Brief Erika Manns an Klaus Mann, 27.03.1941. Zit. nach: Irmela von der Lühe: Erika Mann, S. 220.

35 Zit. nach: Irmela von der Lühe: Erika Mann, S. 220.

36 Brief Katia Manns an Klaus Mann. Zit. nach: Irmela von der Lühe: Erika Mann, S. 221.

37 Thomas Mann: Tagebücher 1944–1946, S. 141 f.

38 Brief Katia Manns an Klaus Mann, 14.03.1946. Zit. nach: Fredric Kroll: Klaus-Mann-Schriftenreihe, Bd. 6, S. 232.

39 Brief Klaus Manns an Thomas Mann, 16.05.1945, KMBuA, S. 776.

40 Klaus Mann: Es gibt keine Heimkehr! In: Klaus Mann: Auf verlorenem Posten, S. 224–230.

41 Brief Klaus Manns an Thomas Mann, 16.05.1945, KMBuA, S. 776.

42 Klaus Mann: Der Liebling von Berlin. In: Klaus Mann: Auf verlorenem Posten, S. 328–333.

»Unmöglich zu weinen – unmöglich zu schreien«
Mopsa Sternheims Exil und Nach-Exil. 1933–1954

1 Wp, S. 498.

2 Mopsa Sternheim: Tagebuchaufzeichnungen über Ravensbrück. Hg.

und teils aus dem Französischen übersetzt von Thomas Ehrsam. In: Sinn und Form, 1/2017, S. 48–59.

3 Wp, S. 340.

4 Klaus Mann: Écrasez l'infâme. In: Klaus Mann: Das Wunder von Madrid, S. 232–236.

5 Zit. nach: Thomas Ehrsam: »Aber mich selbst anzulügen gelingt mir nicht«. Mopsa Sternheim, Versuch eines Porträts. In: Sinn und Form, 1/2017, S. 41.

6 Mopsa Sternheim: Tagebuchaufzeichnungen über Ravensbrück, 27.06.1952. In: Sinn und Form 1/2017, S. 55.

7 Mopsa Sternheim: Tagebuchaufzeichnungen über Ravensbrück, 12.05.1953. In: Sinn und Form I/2017, S. 58.

8 Mopsa Sternheim: Tagebuchaufzeichnungen über Ravensbrück, 28.05.1945. In: Sinn und Form 1/2017, S. 49f.

9 Mopsa Sternheim: Tagebuchaufzeichnungen über Ravensbrück, 05.05.1946. In: Sinn und Form, 1/2017, S. 54.

10 Zit. nach: Thea Sternheim: Tagebuch, 16.02.1949. In: Gottfried Benn, Thea Sternheim: Briefwechsel und Aufzeichnungen, S. 118.

11 Ebd.

12 Brief Thea Sternheims an Gottfried Benn, 13.08.1949. In: Gottfried Benn, Thea Sternheim: Briefwechsel und Aufzeichnungen, S. 136.

13 Vermutlich eine Formulierung aus einem vorangegangenen, nicht erhaltenen Brief Gottfried Benns an Mopsa Sternheim. Die Formulierung findet sich auch in einem 1951 entstandenen Gedicht Gottfried Benns wieder: »von Bremens Schwesterstadt / bis Sils Maria – / ich hab das Alles satt, / die Vita mia, // weiss Gott, ich weiss nicht mehr, / was ich geschrieben, / ein Zug von d'outremer / hat mich getrieben, // doch jetzt kein Hafenglück, / man kehrt nicht wieder, / man sieht aufs Meer zurück / und senkt die Lider.« Zit. nach: Gottfried Benn: Gedichte in der Fassung der Erstdrucke. Mit einer Einführung hg. von Bruno Hillebrand. Frankfurt/M. 1982, S. 397. © G. B.: Sämtliche Gedichte. Klett-Cotta, Stuttgart 1998.

14 Brief Mopsa Sternheims an Gottfried Benn, 18.08.1949. In: Gottfried Benn, Thea Sternheim: Briefwechsel und Aufzeichnungen, S. 142–146.

15 Thea Sternheim: Tagebuch, 22.09.1952. In: Gottfried Benn, Thea Sternheim: Briefwechsel und Aufzeichnungen, S. 236.

16 Mopsa Sternheim: Tagebuch, 23.09.1952. In: Gottfried Benn, Thea Sternheim: Briefwechsel und Aufzeichnungen, S. 236.

17 Brief Gottfried Benns an Thea Sternheim, 01.10.1952. In: Gottfried Benn, Thea Sternheim: Briefwechsel und Aufzeichnungen, S. 242.

18 Mopsa Sternheim: Tagebuch, 05.10.1952. In: Gottfried Benn, Thea Sternheim: Briefwechsel und Aufzeichnungen, S. 244.

[19] Mopsa Sternheim: Tagebuch vom 06.03.1952. Zit. nach: Thomas Ehrsam: »Aber mich selbst anzulügen gelingt mir nicht«. Mopsa Sternheim, Versuch eines Porträts. In: Sinn und Form, 1/2017, S.47.
[20] Mopsa Sternheim: Tagebuchaufzeichnungen über Ravensbrück, 16.10.1952. In: Sinn und Form, 1/2017, S.56.
[21] Mopsa Sternheim: Tagebuch vom 05.04.1954. Zit. nach: Thomas Ehrsam: »Aber mich selbst anzulügen gelingt mir nicht«. Mopsa Sternheim, Versuch eines Porträts. In: Sinn und Form, 1/2017, S.43.
[22] Brief Thea Sternheims an Gottfried Benn, 06.09.1954. In: Gottfried Benn, Thea Sternheim: Briefwechsel und Aufzeichnungen, S.301.
[23] Brief Mopsa Sternheims an Thea Sternheim, 16.07.1954. In: Gottfried Benn, Thea Sternheim: Briefwechsel und Aufzeichnungen. Mit Briefen und Tagebuchauszügen Mopsa Sternheims, S.307–309.

»Jetzt heißt es bremsen und nochmals bremsen«

Epilog: Wiederbegegnungen und Abschiede. Nach 1945

[1] Tilly Wedekind: Lulu, S.269.
[2] Tilly Wedekind: Lulu, S.286f.
[3] Klaus Mann: Der Liebling von Berlin. In: Klaus Mann: Auf verlorenem Posten, S.332f.
[4] Brief Erika Manns an Pamela Wedekind, 01.12.1951, Münchner Stadtbibliothek/Monacensia, EM B 1500.
[5] Brief Georg Jacobis an Klaus Mann, 05.05.1949, KMBuA, S.798.
[6] Brief Klaus Manns an Georg Jacobi, 12.05.1949, KMBuA, S.614.
[7] Hanseatisches Oberlandesgericht Hamburg, 3 U 372/1965. Zit. nach: Thomas Blubacher: Gustaf Gründgens, S.203.
[8] Ebd.
[9] Ebd.
[10] Brief Klaus Manns an Erika Mann, 19.09.1947, KMBuA, S.574.
[11] Klaus Mann: Die Heimsuchung des europäischen Geistes. In: Klaus Mann: Auf verlorenem Posten, S.542.
[12] Brief Klaus Manns an Katia und Erika Mann, 15.05.1949, KMBuA, S.619.
[13] Brief Erika Manns an Klaus Mann, 15.05.1949, EMBuA, Bd.1, S.256f.
[14] Brief Klaus Manns an Erika Mann, 20.05.1949, KMBuA, S.626.
[15] Thomas Mann: Tagebuch 22.05.1949. In: Thomas Mann: Tagebücher 1949–1950.
[16] Henri Broch: Klaus Manns Bestattung. Zit. nach: Fredric Kroll: Klaus-Mann-Schriftenreihe, Bd.6, S.553.

17 Brief Erika Manns an Pamela Wedekind, 16.06.1949, EMBuA, Bd. 1, S. 260.

18 Brief Erika Manns an Pamela Wedekind, 01.12.1951, Münchner Stadtbibliothek/Monacensia, EM B 1500.

19 Brief Erika Manns an Pamela Wedekind, 16.06.1949, EMBuA, Bd. 1, S. 260.

20 Brief Erika Manns an Pamela Wedekind, 20.05.1950, Münchner Stadtbibliothek/Monacensia, EM B 1500.

21 Brief Erika Manns an Pamela Wedekind, 17.06.1951, Münchner Stadtbibliothek/Monacensia, EM B 1500.

22 Brief Erika Manns an Pamela Wedekind, 01.12.1951, Münchner Stadtbibliothek/Monacensia, EM B 1500.

23 Brief Erika Manns an Pamela Wedekind, 02.01.1952, Münchner Stadtbibliothek/Monacensia, EM B 1500.

24 Brief Erika Manns an Pamela Wedekind, 23.01.1952, Münchner Stadtbibliothek/Monacensia, EM B 1500.

25 Brief Erika Manns an Pamela Wedekind, 15.08.1953, Münchner Stadtbibliothek/Monacensia, EM B 1500.

26 Brief Erika Manns an Pamela Wedekind, 25.08.1957, Münchner Stadtbibliothek/Monacensia, EM B 1500.

27 Brief Erika Manns an Paul Citroën, 13.09.1963. Zit. nach: Irmela von der Lühe: Erika Mann, S. 261.

28 Brief Erika Manns an Curt Bois, 01.11.1966, EMBuA, Bd. 2, S. 176.

29 Brief Erika Manns an Albrecht Goes, o. D. Zit. nach: Irmela von der Lühe: Erika Mann, S. 282.

30 Erika Mann: Therese Giehse zum 70. Geburtstag. In: Erika Mann: Blitze überm Ozean, S. 451.

31 Ebd., S. 457.

32 Pamela Wedekind: Aufzeichnungen vom 02.07.1969. Zit. nach: Anatol Regnier: Du auf deinem höchsten Dach, S. 385.

33 Brief Pamela Wedekinds an Charles Regnier, 03.07.1972. Zit. nach: Anatol Regnier: Du auf deinem höchsten Dach, S. 391.

34 Brief Pamela Wedekinds an Ariane Mnouchkine, 15.01.1979. Zit. nach: Anatol Regnier: Du auf deinem höchsten Dach, S. 393.